CULTURA DA CONEXÃO

HENRY JENKINS
JOSHUA GREEN
SAM FORD

CULTURA DA CONEXÃO

Tradução: Patricia Arnaud

CULTURA DA CONEXÃO

TÍTULO ORIGINAL:
Spreadable Media

COPIDESQUE:
Hebe Ester Lucas

REVISÃO:
Entrelinhas Editorial
Maria Silvia Mourão Netto
Isabela Talarico

DIREÇÃO EXECUTIVA:
Betty Fromer

DIREÇÃO EDITORIAL:
Adriano Fromer Piazzi

EDITORIAL:
Daniel Lameira
Tiago Lyra
Andréa Bergamaschi
Débora Dutra Vieira
Luiza Araujo
Juliana Brandt

COORDENAÇÃO EDITORIAL:
Opus Editorial

PROJETO GRÁFICO E DIAGRAMAÇÃO:
Desenho Editorial

CAPA:
Pedro Inoue

MONTAGEM DE CAPA:
Desenho Editorial

COMUNICAÇÃO:
Júlia Forbes
Maria Clara Villas
Giovanna de Lima Cunha

COMERCIAL:
Giovani das Graças
Lidiana Pessoa
Roberta Saraiva
Gustavo Mendonça

FINANCEIRO:
Helena Telesca
Rosangela Pimentel

COPYRIGHT © NEW YORK UNIVERSITY, 2013
COPYRIGHT © EDITORA ALEPH, 2014
(EDIÇÃO EM LÍNGUA PORTUGUESA PARA O BRASIL)

TODOS OS DIREITOS RESERVADOS.
PROIBIDA A REPRODUÇÃO, NO TODO OU EM PARTE, ATRAVÉS DE
QUAISQUER MEIOS.

AS REFERÊNCIAS AOS WEBSITES DA INTERNET (URLS) FORAM CHECADAS
NA OCASIÃO EM QUE O LIVRO FOI ESCRITO. NEM OS AUTORES NEM OS
EDITORES SÃO RESPONSÁVEIS PELAS URLS QUE POSSAM TER EXPIRADO OU
MUDADO DESDE A PREPARAÇÃO DO MANUSCRITO.

EDITORA ALEPH

Rua Tabapuã, 81 - cj. 134
04533-010 – São Paulo – SP – Brasil
Tel.: [55 11] 3743-3202
www.editoraaleph.com.br

**DADOS INTERNACIONAIS DE CATALOGAÇÃO NA PUBLICAÇÃO (CIP)
DE ACORDO COM ISBD**

J52c
Jenkins, Henry
Cultura da conexão / Henry Jenkins, Joshua Green, Sam Ford ; traduzido
por Patricia Arnaud. - 2. ed. - São Paulo : Aleph, 2022.
408 p. ; 16cm x 23cm.

Tradução de: Spreadable media
ISBN: 978-65-86064-83-4

1. Mídia. 2. Cultura. 3. Sociologia. I. Green, Joshua. II. Ford, Sam. III.
Arnaud, Patricia. IV. Título.

2021-2466	CDD 301.16
	CDU 316.77

ELABORADO POR VAGNER RODOLFO DA SILVA - CRB-8/9410

ÍNDICES PARA CATÁLOGO SISTEMÁTICO:
1. Mídia 301.16
2. Mídia 316.77

SUMÁRIO

Prefácio 9

Agradecimentos 13

Como ler este livro 15

Introdução: Por que a mídia se propaga 23

1 Onde a Web 2.0 deu errado 77

2 A reavaliação do residual 119

3 O valor do engajamento da mídia 149

4 O que constitui uma
participação significativa? 195

5 Delineamentos para a propagabilidade 243

6 Cultivando apoiadores para a
mídia independente 281

7 Pensar transnacionalmente 315

Conclusão 351

Notas 367

Referências 375

PREFÁCIO

COMO FAZER SEU VÍDEO TER 2 MILHÕES DE VIEWS

Se você quer obter a fórmula de ouro dos vídeos virais, não leia este prefácio. Pegue sua câmera, sua ideia genial, faça o vídeo e coloque-o no ar. Talvez você atinja os 2 milhões de acessos já na primeira vez. Talvez não. Aí é só você pesquisar alguns canais do YouTube que fizeram sucesso e copiá-los, certo?

As receitas de sucesso na área de conteúdo, mídia e jornalismo mudaram bastante. Aliás, mudaram, não. Elas não existem mais. O que é assustador e ótimo ao mesmo tempo: por um lado, nos tira de nossa zona de conforto e exige mais trabalho; por outro, equaliza as chances de êxito entre pessoas, empresas e outras instituições que navegam no mundo do conteúdo e da mídia. Seja para fins lucrativos ou não.

Peter Drucker, papa do management, costumava dizer: "Culture eats strategy for lunch everyday". O que em bom português significa: de pouco valem a sua estratégia, seu plano de negócios, seus recursos financeiros ou tecnologia

10 | CULTURA DA CONEXÃO

se você não prestar atenção à cultura ao seu redor, ao que está acontecendo na rua, no dia a dia das pessoas.

Este é um livro que busca, de forma BEM consistente, oferecer aos leitores uma maneira de recalibrar seus binóculos, iPhones, laptops, máquinas de escrever, ouvidos e olhos para essa nova forma de interação entre público, produtores, canais e conteúdo. Não importa se você é um fã de memes de internet ou de vídeos do Youtube, se é um executivo de um canal de TV ou trainee de marketing de alguma grande empresa.

Pois os papéis mudaram. E as regras também.

Lembra-se do poema de Drummond sobre o fulano que amava sicrana que amava beltrano e por aí vai? As coisas estão mais ou menos assim hoje:

"Fã produz conteúdo original baseado na obra do autor que, por sua vez, não autorizou o uso mas vê nitidamente que aquelas "extensões" aumentam a audiência e as conversas em torno de seu conteúdo que, por sua vez, é exibido no canal de TV que não sabe se deixa a coisa rolar ou se segue a recomendação do departamento jurídico de não dar corda para algo que possa estar próximo do desrespeito aos direitos autorais."

"Roteirista sem espaço no mercado de trabalho tradicional começa a fazer vídeos de comédia no YouTube. Alguns deles explodem em audiência e ele passa a ganhar dinheiro com anunciantes, DVDs e até mesmo com palestras que começa a dar."

"ONG cria projeto de série de conteúdo independente e se alia a canal; o projeto, lançado primeiro na internet, bate grandes nomes da TV em audiência."

Este livro discute esse tipo de narrativa. Sem julgar, mas com a lupa precisa dos seus autores, acadêmicos experientes que escolheram sempre transitar na fronteira entre pensamento e ação, entre teoria e prática.

Trabalhei, conversei e fiz parte de seus estudos desde 2008. O elo de ligação sempre foi Henry Jenkins – o McLuhan do século 21 para alguns, eleito

PREFÁCIO | 11

uma das três pessoas que vão delinear os caminhos da mídia nos próximos anos. Além de profundo entendedor das teorias da comunicação, Jenkins também é grande fã da cultura pop e de suas muitas camadas e conteúdos.

E esse contato modificou drástica e definitivamente – para melhor – a minha percepção como contador de histórias, como produtor de conteúdo multiplataforma, como fã de tipos de conteúdo e como empreendedor.

Pois livros como este funcionam como mapas detalhados de lugares que você achava que conhecia. Aquele "clique" acontece e você começa a pensar diferente, a criar diferente e a ter conversas com equipes de trabalho e colaboradores de maneira mais complexa e, claro, mais rica.

Mas se este não é um livro do tipo "faça um viral, fique rico e crie seu canal de TV para ficar milionário", tampouco é uma obra leve. *Cultura da Conexão* faz você pensar diferente e, em alguns momentos, aumentar seu repertório de filmes, séries e outros conteúdos que estão por aí. Nada que uma biblioteca, uma livraria ou uma locadora – ou seus primos digitais Google, Submarino ou Netflix – não possam resolver.

Leitura a ser feita com papel e caneta na mão, pois dela brotarão ideias, dúvidas e uma vontade de querer compartilhar tudo com colaboradores no trabalho, na universidade, em casa. O que é ótimo. Pois como você logo vai aprender, se um conteúdo não for propagado e compartilhado, ele morre.

MAURICIO MOTA
– Copresidente, produtor executivo da Wise Entertainment

AGRADECIMENTOS

As ideias que apresentamos neste livro foram inspiradas por várias pessoas a quem queremos agradecer aqui.

Queremos agradecer a todos os estudantes graduados, pesquisadores e equipe que fazem parte do Consórcio de Convergência Cultural (Convergence Culture Consortium, ou C3) do MIT. Em particular, queremos reconhecer o impacto significativo que o trabalho de Xiaochang Li teve em nossa reflexão apresentada no Capítulo 2 e no Capítulo 3 deste livro. Também devemos um crédito significativo a Xiaochang e Ana Domb pela coautoria, com Henry Jenkins, do white paper que inspirou este livro. E temos um débito de gratidão para com o resto da equipe do C3: Ivan Askwith, Alec Austin, Eleanor Baird Stribling, David Edery, Alex Leavitt, Geoffrey Long, Daniel Pereira, Shiela Seles, Parmesh Shahani e Ilya Vedrashko.

Também queremos agradecer a todos os nossos Conselheiros para o Futuro do Entretenimento, a comunidade que acompanhou de perto nosso trabalho ao longo dos últimos anos, por meio da colaboração, da realização de brainstorms e de feedbacks que resultaram em parâmetros para o nosso raciocínio e nos proporcionaram desafios por todo o percurso. Muitos desses Conselheiros contribuíram para o livro expandido (explicado na seção "Como ler este livro"). Queremos agradecer a eles e a todos aqueles cujos trabalhos inspiraram o nosso pensamento e com quem tivemos o orgulho de colaborar neste projeto.

Um agradecimento especial às instituições que forneceram apoio ao nosso trabalho ao longo da empreitada e aos nossos colegas dessas instituições:

14 | CULTURA DA CONEXÃO

Programa de Estudos de Mídia Comparada, do MIT; Escola Annemberg de Comunicação e Jornalismo e Escola de Artes Cinemáticas, ambas da Universidade do Sul da Califórnia; Peppercomm Strategic Communications; Undercurrent; e o Projeto das Indústrias de Mídia do Centro Carsey-Wolf da Universidade da Califórnia, em Santa Bárbara, nos Estados Unidos. Queremos também agradecer aos nossos sócios corporativos que colaboraram conosco no projeto do Consórcio de Convergência Cultural: Turner Broadcasting, Petrobras, MTV Networks, The Alchemists Entertainment Group, GSD&M, Nagravision, Yahoo!, Fidelity Investments e Internet Group do Brasil.

Temos ainda uma profunda dívida de gratidão para com a equipe da NYU Press e, especificamente, para com Eric Zinner e Ciara Mclaughlin, por ajudarem a orientar este projeto e realizarem brainstorms conosco a cada etapa do caminho. Agradecemos também aos revisores da nossa proposta e do manuscrito ao longo do trabalho, por suas ideias e seus feedbacks.

Não podemos imaginar como um projeto desta magnitude poderia ser concluído sem o apoio, o conselho e a experiência em edição de várias pessoas-chave: Zhan Li, da Universidade do Sul da Califórnia (USC), cujo trabalho meticuloso como assistente de pesquisa neste livro desafiou-nos com a precisão de cada detalhe; Amanda Ford, tanto por seu difícil trabalho de coordenação e edição como assistente administrativa para Henry na USC quanto como uma esposa solidária (e compreensiva mais além do razoável) para Sam em casa; Cynthia Jenkins, por fornecer feedback regularmente, revisão e outras tarefas durante todo o processo de desenvolvimento do livro; Nina Huntemann, por seu apoio (e por ouvir atentamente as longas opiniões de Joshua sobre o tema); Sarah Banet-Weiser, por ser uma parceira cujo raciocínio crítico desafiou nossos argumentos e aumentou o rigor de nossa análise; e a família e os amigos que proporcionaram o apoio moral, o interesse, o incentivo e a compreensão de que muitas vezes precisamos para avançar neste projeto.

Por fim, queremos agradecer aos colegas que devotaram tempo e energia para nos fornecer feedback sobre o manuscrito durante sua realização, incluindo danah boyd, Scott Ellington, Mizuko Ito, Lynn Liccaardo, Kim Moses, Whitney Phillips, Carol Sanford, Suzanne Scott, Sangita Shresthova, Lana Swartz, Jerry Swerling, Dessewffy Tibor, Nikki Usher, Lance Weiler, Pamela Wilson e Tim Wintle.

COMO LER ESTE LIVRO

Ao escrever este livro, prevemos ter três tipos de público voltados à sua leitura: estudiosos de mídia, profissionais de comunicação e pessoas ativamente envolvidas na criação e na propagação de conteúdos de mídia, interessadas em como as indústrias de mídia – e nossa(s) cultura(s) – estão mudando por causa disso. *Cultura da conexão* foi elaborado para servir de assunto comum para conversas entre essas audiências e seus próprios pontos de vista. No entanto, conforme você avançar na leitura deste volume, poderá deparar com trechos que falam mais diretamente a um grupo do que a outro. Tenha paciência nesses casos, e talvez até considere essas partes uma oportunidade para ponderar sobre os fenômenos por uma perspectiva diferente. Queremos que nossos três públicos (além de outros que possam perceber benefícios neste trabalho) usem nossos argumentos como uma provocação para formular algumas perguntas fundamentais sobre como as pessoas comuns produzem significado e valor num ambiente de comunicação em permanente mudança.

Muitos dos argumentos nucleares deste livro foram desenvolvidos em nosso trabalho com o Consórcio de Convergência Cultural, também conhecido como C3, um projeto de pesquisa acadêmica com cinco anos e meio de duração (de 2005 a 2011) destinado a falar com esses três grupos e facilitar o diálogo entre eles. A pesquisa do C3 foi liderada por uma equipe composta de docentes, funcionários e graduandos do Programa do MIT de Estudos Comparados de Mídia. Essa equipe principal trabalhou em conjunto com uma comunidade de destacados especialistas da área de estudos de mídia do mundo todo e com uma ampla variedade de parceiros corporativos que custearam o projeto: empresas de mídia televisiva (Turner Broadcasting, MTV Networks), empresas de internet e de tecnologia digital (Yahoo!, Internet Group do Brasil, Nagravision), e fortes marcas e empresas de marketing (Petrobras, Fidelity Investments, a agência de propaganda GSD&M e The Alchemists, uma produtora de conteúdo multiplataforma). O C3 criou uma diversidade de fóruns – desde o evento Futures of Entertainment e as conferências Transmedia Hollywood até postagens em blogs, newsletters, white papers e brainstorms corporativos – voltados a reunir essas três perspectivas. Além disso, o projeto promoveu a criação de uma comunidade em torno da conferência anual Futuros do Entretenimento, dedicada a dar continuidade a essa colaboração.

O Consórcio de Convergência Cultural foi criado por vários motivos. Um número crescente de graduandos de cursos de mídia vinha buscando uma colocação no mercado em vez de empregos acadêmicos após se formarem, e o C3 queria levar ainda mais a sério a incumbência de ajudar esses alunos a transformar as ideias que desenvolviam em sala de aula em uma "liderança de pensamento" (para usar a expressão corporativa) que pudesse ajudar na transformação das indústrias da mídia e do marketing. Nossa equipe reconheceu que uma grande parcela de comunicadores corporativos e criadores de mídia que fornecia essa liderança de pensamento em suas próprias publicações e plataformas digitais estava fortemente interessada no trabalho realizado no âmbito da academia. De fato, muitos de nossos parceiros corporativos não só apoiavam nossas pesquisas como também se tornaram colaboradores. O diálogo com esses e outros pensadores do mercado enriqueceu nosso trabalho e, em troca, nós os ajudamos a aplicar algumas de nossas ideias em suas empresas e ramos de negócio. O C3 reuniu uma comunidade de especialistas e pesquisadores de uma ampla gama de disciplinas, todos interessados num diálogo substancial entre a "academia" e o "mercado". Diante da escassez de diálogos que atravessem as fronteiras acadêmicas (é só lembrar das desconexões entre estudos culturais e as ciências sociais, ou entre as ciências humanas e as escolas de negócios, por exemplo), fomos especialmente revigorados por essa colaboração interdisciplinar ensejada por nossa proposta de pesquisa.

COMO LER ESTE LIVRO | 17

Embora nós três tenhamos administrado juntos o C3, nossos caminhos profissionais divergiram e, agora, apresentamos nossas perspectivas diferentes ao leque de temas discutidos neste livro. Sam Ford trabalha para uma empresa de comunicação estratégica que oferece consultoria para uma variedade de marcas e empresas de mídia. Joshua Green, depois de ter gerenciado um programa de pesquisa acadêmica com empresas de mídia, atualmente trabalha numa consultoria especializada em estratégia digital. E Henry Jenkins atua como professor de comunicação, jornalismo, artes cinemáticas e educação, e se intitula um "aca-fan" (acadêmico-fã), para refletir as vertentes da academia e do fandom* que vem equilibrando ao longo da vida.

Ao longo do texto, você deparará com referências à versão expandida deste livro. Se visitar http://spreadablemedia.org, encontrará material adicional, em inglês, produzido por uma variedade de colaboradores que formataram nossos argumentos e são citados em referências diretas neste volume: são estudos de caso e reflexões aprofundadas que ampliam o trabalho que discutimos aqui, ao lado de contraopiniões a alguns argumentos que lançamos. Para esta edição, recorremos com liberalidade a essas fontes, todas elas coletadas enquanto trabalhamos no projeto, nos últimos anos. Muitos desses colaboradores, mas não todos, fizeram parte do Consórcio de Convergência Cultural, apresentaram palestras em nossas conferências – Futures of Entertainment e Transmedia Hollywood – e, dessa maneira, participaram em amplo sentido dos diálogos que deram origem a este livro.

Para cada um de nós, as questões que discutimos neste volume são muito significativas, mas tentamos ao máximo manter o teor deste livro tão longe de ser polêmico quanto possível. *Cultura da conexão* é um texto alimentado pelo nosso desejo coletivo de promover o diálogo entre estudiosos de mídia, profissionais de comunicação e os cidadãos que criam e compartilham conteúdos, assim como por nossa frustração diante das maneiras como cada um desses grupos lida com as questões que abordamos aqui.

---

* Fandom é um termo utilizado para se referir à subcultura dos fãs em geral, caracterizada por um sentimento de camaradagem e solidariedade com outros que compartilham os mesmos interesses. [N. de E.]

18 | CULTURA DA CONEXÃO

Em parte, nosso trabalho nasce da decepção com o modo como algumas empresas reagiram à "cultura da convergência" que nossa pesquisa investigou. Algumas empresas continuam ignorando o potencial desse ambiente participativo, usando sua autoridade legal para constranger em vez de promover a participação popular, ou para se abster de ouvir os mesmos públicos com os quais desejam se comunicar. O que é ainda pior, muitos profissionais de marketing e produtores de mídia adotaram noções simplificadas para a compreensão desses fenômenos, noções que distorcem o modo como percebem as necessidades, os desejos e as atividades de suas audiências. Ideias como "conteúdo gerado pelo usuário" e "plataformas de *marca*" ignoram a história e o poder mais amplo da cultura participativa quando tentam definir a colaboração exclusivamente em termos corporativos e empresariais.

Este livro servirá melhor aos leitores das áreas de mídia que se empenham em ouvir seus públicos de maneira mais profunda e querem entender o "contexto em geral" – e menos para quem está interessado num jeito fácil de "explorar" ou "se aproveitar" das pessoas que suas empresas se propõem servir. *Cultura da conexão* oferece exemplos de muitos produtores de mídia não corporativos, como organizações sem fins lucrativos, grupos ativistas, organizações religiosas, pedagogos e artistas independentes que, além de terem desenvolvido um forte relacionamento com os fãs, também consideram ativamente os objetivos que eles têm ao circular material na mesma medida em que consideram seus próprios objetivos.

Em suma, este livro propõe que as empresas que prosperarão no longo prazo num ambiente de "mídia propagável" são aquelas que ouvem suas audiências, se importam com elas e, em última análise, almejam falar às necessidades e aos desejos delas com uma atenção tão crucial quanto a que dedicam aos objetivos de seu próprio negócio. Entre outras coisas, os próximos capítulos irão examinar o leque emergente de comunidades e práticas de negócios que sinalizam como as empresas poderiam construir modelos mais sustentáveis, buscando se relacionar com seus públicos de maneira que ambas as partes usufruam da perda do "controle" corporativo.

Nossa proposta é mais reformista do que revolucionária, oferecendo conselhos pragmáticos na esperança de criar um equilíbrio mais equitativo de poder no seio da sociedade. Aceitamos, como ponto de partida, que os constructos do capitalismo moldarão em ampla medida a criação e a circulação da maioria dos textos de mídia em um futuro próximo, e que a maioria das pessoas não tem (e não pode ter) outra opção além da cultura comercial. Nessa medida, nossos argumentos em geral se destinam às corporações, reconhecendo que as políticas que atingem mais diretamente a capacidade do público para propagar o poder da mídia são largamente moldadas pelos tomadores de decisão corporativos – uma verdade nos Estados Unidos e em especial e cada vez mais também no contexto global.

Embora os acadêmicos da área de mídia tenham grande valor atuando como críticos culturais externos do poder e da política empresariais, historicamente esse modo de discurso tornou litigioso[1] o relacionamento entre os estudos culturais e de mídia e as empresas de produção de conteúdo. Em vez desse cenário, nossa intervenção assume a forma de um facilitador do diálogo entre as empresas e a academia. Nesse papel, nosso tom retórico difere do de muitos outros trabalhos de crítica e cultura. Embora convictos de que nosso foco em estudos de caso transformadores ou nas "melhores práticas" – dispersos por este volume – possa ser menosprezado por alguns leitores como "puramente elogioso" ou "não crítico o suficiente", também desafiamos relatos que são "puramente críticos" e "não elogiosos o bastante" de tom depreciativo e que pretendem ganhar terreno reconfigurando a ecologia midiática. Acreditamos que os conhecimentos midiáticos de alto nível precisam ser tão claros quanto possível acerca daquilo *em prol* do que combatem tanto quanto acerca *do que* combatem. Este livro não hesita em apoiar a expansão e a diversificação de oportunidades para uma participação significativa nas decisões de impacto para nossa cultura e nossa sociedade. Consideramos essencial fazer essa contribuição e propor uma discussão positiva, ainda que o texto de *Cultura da conexão* aponte as tensões e as desigualdades desse novo cenário da mídia.

Um dos objetivos deste livro é criticar expressamente a retórica neoliberal que entra em cena à medida que os modelos de negócio e do marketing levam em conta uma cultura cada vez mais participativa. Este livro analisa como o discurso atual do segmento mascara os conflitos entre os interesses das marcas e das empresas de mídia e seus públicos, e para tal recorre a uma variedade de poderosas críticas acadêmicas à lógica e às práticas da Web 2.0, focando

20 | CULTURA DA CONEXÃO

questões relativas à vigilância, ao trabalho livre e às desigualdades de acesso e participação. Nesse processo, todavia, indicamos como as críticas, tanto da indústria midiática como de sua lógica, insistem demais em destacar o valor da soberania do indivíduo em vez das redes sociais por meio das quais os membros da audiência desempenham papéis ativos na propagação de conteúdo.[2]

Cultura da conexão é um livro que vai além de apenas abordar como a tecnologia está mudando a cultura. Os defensores das novas tecnologias escrevem com frequência sobre como o novo meio ou a nova ferramenta irão democratizar a comunicação, ao passo que os críticos da mídia costumam priorizar a perda do controle pelo cidadão, à medida que as plataformas para distribuir conteúdo pela mídia se concentram nas mãos de conglomerados. Enquanto isso, comunicadores corporativos e profissionais de mídia escrevem regularmente sobre como as novas plataformas estão desestabilizando seus negócios (e talvez os levando a "perder controle"). Não obstante, as novas plataformas de comunicação não determinam um "fim" inevitável, quer seja a democratização ou a desestabilização. O que as pessoas, coletiva e individualmente, decidem fazer com essas tecnologias, tanto no papel de profissionais como no de audiências, e os tipos de cultura que produzem e espalham por esses meios e em torno delas ainda estão sendo definidos. Os especialistas em mídia, os profissionais do ramo e os membros do público participante que se dão ao trabalho de buscar um cenário de mídia inclusivo, equitativo e robusto não podem aceitar a evolução de plataformas de mídia e a criação de conteúdo como se fossem a inalterável consequência de avanços tecnológicos. Nossa esperança é investigar as tensões entre essas várias perspectivas, mas também explorar o que está faltando: as formas como são atualmente realizadas as atividades dos indivíduos conectados ajudam – ou poderiam eventualmente ajudar – a moldar o ambiente de comunicação em torno deles. Se essas tecnologias e essa lógica não fossem sujeitas à mudança, este livro não faria sentido.

Além disso, um sistema midiático é mais do que simplesmente as tecnologias que o suportam. A cultura instiga essas mudanças. A realidade do atual ambiente de comunicação é muito mais confusa do que qualquer uma dessas perspectivas pode identificar. O crescimento da comunicação em rede, especialmente quando associada às práticas da cultura participativa, cria uma diversidade de novos recursos e facilita novas intervenções para uma variedade de grupos que há muito tempo lutam para se fazer ouvir. Novas plataformas criam aberturas para mudanças sociais, culturais, econômicas, legais e políticas, além de constituírem oportunidades para a diversidade e a democratização, pelas quais vale a pena lutar. Os termos dessa participação, todavia, estão ainda por ser definidos e serão formatados por um conjunto de batalhas legais e econômicas que veremos se desenrolar nas próximas décadas.

Este livro não pretende ser um manual que ensine às empresas de mídia e conteúdo como fazer dinheiro "alavancando" as crescentes plataformas da Web 2.0. Além disso, em vez de projetar um guia para o sucesso de uma mídia viral, questionamos a lógica cultural da "mídia viral" no sentido de indicar como esses modelos prejudicam o público, os criadores de conteúdo e os profissionais de marketing. Em cada uma de nossas análises, examinaremos produtos e práticas que frequentemente serão nossos velhos conhecidos; ainda assim, questionaremos as respostas fáceis e a maneira excessivamente simplista de compreender a cultura que costuma lhes ser intrínseca. Forças complexas moldam o fluxo da mídia e rejeitamos as respostas simples em favor de explicações mais elaboradas.

Pretendemos ajudar nosso público a entender melhor a transformação de uma cultura moldada pela lógica da transmissão aberta em outra, voltada a promover maior participação popular. Estudaremos como as pessoas estão tendo um papel mais ativo na configuração do fluxo de mídia para seus propósitos particulares, numa cultura cada vez mais ligada em rede; veremos as implicações dessas mudanças para todos os envolvidos, e também as mais significativas mudanças, frustrações e complicações da produção e da circulação de mídia num mundo de mídia propagável. Situaremos e defenderemos o direito coletivo do público a uma participação significativa. *Cultura da conexão* propõe uma abordagem à produção, à promoção e à circulação de mídia que encoraja um maior respeito pelo empenho dos participantes populares, chamando atenção para os confrontos que ocorrem conforme os textos de mídia se deslocam entre as esferas comercial e não comercial.

Cultura da conexão está agora literal e figurativamente em suas mãos. Faça dele o que quiser. Leia. Debata. Critique. Desconstrua. Mas, acima de tudo, amplie a conversa que estamos começando aqui. Divulgue o conceito a quem você ache que possa se interessar. Transforme estas ideias por meio de suas

22 | CULTURA DA CONEXÃO

conversas. Leve adiante e retrabalhe os argumentos com os quais você se identifica. Levante a voz contra aqueles dos quais discorda. É assim que funciona a mídia propagável*.

---

* No original, *spreadable media*. A expressão não tem uma exata equivalência em português; ao pé da letra, seria "mídia 'espalhável'". Ainda que não seja uma tradução totalmente precisa, "mídia propagável" é mais inteligível para o leitor de língua portuguesa e preserva a ideia de algo que se espalha e repercute nas diversas modalidades de mídia e nas redes sociais. [N. de E.]

INTRODUÇÃO

POR QUE A MÍDIA SE PROPAGA

Este livro trata das múltiplas maneiras de circulação de conteúdo hoje em dia, de cima para baixo e de baixo para cima, do popular autêntico ao comercial. Quando analisamos a circulação, vemos como são criados valor e significado nas múltiplas economias que constituem o panorama da mídia que vem se configurando. Nossa mensagem é simples e direta: se algo não se propaga, está morto.

Não estamos falando da espécie de circulação que historicamente tem sido o foco de editores, quer dizer, quantos leitores compraram a edição matutina do *New York Times* ou do *Wall Street Journal*. Qualquer publicação pode citar sua "circulação", especialmente porque os valores pagos pela inserção de anúncios são calculados com base nesses números. Assim como as "impressões" que os editores de material on-line tentam obter, essa circulação diz respeito a tornar os membros desse público receptáculos para conteúdos produzidos em massa e distribuídos em massa – olhos pregados numa tela (em termos de televisão), traseiros afundados em poltronas (em termos de filmes ou esportes), ou quaisquer outras partes do corpo de que as empresas de mídia

24 | CULTURA DA CONEXÃO

e as marcas planejem se apoderar em seguida. Todavia, essa definição de "circulação" está na realidade tratando de distribuição, na qual o movimento do conteúdo da mídia é bastante – ou totalmente – controlado pelos interesses comerciais que o produzem e vendem. Essa lógica da distribuição tem sua melhor aplicação no mundo da mídia de transmissão aberta em que um número reduzido de produtores – Random House, CBS ou Warner Brothers – cria produtos discretos e finitos para audiências de massa.

Em vez disso, *Cultura da conexão* examina um modelo híbrido e emergente de circulação em que um mix de forças de cima para baixo e de baixo para cima determina como um material é compartilhado, através de culturas e entre elas, de maneira muito mais participativa (e desorganizada). As decisões que cada um de nós toma quanto a passar adiante ou não textos de mídia – quanto a tuitar ou não a última gafe de um candidato a presidente, encaminhar ou não por e-mail uma receita de biscoitinhos de Nieman Marcus, compartilhar ou não um vídeo de uma gaivota roubando numa loja – estão remodelando o próprio cenário da mídia.

Essa mudança – de distribuição para circulação – sinaliza um movimento na direção de um modelo mais participativo de cultura, em que o público não é mais visto como simplesmente um grupo de consumidores de mensagens pré-construídas, mas como pessoas que estão moldando, compartilhando, reconfigurando e remixando conteúdos de mídia de maneiras que não poderiam ter sido imaginadas antes. E estão fazendo isso não como indivíduos isolados, mas como integrantes de comunidades mais amplas e de redes que lhes permitem propagar conteúdos muito além de sua vizinhança geográfica. Henry Jenkins (1992) cunhou o termo "cultura participativa" para descrever a produção cultural e as interações sociais de comunidades de fãs, buscando inicialmente uma maneira de diferenciar as atividades de fãs das de outras modalidades de espectador. Conforme o conceito foi evoluindo, acabou se referindo, atualmente, a uma variedade de grupos que funcionam na produção e na distribuição de mídia para atender a seus interesses coletivos, de modo que diversos especialistas interligaram suas análises do fandom num discurso mais abrangente sobre a participação na mídia e por meio dela. Os trabalhos anteriores sobre a cultura participativa salientavam os atos de recepção

INTRODUÇÃO | 25

e produção pelas audiências de mídia; este livro leva essa lógica mais adiante, permitindo-lhe considerar os papéis que as comunidades ligadas em rede desempenham na configuração de como circulam as mídias. Os públicos estão se fazendo nitidamente presentes ao modelarem ativamente os fluxos de mídia, e produtores, gerentes de marca, profissionais de serviços ao consumidor e comunicadores corporativos estão acordando para a necessidade comercial de ouvi-los e de responder a eles de maneira ativa.

Enquanto muitos criadores de conteúdo enfrentam a crescente proeminência dessas práticas genuinamente populares da audiência, surgiu uma ampla variedade de ferramentas de comunicação on-line para facilitar o compartilhamento informal e instantâneo. Essas plataformas oferecem novas capacidades para as pessoas passarem adiante artefatos de mídia, ao mesmo tempo que buscam modelos para gerar lucro com as atividades dos usuários. No entanto, embora as novas ferramentas tenham proliferado os meios pelos quais as pessoas podem fazer material circular, recomendações boca a boca e compartilhamento de conteúdos de mídia são impulsos que há muito tempo mobilizam as interações entre as pessoas. Talvez nada seja mais humano do que dividir histórias, seja ao pé do fogo ou em "nuvem", por assim dizer. Todos devemos tomar cuidado para não supor que meios mais participativos de circulação possam ser explicados exclusivamente (ou mesmo basicamente) por esse surgimento da infraestrutura tecnológica, ainda que essas novas tecnologias desempenhem um papel crucial na viabilização das mudanças descritas neste livro.

O nosso *Cultura da conexão* enfoca a lógica social e as práticas culturais que favoreceram e popularizaram essas novas plataformas – a lógica que explica *por que* compartilhar se tornou uma atividade tão comum, e não apenas *como* isso se deu. Nossa abordagem não supõe que as novas plataformas liberem as pessoas de velhas limitações, mas, em vez disso, sugere que as facilitações da mídia digital funcionam como catalisadoras para a reconceituação de outros aspectos da cultura, exigindo que sejam repensadas as relações sociais, que imaginemos de outro modo a participação cultural e política, que as expectativas econômicas sejam revistas e que se reconfigurem as estruturas legais.

Ao longo do livro todo, usamos termos e expressões como "propagar", "propagável", "propagabilidade" para descrever essas formas cada vez mais penetrantes de circulação da mídia. A "propagabilidade" se refere ao potencial – técnico e cultural – de os públicos compartilharem conteúdos por motivos próprios, às vezes com a permissão dos detentores dos direitos autorais, às vezes contra o desejo deles. Enquanto estávamos trabalhando neste livro, alguns críticos questionaram o termo "propagável" sugerindo que parece mais adequado para descrever pasta de amendoim ou requeijão. (Esse termo surgiu em função do adjetivo "grudento", que explicaremos logo a seguir.) Apesar disso, pense em "propagável" como aquilo que coloca algo num lugar, como uma postagem na Wikipédia; é algo em torno do qual se pode criar uma conversa. Não estamos interessados em criar um novo termo da moda. Em vez disso, queremos desafiar os leitores a refletir sobre as metáforas que todos usamos quando falamos sobre como conteúdos se movimentam através do cenário cultural, a fim de resistir a uma terminologia que poderia distorcer a maneira como compreendemos essas tendências e continuar buscando termos que descrevam com mais exatidão a complexidade dos modos como todos nos envolvemos com textos na mídia.

Nosso foco sobre a terminologia vai além da mera semântica. Acreditamos que a linguagem tem uma importância fundamental e que as metáforas que todos usamos para descrever os padrões que vemos formatam a maneira como entendemos o mundo. Ficamos cegos em relação a alguns fenômenos e preconceituosos em relação a outros. Ao discutir a "mídia propagável", temos como objetivo favorecer um relato mais rico em nuances sobre como e por que as coisas se espalham, incentivando nossos leitores a adotar e a ajudar a construir um modelo mais holístico e sustentável para a compreensão de como funciona a cultura digital.

Conteúdo que gruda, práticas de propagação

A "propagabilidade" se refere aos recursos técnicos que tornam mais fácil a circulação de algum tipo de conteúdo em comparação com outros, às estruturas econômicas que sustentam ou restringem a circulação, aos atributos de um texto de mídia que podem despertar a motivação de uma comunidade para compartilhar material e às redes sociais que ligam as pessoas por meio da troca de bytes significativos.

Nosso uso da "propagabilidade" talvez seja mais eficiente como um corretivo das maneiras pelas quais o conceito de "aderência" se desenvolveu com o tempo para medir o sucesso no comércio on-line. Esse termo despontou no discurso do marketing e foi popularizado por seu uso no trabalho de Malcolm Gladwell intitulado *O ponto da virada* (2000) e em outros contextos; em sentido amplo, "aderência" se refere à necessidade de criar um conteúdo que atraia a atenção da audiência e que a envolva. Gladwell propõe: "Há um modo simples de embalar a informação que, nas circunstâncias certas, pode torná-la irresistível. Você só tem de encontrá-la" (2000, p. 132). Gladwell usa o termo "aderência" para descrever os aspectos dos textos de mídia que provocam um forte engajamento do público e pode motivá-lo a compartilhar com mais pessoas o que foi lido. Em suma, para Gladwell, o conteúdo que gruda, que tem aderência, é o material que as pessoas querem propagar.

Em termos de como os modelos de negócio on-line foram construídos, o uso da "aderência" no ambiente comercial refere-se à centralização da presença da audiência num local on-line específico para gerar renda com anúncios ou vendas. Essa noção de aderência lembra de perto o modelo de "impressões" que formatou a mensuração de audiências para conteúdo transmitido. Na mídia de transmissão aberta, as impressões são mensuradas por quantas pessoas assistem a uma peça específica de mídia, ao passo que a aderência se refere aos mecanismos que motivam as pessoas a buscar um site em particular e passar algum tempo ali. Aplicando esse conceito ao design de um website, as empresas esperam obter aderência colocando material num local facilmente mensurável e avaliando quantas pessoas o visualizam, quantas vezes é visualizado e por quanto tempo os visitantes o visualizam.

Segundo o modelo da aderência, as empresas ganham valor econômico ao oferecer mercadorias por meio de alguma espécie de catálogo de comércio eletrônico, cobrando pelo acesso à informação (através de uma assinatura ou taxa de serviço), ou por meio da venda da visualização do site por visitantes para

28 | CULTURA DA CONEXÃO

algum parceiro de fora, a maior parte destes sendo anunciantes. Esses acordos publicitários são vendidos pela justaposição de mensagens publicitárias a uma página ao lado do conteúdo, e os valores de anúncio se baseiam no número de impressões que uma página gera, ou no número de cliques que um anúncio recebe. Essa concepção de aderência se concentra no monitoramento e na geração de dados específicos sobre as ações de cada visitante ao site.

Essa mentalidade também acabou por definir a maneira como as empresas compreendem a popularidade de um conteúdo on-line. As publicações on-line percebem quais artigos são mais visualizados e quais prendem por mais tempo a atenção das pessoas. As empresas de mídia avaliam quais vídeos são vistos mais vezes e por mais tempo. Tanto websites corporativos como os que não têm fins lucrativos definem o sucesso on-line em termos de tráfego na web. As próprias audiências geralmente pensam sobre a popularidade do conteúdo em termos de visualizações num destino em particular. Em suma, até mesmo além dos casos em que os acordos publicitários estão sendo trabalhados por corretores, essa estreita definição de "aderência" tem fornecido a lógica por meio da qual se passou a entender o que é sucesso.

A aderência capitaliza as maneiras mais fáceis que as empresas encontraram de conduzir negócios on-line, em vez de capitalizar as maneiras como o público quer experimentar o material on-line e de fato faz isso. A aderência privilegia a colocação de conteúdo em um único lugar e procura levar a audiência até lá para que possa ser computada. Essa "visualização no destino" muitas vezes entra em conflito tanto com a experiência da navegação dinâmica de usuários individuais da internet como, o que é mais importante, atrita com a circulação de conteúdo por meio das conexões sociais dos membros da audiência.

O que queremos dizer com "propagabilidade" ficará mais claro quando o contrastarmos com o modelo da aderência. Vamos comparar aqui esses termos não para indicar que o tráfego na web não deveria ter importância, nem para sugerir que a propagabilidade é o "oposto" da aderência, mas, sim, para demonstrar os limites de modelos exageradamente focados na aderência.

Migrações de indivíduos versus *fluxo de ideias* – Como outros constructos baseados em impressões, os modelos de aderência se concentram na contagem de membros isolados da audiência. A propagabilidade reconhece a importância das conexões sociais entre os indivíduos, conexões cada vez mais visíveis (e amplificadas) pelas plataformas da mídia social. Essa abordagem pode ainda incluir mensurações quantitativas da frequência e da amplitude dos deslocamentos de conteúdo, mas torna importante ouvir ativamente as maneiras pelas quais os textos de mídia são usados pela audiência e circulam por meio das interações entre as pessoas.

Material centralizado versus *material disperso* – Como uma mensuração quantitativa profunda da audiência está no cerne mesmo da aderência, destinos on-line podem se tornar um "motel pulguento" virtual. Por exemplo, num extremo, alguns sites desativam o botão Voltar, tornando difícil para o usuário escapar dali assim que entrou no site por acaso sem fechar o navegador. A chave da aderência está em colocar material num local centralizado, atraindo a pessoa até lá e depois mantendo-a ali indefinidamente da maneira que mais bem beneficie os parâmetros analíticos do site. (Esse processo não é tão diferente do usado em currais; a audiência é empurrada adiante por rotas predefinidas que correspondem às necessidades de mensuração do editor e, então, são cutucadas e tangidas para produzir dados analisáveis.) A propagabilidade enfatiza a produção de conteúdo em formatos de fácil compartilhamento, por exemplo, os códigos *embedded* do YouTube, que facilitam difundir vídeos pela internet, encorajando pontos de acesso ao conteúdo numa variedade de lugares.

Experiências unificadas versus *experiências diversificadas* – A mentalidade grudenta exige marcas que criem uma experiência centralizada que possa melhor servir os propósitos de múltiplas audiências simultaneamente, oferecendo maneiras limitadas e controladas para as pessoas "personalizarem" o conteúdo dentro do formato de um site. A mentalidade propagável enfoca a criação de textos de mídia que vários públicos possam espalhar por diferentes motivos, convidando as pessoas a moldar o contexto do material conforme o compartilham no âmbito de suas redes sociais.

30 | CULTURA DA CONEXÃO

Interatividade pré-estruturada versus *participação livre* – Sites "grudentos" frequentemente incluem jogos, *quizzes* e enquetes para atrair e manter o interesse dos indivíduos. A lógica participativa da propagabilidade leva o público a usar o conteúdo de maneiras inesperadas conforme ele reconfigura o material de acordo com os contornos de sua comunidade particular. Essas atividades são difíceis para os criadores de controle e ainda mais difíceis de quantificar.

Atrair e reter a atenção versus *motivar e facilitar o compartilhamento* – Como os modelos grudentos são construídos com base em dados demográficos, os públicos são em geral concebidos como uma coletânea de indivíduos passivos. Por sua vez, a propagabilidade valoriza as atividades de membros da audiência que ajudem a gerar interesse por determinadas marcas ou franquias.

Canais escassos ou finitos versus *uma miríade de redes temporárias (e localizadas)* – A aderência retém a mentalidade de radiodifusão comunicacional de um para muitos, em que os canais oficiais autorizados competem uns com os outros pela atenção da audiência. O paradigma da propagabilidade supõe que qualquer coisa que valha a pena ser ouvida circulará por meio de todos os possíveis canais existentes, com o potencial de movimentar a audiência de uma percepção periférica do conteúdo para um engajamento ativo.

Marketing de força de vendas para indivíduos versus *intermediários autenticamente populares defendendo e doutrinando* – Quando dizemos "intermediários autenticamente populares", estamos nos referindo a canais não oficiais que moldam o fluxo de mensagens através de sua comunidade e que podem se tornar fortes defensores de marcas ou franquias. Esses intermediários autenticamente populares podem muitas vezes servir às necessidades dos criadores de conteúdo, demonstrando como o público se torna parte da lógica do mercado e desafiando o próprio significado de "autenticamente popular", uma vez que essas atividades frequentemente coexistem com pautas corporativas ou até mesmo coincidem com elas. No entanto, elas não são empregadas nem reguladas pelos criadores de conteúdo e também podem se contrapor às metas corporativas.

INTRODUÇÃO | 31

Papéis separados e distintos versus *colaboração através de papéis* – No modelo grudento, fica claro quem é o "produtor", o "marqueteiro" e quem é "audiência". Cada parte existe por um propósito separado e distinto. No modelo propagável, não apenas existe uma crescente colaboração entre esses papéis como, em alguns casos, uma perda da distinção entre eles.

* * *

Embora a aderência possa fornecer a lógica predominante para a criação de modelos de negócio on-line, todo conteúdo ou destino que tenha se tornado relevante para o público on-line chegou nisso por meio de um processo de propagabilidade, autorizado ou não. Da propagação conseguida por recomendações boca a boca a respeito de uma marca à retransmissão de um conteúdo da mídia que, em última instância, encaminha o interesse (e o tráfego) de volta a um destino específico, o sucesso do modelo de aderência sempre dependeu, essencialmente, da atividade da audiência que acontece fora do site, ou seja, sempre dependeu da propagabilidade.

No entanto, quando enfocamos a propagabilidade não estamos nos pronunciando contra a criação de destinos on-line; reconhecemos que tanto os criadores como o público se beneficiam de uma base central para sua marca ou conteúdo, quer para servir a um modelo de negócio ou simplesmente para ter um local fácil de achar. Afinal de contas, os canais de mídia de massa ainda são recursos valiosos para se espalhar informação e compartilhar conteúdos de grande interesse comum, dado seu alcance muito largo.

Em vez disso, o alcance de "distribuição" de destinos grudentos e o da "circulação" de mídia propagável deveriam coexistir, num relacionamento habilmente ilustrado por um experimento realizado em 2010 pela agência de propaganda Hill Holliday. Essa empresa criou um microsite on-line chamado *Jersify Yourself* que permitia aos visitantes refazer sua imagem ao estilo das estrelas do conhecido programa da MTV *Jersey Shore*. Hill Holliday criou o site como parte de um projeto que pesquisava de que maneira o conteúdo se espalhava no boca a boca. O site gerou uma proporção substancial dessa espécie de difusão e foi matéria numa variedade de artigos e postagens em blogs. Além de apenas pesquisar os públicos desses blogs (seu "alcance" imediato ou seu "potencial de distribuição"), Hill Holliday também usou um mecanismo de rastreamento da URL para verificar que tráfego adicional decorria durante a propagação desses casos e dessas postagens.

O experimento criou uma URL única para o *Jersify Yourself* para cada site que lincasse de volta para a página. Ilya Vedrashko (2010a) relata que cinco dos seis sites principais em termos de direcionar o tráfego para o *Jersify Yourself* criaram praticamente quase tanto tráfego por meio de recompartilhamentos quanto o produzido pelas pessoas que descobriram o site pela primeira vez naquele artigo/menção e passaram o link adiante em suas próprias redes. A cobertura de um único site gerou duas vezes mais visitas eventuais por meio da recirculação progressiva do link do que por meio de cliques de acesso direto na história original. Segundo Vedrashko, "contar somente os cliques diretos em qualquer site provavelmente conduz a uma subestimativa do valor total do site. [...] O conteúdo concebido para ser propagado pode praticamente dobrar o tráfego referido por meio de novos compartilhamentos". Enquanto isso, alguns sites eram mais "propagáveis" do que outros. Em especial, Vedrashko comenta que o site que enviou a maior quantidade de tráfego direto para o *Jersify Yourself* realmente gerou a menor quantidade de recompartilhamentos.

Apesar de mudanças na comunicação e na cultura, a aderência ainda importa. Retomando o uso do termo por Gladwell, a aderência atua como uma medida de quanto um membro da audiência está interessado num texto da mídia. Todo criador – seja ele uma empresa de mídia, um fã, um acadêmico, um ativista – produz material na esperança de atrair um público de interesse. (Talvez, afinal de contas, pasta de amendoim não seja uma maneira indevida de representar a mídia propagável: o conteúdo continua grudento mesmo enquanto se espalha.)

O que Susan Boyle pode ensinar sobre propagabilidade

O que acontece quando muitas pessoas tomam decisões ativas para colocar conteúdo em movimento, passando adiante uma imagem, uma música, um videoclipe para amigos e familiares ou para redes sociais mais amplas? Como essa pergunta sugere, uma boa parte do que está sendo compartilhado no momento atual é entretenimento, ainda mais porque as comunidades de fãs estiveram entre as primeiras a adotar a prática da propagabilidade. Essas atividades dos fãs, portanto, serão um tema recorrente ao longo deste livro. Não obstante, o que dizemos a respeito da propagação de conteúdos de entretenimento também se aplica, e cada vez mais, ao branding e à publicidade, a mensagens políticas, religiosas e a uma imensa variedade de materiais, e iremos recorrer a uma larga diversidade de exemplos para compor uma imagem multidimensional do atual ambiente de mídia.

Para começar, façamos um contraste entre um fenômeno americano "transmitido" em formato aberto e um clipe de entretenimento largamente propagado. A final da temporada de 2009 de *American Idol* atraiu 32 milhões de espectadores nos Estados Unidos, o que fez do programa o detentor de um dos blocos de duas horas mais assistidos do ano na TV aberta. Em comparação, um vídeo da escocesa Susan Boyle, de sua primeira apresentação no *Britain's Got Talent*, foi visto mais de 77 milhões de vezes no YouTube. Esse dado reflete somente a audiência que assistiu ao vídeo em upload original. O YouTube é um espaço em que o sucesso frequentemente incentiva a repetição. Quando realizamos nossa pesquisa, um levantamento casual mostrou mais de 75 cópias da audição de Boyle, com sua interpretação de "I Dreamed a Dream", disponíveis no site, com versões carregadas por usuários do Brasil, do Japão, da Holanda, dos Estados Unidos e de várias regiões do Reino Unido. Encontramos cópias editadas, cópias em alta definição, cópias legendadas em várias línguas. Muitas dessas versões também foram vistas milhões de vezes. Até mesmo esse rastreamento do fenômeno Boyle considera apenas o YouTube e ignora outras grandes plataformas de compartilhamento de vídeos on-line, como o site chinês Tudou (onde uma rápida olhada mostrou que existem pelo menos 43 cópias da performance original) ou o Dailymotion (no qual há 20 cópias facilmente localizáveis do vídeo da primeira audição da cantora).

Como qualquer um desses vídeos pode ser assistido mais de uma vez pela mesma pessoa, é difícil, quando não impossível, reduzir esses acessos a uma contagem básica "por olho", equivalente às mensurações de aparelhos sintonizados em dado programa de TV. Seja qual for o modo como vemos o caso, porém, a quantidade de acessos ao clipe de Susan Boyle destrona até mesmo o

34 | CULTURA DA CONEXÃO

programa de maior audiência da televisão norte-americana. O vídeo de Boyle foi um conteúdo de transmissão que se popularizou pela circulação promovida autenticamente pela ação individual.

A audição da cantora foi o resultado da produção de uma mídia comercial mainstream, não há dúvida. O vídeo original foi produzido em nível profissional e editado para maximizar seu impacto emocional. Um segmento introduzia um personagem e montava uma cena de expectativas de ridículo, ao passo que o seguinte puxava o tapete de sob os pés dessas expectativas com uma performance sensacional de um número popular do West End, seguido pelas reações emocionadas de um júri e de um público totalmente arrebatados. O entretenimento da audiência desse evento foi moldado pela familiaridade geral das pessoas com as convenções do gênero TV-realidade e/ou pela percepção particular e empenho de Simon Cowell em firmar sua severidade como juiz; seu sorrisinho de colegial no final do segmento representa o mais consumado tributo à espetacular apresentação da candidata. E depois que o vídeo foi largamente propagado, a visibilidade de Susan Boyle foi amplificada pela cobertura da mídia mainstream. Por exemplo, ela foi entrevistada no *Good Morning America* e foi a atração de destaque no *Tonight Show*.

Apesar de tudo isso, o sucesso internacional de Boyle não foi alimentado pela distribuição transmitida. Os fãs encontraram Susan Boyle antes dos veículos de comunicação. Seu vídeo mais popular alcançou a marca de 2,5 milhões de acessos nas primeiras 72 horas e atraiu mais 103 milhões em 20 websites diferentes no intervalo de nove dias após seu lançamento. Enquanto isso, a página de Boyle na Wikipédia atraiu quase meio milhão de visitas na primeira semana após sua criação.[1]

Embora essa performance tenha sido parte de um programa de TV do mainstream no Reino Unido, não estava em absoluto comercialmente disponível para acesso nos Estados Unidos e em muitos outros países. Em vez disso, o vídeo foi compartilhado e discutido por meio de uma variedade de redes on-line. A entrada da artista no mercado norte-americano e sua propagação por toda a internet foram moldadas pelas decisões conscientes de milhões de pessoas comuns, funcionando como intermediários autenticamente populares, cada um dos quais resolvia passar o vídeo dela adiante para amigos, familiares, colegas e outros fãs. O fenômeno Susan Boyle não teria se desenvolvido do mesmo modo se não fosse pelos relacionamentos e pelas comunidades facilitados pelos sites de redes sociais, pelas ferramentas de compartilhamento de mídia e pelas plataformas de microblogs.

Uma parte do que permitiu que o vídeo de Susan Boyle trafegasse com a velocidade e a extensão que trafegou foi o fato de que ele *pôde* trafegar tão depressa e tão longe. As pessoas tinham as ferramentas certas e sabiam o que fazer com elas. Sites como o YouTube tornam fácil incluir material em blogs ou compartilhá-lo por meio dos sites das redes sociais. Serviços como o bitly permitem que as pessoas compartilhem links com rapidez e eficiência. Plataformas como o Twitter e o Facebook facilitam o compartilhamento instantâneo das conexões sociais de cada pessoa. Todas essas novidades técnicas tornam muito mais fácil que o vídeo de Susan Boyle se espalhe.

No entanto, a mera existência de tecnologias individuais que facilitem o compartilhamento do clipe não explica muito como se propagou a performance de Susan Boyle. Devemos levar em consideração o sistema integrado de canais de participação e as práticas atualmente adotadas que sustentam esse ambiente, onde um conteúdo pode conhecer uma circulação de tal amplitude. Por exemplo, o uso de determinados serviços não deveria ser visto isoladamente, mas, ao contrário, num contexto de conexões, uma vez que as pessoas adotam um leque de tecnologias com base em se e quando uma plataforma específica melhor sustenta as atividades culturais com as quais se envolve.

Num nível ainda mais fundamental, todavia, temos de entender as práticas culturais que tanto alimentaram o surgimento dessas tecnologias de compartilhamento quanto evoluíram conforme as pessoas foram descobrindo como tais plataformas poderiam ser usadas. Por exemplo, o vídeo de Susan Boyle foi amplamente compartilhado porque o público participante, coletiva e individualmente, tem mais informações sobre o uso de redes sociais on-line; porque as pessoas estão mais frequente e amplamente em contato com suas redes de amigos, familiares e conhecidos; e porque as pessoas interagem cada vez mais por meio do compartilhamento de bits significativos de conteúdos de mídia.

36 | CULTURA DA CONEXÃO

Considerado como um todo, esse conjunto de práticas sociais e culturais, e mais as inovações tecnológicas correlatas que cresceram em torno delas, constituem o que chamamos de "cultura ligada em rede". Essas práticas culturais certamente não foram criadas pelas novas tecnologias. Há muito tempo já sabemos que notícias com narrativas geram conversas. Muita gente tem um primo ou uma avó que (ainda!) recorta artigos de jornal e pendura na porta da geladeira, cola num álbum, nos envia pelo correio regular. A historiadora social Ellen Gruber Garvey (2003), por exemplo, nos proporcionou um vislumbre de como valor e circulação estavam conectados à cultura do álbum de recortes das mulheres do século 19 nos Estados Unidos. Sua atividade primária consistia em folhear jornais, revistas e outros periódicos coletando material para arquivar. Numa era em que as próprias publicações de notícias estão ativamente engajadas na "recirculação" – com jornais locais repetindo a publicação de matérias originalmente publicadas em outro veículo, caso elas pareçam interessar ao seu público leitor local –, os colecionadores de álbuns de recortes armazenaram para as futuras gerações os mais interessantes desses relatos efêmeros. Por sua vez, os jornais às vezes capitalizavam essa forma primitiva de "conteúdo gerado pelo usuário", publicando retrospectivas em que se destacava o material obtido por curadoria do leitor. Essas práticas de arquivamento foram aceleradas com o surgimento das fotocopiadoras no século 20, as quais facilitaram a reprodução e o compartilhamento do material encontrado.

No entanto, o que aconteceu num mundo pré-digital ocorre agora num escopo e numa velocidade exponencialmente maiores, graças aos favorecimentos garantidos pelas ferramentas sociais on-line. De acordo com um projeto de pesquisa da CNN ("Shared News", 2010), o usuário médio global de internet recebe por semana 26 notícias com uma história através de mídias sociais ou por e-mail, e compartilha on-line 13 notícias com uma história. Segundo um relatório do Pew Research Center (PURCELL et al., 2010), 75% dos indivíduos que responderam ao levantamento recebiam notícias encaminhadas por e-mail ou postadas em sites de redes sociais, e 52% compartilhavam links para notícias com outras pessoas por esses mesmos meios.

Essa coleta de notícias é modulada pelo forte desejo de contribuir para conversas contínuas com amigos, familiares e colegas de trabalho. Dos indivíduos estudados pelo Pew, 72% disseram que acompanham as notícias porque gostam de conversar sobre o que está acontecendo no mundo, e 50% disseram que em alguma medida dependem das pessoas em torno para que elas lhes contem as notícias de que precisam saber. Tudo isso sugere um mundo em que os cidadãos contam uns com os outros para passar adiante peças significativas de informação, notícias e entretenimento, em geral muitas vezes no decorrer de um único dia.

Nessa cultura conectada em rede, não podemos identificar uma causa isolada que leve as pessoas a propagar informações. As pessoas tomam uma série de decisões de base social quando escolhem difundir algum texto na mídia: vale a pena se engajar nesse conteúdo? Vale a pena compartilhar? É de interesse para algumas pessoas específicas? Comunica algo sobre mim ou sobre meu relacionamento com essas pessoas? Qual é a melhor plataforma para espalhar essa informação? Será que deve circular com uma mensagem especial anexada? Mas, se nenhum comentário adicional é anexado, simplesmente receber uma história ou um vídeo de alguém insere todo um leque de novos e possíveis significados ao texto. Quando uma pessoa ouve, lê ou vê conteúdos compartilhados, ela pensa não apenas – e muitas vezes nem principalmente – no que os produtores podem ter desejado dizer com aquele material, mas no que estava tentando lhe comunicar quem o compartilhou com ela.

Aliás, fora do Reino Unido, a maioria das pessoas provavelmente topou com o vídeo de Susan Boyle porque alguém lhe enviou um link ou o incluiu numa atualização de Facebook ou do blog: muita gente compartilhou esse vídeo para exibir o feito dessa descoberta. Essas pessoas puderam antecipar o compartilhamento do vídeo com outras que não o haviam visto precisamente porque o material não estava amplamente disponível na televisão. Algumas pessoas podem ter ouvido conversas a respeito e buscado o vídeo no YouTube; para muitas mais, essa mensagem veio em meio a outras interações sociais, lembrando o modo como muitos anúncios fazem parte do fluxo de imagens da TV comercial. Ainda assim, embora o comercial possa ser percebido como uma invasão ou uma interrupção, as pessoas em geral são receptivas a conteúdos de mídia propagados por amigos (pelo menos os que são divulgados pelos que têm discernimento), pois isso reflete interesses em comum.

38 | CULTURA DA CONEXÃO

É evidente que algumas pessoas estavam passando adiante a apresentação de Boyle como um gesto de amizade destinado a consolidar relacionamentos interpessoais, ao passo que outras usaram o material para contribuir para uma comunidade organizada em torno de um interesse principal. Essa é uma diferença fundamental entre redes baseadas na amizade e redes baseadas em interesses (Ito et al., 2009). Como cristã confessa, Boyle tornou-se o foco de círculos de oração on-line. Blogs de ciência discutiram como alguém com o corpo dela poderia produzir aquele som. Cantores de caraoquê debateram a técnica da artista, falando de um incidente no qual ela fora expulsa de um caraoquê porque naquele momento já era vista como artista profissional. Blogs sobre TV-realidade debateram se o sucesso dela teria ou não sido possível na televisão dos Estados Unidos, uma vez que o *American Idol* exclui pessoas por idade para essa competição. Blogs de moda criticaram e dissecaram a repaginada que lhe deram para suas participações seguintes na televisão. Assim, o vídeo de Boyle se propagou como resultado das muitas conversas que motivou, quer envolvessem amigos ou grupos com interesses comuns. (E, naturalmente, muita gente pode ter espalhado esse material pelas duas razões.)

De uma perspectiva comercial, *American Idol* teve toda uma temporada para construir o interesse do público pela final, mas mesmo assim não conseguiu atrair a mesma escala de atenção deflagrada pelo clipe de sete minutos de Susan Boyle. Contrariando a opinião de que o fenômeno Boyle seria de curta duração, seu álbum de estreia pela Columbia Records, alguns meses depois, foi recebido com um inédito volume de vendas antecipadas, superando os Beatles e Whitney Houston nos gráficos da Amazon (Lapowsky, 2009). O álbum vendeu mais de 700 mil cópias em sua primeira semana, a maior venda de uma semana inaugural de 2009, superando qualquer outro disco lançado nesse ano. Como explicou o presidente da Columbia Records, Steve Barnett, "as pessoas queriam o disco, queriam tê-lo, para sentir que eram parte dele" (Sisario, 2009). É óbvio que todos os que ajudaram a circular o vídeo já sentiam que eram "parte dele".

Embora um sucesso desse porte represente uma história comercial impressionante, a popularidade internacional inicial do momento Susan Boyle não foi conduzida por um plano destinado a contar impressões e a computar o dinheiro levantado. A maior parte dos milhões de pessoas que viram e compartilharam o clipe de Boyle era composta de uma "audiência excedente" para a qual os produtores não haviam construído um modelo comercial. A performance de Boyle estava inserida num programa britânico sem distribuição comercial na maioria dos outros países, de modo que grande parte dos que compartilharam o vídeo não poderia ter ligado o aparelho numa rede de TV – a cabo ou aberta – para assistir ao episódio seguinte de *Britain's Got Talent*. Essas pessoas não podiam acompanhar o programa legalmente on-line. Não podiam comprar os episódios do iTunes. Apesar de seus relacionamentos com múltiplas redes de TV, a FremantleMedia não conseguiu inserir o programa na distribuição comercial rápido o suficiente para que espectadores de outros países pudessem acompanhar as transmissões dos britânicos. Dada a circulação global da informação on-line sobre Susan Boyle, qualquer um que quisesse saber o que acontecia no *Britain's Got Talent* ficava a par poucos segundos depois de o programa ter entrado no ar. Em suma, a demanda do mercado foi dramaticamente maior e mais acelerada do que o fornecimento.

A propagação de Susan Boyle demonstra como um conteúdo não destinado a circular além de um mercado limitado ou agendado para uma rápida distribuição global pode conquistar, atualmente, uma visibilidade muito maior do que em qualquer momento anterior, graças à ativa circulação de vários agentes autenticamente populares, enquanto as redes de televisão e as empresas produtoras se batem para acompanhar o mesmo ritmo de uma exigência tão inesperada e de crescimento tão rápido.

Esse caso nos permite desafiar a afirmação do senso comum de que, na era de uma Web 2.0, conteúdos gerados por usuários em alguma medida desalojaram a mídia de massa na vida cultural da pessoa comum. Diz Lucas Hilderbrand: "Para audiências de massa, ainda dominam a televisão aberta, a cabo e via satélite, [...] e o conteúdo em rede continuará alimentando esses fluxos. E eu desconfio que, para muitos tipos de público, o conteúdo em rede – novo ou antigo – ainda leva usuários ao YouTube, e conteúdos de amador são descobertos enquanto isso, através de links sugeridos, de resultados de busca alternativa ou de e-mails encaminhados" (2007, p. 50). O que a análise de Hilderbrand não levou em conta, porém, é que uma boa parte do conteúdo de mídia de massa existente no YouTube e em outras plataformas dessa não é

40 | CULTURA DA CONEXÃO

autorizada – não tanto em termos de conteúdo gerado por usuários, mas mais de conteúdo posto em circulação por usuários. Embora o compartilhamento e a propagação do vídeo de Susan Boyle pela audiência ainda possa se encaixar na lógica mais ampla do capitalismo, a capacidade do público de alterar a circulação de um conteúdo está, não obstante, provocando flagrante consternação entre as empresas e os artistas que tentam compreender de que maneira reformatar o negócio da transmissão aberta e os modelos de marketing, ou até projetar negócios completamente novos. Nos casos em que as atividades de baixo para cima não foram comandadas pelos criadores de conteúdo, várias entidades corporativas rotularam muitas dessas atividades como "pirataria" ou "infração legal" – ainda que as formas não autorizadas de compartilhamento criem valor tanto para quem circula o material como para quem o cria, como ficou evidente no caso do vídeo de Susan Boyle.

Pirataria é um conceito que reaparecerá repetidamente ao longo deste livro, e todos os leitores provavelmente situarão em pontos diferentes a linha entre o que é uma atividade "apropriada" e uma "inapropriada". Aliás, um dos problemas com o uso atual de "pirataria" é que faz um recorte em conversas importantes que todos deveríamos estar conduzindo a respeito do impacto cultural e econômico de diferentes tipos de compartilhamento de mídia. Para determinar o que constitui pirataria, essas discussões poderiam abordar as convenções legais que analisam a natureza do uso (comercial ou não comercial, educativo ou para entretenimento), em que medida esse uso é transformador, a porção do trabalho que está sendo usada, e assim por diante.

Como regra básica, estamos reservando o termo "pirata" neste livro para pessoas que lucram economicamente com a venda não autorizada de conteúdo produzido por terceiros. Essa não é uma distinção legal, mas uma distinção moral que importa para muitas pessoas cujas atividades iremos discutir. Entretanto, como nos sugere o exemplo de Boyle, a pirataria é tanto uma consequência do fracasso no mercado das empresas de mídia em tornar alguns conteúdos disponíveis a tempo e em formato desejável, quanto consequência do fracasso moral de membros da audiência que buscam conteúdos significativos por meios ilícitos se não estão legalmente disponíveis. Assim, argumentamos que a apropriação e a recirculação até de trabalhos inteiros pode, às vezes, funcionar no melhor interesse não só da cultura como um todo, mas também no dos detentores dos direitos autorais.

Resta-nos somente especular se o álbum e a carreira de Susan Boyle poderiam ter sido mais bem-sucedidos, ou se *Britain's Got Talent* poderia ter sido um sucesso transnacional, se os produtores do programa estivessem preparados para reagir com rapidez fulminante à propagação do clipe. A incapacidade de refazer o conceito que determina como *Britain's Got Talent* circula reduziu o que poderia ter sido um evento durando toda uma temporada a um momento isolado: um único vídeo. Por exemplo, é de se imaginar que poucos espectadores do vídeo da audição de Boyle saibam que o grupo de dança multiétnico Diversity venceu a temporada, em lugar de Boyle. Esse caso não somente demonstra o sistema cultural e tecnológico no coração de uma cultura ligada em rede, como também expõe a incapacidade das indústrias de mídia – com suas estruturas e seus modelos ainda amplamente configurados por uma mentalidade "grudenta" de "radiodifusão" – de escutar e reagir ativamente a algum interesse inesperado por materiais de sua propriedade.

Encontramos a cura para a mídia viral!

Quando questionamos como e por que conteúdos circulam hoje em dia, é excessivamente fácil aceitar uma resposta inadequada, uma teoria de distribuição de mídia que faz um texto na mídia parecer mais um cobertor infectado com varíola. Muitos observadores descreveram o fenômeno Susan Boyle como um exemplo de "mídia viral", uma expressão cuja popularidade tem sido instigada pelo rápido aparecimento de sites de redes sociais ao lado de taxas decrescentes de publicidade e de uma audiência extremamente fragmentada de mídia de radiodifusão.

A metáfora viral capta a velocidade com que novas ideias circulam pela internet. As hierarquias descendentes da era da radiodifusão agora coexistem com um sistema integrado de canais participativos descritos anteriormente neste capítulo e que aumentaram o acesso a ferramentas de comunicação e

42 | CULTURA DA CONEXÃO

propaganda. Enquanto profissionais de marketing e empresas de mídia se esforçam para compreender esse cenário midiático transformado, uma das explicações mais comuns é que agora o conteúdo da mídia se propaga como uma pandemia, espalhando-se pelas audiências ao infectar uma pessoa atrás da outra assim que entram em contato com ele. Mesmo que o ramo da mídia deva aceitar as modificações registradas num ambiente em que as pessoas se reúnem em torno de textos de mídia para se tornar um contexto em que as audiências cuidam da circulação, eles esperam preservar o controle do criador. A promessa é simples, ainda que enganosa: crie um vírus para a mídia e o sucesso será seu. Com isso, os marqueteiros e os distribuidores de mídia que estiverem inseguros quanto a como atingir o público por meio dos métodos tradicionais de "radiodifusão" e do "conteúdo grudento" agora rezam para que o material se torne "viral".

A primeira vez que o termo "viral" apareceu foi em histórias de ficção científica, descrevendo ideias (geralmente ruins) que se espalham como germes. Uma parte das consequências negativas desse entendimento simplificado do que é viral é sugerida por uma passagem do romance de ficção científica de Neal Stephenson, *Nevasca* [*Snow Crash*]: "Todos somos suscetíveis à atração das ideias virais. Como a histeria em massa. Ou aquela parte da música que entra na cabeça e a gente fica cantarolando aquilo o dia inteiro até passar para outra pessoa. Piadas. Lendas urbanas. Religiões excêntricas. O marxismo. Por mais inteligentes que sejamos, sempre existe uma parte profundamente irracional que nos torna hospedeiros em potencial de informações que se autorreproduzem" (1992, p. 399). Nesse trecho, o viral está ligado a "irracional"; o público é descrito como "suscetível" à "atração" do que é viral, e os participantes se tornam "hospedeiros" inadvertidos de informações que carregam através de seus contatos pelas redes sociais.[2]

Repetindo esse tema, o livro de Douglas Rushkoff, *Media virus*, afirma que o material de mídia pode funcionar como um cavalo de troia, que se espalha sem o consentimento consciente do usuário. As pessoas são "hipnotizadas" para passar adiante um conteúdo mascarado enquanto fazem circular um conteúdo atrativo. Rushkoff escreve que certos "eventos de mídia não são *como* vírus. Eles *são* vírus", e esses vírus tentam "espalhar seu próprio código tão longe e tão amplamente quanto possível, de célula em célula e de organismo em organismo" (1994, p. 9; itálicos no original). Existe a proposição implícita – e geralmente explícita – de que a propagação de ideias e mensagens pode ocorrer sem o consentimento do usuário e talvez ativamente contra sua resistência consciente; as pessoas são seduzidas a passar adiante interesses mascarados enquanto fazem circular algum conteúdo atrativo.

Essa noção da mídia *como* vírus sinaliza uma discussão mais abrangente que compara sistemas de distribuição cultural para sistemas biológicos. Rushkoff descreve a cultura em que navegam os atuais moradores dos Estados Unidos como "datasfera" ou "midiaespaço", "um novo território para interação humana, expansão econômica e, especialmente, maquinações sociais e políticas", que surgiu devido à rápida expansão da comunicação e das tecnologias de mídia (1994, p. 4). Segundo Rushkoff,

> Os vírus da mídia se espalham através da datasfera do mesmo modo que os vírus biológicos se espalham pelo corpo ou por uma comunidade. Mas, em vez de trafegar por um sistema circulatório orgânico, o vírus da mídia viaja através das redes do midiaespaço. A "casca proteica" de um vírus da mídia pode ser um evento, uma invenção, a tecnologia, um sistema de pensamento, um tema musical, uma imagem visual, uma teoria científica, um escândalo sexual, um estilo de roupas ou até mesmo um herói pop – desde que seja capaz de chamar nossa atenção. Qualquer uma dessas cascas que envolvem o vírus da mídia buscará na cultura popular algum encaixe receptivo e se fixará em qualquer fresta onde for notado. Assim que está fixado, o vírus injeta seus interesses e propósitos mais dissimulados no fluxo oficial de dados na forma de algum código ideológico, não como genes, mas como um equivalente conceitual que atualmente denominamos "memes" (p. 9-10).

Esse tema da comparação de propagação entre material cultural e processos biológicos vai além da metáfora do "vírus". Em seu livro de 1976 intitulado *O gene egoísta*, o famoso biólogo evolucionista Richard Dawkins introduziu o vocábulo "meme", que iria se tornar tanto uma ideia incrivelmente

44 | CULTURA DA CONEXÃO

importante como incrivelmente usada em excesso, da mesma maneira que seu companheiro viral. O meme é o equivalente cultural do gene: a menor unidade evolutiva. "A transmissão cultural é análoga à transmissão genética", argumenta Dawkins (1976, p. 189), quando diz:

> Assim como os genes se disseminam no fundo genético saltando de corpo em corpo por meio de espermatozoides e óvulos, também os memes se disseminam no fundo mêmico saltando de cérebro em cérebro por meio de um processo que, em sentido geral, pode ser chamado imitação. Se um cientista ouve ou lê uma boa ideia, ele a passa adiante para os colegas e os alunos. Ele a menciona em seus artigos e em suas palestras. Se a ideia "pegar", pode-se dizer que ela se difunde, espalhando-se de um cérebro para outro. (p. 192)

Em edições posteriores (1989, 2006), Dawkins salienta que a noção do meme se espalhou, ela mesma, de uma maneira típica a memes, constituindo um modo irresistível de compreender a dispersão de movimentos culturais, especialmente quando tendências aparentemente inócuas ou triviais se propagam e morrem de modo rápido. Num momento em que o estoque de memes – o caldo cultural que Dawkins descreve como o sítio em que crescem os memes – está transbordando de ideias, ser capaz de criar ou aproveitar a energia de um meme parece prometer a qualquer um a chance de surfar na crista da onda da cultura participativa.

Entretanto, embora a ideia do meme seja sedutora, talvez ela não explique adequadamente como os conteúdos circulam através da cultura participativa. Enquanto Dawkins acentua que os memes (como os genes) não são agentes totalmente independentes, muitas descrições de memes e mídia viral falam que os textos de mídia são "autorreprodutores". Todavia, o conceito de uma cultura "autorreprodutora" é paradoxal, uma vez que a cultura é um produto humano e que se reproduz por meio de expedientes humanos.

Versões simplificadas dessas discussões sobre "memes" e "vírus da mídia" forneceram às empresas de mídia uma falsa sensação de segurança numa época em que está em andamento a economia das velhas formas de atenção. Esses são termos que prometem um modelo pseudocientífico de comportamento de público. A maneira como esses termos estão sendo usados agora mistifica o modo como se propagam os conteúdos, e isso leva os comunicadores profissionais a empreender buscas quixotescas para produzir "conteúdo viral".

A expressão "marketing viral" começou a ser popularizada em relação ao Hotmail em 1995, depois que os criadores desse serviço usaram tais palavras para explicar por que seu serviço conquistou milhões de usuários em poucos meses (JURVETSON; DRAPER, 1997). Embaixo de cada e-mail enviado, aparecia uma mensagem de marketing com uma oferta: "Ganhe seu e-mail grátis na web usando o Hotmail". A expressão descreveu bem o processo. As pessoas se comunicaram e – enquanto isso – passaram adiante uma mensagem de marketing sem, muitas vezes, se dar conta de que isso tinha acontecido.

Não obstante, a metáfora viral não descreve bem aquelas situações em que a pessoa avalia ativamente um texto na mídia, decidindo com quem irá compartilhá-lo e como irá difundi-lo. As pessoas tomam decisões ativas quando propagam mídia, quer simplesmente passando um conteúdo adiante para suas redes sociais, com recomendações no boca a boca, quer postando um vídeo digital no YouTube. Ao mesmo tempo, audiências ativas têm demonstrado uma notável capacidade de colocar slogans publicitários e jingles em circulação contra as próprias empresas que originaram esses materiais e de sequestrar histórias populares para expressar interpretações profundamente diversas das pretendidas por seus autores.

Do "marketing viral", que se estendeu muito além de seu significado original, agora se espera que possa descrever todos esses fenômenos na linguagem da transmissão passiva e involuntária dos canais abertos. Sem um significado preciso que continue claro, a "mídia viral" é citada em discussões sobre o *buzz marketing* e sobre a construção do reconhecimento de marcas, e ainda participa de debates sobre marketing de guerrilha, sobre o uso acintoso de sites de redes sociais e sobre a mobilização de públicos e distribuidores.

Ironicamente, essa retórica sobre públicos passivos que são infectados por vírus da mídia conquistou um amplo poder de tração ao mesmo tempo que ocorreu a mudança no sentido de um maior reconhecimento de que os membros de uma audiência são participantes ativos na construção de significados dentro da mídia

46 | CULTURA DA CONEXÃO

conectada por redes. Shenja van der Graaf insiste que o marketing viral é "inerentemente social": "O principal aspecto do marketing viral é que ele depende intensamente de pares interconectados" (2005, p. 8). Van der Graaf usa o termo "viral" para descrever conteúdo que circula de maneiras ligadas a comportamentos em rede, e cita a participação em um sistema socialmente conectado em rede como uma exigência central ao comportamento "viral". Contudo, esse foco em como o público passa material adiante é distorcido pela metáfora da infecção invocada pelo termo "viral".

A confusão em torno da mídia viral não será resolvida facilmente. Esses termos são ao mesmo tempo muito abrangentes e muito limitantes e criam falsas suposições a respeito de como a cultura funciona, além de distorcer o entendimento das relações de poder entre produtores e públicos. Como estamos apresentando essa argumentação nos últimos anos durante nossa participação neste projeto, acabamos encontrando um número cada vez maior de profissionais de marketing e de mídia que também desafiam essa expressão. (Ver, por exemplo, Yakob, 2008; Arauz, 2008; Caddell, 2009b; Askwith, 2010; Hasson, 2010; Chapman, 2010.) Essa expressão inclusive recebeu a maioria das indicações para eliminação na lista anual de "Palavras Banidas do Inglês da Rainha por Uso Indevido, Uso Excessivo e Inutilidade Geral", preparada pela Universidade Lake Superior State (2010). Sem papas na língua, o antídoto para o viral precisa ser descoberto e esperamos que este livro contribua para essa crescente pressão.

Por outro lado, o conceito de "propagabilidade" preserva o que houve de útil nos modelos anteriores de comunicação: a ideia de que a eficiência e o impacto de mensagens são aumentados e expandidos por sua movimentação entre pessoas e entre comunidades. A propagabilidade reconhece de que maneiras teóricos mais recentes, como Van der Graaf, revisaram as primeiras concepções do "viral", então relativamente estáticas e passivas, e com isso refletem as realidades da nova web social ao mesmo tempo que sugerem que esse paradigma emergente é tão substancialmente diferente dos exemplos iniciais que exige a adoção de uma nova terminologia. Nosso uso de "mídia propagável" evita as metáforas da "infecção" e da "contaminação" que exageram em sua estimativa o poder das empresas de mídia e minimizam o poder de ação do público. Nesse novo modelo, o público tem um papel ativo na "propagação" de conteúdos, em vez de somente servir como portador passivo da mídia viral: suas escolhas, seus investimentos, seus interesses e propósitos, assim como suas ações, determinam o que ganha valor.

No entanto, embora este livro combata o uso de "viral" para descrever muitos processos em que as pessoas estão ativamente envolvidas quando espalham e formatam o significado de conteúdos, queremos reconhecer expressamente que continuam existindo exemplos de "marketing viral". Ilya Vedrashko (2010b) diz que, conforme os marqueteiros (esperemos!) passem a evitar o "marketing viral" como armazém geral, eles tampouco podem se esquecer de que ainda existem exemplos literais de marketing viral que não buscam envolver diretamente o público, mas, em vez disso, posicionar estrategicamente maneiras automatizadas de induzir os membros da audiência a transmitir sem perceber suas mensagens de marketing.

Como ressalta Iain Short (2010), por exemplo, muitos aplicativos para Twitter e Facebook enviam atualizações automáticas de marketing para os seguidores de uma pessoa sem que o usuário difunda ativamente esse material. Com isso, baixar um aplicativo pode fazer os amigos de um usuário do Facebook receberem doses de mensagens incentivando-os a aderir, ou comprar algum animal em Farmville pode disparar uma atualização para todos os amigos de um usuário do Facebook (ainda que estes não participem do jogo). No caso do Open Graph do Facebook, os usuários recebem uma notícia de que um amigo está lendo determinada matéria ou assistindo a certo vídeo em seu feed de notícias no Facebook. Para poder ver esse conteúdo, os usuários devem baixar um aplicativo para aquela fonte editora, que então começa a compartilhar o que eles estão lendo nos feeds de seus amigos. Em todos esses casos, as mensagens são enviadas "do usuário" sem que ele tenha elaborado a mensagem ou, muitas vezes, sem nem estar ciente de que essa mensagem foi gerada.

O uso do "marketing viral" deveria ser reservado somente para aqueles conceitos de marketing que realmente não dependem da atuação de membros do público para a circulação de textos de mídia com sua própria intenção em mente e por meio de seus próprios relacionamentos. Diz Vedrashko:

48 | CULTURA DA CONEXÃO

Todo esse debate em torno da terminologia poderia parecer a um profissional do marketing uma verdadeira caça à agulha no palheiro, mas é um debate importante porque termos baseados em metáforas dependem de nossa compreensão dos conceitos implícitos que conduzem nossos atos. Uma tentativa de criar um vídeo "viral" será influenciada por tudo que essa pessoa sabe sobre vírus, o que, de todo modo, não é grande coisa entre profissionais de marketing. Por outro lado, o criador de um vídeo "propagável" estará baseado num corpo de conhecimentos inteiramente diferente, talvez em uma teoria sobre *por que as pessoas fofocam*, ou na correlata *teoria do capital social* (2010b).

Como sugere Vedrashko, a escolha de metáforas define as expectativas. Se o sucesso viral significa que elementos de uma campanha devam ser rapidamente propagados pelas audiências em proporções pandêmicas, então muitas empresas provavelmente ficarão desapontadas com a distribuição que conseguem efetivar. Por exemplo, um relatório da JupiterResearch, em 2007, constatou que somente 15% dos profissionais de marketing lançam campanhas virais que tiveram sucesso "em instigar seus consumidores a promover a mensagem por eles". Quando usamos a expressão "mídia propagável", estamos nos referindo (e nos baseamos em casos que descrevem) não apenas a esses textos que circulam amplamente, mas também àqueles que alcançam um engajamento particularmente profundo dentro de uma comunidade-nicho. Em muitos casos, esse conteúdo não atinge o tipo de escala que levaria muitas pessoas a defini-lo como "sucesso viral", mas, mesmo assim, o texto se torna altamente propagado entre determinados públicos que o produtor esperava atingir.

Além disso, se as empresas começam a operar pensando que oferecerão textos de mídia que farão algo na audiência (que as infectem) em vez de textos com os quais audiência faça algo (propaguem o conteúdo), elas podem agir sob a ilusão de achar que estão controlando as pessoas. Ao contrário, compreender a propagabilidade permitirá que o público e os ativistas formem novas conexões e comunidades por meio de seu papel ativo na formatação da circulação de conteúdos de mídia. O conceito de propagabilidade também confere a esses grupos novas maneiras de mobilizar e reagir diante de decisões tomadas por empresas e governos, por meios que desafiem as decisões que os afetem de maneira adversa e com a possibilidade de explorar lacunas no sistema, permitindo-lhes atender às suas próprias necessidades.

"A Comcast deve morrer"

As empresas, porém, não estão apenas preocupadas em "viralizar" seus conteúdos. Os profissionais de marketing também têm usado essa metáfora para entender como a comunicação de seus clientes a respeito de uma empresa tem agora o potencial de circular amplamente.

Há 15 anos, era limitado o grau de acesso direto do público a marcas e vice-versa. A mala direta pode ter mirado o envio de mensagens para determinados clientes. Porém, marcas com lojas de varejo próprias tinham um ponto de contato direto com o consumidor, mas os embaixadores da marca nesse caso – os vendedores no varejo – eram (e continuam sendo) os membros menos respeitados, treinados e remunerados dentro de toda a organização. Algumas empresas tinham uma força de vendas que entrava agressivamente em contato com possíveis clientes, mas em geral somente por meio de uma mensagem unidirecional, por exemplo, durante uma "campanha-relâmpago de telemarketing". O ponto mais robusto de contato entre o consumidor e a empresa era o serviço de atendimento ao cliente, uma divisão que, na maioria das empresas, tem sido marginalizada e frequentemente é medida pela eficiência – pela rapidez com que os empregados conseguem finalizar a ligação com o cliente –, mais do que pela priorização do contato com o cliente (YELLIN, 2009). Com isso, a maior parte da correspondência entre a marca e o consumidor era unidirecional, oferecendo pouco espaço para que ele formatasse sua experiência.

Essas condições persistem. No entanto, quando os websites corporativos surgiram, em meados dos anos 1990, ninguém percebeu por inteiro como eles iriam mudar substancialmente a relação da empresa com seu público. Poucas empresas, que nessa época criaram websites parecendo brochuras, consideravam completamente que as marcas tinham ali a oportunidade de contar sua

50 | CULTURA DA CONEXÃO

história diretamente para um público que ia além dos nichos demarcados pelos horários publicitários na televisão e no rádio, e sem precisar recorrer à voz intermediadora dos jornalistas. Ocorreria então uma mudança fundamental na maneira como todos "consomem", na maneira como as pessoas interessadas poderiam buscar conteúdo nas empresas quando quisessem – justapondo e avaliando as mensagens corporativas diretamente obtidas da fonte e publicando o que encontrassem on-line entre seus círculos de amigos, familiares, colegas e até de desconhecidos.

As modalidades das marcas e da indústria de diversão não podem retomar o fluxo de comunicação unidirecional da era da radiodifusão, quando tinham uma percepção do controle. Assim, as empresas devem escutar o público e aprender com ele, se quiserem desfrutar de um sucesso de longo prazo.

Essa "falta de controle" é especialmente perceptível quando se lida com as queixas do cliente. Em um mundo de mídia propagável, o que antes já foi visto exclusivamente como questões para o "serviço de atendimento ao cliente" agora se torna cada vez mais também uma questão de "relações públicas" (o que é irônico, considerando que "serviço de atendimento ao cliente" era o que, no início do século 20, se chamava "relações públicas" [YELLIN, 2009, p. 22]), pois os clientes espalham suas próprias histórias sobre a empresa.

A Comcast, maior operadora a cabo nos Estados Unidos, aprendeu essa lição a um custo especialmente sofrido. As operadoras a cabo enfrentam há muito tempo queixas e manifestações de insatisfação da parte de seus clientes, um desprazer bem ilustrado por um vídeo de 2006 de um técnico da Comcast que pegou no sono no sofá do cliente Brian Finkelstein, enquanto aguardava na linha para falar com sua própria equipe de suporte na empresa. O vídeo de Finkelstein se espalhou imediata e amplamente e recebeu cobertura numa variedade de meios de comunicação tradicionais também. O técnico sonolento foi mandado embora, e a Comcast recebeu um consistente dilúvio de publicidade negativa on-line, com mais clientes frustrados adicionando seus próprios comentários ao vídeo.

O técnico sonolento da Comcast foi somente um de seus problemas propagados. Por exemplo, houve o episódio muito comentado envolvendo LaChania Govan, cliente da empresa e residente em Illinois, cujas repetidas tentativas de resolver uma questão de atendimento ao cliente em 2005 levou os empregados a mudar seu nome de conta e fatura para "Cadela Maldita". Uma espécie similar de atenção foi obtida pela cliente Mona Shaw, de 75 anos, residente na Virginia, que ficou tão revoltada com o tratamento recebido pelo serviço de atendimento ao consumidor, em 2007, que foi até o escritório local da Comcast com um martelo e causou um tremendo estrago (YELLIN, 2009, p. 2-8). O jornalista Bob Garfield (2007) compartilhou seu caso "Hell on Earth" envolvendo o serviço de atendimento ao cliente da Comcast com uma matéria em sua coluna *Advertising Age* cujo título era "A Comcast deve morrer". O jornalista começou uma campanha contra essa operadora a cabo com um site: ComcastMustDie.com. E, em meio a esses vídeos, casos e campanhas, reuniam-se as incontáveis queixas individuais de clientes da Comcast, cada vez mais difundidas por blogs, plataformas de microblogs e fóruns de discussão.

Atualmente, as empresas encaram uma pressão crescente para usar sua presença on-line não somente para comunicar suas próprias mensagens, mas também para responder às exigências de clientes insatisfeitos. A Comcast ouviu até certo ponto – pode-se dizer que impelida pela necessidade – e com o tempo criou um departamento específico para responder a questões levantadas on-line. Em fevereiro de 2008, Frank Eliason, gerente executivo de Suporte da Comcast (que estava na empresa havia seis meses), foi nomeado "diretor de Atendimento Digital". O departamento que Eliason criou agora se comunica com blogueiros, tuiteiros e outros participantes on-line, tentando proativamente resolver seus problemas. Com essa atitude, a iniciativa "Comcast Cares" tem atendido a milhares de clientes e, simultaneamente, gerou uma publicidade significativa. A *Business Week*, por exemplo, nomeou Eliason (que desde então foi trabalhar para a empresa de serviços financeiros Citi como diretor de mídia social) "o mais famoso gerente de atendimento ao cliente nos Estados Unidos" (REISNER, 2009). Embora em 2009 o site de Bob Garfield chamasse a Comcast de "um vasto colosso corporativo ambicioso, surdo e tosco", ele apontou que a empresa "enfim ouviu nossas vozes iradas e tomou medidas concretas para colocar o cliente em primeiro lugar". Enquanto isso, muitas pessoas no serviço de atendimento ao cliente e na comunicação com o consumidor consideram a resposta do serviço on-line de atendimento ao

52 | CULTURA DA CONEXÃO

consumidor um modelo que as demais companhias deveriam seguir, criando plataformas de comunicação on-line que respondam às perguntas do cliente e se empenhando na comunicação com aqueles que se queixam.

Apesar dos elogios, o serviço de atendimento ao cliente da Comcast continua longe do ideal. Seu trabalho pioneiro usando plataformas de mídia social para escutar as experiências negativas dos clientes e responder a eles ainda serve como solução rápida para as questões mais amplas que assolam os fornecedores de serviços. Em 2010, por exemplo, o blog Gizmodo publicou uma carta recebida por um cliente que foi assim informado de que seu serviço seria desligado caso ele não pagasse US$ 0,00 que ele devia (GOLIJAN, 2010), enquanto outro cliente que elogiou a comunicação da Comcast pelo Twitter compartilhou sua contínua frustração assim que foi conectado a outros setores dentro da empresa (PAUL, 2010). Esses são somente dois de um fluxo regular de consumidores demonstrando sua frustração com os modos tradicionais de comunicação da empresa.

Além disso, a iniciativa "Comcast Cares" e a perspectiva geral de que as questões do serviço de atendimento ao cliente ganham maior prioridade quando os clientes têm sua presença on-line garantida significam que alguns clientes recebem melhor tratamento do que outros. Veja, por exemplo, este relato extraído da revista on-line *Slate*:

> As pessoas mais influentes parecem receber melhores serviços. Um tuiteiro com menos de 20 seguidores me disse que, apesar de suas frequentes postagens sobre a Comcast, a empresa tinha respondido somente para lhe informar seu número de telefone para atendimento ao consumidor. Outra tuiteira – com mais ou menos 300 seguidores – contou uma história melhor: quando ela se queixou de um problema no serviço, a Comcast tomou medidas especiais para que ela fosse reembolsada. E Glenn Fleishman, um jornalista técnico com mais de 1.600 seguidores, recebeu o melhor acordo de todos. [Ele] rapidamente recebeu o telefonema de um executivo do departamento de promoções que lhe ofereceu a isenção da taxa de adesão [1,3 mil dólares por cancelar antes do término do prazo de fidelidade] (MANJOO, 2009).

Enquanto as empresas tratarem os problemas de serviço ao consumidor postados on-line com algum grau de preocupação pelo fato de o cliente ser um "formador de opinião", os clientes receberão níveis diferenciados de resposta com base em como é percebida sua "ameaça às relações públicas" (para nem mencionar a falta de recursos para quem não tem acesso fácil a essas plataformas de comunicação). E, ao dedicar uma energia significativa a responder a esses clientes que reclamam com voz mais alta, sem resolver os problemas latentes de atendimento ao consumidor, as empresas – no mínimo – incentivam as pessoas a "propagar suas queixas" como primeira atitude a tomar, influenciadas pelas histórias de horror de ligações sendo transferidas interminavelmente e horas e horas de espera na linha, nos *call centers* habituais.

Muito embora a Comcast e todas as grandes empresas ainda tenham muito chão a vencer para proporcionar um serviço de atendimento que priorize plenamente o consumidor, o ambiente de mídia propagável tornou a prática de ouvir o público uma prioridade muito maior para a maioria dos profissionais de marketing e das empresas de mídia. Os departamentos de comunicação corporativa e de relações públicas estão cada vez mais usando sua presença on-line para lidar com as mensagens que os clientes estão fazendo circular, um sinal do poder que os membros visíveis e socialmente conectados do público têm quanto a formatar os programas de empresas por meio das mensagens que propagam (assunto a que voltaremos com maiores detalhes no Capítulo 4). Em outras palavras, as empresas estão se sentindo mais pressionadas a pensar não somente em como o público poderia difundir mensagens acerca de alguma marca (e do conteúdo da marca), mas também em termos de como sua própria presença corporativa poderia se "espalhar" para se conectar com as mensagens que o público faz circular a respeito dela.

Reexaminando a cultura participativa

A propagabilidade assume a existência de um mundo em que conteúdos de massa são continuamente reposicionados à medida que entram em diferen-

54 | CULTURA DA CONEXÃO

tes comunidades-nicho. Quando o material é produzido segundo um modelo "tamanho único", ele corresponde com imperfeições às necessidades de determinada audiência. Por outro lado, os membros dessa audiência devem reformatar esse material para que ele atenda melhor aos seus interesses. Quando o material é propagado, ele é refeito: seja literalmente, ao ser submetido aos vários procedimentos de remixagem e sampleamento, seja figurativamente, por meio de sua inserção em conversas em andamento e através de diversas plataformas. Esse contínuo processo de transformação do propósito original e de recirculação está corroendo as divisórias percebidas entre produção e consumo.

A tese de doutorado de Whitney Phillips, na Universidade do Oregon, enfoca as práticas culturais, as produções e as performances associadas com a 4Chan, uma comunidade on-line que encoraja ativamente comportamentos em geral descritos como "antissociais" ou "atitudes de troll". A autora afirma que até mesmo remixagens desrespeitosas são conteúdos generativos. Em nosso livro expandido, ela diz que os membros da 4Chan adotaram um modelo peculiar de pensar sobre as "contribuições" que fazem à cultura, capturando memes ativamente como recursos para a criatividade e a produção:

> Como os trolls os entendem, os memes não são passivos e não seguem o modelo da infecção biológica. Em vez disso, os trolls veem (embora talvez "vivenciam" seja mais preciso) os memes como ninhos microcósmicos de conteúdo em evolução. [...] Os memes se espalham – quer dizer, as pessoas se envolvem ativamente com eles e/ou os remixam para que passem a existir – porque algo em determinada imagem ou frase ou vídeo ou qualquer outra coisa se alinha com um conjunto já definido de normas linguísticas ou culturais. Ao reconhecer essa conexão, o troll é capaz de afirmar seus conhecimentos culturais e de reforçar as bases de apoio sobre as quais suas práticas como um todo se assentam, formatando cada ato de recepção como um ato de produção cultural.

Para os integrantes do 4Chan, o conceito de meme como um fenômeno de autoperpetuação além do controle humano pode contribuir para a espontaneidade e a desestruturação que o grupo espera alcançar. Phillips (2009) argumentou em outra oportunidade que a 4Chan pode ter sido o berço de imagens amplamente propagadas que apresentam o presidente Barack Obama como o personagem Coringa dos quadrinhos do Batman, algo que alguns defensores do movimento norte-americano conservador Tea Party adotaram em seus cartazes de protesto durante a oposição pública ao plano nacional de saúde apresentado por Obama.

Enquanto o *Los Angeles Times* (GRAD, 2009) identificava o artista de uma das versões mais disseminadas como o estudante universitário Firas Alkhateeb, a imagem brotou de uma série maior de remixagens feitas pela comunidade 4Chan, quando brincaram com o material de marketing produzido para o filme do Batman de 2008, *O Cavaleiro das Trevas*. Outras remixagens incluíram transformar John McCain no Coringa, junto com Sarah Palin, Hillary Clinton, diversos artistas pop e, naturalmente, imagens de belos gatos. Embora a maioria dessas remixagens não circulasse muito além da 4Chan, alguns membros do Tea Party sentiram uma ressonância especial com a imagem de Obama como o antissocial Coringa. Dentro da 4Chan, os memes servem como temas para contínuas conversas e alimentam a atividade criativa, em que cada variação demonstra e requer um conhecimento cultural particular. Por mais que a 4Chan tenha sequestrado imagens do filme de Christopher Nolan, o Tea Party se apossou indevidamente dessas imagens da 4Chan, mudando suas valências políticas mais uma vez. Tudo isso sugere como as maneiras de se apropriar, remixar e recircular conteúdos usando os mecanismos da cultura participativa estão cada vez mais influenciando as conversas mais distanciadas daquilo que antigamente estávamos habituados a entender como comunidades-nicho. Diante desses acontecimentos, estamos testemunhando a erosão dos limites tradicionais entre fãs e ativistas, entre criatividade e desestruturação, entre nicho e mainstream (no exemplo da 4Chan), entre o que é comercial e o que é genuíno, entre fãs e produtores, em alguns dos exemplos que iremos analisar a seguir nesta seção.

Este livro irá sugerir um leque de grupos fortemente motivados a produzir e fazer circular materiais midiáticos como parte de suas contínuas interações sociais. Entre esses grupos contam-se: os ativistas, que buscam mudar a percepção do público a respeito de questões de interesse para esses grupos; os religiosos, que buscam difundir "a Palavra"; os apoiadores das artes – especialmente da mídia independente –, que buscam construir uma base que incentive formas alternativas de expressão cultural; os entusiastas de alguma marca em particular, que se tornam marcos localizadores para a identidade e o estilo de vida de muitas pessoas; os blogueiros, que almejam engajar mais pessoas nas necessidades de comunidades locais; os colecionadores e o público retrô, que estão atrás de maior acesso a materiais residuais; membros de subculturas, interessados em construir identidades alternativas, e por aí vai.

Em especial, frequentemente citaremos o fandom dos astros e estrelas do entretenimento como ponto de referência, porque os grupos de fãs muitas vezes têm sido inovadores quanto ao uso de plataformas participativas para organizar e responder a textos de mídia. Ainda em meados do século 19, editores amadores começaram a imprimir boletins sobre interesses coletivos e a distribuí-los pelo país, o que enfim levou à formação da Amateur Press Association (PETRIK, 1992). O surgimento do fandom de ficção científica nas décadas de 1920 e 1930 (Ross, 1991) serviu-se desses alicerces e passou a representar um dos mais proeminentes e duradouros exemplos de comunidades organizadas de fãs. O fandom de televisão, por sua vez, constituiu – como grupo – um contexto de apoio por meio do qual muitas mulheres, excluídas do clube exclusivamente masculino que se havia tornado o fandom de ficção científica, puderam desenvolver suas habilidades e cultivar seus talentos. Por volta da década de 1970, muitas mulheres estavam remixando trechos de programas de televisão para criar seus próprios fanvids*, escrevendo e editando suas próprias fanzines, criando trajes elaborados, cantando canções folclóricas originais e pintando imagens – todas essas obras inspiradas por suas séries favoritas de televisão (BACON-SMITH, 1992; JENKINS, 1992; COPPA, 2008). Com o advento da interconectividade de computadores em rede, as comunidades de fãs realizaram um trabalho importante ao fornecer às integrantes mulheres acesso

---

* Dá-se o nome de fanvid ao vídeo criado por fã a partir de sequências de filmes ou programas de TV, editadas com fundo musical ou outro efeito sonoro, como um clipe. O autor do vídeo, ou vidder, normalmente utiliza cenas de seus personagens prediletos para criar suas peças, mas também pode ironizar ou homenagear a obra original. O processo de criação desse material, propriamente dito, é conhecido como vidding. [N. de E.]

a novas habilidades e tecnologias quando elas deram seus primeiros passos no ciberespaço, revertendo as concepções iniciais de que somente o sexo masculino teria domínio sobre a cultura digital. Em particular, as fãs foram as primeiras adeptas das tecnologias de rede social como o LiveJournal e o Dreamwith, usando os recursos oferecidos pelas novas tecnologias midiáticas (podcasts, MP3s, sites de compartilhamento de vídeos) para criar suas próprias formas de cultura participativa.

Essas espécies de comunidades abraçaram as novas tecnologias conforme foram aparecendo, em especial quando esses recursos lhes ofereciam novos meios de interagir social e culturalmente. Em vez de considerar as plataformas do YouTube e do Twitter como "novas", consideramos esses sites onde se reúnem as múltiplas formas existentes de cultura participativa – cada qual com sua específica trajetória histórica, às vezes centenária –, o que em parte torna tais plataformas um objeto tão complexo de estudo. A popularidade do Twitter, por exemplo, foi provocada pela eficiência com que esse site facilita os tipos de compartilhamento de recursos, de conversações e de coordenação que as comunidades vêm usando há muito tempo. O sucesso inicial desse site pouco deve à presença oficial da marca. Renomadas modalidades de entretenimento, empresas e celebridades aderiram em bloco à plataforma desse microblog somente depois que seu sucesso foi considerado digno de uma atenção maciça (obviamente sem contar alguns raros primeiros adeptos). Lançado em 2007, no South by Southwest Interactive Festival, um evento predileto entre o público das indústrias midiáticas, o Twitter rapidamente permitiu que marqueteiros individuais construíssem suas próprias marcas pessoais, se conectassem entre si, demonstrassem suas habilidades para contatos sociais (*networking*) e compartilhassem sua "liderança de pensamento". Profissionais de marketing, publicidade e relações públicas constituíram uma boa porção do grupo inicial de profissionais que usaram esse site numa época em que as regras do marketing estavam rapidamente mudando e em que uma nova safra deles estava cimentando seu status e demonstrando sua competência na "era digital".

No mesmo ano em que foi lançado o Twitter, também apareceu *Mad Men*, a série da AMC com vários prêmios Emmy, sobre a agência de propaganda dos anos 1960 Sterling Cooper. *Mad Men* comemora o que para muitas

58 | CULTURA DA CONEXÃO

pessoas foi a "era de ouro" do marketing de massa nos Estados Unidos. É uma série que funciona tanto como retrospectiva da era da radiodifusão quanto como uma investigação de outra época do marketing, quando as regras estavam sendo criadas em fluxo e em que novas práticas publicitárias estavam sendo desenvolvidas em função de um novo e importante veículo midiático (a televisão, nesse caso).

Parece quase inevitável agora que o Twitter se revele uma extensão natural do drama de *Mad Men*. Desde a primeira temporada, o publicitário Don Draper e os colegas da Sterling Cooper, Pete Campbell, Joan Holloway e Roger Sterling (ou melhor, alguém que desempenhava essas identidades) ficavam oferecendo conselhos aos leitores por meio de um blog Tumblr. Entretanto, em 12 de agosto de 2008, no meio da segunda temporada da série, Draper apareceu no Twitter, conquistando vários milhares de seguidores em poucos dias. Dali a pouco, Pete, Joan e Roger e praticamente todo o elenco de *Mad Men* também chegaram. Durante os episódios e entre cada um deles, seus seguidores podiam observar seus personagens interagindo e até mesmo manter conversas com eles. Algumas criações completamente novas também começaram a aparecer na narrativa Twitter/*Mad Men*, incluindo a que envolveu o empregado da correspondência, Bud Melman, e a copiadora Xerox da agência.

Os personagens de *Mad Men* no Twitter eram geralmente divertidos e faziam referências a si mesmos. Apesar de óbvias interrogações sobre como personagens dos anos 1960 poderiam estar usando uma moderna plataforma de comunicação, sobre por que iriam compartilhar em público seus pensamentos privados ou sobre como uma máquina de Xerox poderia ser capaz de tuitar, essa interação basicamente se coadunava com os parâmetros do enredo do programa, aprofundando o envolvimento com as histórias existentes, em vez de desafiar a narrativa ou desviá-la em novas direções. Alguns tuítes faziam referência a fatos que o público conhecia, mas que eram ignorados pela maioria dos personagens, como a encoberta homossexualidade do diretor de arte, Sal. Outros aludiam a eventos políticos contemporâneos em relação a desenvolvimentos no programa, como a progressiva proeminência conquistada por Joe Wurzelbacher, "o encanador", como a quintessência do cidadão de classe média durante a campanha presidencial de 2008 nos Estados Unidos (KING, 2009).

Um número crescente de blogueiros famosos, especialmente nas esferas dos fãs e das marcas, elogiou a competência do marketing da AMC. No entanto, esses elogios foram um tanto equivocados, pois, como depois veio à tona, os tuiteiros de *Mad Men* (como seus antecessores no Tumblr) não eram afiliados à AMC, nem ao programa. Conforme crescia aceleradamente a popularidade dessas versões virtuais dos personagens de *Mad Men*, a AMC entrou em contato com o Twitter para esclarecer quem estava por trás das contas. O Twitter interpretou essa indagação como um questionamento de direitos autorais por parte da AMC e suspendeu várias contas de usuário com base no Digital Millenium Copyright Act, em 26 de agosto de 2008, mais ou menos duas semanas após o primeiro tuíte de Draper.

O Twitter ter cancelado as contas pertence a uma narrativa que os fãs de mídia e o pessoal de marketing conhecem bem demais. Pedidos de interrupção e desistência tornaram-se um meio excessivamente familiar de correspondência entre as marcas e seus públicos, numa era em que atitudes corporativas proibicionistas vêm colidindo com a natureza colaborativa das redes sociais on-line. Houve uma manifestação imediata e geral de protesto contra a AMC por desrespeitar os fãs, sinalizando que essa atividade tinha se tornado um motor para gerar interesse e intensificar o engajamento em um programa de nicho a cabo que recebia altos elogios da crítica, mas audiência decepcionante.

Uma parte da ambivalência da AMC a respeito da popularidade de *Mad Men* no Twitter foi provavelmente provocada pela incerteza do pessoal de marketing quanto à cessão do controle, o que de certa maneira equivalia à reputação do próprio criador de *Mad Men*, Matthew Weiner, de ser um "fanático por controle" confesso, que tem de aprovar "cada ator, cada figurino, cada corte de cabelo, cada adereço cênico" (WITCHEL, 2008). A fama de Weiner de controlar tudo com rédeas curtíssimas ia além do cuidadoso monitoramento da produção, uma vez que tinha expressado pública e veementemente sua oposição ao programa ser visto ou vivenciado de maneiras que ele desaprovava. Weiner diz: "Conheci um sujeito que estava criando um programa por meio do qual você podia assistir a *Mad Men* e ao mesmo tempo bater papo com um amigo, e as coisas apareciam na tela, fatos apareciam na tela, e eu disse 'Você é uma bateria humana. Desligue essa droga, agora! Você não tem mais

60 | CULTURA DA CONEXÃO

autorização para assistir ao programa. Você está indo contra toda a ideia de se sentar num recinto escuro e ter uma experiência'" (citado em JUNG, 2009). A resposta de Weiner é emocional, não legal, mas tanto a sua reclamação como as ações da AMC diante dos fãs tuiteiros refletem o desejo, por parte das empresas de mídia, de manter controle exclusivo da recepção e da distribuição de conteúdos. Embora a atenção a detalhes que Weiner e equipe demonstram consistentemente faça parte do que sustenta a reputação do programa e o entretenimento de sua audiência, amplificar esse rígido controle sobre como *Mad Men* é visto, discutido e propagado restringe a circulação do programa e diminui o entusiasmo do público.

Entretanto, em muitos casos, as pessoas que escreviam como os personagens de *Mad Men* tinham um interesse tanto profissional como pessoal pelo programa. Vários eram, inclusive, profissionais de marketing (o personagem Draper, por exemplo, era desempenhado pelo estrategista Paul Isakson, da agência digital space150), e esses fãs recorreram a suas identidades profissionais reais para fazer pressão no sentido de recuperar as contas. O estrategista Bud Caddell (que criou o personagem original Bud Melman no Twitter) lançou WeAreSterlingCooper.org para funcionar como o "comando central" para a comunidade de fãs que participavam da fan fiction no Twitter e para expressar seus direitos de continuar postando mensagens. O site emitiu um "chamado de convocação para todas as marcas e fãs igualmente se unirem e criarem em conjunto":

> Fan fiction. Sequestro de marca. Uso indevido de direitos autorais. Pura devoção. Chame como quiser, mas para nós é o limite indefinido entre criadores de conteúdo e consumidores de conteúdo, e não vai dar em nada. Nós somos seus maiores fãs, seus defensores mais duros de matar, e, quando o programa for cancelado, estaremos entre os primeiros a fazer circular a petição para que retorne. Fale conosco. Receba-nos. Interaja conosco. Mas, por favor, não nos trate como criminosos. (CADDELL, 2008)

No auge da controvérsia, Carri Bugbee, uma profissional do marketing que havia tuitado como @peggyolson, abriu uma nova conta no Twitter como

INTRODUÇÃO | 61

@Peggy_Olson para continuar escrevendo. Ela começou assim: "Trabalhei muito. Fiz a minha parte. Mas o pessoal do Twitter é tão tosco quanto o pessoal da Sterling Cooper. Que pena que são tão mesquinhos" (citado em SIEGLER, 2008). Conforme aumentavam a troca de tuítes entre fãs e as discussões públicas acerca da controvérsia, a AMC fez uma rápida meia-volta. Segundo dizem, a AMC estava seguindo o conselho de sua agência de marketing digital – Deep Focus –, que também tinha sido criticada pelos profissionais de marketing por pregar o valor das mídias sociais e ao mesmo tempo trabalhar com um cliente que tão acintosamente estava pretendendo esmagar a paixão dos fãs e pisotear suas manifestações (LEARMONTH, 2008). Mais visíveis ainda após o término da controvérsia, os tuiteiros da Sterling Cooper retornaram cada qual a seu posto.

Talvez a confusão em torno de *Mad Men* tenha resultado de uma contínua predominância da "aderência" como a principal maneira de mensurar sucesso. Se a AMC avaliasse o sucesso de promover *Mad Men* somente pelo tráfego facilmente mensurável através de seus canais oficiais, então desencorajar qualquer coisa que pudesse distrair as pessoas e afastá-las desses destinos faria sentido. No âmbito dessa mentalidade, o material criado pelos fãs fora dos canais oficiais do *Mad Men* entraria em competição com o seriado e todo o tráfego recebido por esses meios diluiria o alcance da presença oficial do programa. Essa abordagem não atribui valor a como conteúdos criados por fãs e distribuídos por eles poderiam encaminhar indiretamente a percepção e o engajamento no programa porque esses dados não podem ser facilmente quantificados.

Além de um obstinado desejo de manter o apego ao modelo da aderência, as empresas costumam, em geral, não ter certeza de como sua audiência propaga material para atender a suas próprias necessidades. Embora os profissionais de marketing idealizem uma audiência dos sonhos composta de sujeitos que transmitem passivamente mensagens oficiais (viralmente), eles sabem que a realidade é muito mais desordenada: os fãs que criam novo material ou que encaminham o conteúdo existente na mídia querem, em última análise, comunicar algo a seu próprio respeito. Os fãs podem tentar demonstrar sua competência técnica, aumentar o destaque que já têm diante de uma comunidade-nicho, especular a respeito de futuros desdobramentos da trama, criar

62 | CULTURA DA CONEXÃO

novos enredos usando textos já conhecidos para suas próprias plateias. Como prova o exemplo do Twitter de *Mad Men*, é comum que um conteúdo ganhe tração quando as pessoas adquirem latitude para usar textos da mídia "oficial" para comunicar algo a seu próprio respeito.

O embate entre interesses profissionais e o entusiasmo dos fãs no seio da comunidade de *Mad Men* causou uma consternação especial. Como os tuiteiros desse programa eram profissionais do ramo, motivações profissionais também inspiraram suas criações como fãs. Por causa disso, a Deep Focus inicialmente indicou que os tuiteiros não deveriam ser considerados fãs (CADDELL, 2008), sugerindo que a profissão deles os afastava da lógica do fandom e os localizava, em vez disso, bem no meio da economia da "América corporativa".

Além disso, Caddell descreve as brigas internas entre os tuiteiros conforme sua popularidade aumentava, nas quais múltiplos contendores se engalfinhavam para descrever personagens populares e outros membros mais sigilosos receavam que, se suas verdadeiras identidades fossem "expostas", poderiam ter sua situação profissional comprometida. No ínterim, alguns desses fãs usaram seu papel nessa controvérsia para demonstrar seu conhecimento particular do Twitter e sua própria leitura do entusiasmo dos fãs, construindo sua fama no ambiente da comunidade do marketing. Depois que a controvérsia foi controlada, Caddell publicou um relatório intitulado "Becoming a Mad Man". Bugbee montou uma nova agência, a Big Deal PR, usando em parte a controvérsia e o Prêmio Shorty que ganhou por seu personagem Peggy Olson no Twitter, e vários outros se valeram de sua participação nessa atividade dos fãs em subsequentes publicações profissionais ou apresentações em congressos. Por conta disso, tornou-se pública a tensão envolvendo quem afirmava ser proprietário de alguma coisa na atividade dos fãs e quais tuiteiros receberam os devidos créditos por esse momento de sucesso. Por exemplo, quando Bugbee criou o painel South by Southwest Interactive sobre o fenômeno *Mad Men*/Twitter, Caddell (2009a) discutiu publicamente a política da seleção dos integrantes do painel, citando em seu blog sua própria omissão e a de outros "fãs" de destaque que tiveram uma participação crucial no movimento.

A circulação de conteúdo de mídia dentro da cultura participativa pode servir a uma variedade de interesses, alguns deles culturais (como promover um dos sexos ou um artista), outros pessoais (como fortalecer os laços sociais entre amigos), ou políticos (como criticar a construção do gênero e da sexualidade dentro da mídia de massa) e econômicos (como os que servem às necessidades imediatas de indivíduos comuns, assim como aqueles que atendem às necessidades das indústrias de mídia). Não estamos afirmando que os fãs estejam de algum modo resistindo ao capitalismo de consumo e seus regimes de propriedade intelectual por meio desses vários processos e práticas, uma vez que muitas dessas atividades não autorizadas poderiam indiretamente beneficiar marcas e empresas de mídia. Sejam quais forem os motivos da audiência, ela pode descobrir novos mercados, gerar novos significados, renovar franquias já enfraquecidas, apoiar produtoras independentes, localizar conteúdo global que nunca foi comercialmente introduzido num mercado local, ou interromper e reformatar as operações da cultura contemporânea enquanto acontecem todas essas coisas. Em alguns casos, esses resultados são o objetivo direto da cultura participativa; em outros, são uma decorrência. As empresas que dizem ao público que tirem as mãos da propriedade intelectual de uma marca estão se distanciando desses processos, muitos dos quais poderiam criar e prolongar o valor dos textos midiáticos.

As indústrias de mídia compreendem que a cultura está se tornando mais participativa, que as regras estão sendo reescritas e que os relacionamentos entre produtores e seus públicos estão em fluxo. No entanto, poucas empresas estão dispostas a correr o que pode ser entendido como um risco substancial com propriedades intelectuais potencialmente valiosas. Os desejos dos fãs e os interesses das empresas às vezes funcionam em paralelo, mas nunca coincidem inteiramente, em parte porque até as empresas que acolhem os ideais de engajamento da audiência continuam incertas quanto à margem de controle de que lhes é conveniente abdicar. Observar a AMC e a Deep Focus ora rejeitar, ora abraçar os esforços de seus fãs para promover *Mad Men*, sejam quais forem as variadas motivações desses fãs, fornece um vislumbre dos limites do nível atual de entendimento da indústria quanto ao que estamos chamando mídia propagável. Os fãs de *Mad Men* são, eles mesmos, parte da indústria de entretenimento de uma marca, usando seu tempo de lazer para considerar como essa nova economia cultural poderia atuar. Alguns deles inclusive reconheceram publicamente

64 | CULTURA DA CONEXÃO

que suas atitudes cruzaram a linha que normalmente separa os produtores de sua audiência, ao passo que outros não estavam dispostos a se pronunciar abertamente, inseguros do que estava em risco à medida que se aventuravam por esse território incerto. Contudo, esses marqueteiros/fãs e seus personagens fictícios deram voz ao desejo da audiência de participar mais ativamente da produção e da circulação de mídia, e ao desejo dos profissionais de tornar mais participativos o marketing e os textos de mídia.

Os interesses corporativos nunca irão se alinhar completamente com os da cultura participativa e surgirão atritos frequentes. Por exemplo, as pessoas são profundamente ambivalentes quanto a como as empresas de mídia e os comunicadores corporativos devem participar desse ambiente. Diante de uma autonomia maior por parte do público, elas buscam um reconhecimento mais explícito por parte das empresas, mas estão preocupadas com como a participação ativa das corporações pode distorcer as comunidades, ou que as corporações só acatem as práticas de audiência que lhes proporcionarem mais lucros. A cultura participativa não é sinônima de práticas comerciais que tenham sido rotuladas como Web 2.0, uma distinção que iremos esmiuçar melhor no Capítulo 1. Todos estamos nos debatendo com o formato que nossa cultura assumirá nas próximas décadas, num processo árduo que é enfrentado em termos desiguais e com recursos desiguais. Vemos a cultura participativa como uma expressão relativa: em muitos lugares, a cultura é mais participativa agora do que quando vigoravam os regimes antigos do poder da mídia. Apesar disso, ainda estamos longe de alcançar algo que se assemelhe a uma participação plena.

Tudo isso sugere maneiras de revisar o conceito de cultura participativa para que reflita a realidade de um ambiente midiático dramaticamente modificado e ainda em transformação. Estamos passando de um foco inicial do fandom como uma subcultura particular para um modelo mais amplo que engloba muitos grupos que estão adquirindo maior capacidade de comunicação dentro de uma cultura em rede, e rumo a um contexto em que a produção cultural de nicho está cada vez mais influenciando o formato e a direção da mídia mainstream. Estamos passando do foco sobre o relacionamento de oposição entre fãs e produtores como forma de resistência cultural para entender como esses papéis estão cada vez mais complexamente entrelaçados. Estamos passando da celebração do crescimento de oportunidades de participação para uma perspectiva ponderada pela atenção aos obstáculos que impedem muitas pessoas de exercer uma participação significativa. Ao longo do livro, retomaremos o debate em torno dos termos de nossa participação, de como nossa participação é valorizada ou bloqueada por várias políticas e práticas corporativas e de como os participantes são bem-vindos, marginalizados e excluídos.

Papiro e mármore

As inovações e as lutas da cultura participativa que acontecem no amplo cenário das interações envolvendo forças institucionais atuando de cima para baixo e forças sociais atuando de baixo para cima têm formatado a propagação da mídia dentro das culturas e entre elas. É longa a história dessas trocas culturais, conduzidas através de vários canais e práticas. O advento da computação ligada em rede e a maneira como seus componentes vêm sendo absorvidos pela cultura participativa e distribuídos pelos sites de redes sociais representam uma nova configuração de práticas que já existem há muito tempo. (O historiador de mídia do MIT William Uricchio esboça alguns dos capítulos cruciais dessa história em nosso livro expandido, mostrando como fluiu entre as culturas e no interior de cada uma delas a mídia – que vai de moedas a livros impressos.) Ainda que os canais autênticos de comunicação possam surtir efeitos desestabilizadores sobre os atuais monopólios do conhecimento, a mídia propagável precisa ser compreendida em termos evolutivos mais do que em termos revolucionários.

O modo como a mídia circula tem sido um ponto central de interesse para estudos de mídia pelo menos desde a publicação, em 1951, da obra de Harold Innis, *O viés da comunicação*. Na formulação de Innis, os meios dominantes de comunicação numa determinada sociedade influenciam a produção e o controle da informação. Defendendo uma abordagem nos estudos de mídia que seja centrada na "disseminação do conhecimento através do tempo e do espaço", Innis salientou que algumas mídias (a pedra ou o mármore, por exemplo) são "pesadas e duráveis", preservando a informação por longos

66 | CULTURA DA CONEXÃO

períodos, mas ao mesmo tempo impondo um controle de cima para baixo sobre qual informação deve ser preservada. Outras mídias (como o papiro, por exemplo) são "leves e facilmente transportadas", permitindo sua rápida e fácil propagação através de uma área geograficamente dispersa (1951, p. 33). Muitas vezes, as mídias que favorecem a mobilidade também são de baixo custo, permitindo sua distribuição por mais pessoas e entre mais pessoas, o que resulta numa comunicação mais descentralizada.

Innis argumenta que a contínua tensão entre durabilidade e mobilidade – entre o mármore e o papiro – tem determinado os tipos de informação que ganham visibilidade em sua própria época e quais têm sido preservados para as futuras gerações. Em sua versão desse processo, as mudanças na infraestrutura tecnológica têm a possibilidade de construir ou enfraquecer os "monopólios do conhecimento" intimamente associados com outras fontes de poder institucional. O foco de Innis sobre como diferentes configurações tecnológicas podem favorecer ou limitar a circulação de informações foi retomado por alguns autores mais recentes, que buscam explicar o surgimento de fenômenos como o sistema de administração dos direitos digitais (DRM, na sigla em inglês) na qualidade de uma tentativa de moldar a conduta do público. Tarleton Gillespie descreve o sistema de limites que determina como os usuários podem se envolver com textos de mídia e compartilhá-los:

> Construir uma tecnologia para regular a atividade humana de modo que limite todos os usuários de maneira justa e eficiente nunca é simplesmente uma questão técnica. É um esforço heterogêneo no qual os artefatos materiais, as instituições que os sustentam, as leis que lhes dão força e os mecanismos culturais e políticos que lhes conferem legitimidade devem todos ser cuidadosamente alinhados numa rede híbrida e regulamentada com flexibilidade, mas altamente dotada de coesão. (2006, p. 652)

Diferentes escolhas tecnológicas, então, podem formatar o uso dado pelo público aos conteúdos da mídia, facilitando alguns e limitando outros, mas as tecnologias nunca poderão ser projetadas para controlar de maneira absoluta como o material é distribuído dentro de determinado contexto social e cultural. Na realidade, tanto o uso popular da tecnologia como seu uso em nichos sempre se desenrolam muito além de qualquer coisa que o desenvolvedor tenha podido prever.

Não obstante, quanto mais as empresas e o governo interpõem obstáculos ao fluxo de propagação de textos de mídia, mais a circulação autêntica requer habilidades técnicas avançadas para superar e contornar esses obstáculos. Com isso, muitas pessoas são excluídas da possibilidade de moldarem de maneira significativa o processo de circulação de conteúdos. Gillespie descreve a atividade do usuário como uma mistura de capacidades técnicas (ser capaz de "agir com uma ferramenta e nessa ferramenta") e capacidades sociais ("a percepção do usuário a respeito de sua habilidade e de seu direito de fazê-lo", 2006, p. 661). Usando os transportes como exemplo, Gillespie discute a gama de recursos culturais, incentivos econômicos e inovações tecnológicas que estimularam alguns usuários a consertar os próprios carros, inclusive descrevendo de que maneira o design atual dos veículos tornou essa atividade menos provável do que no passado e limitou os grupos de pessoas que se sentem aptas a tanto, sem causar mais danos do que aquele que está consertando. A propagabilidade está chegando a um momento decisivo justamente agora porque um complexo conjunto de mudanças tornou mais fácil para as comunidades genuínas circular conteúdo do que em qualquer outro período, ainda que os requisitos de habilidade e instrução, para nem mencionar o acesso a tecnologias, não tenham uma distribuição uniforme na população – uma questão que iremos examinar em mais detalhes ao longo do livro.

Entretanto, mais uma vez não desejamos atribuir um poder excessivo a nenhuma tecnologia ou plataforma em especial. Embora a formulação de Innis presuma que sempre existirá um meio de comunicação dominante "enviesando" a sociedade numa direção ou outra, este atual momento de convergência midiática é aquele em que há múltiplos sistemas de mídia (às vezes competindo, às vezes se complementando), cujas intersecções fornecem a infraestrutura para a comunicação contemporânea (como os exemplos de Susan Boyle e *Mad Men* sugerem em termos da interação envolvendo as redes de radiodifusão e as redes digitais). Algumas dessas estruturas (como o sistema de administração de direitos digitais descrito por Gillespie) buscam o peso e a autoridade prescritos

68 | CULTURA DA CONEXÃO

para a mídia durável anterior. Muitas vezes, essas estruturas buscam travar o conteúdo e limitar ou controlar sua circulação. Outras plataformas correntes (como o YouTube, que facilita a inserção de seu conteúdo em outros locais) têm a liberdade e a mobilidade antes atribuídas ao papiro, o que permite sua rápida circulação por um leque de redes sociais. Alguns textos de mídia são criados para durar, ao passo que outros (como o Twitter) são voltados para o momento e para serem descartáveis.

Se várias plataformas oferecem oportunidades divergentes de participação, preservação e mobilidade – e cada sistema de comunicação sustenta relações diferentes entre produtores e cidadãos –, então o sistema geopolítico estabelecido também cria hierarquias que dificultam para alguns grupos (e algumas nações) sua participação nele. O antropólogo Arjun Appadurai, um dos principais teóricos da globalização, foi outro que seguiu os passos de Innis. Appadurai observa que "objetos culturais, incluindo imagens, idiomas e estilos de cabelo, agora se movimentam muito mais rapidamente através de limites regionais e nacionais. Essa aceleração é uma consequência da velocidade e da propagação da internet e do crescimento simultâneo e comparativo de viagens, da mídia transcultural e da publicidade global" (2010, p. 4). Para Appadurai, esse acelerado fluxo de informações e culturas é facilitado não simplesmente pelos esforços do capitalismo multinacional, mas também pela expansão de mercados ilegais e não autorizados. Esses mercados frequentemente mesclam sistemas de intercâmbio que sustentam a propagação de conteúdos de mídia e de valores culturais (mas também de armas e drogas) fora dos canais oficiais e comerciais. Ele sugere que, muitas vezes, esses circuitos subterrâneos e genuínos – que servem às necessidades de povos menos afluentes ou marginalizados – "pegam carona" em sistemas anteriores de intercâmbio que decorreram de processos de globalização de duração ainda mais longa.

O modelo de Appadurai aceita a existência de desigualdades fundamentais em termos de quais países têm acesso a essas diferentes formas de circulação, quais enfrentam bloqueios que lhes dificultam significativamente participar desses intercâmbios e como essas desigualdades de participação formatam aquelas ideias que de fato são postas em circulação. Como demonstra o trabalho de Appadurai, há muitos tipos de redes que alcançam muitas camadas

INTRODUÇÃO | 69

diferentes nas sociedades e que transitam de muitos modos diferentes no sistema. Embora nosso livro detalhe o potencial de propagabilidade como meio de assegurar que mais pessoas tenham acesso aos meios da circulação cultural, acreditamos que é crucial sempre ter em mente que nem todos têm acesso igual às tecnologias e às habilidades necessárias para acioná-las.

Apesar dessas desigualdades – ou talvez por causa delas –, estamos presenciando algumas mudanças espetaculares no fluxo de informação através de fronteiras nacionais e, como decorrência disso, nas relações entre os povos de diferentes países. Como observa Appadurai, "esse volátil e explosivo tráfego de commodities, estilos e informações tem sido acompanhado pelo crescimento tanto de fluxos de políticas culturais, mais poderosamente visíveis no discurso dos direitos humanos, como pelas novas linguagens do cristianismo e do islamismo radicais, e o discurso de ativistas sociais que desejam promover suas próprias versões de equidade global, direitos adquiridos e cidadania" (2010, p. 5).

Jornalistas, blogueiros e outros entusiastas do mundo cyber celebraram o uso de sites como Twitter, Facebook e YouTube por pessoas protestando no mundo islâmico e seus apoiadores no Ocidente como um sinal decisivo de que comunicadores autênticos poderiam ser capazes de seguir um trajeto esquivando-se da censura governamental e de que os cidadãos jornalistas poderiam ser capazes de impor questões internacionais na pauta da mídia noticiosa internacional. Consideremos, a título de exemplo, o papel que essas tecnologias tiveram nos acontecimentos que se seguiram às acaloradamente contestadas eleições iranianas do verão de 2009. Entre 7 de junho e 26 de julho, o Web Ecology Project (2009) da Universidade Harvard registrou 2.024.166 tuítes sobre a eleição no Irã, envolvendo 480 mil pessoas. Enquanto isso, o iReport da CNN recebeu mais de 1.600 relatos produzidos por cidadãos do Irã (CARAFANO, 2009), principalmente fotos, mas também vídeos de ações nas ruas, gravadas e transmitidas por celulares. (Nosso livro expandido apresenta uma discussão mais detalhada, de Henry Jenkins, sobre como a "propagabilidade" se aplica a tais eventos no Irã e nos movimentos da Primavera Árabe de 2011, assim como o movimento Ocupe Wall Street, nos Estados Unidos.)

Sean Aday et al. publicaram um relatório em 2010 intitulado *Blogs and bullets: new media in contentious politics*, no qual afirmam que a participação via Twitter no território do Irã era pequena demais para fazer muita diferença lá dentro (estimando que em torno de apenas cem pessoas possam ter gerado a maior parte do tráfego no Twitter fora do país) e que o regime no poder também usou as ferramentas das redes sociais para monitorar o comportamento dos que protestavam e, muitas vezes, para distribuir materiais contrarrevolucionários. No entanto, como conclui o relatório, "onde o Twitter e outros meios novos claramente importaram foi em sua maneira de transmitir informações sobre os protestos para o mundo exterior. A mídia tradicional estava em desvantagem na cobertura dos eventos no Irã por causa das restrições impostas aos jornalistas e, por isso, acabaram dependendo da nova mídia para conseguir o conteúdo. Com isso, a percepção do mundo externo sobre os protestos foi crucialmente formatada pelo Twitter (transmitida por blogs e outros meios), por vídeos amadores baixados do YouTube e do Facebook e por outras fontes" (p. 22). Nos termos de Innis, o que aconteceu desafiou dois "monopólios de conhecimento" que potencialmente regulam o fluxo de informações de Teerã para os Estados Unidos: o desejo do governo do Irã de conter as notícias sobre os protestos e a capacidade da mídia noticiosa do mainstream de determinar a prioridade que aplicaria na cobertura de eventos específicos. Para Appadurai, os mesmos dados poderiam ter ilustrado desigualdades contínuas na velocidade e na propagação da comunicação, de tal sorte que as pessoas lutando pelo poder dentro do Irã fossem forçadas a contar com a influência e a atenção do mundo ocidental para formatar eventos no território de seu próprio país.

Clay Shirky afirmou que o impacto do Twitter nesse caso foi mais afetivo do que informativo: "Conforme o meio fica mais rápido, ele fica mais emocional. Nós sentimos mais depressa do que pensamos. [...] O Twitter nos faz sentir junto com o outro. Faz com que sejamos parte daquilo. Mesmo quando for só um tuíte repassado, a pessoa está colaborando com o objetivo que os dissidentes sempre buscaram: saber que o mundo externo está prestando atenção é algo realmente valioso" (2009). Essas fortes emoções refletiram o efeito cumulativo de um fluxo contínuo mas sempre frágil de mensagens vindo das ruas de Teerã. Por mais que a comunicação digital diária sobre questões triviais tenha levado as pessoas a usar sites de redes sociais sentindo laços mais fortes de ligação emocional com seus amigos, o fluxo de mensagens políticas via Twitter ajudou-as a se sentir mais diretamente implicadas no protesto. Os cidadãos globais (incluindo uma forte comunidade diasporizada na América do Norte e na Europa ocidental) ajudaram os iranianos que protestavam a se esquivar da possível censura e dos bloqueios técnicos, traduziram seus pensamentos em inglês e em outros idiomas ocidentais, filtraram informações confiáveis da teia de boatos, transmitiram o que tinham sabido pelos outros e obrigaram os meios jornalísticos a prestarem mais atenção aos acontecimentos.

As salas de imprensa ainda estão se debatendo para tentar entender quais podem ser seus novos papéis nesse ambiente em que a exigência por informação pode ser instigada por afetos e formatada pelo que acontece com as comunidades on-line, em que os cidadãos podem cobrar o que os jornalistas devem cobrir e ainda reunir informações recorrendo a uma diversidade de fontes quando os meios jornalísticos tradicionais de notícias não fornecem as informações desejadas. Embora possa ser rara a relação amistosa entre a mídia genuína e a mídia comercial, as duas podem coexistir no âmbito de um ambiente midiático em camadas, cada qual considerando a outra responsável por eventuais abusos, cada qual escaneando a outra atrás de conteúdos potencialmente valiosos que, de outro modo, poderiam escapar pelas frestas.

Contudo, pode-se argumentar que esses atos de circulação (e as discussões sobre circulação) servem como substitutos para ações políticas concretas. Jodi Dean debate, no ensaio em que fala do "capitalismo comunicativo", que a expansão da capacidade do público para fazer circular mensagens tem sido excessivamente fetichizada como um fim em si, em geral à custa de um verdadeiro debate ou de uma ação real em situações que poderiam buscar diretamente mudar os embates que estão sendo travados:

> Hoje em dia, a circulação de conteúdo nas densas e intensas redes de comunicação global retira dos participantes de alto nível (corporações, instituições e governos) a obrigação de responder. Em vez de responder às mensagens enviadas por ativistas e críticos, eles reagem com contribuições próprias ao fluxo de comunicações em circulação na esperança de que um volume suficiente (seja em termos do número de contribuições, seja devi-

72 | CULTURA DA CONEXÃO

do à natureza espetacular de uma contribuição) ofereça a suas contribuições aderência ou predominância. [...] Em condições de intensa e extensa proliferação de mídias, é mais provável que as mensagens se percam como meras contribuições à circulação de conteúdo. (2005, p. 54)

Dean faz aqui uma importante advertência sobre como os meios se tornam fins em si mesmos, especialmente em meio à euforia tecnológica que tem cercado a expansão das capacidades de comunicação. O Twitter (como uma nova empresa em busca de aumentar sua visibilidade no mercado) se beneficiou do que acontece nesse caso tanto quanto ou ainda mais do que os opositores protestando em Teerã. Não obstante, em nosso entender Dean vai além da justa medida ao depreciar a significação dos atos populares de circulação. Segundo ela, "as mensagens são contribuições ao conteúdo em circulação, não ações para despertar respostas. [...] Assim, uma mensagem não é mais essencialmente uma mensagem de um emissor para um receptor. Desligada dos contextos de ação e aplicação – por exemplo, na Web, na mídia impressa ou nos meios de radiodifusão –, a mensagem simplesmente faz parte de um fluxo de dados em circulação. Seu conteúdo específico é irrelevante" (p. 59). Para Dean, a participação significativa é uma fantasia usada para vender produtos e serviços e não uma descrição de realidades políticas e econômicas contemporâneas. Nós discordamos. As empresas de Web 2.0 podem frequentemente tentar vender práticas culturais de longevidade garantida para aquelas comunidades em que elas se originaram, mas o argumento de Dean é tão desempoderador quanto as versões corporativas da "mídia viral" e, em última análise, fatalista em suas conclusões. Em vez de enxergar a circulação como uma troca vazia de informações desprovidas de contexto e significado, entendemos esses atos de circulação como bits constituintes de significado e valor.

Em nossa opinião importa muito quem manda a mensagem, quem a recebe e, principalmente, que mensagens foram enviadas. Atos de circulação formatam tanto o cenário cultural como o cenário político de maneiras significativas, como iremos demonstrar ao longo deste livro. O que aconteceu no Irã não foi revolucionário no sentido de ter levado a uma mudança de regime, mas foi profundo no sentido de ter permitido a pessoas do mundo todo tomar consciência da dinâmica política real em Teerã, o que deixou muitos de nós nos sentindo mais próximos de um grupo de indivíduos que quase durante nossa vida inteira nos disseram que deveríamos temer e odiar.

O que vem a seguir

A distinção de Innis entre mármore e papiro, entre armazenamento e mobilidade, é proveitosa para analisarmos as maneiras como uma cultura de mídia mais propagável rompe com os pressupostos tanto do paradigma da radiodifusão como do modelo de "aderência". A transmissão por radiodifusão e a aderência representam tipos diferentes de estruturas de "monopólio", bloqueando acessos e limitando a participação. Nas condições que estivemos descrevendo até aqui, o conteúdo da mídia que permanece fixo num local e estático quanto à forma deixa de gerar interesse público suficiente e com isso desaparece das conversas em andamento. Ao longo desta introdução, detalhamos vários exemplos de propagabilidade em ação, incluindo do universo do entretenimento (Susan Boyle, *Mad Men*), das notícias e da política (Irã) e do marketing e dos serviços ao consumidor (Comcast). Na medida em que a propagabilidade se torna um atributo do cenário da mídia contemporânea, ela tem o potencial de remodelar dramaticamente a maneira como operam as instituições culturais e políticas centrais.

Se aceitarmos que as indústrias de mídia e o mundo do marketing estão se encaminhando para um modelo de circulação baseado na lógica da propagabilidade, e se também aceitarmos que conceitos tais como os de meme e de vírus em geral distorcem o expediente humano envolvido na propagação de conteúdos de mídia, como poderíamos entender melhor as formas pelas quais um material transita dentro de uma cultura ligada em rede? Essa questão essencial irá estruturar o restante do livro.

Em primeiro lugar, consideramos a lógica econômica e social que molda esse cenário de mídia propagável. O Capítulo 1 faz uma crítica da retórica e da mentalidade da Web 2.0, examinando o que se perde nas práticas contemporâneos de negócios que buscam domar e aproveitar a cultura participativa visando seu próprio lucro econômico. Também exploramos algumas lacunas que aparecem dentro da lógica social, que geralmente formata a produção não comercial, e a lógica das commodities, que estrutura boa parte da cultura comercial. O Capítulo 2 vai mais fundo em seu exame dos processos usados para avaliar e apreciar o conteúdo de mídia do passado, analisando os significados residuais e os possíveis novos valores para conteúdos e marcas que se deslocam em meio a trocas comerciais e não comerciais.

Em segundo lugar, consideramos as maneiras pelas quais as indústrias de mídia começaram a reconceituar seus públicos como participantes ativos cujo empenho ajuda a determinar o valor do entretenimento com marcas. O Capítulo 3 enfoca como a indústria da televisão está repensando a mensuração da audiência, em sua busca de novos modelos de negócio construídos com base no engajamento do público. Em particular, exploramos como o entretenimento transmídia brotou como uma estratégia alternativa para cortejar e mobilizar audiências por trás de franquias de mídia. A atenção do Capítulo 4 se volta para a natureza da participação, sugerindo a necessidade de sair da era da radiodifusão e seu foco nos membros individuais da audiência para adotar a ênfase em audiências socialmente ativas e ligadas em rede. Nesse processo, consideramos quais são as formas de participação valorizadas ou não valorizadas nos atuais modelos de negócio. Defendemos um foco maior nos processos de deliberação mais do que nos de agregação e no valor de "escutar" o que os membros da audiência têm a dizer, em vez de simplesmente "ouvir" que uma marca ou uma modalidade de mídia* foi mencionada. E examinamos as lacunas de acesso e de participação que persistem em nossa cultura.

Em terceiro lugar, no Capítulo 5, estudamos por que alguns tipos de conteúdo de mídia se difundem com mais amplitude e rapidez do que outros. Ao priorizar especificamente o marketing (na primeira parte do capítulo) e a

---

* No original, *media property*. A rigor, a expressão corresponde a "propriedade de mídia", no sentido das características próprias que definem os diferentes meios de comunicação. Para evitar dubiedades, porém, optou-se aqui por traduzi-la como "modalidade de mídia", a fim de preservar a ideia daquilo que é peculiar a cada meio e dirimir eventual confusão com a ideia de posse. [N de E.]

INTRODUÇÃO | 75

mídia ativista e cívica (na segunda), tentamos ligar a propagação de materiais e as necessidades sociais das comunidades on-line. Usamos a noção de textos de mídia "feitos por produtor", proposta por John Fiske (1989b), para investigar como as comunidades ligadas em rede transformam a mídia produzida em massa em "recursos" que alimentam as conversas em andamento dessas comunidades umas com as outras.

Finalmente, nosso livro analisa como as práticas propagáveis podem dar suporte a um leque mais amplo de opções de mídia do que o antigo paradigma da radiodifusão, enfocando a mídia independente e a mídia cristã no Capítulo 6 e os fluxos de mídia transnacional no Capítulo 7. No Capítulo 6, examinamos como os criadores de mídia no cinema, no mundo editorial, na música, nas revistas em quadrinhos e nos games estão construindo novos tipos de relações com suas audiências. Embora essas práticas talvez não tenham as mesmas vantagens econômicas de que usufruem os produtores de mídia de massa, elas permitem que artistas independentes ampliem seu acesso e aumentam a visibilidade de suas produções. O Capítulo 7 discute como uma combinação de piratas, imigrantes e cosmopolitanos pop vêm ajudando a fazer circular mais conteúdo de mídia além das fronteiras geográficas do que em qualquer outra época anterior. De maneira muito parecida com as criações dos produtores de mídia independente, esses bens culturais frequentemente ainda atuam a partir de uma posição na marginalidade, incapazes de competir diretamente com as indústrias dominantes de mídia. Não obstante, há sinais de que seu impacto cultural e econômico está aumentando, graças à sua capacidade de transitar em canais de mídia genuínos.

ONDE A WEB 2.0 DEU ERRADO

Em dezembro de 2009, a Capitol Records abriu um processo contra o site de compartilhamento de vídeo on-line Vimeo, alegando que o site "induz e estimula seus usuários" a exercer violação de direitos autorais (LAWLER, 2009). A Capitol argumentou que a Vimeo deixou de tomar medidas satisfatórias para monitorar material ilícito disponibilizado através de upload para seus servidores. Alega também que os funcionários da Vimeo participaram ativamente da produção e da promoção de vídeos que infringem os direitos autorais da Capitol. A acusação teve como alvo, em particular, a promoção regular do site denominada *lip dub*, um tipo de vídeo de música de alto conceito que oferece um recurso de dublagem musical e coreografia. Os *lip dubs* são realçados com regularidade na página inicial do site e os funcionários da Vimeo produzem seus próprios vídeos (alguns dos quais têm chamado bastante atenção on-line).

Como a notícia da ação judicial se espalhou, as pessoas reagiram com um misto de ceticismo em relação aos motivos da Capitol, à defesa da indústria fonográfica no que diz respeito à proteção de seus modelos de negócio e a uma longa lista de comentários frustrados sobre a falta de inovação dos principais agentes do mercado. No TechDirt, um site que trata de assuntos tecnológicos, políticos e legais, os leitores lembraram que as ações da Capitol ocorreram no momento em que a controladora EMI estava sofrendo grandes perdas (ver comentários em MASNICK, 2009). Daniel Kreps, da revista *Rolling Stone* (2009),

78 | CULTURA DA CONEXÃO

observou que a ação contra a Vimeo veio logo depois de a EMI ter assinado contratos de licenciamento com a start-up Vevo, um site desenvolvido pelo YouTube e apoiado por uma série de grandes gravadoras dos Estados Unidos, que funciona como um depositário central autorizado oficialmente para vídeos de música on-line. Em dois sites de notícia colaborativa, o Digg e o periódico on-line *Ars Technica*, alguns comentaristas ponderaram sobre a necessidade da ação movida pela Capitol, visto que não havia provas de que os *lip dubs* tivessem provocado algum dano. Muitas pessoas alegaram que esses vídeos constituíam um meio de propaganda e publicidade gratuitos para gravação de artistas (ver comentários em LEECHESOFKARMA, 2009, e N. ANDERSON, 2009), um argumento utilizado com regularidade por aqueles que discordam das ações judiciais "antipirataria"[1].

Os conflitos entre os detentores de direitos de mídia e as plataformas – como a Vimeo – que hospedam aquele tipo de material tornaram-se cada vez mais comuns, particularmente quando as ideias por trás da Web 2.0 levaram a uma proliferação de start-ups que visavam rentabilizar e tornar comercializável o conteúdo gerado pelo usuário. Essas mudanças tecnológicas e econômicas dramáticas romperam com as práticas normativas, mas ainda não produziram um modelo que seja satisfatório para qualquer uma das partes. Ao longo deste capítulo, vamos traçar as diferentes concepções sobre as relações econômicas e sociais mantidas pelas empresas de mídia e seus públicos. Ao fazê-lo, indentificaremos como a utilidade, o valor e o mérito são negociados e legitimados nesse contexto socioeconômico tecnológico por meio de alguns conceitos fundamentais: a ideia de uma "economia moral", derivada do trabalho do historiador E. P. Thompson, e as relações entre economia de commodity e economia do dom, ou da dádiva, conforme concebidas de forma notável pelo filósofo Lewis Hyde. Ambos os modelos sugerem maneiras pelas quais as relações econômicas são formadas, pelo menos em parte, por meio de entendimentos sociais e morais entre os participantes, aspectos que normalmente são ignorados nas representações populares de discussões sobre quem "detém a propriedade" do conteúdo de mídia e quem deve ser "pago" pelo "trabalho" criativo.

O que é Web 2.0?

A ideia da Web 2.0 foi introduzida em uma conferência do O'Reilly Media Group em 2004. Na formulação de Tim O'Reilly, as empresas de Web 2.0 contam com a internet como plataforma para promover, distribuir e aperfeiçoar seus produtos, tratando o software como um serviço concebido para ser executado em múltiplos dispositivos, contando com dados como o "killer app", e aproveitando a "inteligência coletiva" de uma rede de usuários (O'REILLY, 2005). Desde a sua introdução, a Web 2.0 tornou-se a lógica cultural para o comércio eletrônico, com uma série de práticas empresariais que buscam captar e explorar a cultura participativa.

Mais do que "colar uma nova interface de usuário em um aplicativo antigo" (MUSSER et al., 2006, p. 3), a Web 2.0 representa uma reorganização das relações entre produtores e seus públicos em um mercado de internet em fase de maturação, assim como um conjunto de abordagens adotadas pelas empresas que buscam tirar proveito da criatividade de massa, do coletivismo e da produção colaborativa (VAN DIJK & NIEBORG, 2009). Os superastros de negócios emergentes nessa categoria prometem aos usuários maior influência sobre a produção e a distribuição de cultura, e os "usuários", os "consumidores" e o "público" passaram a ser considerados "cocriadores" (BANKS & HUMPHREYS, 2008) de conteúdo e serviços. Esses cocriadores são engajados como colaboradores, visto que fazem upload, tag, organizam e classificam conteúdo no YouTube, no Flickr e em uma miríade de outros sites. Enquanto isso, os marqueteiros enfatizam, cada vez mais, campanhas transmídia, experiências interativas e plataformas participativas que encorajam essa cocriação. Os princípios da Web 2.0 motivam o público a participar da construção e da customização de serviços e mensagens, em vez de esperar que as empresas lhes apresentem experiências completas formadas em sua totalidade.

Teoricamente, as empresas de Web 2.0 abrem mão, até certo ponto, do controle sobre o usuário. No entanto, o que é descrito como "putting the we in the Web" (colocar o nós na Web) (LEVY & STONE, 2006) tem demonstrado contradições, conflitos e divisões, particularmente em torno dos interesses alinhados de modo imperfeito entre os produtores de mídia e o público.

80 | CULTURA DA CONEXÃO

Conforme Jose Van Dijk e David Nieborg observam, em sua crítica ao manifesto de negócios e gestão da Web 2.0, muitas práticas corporativas ignoram a linha entre "os modos de produção coletivo (fora do sistema de mercado, público) e comercial (no sistema de mercado, privado)". Tais esforços "combinam habilmente a produção industrial orientada com fins lucrativos e de capital intensivo com a produção colaborativa sem fins lucrativos e de trabalho intensivo" (2009, p. 856). Há uma lacuna considerável entre a retórica da Web 2.0 de uma colaboração feliz e as experiências reais dos usuários que trabalham com empresas. Por outro lado, os mecanismos da Web 2.0 fornecem as precondições para a mídia propagável. Muitas das principais ferramentas e plataformas, através das quais o material é difundido, operam de acordo com os princípios da Web 2.0. Em contrapartida, as expectativas conflitantes quanto ao que constitui uma participação séria significam que a real propagação do conteúdo de mídia continua a ser uma prática contestada.

Remover o "você" do YouTube

A plataforma de compartilhamento de vídeo YouTube tem lutado desde o seu lançamento para equilibrar as atividades de seus usuários com os interesses dos grandes detentores de direitos autorais. Fundada em fevereiro de 2005 e adquirida pelo Google em outubro de 2006, a principal estratégia de negócios do YouTube conta com receitas de publicidade provenientes da atenção atraída pela vasta gama de vídeos do site (predominantemente criados e enviados via upload pelos próprios usuários). Desde o seu início, o YouTube assina acordos de compartilhamento de receitas com produtores corporativos para distribuir os vídeos deles, desde os mais recentes trailers de filmes até vídeos de música, junto com conteúdo criado pelo usuário, e para fornecer licenças para alguns dos usos variados desses textos (KNOWLEDGE@WHARTON, 2006). O YouTube procura também adquirir, desenvolver, implementar e aperfeiçoar tecnologias de impressão digital escaneada para identificar textos que pertençam aos principais detentores de direitos autorais e emitir avisos de "remoção" para usuá-

ONDE A WEB 2.0 DEU ERRADO | 81

rios que, presume-se, tenham violado a lei de propriedade intelectual através de uploads não autorizados de vídeos.

Críticos (AUFDERHEIDE & JASZI, 2008) observaram que os avisos de remoção falham em proteger as reivindicações legítimas de "uso lícito", criando um "efeito negativo" em um site em que remixes criativos de materiais culturais existentes estão há muito tempo entre as contribuições mais visíveis e estimadas. No entanto, os mecanismos de cumprimento e os acordos de compartilhamento de receita relacionados foram desenvolvidos para salvaguardar o YouTube das acusações de que o seu negócio se pauta essencialmente, direta ou indiretamente, pelo incentivo à violação de direitos autorais, alegação feita pela Viacom à empresa em ação judicial em 2007 (HELFT & FABRIKANT, 2007). De fato, as grandes empresas de mídia buscam indenização do YouTube desde que o site foi lançado. (Ver BURGESS & GREEN, 2009; DRISCOLL, 2007; KNOWLEDGE@WHARTON, 2006.) Manter usuários e detentores de direitos em equilíbrio é especialmente difícil para o YouTube, devido à dimensão do site (conforme o YouTube relata, mais de 24 horas de vídeo são enviadas via upload para o site a cada minuto; ver YOUTUBE, s.d.) e à diversidade de usuários, tanto profissionais como amadores, orientados ou não comercialmente, que compartilham conteúdo através dele (BURGESS & GREEN, 2009).

Em 14 de janeiro de 2009, alguns usuários de upload do YouTube descobriram que as trilhas sonoras de seus vídeos tinham sumido repentinamente. Após uma ruptura nas negociações de licenciamento com a Warner Music Group (WMG), o YouTube usou uma ferramenta automática para remover o áudio dos vídeos que exibiam música dos artistas da WMG. Em uma postagem controversa que já não está mais disponível no blog do site, o YouTube explicou que a remoção do áudio serviu para proteger os usuários cujos vídeos teriam, caso contrário, enfrentado uma alegação de violação: "Em vez de remover automaticamente o vídeo do YouTube, demos aos usuários a opção de modificar o vídeo, através da remoção da música sujeita a reivindicação de direitos autorais, e postar a nova versão, e muitos deles estão adotando essa opção" (citado em M. CAMPBELL, 2009).

Sem saber da decisão, muitos usuários de uploads acharam que se tratava de problemas técnicos (ARRINGTON, 2009), enquanto outros se enfureceram

82 | CULTURA DA CONEXÃO

com as forças do mercado se intrometendo no conteúdo criado pelo usuário deles. Um usuário escreveu: "Como uma música que toca em uma apresentação de slide de uma encenação sobre a era colonial pode prejudicar alguém, ainda mais a Warner Music Group?" (citado em M. CAMPBELL, 2009). Enquanto isso, outros usuários ponderaram que o seu uso das faixas de áudio agregava valor à indústria da música: "Se pudéssemos usar a música, provavelmente atrairíamos mais pessoas para ouvir o áudio. É como se nós ajudássemos o artista, certo?" (citado em M. CAMPBELL, 2009).

Apesar de contrariar os usuários, essa estratégia fez sentido empresarial para o YouTube. Além de ter proporcionado à empresa uma maneira de atrair de volta a Warner Music Group, ela minimizou a probabilidade de problemas legais adicionais. De fato, conforme Michael Driscoll esclarece, as estratégias do YouTube para gestão de direitos de autor geralmente estão focadas no estabelecimento de relacionamentos com grandes detentores de direitos autorais (2007, p. 566-567). Ainda que o site tenha expandido o seu "Programa de Parceria" para os usuários "comuns", com a promessa de um corte de receitas de publicidade para vídeos que possam "se tornar virais" de repente (KINCAID, 2009), a empresa permanece focada principalmente no policiamento dos direitos autorais de grandes empresas de mídia, para as quais o software de impressão digital está disponível (DRISCOLL, 2007, p. 566). Os produtores profissionais e amadores menores que percebam que sua propriedade intelectual tenha sido violada, e que têm menor probabilidade de se constituir como ameaça legal, de comprar estoques de anúncios significativos ou de fornecer material licenciado, devem ainda se inscrever através de canais formais para gerar um aviso de remoção nos termos da Lei de Direitos Autorais do Milênio Digital dos Estados Unidos. Essas várias batalhas de negociação entre o YouTube como plataforma para compartilhamento e o YouTube como um modelo de negócio, que ocorrem desde a origem da plataforma, condensam as tensões que percorrem todo o modelo da Web 2.0. O restante deste capítulo vai explorar essas tensões em detalhe.

Rumo a uma nova economia moral

Ao adotar a retórica sobre a capacitação e o empoderamento de participantes, é pouco provável que o YouTube fique surpreso quando os usuários recuarem em relação às mudanças na política e na prática do site. Tais mudanças representam uma reformulação unilateral do contrato social entre a empresa e seus colaboradores e prejudicam a "economia moral" sobre a qual reside o intercâmbio de conteúdo gerado pelo usuário.

A ideia de uma economia moral vem de E. P. Thompson (1971), que usou o termo para descrever as normas sociais e os entendimentos mútuos que permitem que duas partes conduzam negócios. Thompson introduziu o conceito em seu trabalho sobre revoltas por comida no século 18, alegando que, quando as classes de trabalhadores servis desafiavam os proprietários de terras, seus protestos eram normalmente formados por alguma "noção legitimadora": "Os homens e as mulheres na multidão eram instruídos com a convicção de que estavam defendendo os direitos e os costumes tradicionais e, em geral, de que tinham o apoio de um amplo consenso da comunidade" (1971, p. 78). As relações entre proprietários de terras e camponeses ou, para o assunto em questão, entre produtores de mídia e públicos contemporâneos refletem a percepção do valor moral e social dessas transações. Todos os participantes precisam sentir que as partes envolvidas estão se comportando de um modo moralmente adequado. Em muitos casos, a economia moral mantém sob controle a busca agressiva de interesses próprios, num curto prazo, em favor de decisões que preservem relações sociais de longo prazo entre os participantes. Em uma economia de pequena escala, por exemplo, um revendedor local dificilmente "trapaceará" um cliente, porque o revendedor conta com uma relação comercial continuada com o cliente (e, como espera o revendedor, com os amigos do cliente) durante um longo período e, portanto, deve manter sua reputação dentro da comunidade.

Os sistemas econômicos idealmente alinham os interesses de todas as partes envolvidas em uma transação de forma que sejam consistentes, coerentes e justas. Uma mudança drástica na economia ou na infraestrutura tecnológica pode criar uma crise na economia moral, diminuindo o grau de confiança

84 | CULTURA DA CONEXÃO

entre as partes participantes e, talvez, manchando a legitimidade dos intercâmbios econômicos. Essa economia moral pode empoderar as corporações que acham que seus clientes, empregados ou sócios têm ultrapassado os limites de acordos. Ou pode motivar e empoderar indivíduos ou comunidades quando perceberem que uma empresa agiu de forma inadequada. Nesses contextos, tanto os produtores como o público fazem propostas de legitimação, propondo entendimentos alternativos do que se constituem interações justas e significativas. O "compartilhamento de arquivos" e a "pirataria", por exemplo, são dois sistemas morais concorrentes que caracterizam a circulação não autorizada de conteúdo de mídia: um deles executado pelos membros do público ávidos por legitimar a livre troca de material e o outro, pelas empresas de mídia ávidas por marcar certas práticas, que são tão prejudiciais aos seus interesses econômicos quanto moralmente suspeitas.

Essa percepção de que a economia moral estava sendo violada motivou os camponeses, no início da Europa moderna, a lutar contra a economia feudal que os tinha acorrentado por centenas de anos, e isso, com certeza, vem motivando a resistência do público em uma era com uma retórica muito mais acentuada sobre a soberania da audiência. Considerando quanto as práticas da cultura participativa foram marginalizadas ao longo da era da radiodifusão, muitas comunidades (particularmente grupos de fãs e de ativistas) desenvolveram um forte sentimento de solidariedade social e uma compreensão profunda de seus interesses comuns e valores compartilhados, e os têm levado para suas interações com as empresas de Web 2.0.[2] Um discurso persistente da mídia "faça você mesmo" (LANKSHEAR; KNOBEL, 2010), por exemplo, abasteceu não apenas modalidades alternativas de produção, mas também críticas explícitas e implícitas de práticas comerciais. Enquanto isso, a retórica da "revolução digital" e o empoderamento em torno do lançamento da Web 2.0 têm, no mínimo, aumentado as expectativas em relação às mudanças no controle da produção e da distribuição cultural que as empresas tinham achado difícil acomodar. (O designer de jogos Alec Austin comenta as dimensões emocionais de um "contrato moral" entre produtores e públicos em nosso livro expandido.)

Teoricamente, as comunidades são mais fragmentadas, divididas e, certamente, mais dispersas do que as entidades corporativas com as quais elas interagem, o que torna mais difícil para elas reivindicar e defender plenamente seus próprios interesses. As comunidades de fãs normalmente são bastante heterogêneas, com valores e premissas que se fragmentam ao longo dos eixos de classe, idade, sexo, raça, opção sexual e nacionalidade, para mencionar apenas alguns exemplos. No entanto, a convicção moral que molda as reações de tais grupos ao debater sobre modelos de negócio, condições de serviço ou comercialização de conteúdo reflete em como o público pode ser mais empoderado do que supúnhamos para desafiar as políticas corporativas, especialmente à medida que esse público adquire acesso maior e mais fácil às plataformas de comunicação que facilitam o seu trabalho através das diferenças e do desenvolvimento de normas compartilhadas. Entretanto, é importante lembrar que os valores associados às comunidades de fãs, por exemplo, podem variar bastante daqueles relativos a outros tipos de participantes culturais, como ativistas, membros de grupos religiosos, colecionadores, e assim por diante. Conforme enfatizamos ao longo do presente livro, esses diferentes tipos de cultura participativa não impõem o mesmo nível de respeito e atenção por parte das empresas de mídia.

Conteúdo roubado ou trabalho explorador?

As novas tecnologias possibilitam ao público exercer um impacto muito maior na circulação do que antes, mas também permitem às empresas controlar o comportamento uma vez privado que agora assume dimensões públicas maiores. Algumas pessoas descrevem essas mudanças como uma crise nos direitos autorais, e outras, como uma crise no uso legal. Os fãs defendem os direitos e as práticas que foram tidos como certos por muitos anos, tais como a prática antiga de criar "fitas gravadas" ou outras compilações de material citado. As empresas, por outro lado, querem reprimir os comportamentos que veem como prejudiciais e que tenham um impacto muito grande na era digital. Ambos os lados se acusam mutuamente de explorar a instabilidade criada pelas mudanças na tecnologia e na infraestrutura de mídia. O discurso

86 | CULTURA DA CONEXÃO

exagerado em torno da circulação digital sugere apenas o desequilíbrio a que chegou o entendimento moral dos produtores e do público.

Considere estas duas citações:

Este próximo bloco de silêncio é para todos vocês que fizeram download de música de graça, eliminando meu incentivo para criação (BALDWIN, s.d.).

<dsully> por favor, descreva a Web 2.0 para mim em duas frases ou menos. <jwb> você faz todo o conteúdo. eles ficam com toda a receita (QUOTE DATABASE, s.d.).

A primeira citação, de um desenho animado que retrata um artista que se prepara para se sentar em silêncio no palco, durante um concerto em protesto ao seu público, demonstra uma percepção de que as audiências de mídia estão destruindo a economia moral por meio de suas expectativas de material "gratuito". A segunda vê a empresa de produção de conteúdo como prejudicial à economia moral por meio das expectativas do trabalho criativo "gratuito" proveniente do público de mídia ou dos usuários de uma plataforma. Ambas as ideias representam uma percepção da quebra de confiança.

A retórica favorável da Web 2.0 sobre a construção de "uma arquitetura de participação" esconde esses conflitos, mascarando as escolhas e os compromissos exigidos caso uma nova economia moral esteja para surgir. Em vez disso, achamos que é essencial entender ambos os lados desse debate. Ambos os ideais desse espectro interpretam o processo de criação e circulação de mídia apenas sob o aspecto econômico, mas acreditamos que seja fundamental que não se diminuam as muitas lógicas não comerciais que governam a participação engajada das audiências on-line. Além disso, ambas as posições ignoram a negociação em curso sobre os termos do contrato social entre produtores e seus públicos, ou entre plataformas e seus usuários, embora acreditemos que nem o artista/empresa nem o público/usuário possam ser interpretados isoladamente, sem considerar a atividade como um todo.

Escritores como Andrew Keen (2007) sugerem que a circulação não autorizada de propriedade intelectual através de uma rede ponto a ponto e o trabalho gratuito de fãs e blogueiros constituem uma séria ameaça à viabilidade de longo prazo das empresas de produção de conteúdo. Aqui, a preocupação é com a atividade do público que ultrapassa a economia moral. O livro *O culto do amador*, de Keen, esboça um cenário de pesadelo em que os padrões editoriais profissionais estão dando lugar à regra da multidão, enquanto o trabalho de escritores profissionais, artistas e criadores de mídia fica reduzido às matérias-primas para as massas, que mostram crescente desprezo pelo conhecimento e desrespeito pelos direitos de propriedade intelectual. Da mesma forma, Jaron Lanier rotulou a produção e a circulação ponto a ponto de conteúdo de mídia de "maoísmo digital", desvalorizando o trabalho criativo realizado sob um sistema de livre iniciativa: "Autores, jornalistas, músicos e artistas são encorajados a tratar os frutos de seu intelecto e de sua imaginação como fragmentos a serem dados de graça para a consciência coletiva" (2012, p. 83).

Aqui, podemos ver que o conceito de economia moral é fundamental para entender o ambiente de negócios como facilitador, ou limitador, do que estamos chamando de mídia propagável. Conforme argumentos como os de Keen e de Lanier demonstram, os mecanismos da Web 2.0 podem fornecer as condições prévias para o compartilhamento de textos de mídia, mas a posição moral adotada por muitos proprietários de conteúdo demonstra como a propagação de material permanece uma prática contestada. Os detentores de direitos corporativos são, frequentemente, tão ameaçados pela potencial perturbação provocada pela circulação "não autorizada" de seus conteúdos que procuram bloqueá-los, circunscrevendo-os em seus próprios sites, uma decisão justificada pelo recurso ao modelo de "adesão". Outros adotam medidas legais para barrar a circulação de suas propriedades intelectuais através de mídias populares, usando ameaças para conter o que eles não podem restringir tecnologicamente. Entretanto, tais respostas instintivas para circulação de público não autorizado são eficazes apenas temporariamente, na maioria dos casos, e as empresas de mídia que adotam essa abordagem se mostram continuamente frustradas. (Em nosso livro expandido, o pesquisador John Banks, da Universidade de Tecnologia de Queensland, analisa o estado de frustração dos profissionais de criação em função da necessidade crescente de envolver o público no processo de produzir e circular conteúdo de mídia, e argumenta que tais questões são desafios organizacionais com os quais os profissionais devem se envolver, em vez de lamentar.)

88 | CULTURA DA CONEXÃO

Por outro lado, os críticos dos modelos comerciais construídos com o lucro da atividade do público sem nenhuma recompensa usam a teoria do trabalho para discutir sobre a exploração do público dentro dessa nova economia digital, tópico ao qual iremos retornar várias vezes neste livro. Por exemplo, Tiziana Terranova apresentou uma crítica convincente desses relacionamentos econômicos em seu estudo sobre "trabalho gratuito": "O trabalho gratuito é o momento em que esse consumo inteligente de cultura se transforma em atividades produtivas que são adotadas com prazer e, ao mesmo tempo, vergonhosamente exploradas. [...] O fruto do trabalho cultural coletivo tem sido não apenas adequado, mas voluntariamente canalizado e controversamente estruturado dentro das práticas comerciais capitalistas" (2003).

Considere também a crítica de Lawrence Lessig (2007) em relação a uma disposição através da qual a Lucasfilm "permitiria" que os fãs remixassem o conteúdo de *Star Wars* em troca de concessão à empresa do controle sobre qualquer coisa gerada por eles. Em matéria publicada no *Washington Post*, Lessig descreveu essas disposições como "arrendamento" moderno. Terranova e outros argumentam que a capitalização corporativa do trabalho gratuito, junto com as condições precárias de emprego em torno das indústrias de criação e de serviço no início do século 21, reconstituíram o mercado de trabalho de maneira tal que reduziram ainda mais as possibilidades de negociação coletiva em torno de benefícios, tabelas salariais ou outras condições de trabalho. (Em nosso livro expandido, a professora do curso de mídia Abigail De Kosnik, da Universidade da Califórnia – Berkeley, analisa o trabalho que os fãs fornecem frequentemente para os produtores de mídia e questiona se os fãs podem se contentar com tão pouco em sua negociação implícita com os detentores de direitos.)

No entanto, conforme Mark Deuze e John Banks advertem, devemos ter cuidado para que as críticas do "trabalho gratuito" não retratem o público como, de alguma forma, sempre desconhecedor do valor econômico gerado por suas ações (2009, p. 424). De fato, participar do "trabalho gratuito" possa ser significativo e gratificante (se comparado às estruturas corporativas anteriores), mesmo quando uma empresa possa ser percebida como provedora de um valor ou reconhecimento muito pequeno para aquele trabalho. Em vez disso, parece que o público está cada vez mais esclarecido sobre o valor criado por meio de sua atenção

ONDE A WEB 2.0 DEU ERRADO | 89

e engajamento: alguns usuários estão procurando formas de extrair, em troca de sua participação, alguma coisa de produtores e distribuidores de mídia comercial. Esses fãs veem sua atenção, e os dados extraídos quando eles visitam os sites, como uma fonte crescente de valor para interesses comerciais, e alguns deles exigem uma compensação maior, tal como maior controle e acesso ao conteúdo, em reconhecimento pelo valor que geram. Individualmente, eles podem escolher dentre uma gama de conjuntos concorrentes de acordos e transações que dão forma ao acesso deles ao material. Coletivamente, podem trabalhar por meio de suas respostas em conjunto, organizando grandes protestos (como aqueles dirigidos contra o Facebook, quando este tentou mudar suas condições de serviço em relação à privacidade do usuário) capazes de provocar um impacto real na percepção do público e na situação econômica das empresas envolvidas. É claro que o potencial para a ação coletiva e para a luta discursiva é limitado quando os membros do público são forçados a usar as próprias plataformas da empresa para colocar suas críticas em relação às práticas dessa empresa. Com muita frequência, as empresas de Web 2.0 não abrem realmente o seu domínio para as comunidades que elas alegam habilitar e servir (HERMAN; COOMBE; KAYE, 2006).

Os atritos, os conflitos e as contestações na negociação da economia moral em torno de tal trabalho são uma ampla evidência de que o público, muitas vezes, não aceita cegamente os termos da Web 2.0. Pelo contrário, ele reivindica cada vez mais os seus próprios interesses à medida que renegocia ativamente a economia moral para regular transações futuras. Por exemplo, Hector Postigo (2008) documentou tensões crescentes entre empresas de videogame e modders (desenvolvedores que criam novos games ou outros projetos, aproveitando ou modificando partes de uma plataforma original). Enquanto muitas empresas de games disponibilizam seus códigos para os experimentos criativos do público, outras procuram encerrar os projetos de modding*que trilham desconfortavelmente perto de seus próprios planos de produção ou seguem em direções não aprovadas pelos detentores de direito. Em contrapartida, como estão cientes das muitas vantagens econômicas que as empresas de games recebem dessas ativi-

---

* Derivado do verbo inglês *modify*, o termo "modding" é usado para designar a ação de modificar o computador a fim de personalizá-lo e melhorar seu desempenho; segue o mesmo princípio do "tuning", quando aplicado a carros customizados (tunados). [N. de E.]

90 | CULTURA DA CONEXÃO

dades de "cocriação", os modders podem rejeitar os argumentos morais e legais firmados para restringir sua prática. Nós achamos que é fundamental reconhecer as preocupações da exploração corporativa do trabalho de fãs, embora ainda acreditemos que o sistema emergente coloque um poder maior nas mãos do público quando comparado ao antigo paradigma da radiodifusão.

Engajados, não explorados?

Quando se trata de lucro, fica claro que são as empresas de mídia que ganham nos arranjos econômicos atuais. No entanto, se formos realmente explorar quem se beneficia com esses arranjos, precisaremos reconhecer tipos variados, complexos e múltiplos de valor gerado. As críticas em relação ao "trabalho gratuito" às vezes reduzem o trabalho do público a um trabalho simplesmente alienado.

Richard Sennett (2008) complica os modelos econômicos clássicos que consideram o trabalho como motivado quase inteiramente pelos retornos financeiros. Em vez disso, ele observa que os artesãos de antigamente também eram remunerados de formas intangíveis, tais como reconhecimento ou reputação, status, satisfação e, acima de tudo, seu orgulho por um "trabalho bem-feito". Esses artesãos estabeleciam padrões mais elevados em seu próprio desempenho do que o exigido por uma transação puramente comercial. Não era suficiente produzir mercadorias a serem trocadas por dinheiro, pois tratava-se de artefatos que indicavam realizações profissionais. Os artesãos desempenhavam um trabalho que beneficiava os outros, além de criar estruturas de autoadministração denominadas guildas (associações com interesses comuns, corporações de ofício, na Idade Média) que ajudavam a definir as condições de sua produção. (É claro que, historicamente, as guildas também tentaram construir monopólios, dificultando a entrada dos recém-chegados ao comércio a fim de proteger os interesses econômicos de seus membros. Embora tentador, não devemos romancear demais tais arranjos.) É exatamente a mudança desse sistema em que os artesãos individuais sentiam orgulho de seu próprio trabalho para outro sistema em que os indivíduos se tornaram colaboradores anônimos e substituíveis em uma linha de montagem que resultou no conceito de "trabalho alienado".

O trabalho de Sennett é essencial para a reflexão, à medida que examinamos por que os participantes se engajam em atividades que não podem lhes render retornos financeiros imediatos ou que podem até custar dinheiro para sustentá-las, mas em que são avaliados através de sistemas alternativos de valor. O próprio Sennett cita o movimento de software aberto como um exemplo de uma estrutura social moderna que, de muitas formas, reproduz a automotivação e a administração compartilhada das guildas de artesãos (2008, p. 24), contrastando esse sistema de trabalho voluntário com os tipos de desempenho regulamentado por remuneração associados com trabalho em sistemas industriais ou burocráticos.

Como os artesãos de Sennett, os milhões de indivíduos que produzem vídeos para o YouTube se orgulham de suas realizações, independentemente de sua produção de valor para uma empresa. Eles criam textos de mídia porque têm alguma coisa que querem compartilhar com um público maior. Com certeza, conforme escritores como Star e Banet-Weiser (2012) sugerem, esse processo, seja no trabalho de celebridades como Tila Tequila ou de uma adolescente que posta vídeos dela própria dançando com suas amigas, sempre envolve algum grau de "autobranding", o que pode fazer com que os participantes sejam cúmplices nos sistemas de valores através dos quais as empresas comerciais avaliam o seu material. Os usuários que geram conteúdo on-line estão frequentemente interessados em expandir sua própria audiência e reputação. Eles podem medir seu sucesso pelo número de seguidores que atraem no Twitter, tal como os executivos de televisão que dão valor ao número de espectadores atraídos por seus programas.

Entretanto, mesmo concordando que certo grau de autopromoção desempenha uma função em toda comunicação, devemos também reconhecer um desejo pelo diálogo e pelo discurso, pela consolidação das relações sociais e pela construção de comunidades maiores através da circulação de mensagens de mídia. O material que surge a partir do DIY (*Do It Yourself,* ou "faça você mesmo") ou das comunidades de fãs fornece um veículo através do qual as pessoas compartilham suas opiniões particulares com o mundo, opiniões essas muitas vezes

92 | CULTURA DA CONEXÃO

não representadas na mídia de massa. Quando os membros do público propagam esse conteúdo de uma comunidade para outra é porque têm interesse na circulação dessas mensagens. Eles estão adotando um material significativo para si em função de este ter um valor dentro de suas redes sociais, além de facilitar as conversas que querem manter com seus amigos e familiares.

Portanto, devemos descrever esse trabalho do público como "engajado", em vez de "explorado". A discussão sobre "engajamento" se encaixa no discurso do setor que tem procurado novas maneiras de formular, medir e rentabilizar o que as audiências fazem com o conteúdo dentro da cultura de rede (conforme analisaremos no Capítulo 3). No entanto, o "engajado" também reconhece que essas comunidades estão em busca de seus próprios interesses, conectadas e informadas por aquelas decisões tomadas pelos outros dentro de suas redes sociais. Talvez isso seja o que Terranova quer dizer quando descreve que as atividades associadas ao "trabalho gratuito" são "adotadas com prazer" pelos participantes, mesmo quando eles também são tratados como commodity e "explorados" pelos interesses corporativos.

Enquanto Sennett nos oferece uma maneira de caracterizar o trabalho não apenas sob o aspecto das relações econômicas, outros sugerem formas de pensar sobre noções de propriedade que respeitem os investimentos emocionais e morais que os fãs fazem em modalidades de mídia, e não simplesmente os interesses econômicos das empresas de mídia. Flourish Klink, executiva-chefe de participação na empresa de transmídia, branding e entretenimento The Alchemists, desenvolveu uma descrição das melhores práticas para governar as relações corporativas com uma base de fãs. Ao refletir seu próprio envolvimento como fã em debates sobre "trabalho gratuito", Klink sustenta nesse "manifesto de fãs" que:

> Uma pessoa que trabalha em um escritório provavelmente não é dona da mesa que ocupa, a qual provavelmente pertence à empresa. Mas ela se sente como se fosse dona da mesa. É a *sua mesa*. Da mesma forma, quando você adora uma história, sente como se esta fosse a *sua história*. O que é uma coisa boa. Se você não se sentisse dessa forma, obviamente não se importaria muito com a história. Como contadores de história, queremos encorajar as pessoas a ter suas próprias histórias favoritas. Queremos que elas incorpo-

rem suas histórias favoritas em suas vidas, pensem nelas profundamente, discutam-nas com paixão, sintam como se elas conhecessem os personagens e realmente tivessem participado *in loco* da história. (2011)

Klink prossegue argumentando que os contadores de história podem aumentar o investimento emocional de sua audiência em modalidades através do respeito e do reconhecimento das contribuições dos fãs para o valor das histórias, assim fortalecendo a economia moral em torno de uma marca ou de um texto. Como ela enfatiza, os fãs podem ser motivados a fazer contribuições criativas para o conteúdo por muitas razões, e apenas algumas delas envolvem motivos financeiros. As empresas, ela argumenta, são obrigadas a conhecer as expectativas dos fãs e a responder a elas, e não o contrário, uma vez que os fãs não devem nada às empresas, mas doam livremente seus trabalhos que tanto prezam.

Os motivos que dão forma à produção cultural dentro de uma economia comercial são múltiplos e variados e não podem ser reduzidos a recompensas econômicas, conforme Richard Sennett nos mostra. Além da remuneração, os artistas (tanto profissionais como amadores) buscam ganhar reconhecimento, influenciar a cultura e expressar ideias pessoais. Apenas um conjunto complexo de negociações dentro das empresas de produção de conteúdo permite que os artistas abranjam todos esses vários objetivos. Os motivos sociais para o compartilhamento de mídia também são variados e não podem ser reduzidos à ideia de "roubar o conteúdo", uma frase que ainda avalia a transação quase por completo em termos econômicos. Dentro de muitas trocas ponto a ponto, status, "prestígio", "estima" e "construção de relacionamento" tomam o lugar da remuneração em dinheiro como os principais motivadores de produção cultural e transação social. Por meio deste livro, exploraremos uma gama de relações informais que se tornam significativas através do intercâmbio de mídia: economias baseadas na reputação ou no status, na concorrência e no *bragging rights* (direito de se gabar), na orientação e no aprendizado, assim como no intercâmbio de experiências entre a curadoria e o fanatismo. Todas essas práticas e motivos são exemplos de uma economia informal que coexiste e interage com complexidade com a economia comercial.

Dar presente, criar obrigações

As obrigações sociais que os membros da audiência sentem uns em relação aos outros, dentro dos grupos da audiência, podem ser tão importantes para a compreensão de como e por que a mídia se propaga quanto de como se dão as relações econômicas entre produtores e audiências (daí a nossa ênfase adiante neste capítulo na economia do dom). De fato, muitos comportamentos discutidos essencialmente sob a óptica das relações produtor-audiência parecem ser muito diferentes quando analisados segundo as relações entre os membros da audiência. Como explica Ian Condry:

> Diferentemente de roupa íntima ou de banho, a música cai na categoria de coisas que você geralmente é obrigado a compartilhar com seus companheiros de quarto, família e amigos. No entanto, até hoje, as pessoas que compartilham arquivos de música são principalmente representadas, em empresas de mídia e de negócios, como egoístas, pessoas inadequadas socialmente que querem apenas adquirir alguma coisa – os frutos do trabalho de outras pessoas – de graça. (2004, p. 348)

O discurso do setor retratando os compartilhadores de arquivo como "egoístas" ignora o investimento de tempo e dinheiro que as pessoas fazem para facilitar o compartilhamento de conteúdo valioso, seja individualmente entre amigos ou coletivamente com toda e qualquer pessoa que queira fazer download. Os entusiastas suportam esses custos porque se sentem na obrigação de "retribuir" à sua "comunidade" e/ou na esperança de que suas ações direcionem maior atenção e interesse para a mídia que adoram.

Quando existe uma economia moral firme, o público geralmente policia suas próprias ações, chama a atenção daqueles que acha que prejudicam a integridade de uma plataforma ou daqueles que minam acordos informais com produtores e distribuidores comerciais. Considere, como outro exemplo, os fãs de anime que circulam cópias clandestinas de suas séries favoritas com legendas traduzidas por fãs, uma atividade chamada "fansubbing". Embora seus vídeos frequentemente atraiam avisos de remoção, os fãs (e alguns produtores) veem o material legendado por fãs como mutuamente proveitoso, o que demonstra uma demanda por modalidades ainda não disponíveis legal e comercialmente. Contanto que os fãs não obtenham lucro, alguns donos de conteúdo optam por ignorar o uso de material em troca do trabalho que os fãs realizam para testar mercados e educar potenciais clientes. De acordo com essa economia moral do fandom, os fansubs circulam quando um programa não é disponibilizado comercialmente em seu mercado, mas os fãs muitas vezes retiram as cópias não autorizadas, voluntariamente, quando os títulos são garantidos por meio de distribuição comercial (Leonard, 2005). Mizuko Ito (2012) observa ainda que os fãs que participam de forma ativa no fansubbing são aqueles que não contribuem para a comunidade como *leechers*, uma expressão que indica a percepção dos fãs quanto às obrigações que uns têm em relação aos outros para definir valor dentro dessa economia cultural informal.

É importante perceber que o público e os produtores frequentemente seguem lógicas diferentes e operam dentro de economias diferentes (se por "economias" quisermos dizer sistemas diferentes de avaliação e alocação de valor). De um modo geral, podemos descrever esses dois mundos como "cultura de commodity" e "a economia do dom". Um deles (cultura de commodity) coloca maior ênfase nos motivos econômicos, enquanto o outro (a economia do dom), nos motivos sociais.

Com certeza, a maioria de nós que crescemos em economias capitalistas entende o conjunto de expectativas em torno da compra e venda de mercadorias. No entanto, todos nós também operamos em outra ordem social que envolve o dar e aceitar presentes e favores. Dentro da cultura de commodity, compartilhar conteúdo pode ser visto como prejudicial economicamente, enquanto na informal economia do dom, pelo contrário, deixar de compartilhar material é prejudicial socialmente. Não queremos dar a entender que essas culturas sejam totalmente autônomas. Em vez disso, no presente momento, elas são interligadas de forma complexa, mundana e profunda. Todos nós, do indivíduo mais pobre até o conglomerado altamente rentável, atuamos dentro do contexto econômico do capitalismo. E, ao mesmo tempo, as empresas de Web 2.0, e as economias neoliberais em geral, procuram integrar o social e o econômico de maneira que fique difícil fazer uma distinção entre eles.

96 | CULTURA DA CONEXÃO

A "construção de celeiro" pode ser considerada um exemplo clássico do intercâmbio social de trabalho. Nesse ritual social do século 19, membros estabelecidos de uma comunidade se reuniam para dar as boas-vindas aos recém-chegados e ajudá-los a instaurar uma propriedade rural. O trabalho envolvido em uma "construção de celeiro" é produtivo e contribui com um valor real para o novo membro da comunidade. No entanto, é também expressivo, uma vez que indica uma adoção por parte da comunidade. Como as "construções de celeiros" são rituais recorrentes, o valor criado por esse trabalho é passado adiante para chegadas futuras, e, assim, a participação é uma espécie de obrigação social, uma retribuição de contribuições feitas anteriormente pelos membros da comunidade para o bem-estar do outrora recém-chegado. O vínculo social acontece quando o recém-chegado trabalha lado a lado com os outros membros da comunidade com finalidades comuns. Os participantes aceitam a troca desigual de valor através do trabalho que envolve a construção de celeiro porque o processo vincula o recém-chegado ao sistema de reciprocidade, do qual a comunidade depende para o seu sustento. A mensagem da construção de celeiro é que a comunidade se beneficia quando as necessidades econômicas de cada membro são protegidas.

Insira lógica comercial em qualquer aspecto de uma construção de celeiro e haverá uma alteração no sentido dessas transações, criando desconforto para os participantes. Suponha que os recém-chegados se recusem a se juntar ao trabalho, ao perceber o trabalho de seus vizinhos como um direito para compra de terras na área. Suponha que os recém-chegados transformem o trabalho produtivo em um espetáculo público, cobrando entrada de pessoas de fora para assistir à construção. Suponha que os recém-chegados procurem vender partes do celeiro para vários membros da comunidade, cobrando aluguéis pelas áreas que seus vizinhos estão desenvolvendo. Suponha que eles vendam, para interesses econômicos externos, o direito de vender lanches e bebidas para aqueles que estão trabalhando, ou que eles vendam informações sobre seus vizinhos que dariam, para esses interesses externos, vantagens em intercâmbios econômicos futuros. Ou suponha que eles estejam tentando usar o trabalho de seus vizinhos para completar outras tarefas no entorno de sua propriedade ou ainda usar o celeiro, uma vez completo, para propósitos radicalmente diferentes do que a comunidade imagina (para fins de argumentação, digamos, para abrigar um bordel). Cada uma dessas alterações violaria o espírito do ritual da construção de celeiro, tornando-o menos um esforço da comunidade para promover o seu bem-estar mútuo e mais uma exploração das oportunidades econômicas que surgem em consequência do trabalho dos vizinhos. Qualquer recém-chegado que adotasse tais práticas não seria bem-vindo na comunidade por muito tempo, e a prática de construir celeiros ficaria paralisada.

Por mais absurdos que esses sistemas de exploração possam parecer no contexto de uma construção de celeiro, eles são tidos como certos no modelo da Web 2.0, visto que as empresas geram receitas através da monetização da atenção criada pelo conteúdo gerado pelo usuário. As práticas de negócios da Web 2.0 envolvem, inevitavelmente, o intercâmbio de trabalho. No entanto, esse trabalho pode ou não ser dado gratuitamente. Pode ou não ser motivado pelo desejo de servir aos interesses da coletividade da comunidade participativa. Pode ou não ser visualizado como um presente que cria obrigações e incentiva a reciprocidade. E os participantes podem ou não se beneficiar de maneiras intangíveis (como melhorar sua reputação ou promover sua "marca") com a sua participação. Com o tempo, explorar o trabalho gratuito para ter lucro econômico *pode* transformar a participação por diversão em um trabalho alienado. Na medida em que os termos dessa transação não são transparentes ou não estão sujeitos a negociação com todos os participantes, eles corroem a economia moral.

O conceito de economia do dom, ou da dádiva, tem sua origem na antropologia clássica, que remonta ao trabalho de 1922 de Marcel Mauss, *Ensaio sobre a dádiva* ([1922], 1990). Há diferenças substanciais entre as comunidades que Mauss descreve como completamente organizadas em torno da troca de dádivas e as culturas digitais que estamos analisando aqui, envolvidas como estão na lógica capitalista. Como tais, podemos simplesmente delinear uma sobre as outras. No entanto, o conceito da economia do dom tem sido adotado por teóricos digitais como uma maneira útil para explicar práticas contemporâneas, nas quais "a economia do dom" funciona como uma analogia às trocas baseadas informal e socialmente que caracterizam alguns aspectos da ética digital.

98 | CULTURA DA CONEXÃO

O livro *A comunidade virtual* (1993), de Howard Rheingold, por exemplo, menciona a economia do dom como aspecto central para as relações através do mundo on-line. Ao descrever as informações como a "moeda" mais valiosa da web, Rheingold argumenta que a propagação generalizada do conhecimento é uma maneira de retribuir à comunidade maior, sugerindo que, "quando existe aquele espírito, todos obtêm alguma coisa extra, pequena que seja, uma pequena fagulha, a partir de suas transações mais práticas" (p. 59). Richard Barbrook (1998), outro teórico cibernético, argumenta que as "comunidades de rede são [...] formadas através das obrigações mútuas criadas por doações de tempo e ideias", práticas que, na verdade, suplantaram a cultura de commodity nas prioridades daqueles que foram os primeiros a formar comunidades on-line.

A web dos primórdios era dominada pela ética da comunidade da ciência e por uma mentalidade na qual os pesquisadores eram obrigados a direcionar as questões entre si quando tinham informações relevantes para compartilhar. Rheingold descreve essa ética menos como uma troca de valor *tête-à-tête* do que como parte de um sistema maior de reputação, na qual as contribuições de um indivíduo são finalmente reconhecidas e respeitadas, mesmo que não haja negociação direta e explícita de valor no momento em que faz a contribuição. As empresas foram relativamente retardatárias na utilização da web, embora agora tenham uma presença dominante on-line. Porém, quando os valores comerciais se propagaram pela web, elas tiveram de negociar com a ética mais antiga da web.

Dito isso, conforme o antropólogo Igor Kopytoff (1986) nos faz lembrar, há uma grande permeabilidade nas relações entre as economias de commodity e do dom, especialmente dentro de sociedades complexas. A distinção entre commodities e dons não descreve sua essência. Kopytoff explica: "A mesma coisa pode ser tratada como uma commodity em um momento e, em outro, não [...] A mesma coisa pode, ao mesmo tempo, ser vista como uma commodity por uma pessoa e como alguma outra coisa por outra pessoa. Tais mudanças e diferenças no sentido de se e quando uma coisa é uma commodity revelam uma economia moral que está por trás da economia objetiva das transações visíveis" (1986, p. 64). Kopytoff entende a utilização da commodity como um "processo cultural e cognitivo" que dá forma à nossa compreensão dos objetos que trocamos uns com os outros (p.

64). Embora idealizemos as "dádivas do coração" e os "trabalhos por amor", a maioria das dádivas nos dias de hoje é fabricada e comprada em lojas. Muitas vezes, há um momento mágico em que removemos a etiqueta de preço de algo que compramos e o transformamos de uma commodity em uma dádiva. As pessoas não temem, necessariamente, que o fato de as dádivas terem se originado de commodities diminua os sentimentos expressos por sua troca, embora essas trocas possam nunca escapar completamente da tendência de avaliar as dádivas, pelo menos em parte, com base no que foi gasto nelas. Por outro lado, como as empresas falam sobre o seu desejo de construir "relacionamentos" com seu público, suas transações serão julgadas, pelo menos em parte, com base nas normas e nos valores da economia do dom. Assim, os objetos em movimento, com a mídia que se propaga, podem se deslocar frequentemente pelos diferentes sistemas de intercâmbio, várias vezes, no curso de seu ciclo de vida.

No livro *Remix*, Lawrence Lessig (2008) descreve a cultura contemporânea como fenômeno formado pelas complexas interações entre uma economia de "compartilhamento" (que ele ilustra através da referência à Wikipédia) e uma economia "comercial" (que ele discute através de exemplos da Amazon, do Netflix e do Google). Nem todo mundo concorda que essas duas economias possam coexistir. Jaron Lanier (2010) alega que uma ética que admite que o conteúdo de informações e de mídia "quer ser gratuito" pode destruir o mercado para aquele que quer vender material visando lucro, seja uma empresa grande ou um pequeno empresário. Ao mesmo tempo, uma vez que a lógica da Web 2.0 tende a transformar todos os trabalhos em commodity, supondo que eles gerem lucro para alguém, ela mina o desejo das pessoas que pretendem compartilhar seu material entre si como "dons".

Para Lessig, assim como para nós, o caminho a seguir é explorar vários pontos de interseção entre os dois sistemas. Lessig escreve sobre "uma terceira economia", uma economia híbrida das outras duas, que ela acha que vai dominar o futuro da web (p. 177-178). Ao evocar algo semelhante ao que estamos chamando de uma "economia moral", Lessig acentua que qualquer economia híbrida viável precisa respeitar os direitos e os interesses dos participantes dentro desses dois sistemas bem diferentes para produzir e avaliar o valor das transações.

Valor, mérito e significado

No livro de 1983, *A dádiva*, Lewis Hyde considera a cultura de commodity e a economia do dom sistemas alternativos para mensurar os méritos de uma transação. Os dons dependem de motivações altruístas, circulam por meio de atos de generosidade e reciprocidade, e sua troca é administrada por normas sociais em vez de relações contratuais. A circulação de dons é motivada por questões sociais, não econômicas, e não é apenas simbólica das relações sociais entre os participantes, mas também ajuda a constituí-las. Hyde sugere que a commodity se move na direção em que seja possível a obtenção de lucro, enquanto o dom se move em direção à resolução de conflitos ou à expansão da rede social (p. 29). Em contrapartida, ele escreve: "Converter uma ideia em uma commodity significa, grosso modo, estabelecer uma fronteira de forma tal que a ideia não possa se deslocar de pessoa para pessoa sem uma taxa ou remuneração. Seu benefício ou utilidade deve, portanto, ser calculado e pago antes que seja permitido cruzar a fronteira" (p. 105).

Para Hyde, uma commodity tem "valor", enquanto um dom, ou uma dádiva, tem "mérito". Por "valor", Hyde quer dizer principalmente "valor de troca", uma taxa com a qual produtos e serviços possam ser trocados por dinheiro. Tais trocas são "mensuráveis" e "quantificáveis" porque essas transações pode ser "calculadas" através de medidas de valor consensuais. Por "mérito", ele quer dizer aquelas qualidades associadas com coisas nas quais "não se pode colocar um preço". Às vezes, as pessoas se referem ao que ele chama de "mérito" como um valor sentimental (quando personalizado) ou simbólico (quando compartilhado com uma comunidade maior). O mérito é variável, mesmo entre membros da mesma família.

Nesse sentido, o mérito está bastante alinhado com o significado discutido nos estudos culturais, ou seja, o significado de uma transação cultural não pode apenas ser reduzido à troca de valor entre produtores e seu público, mas também tem de ter a ver com o que o bem cultural permite que os públicos digam sobre eles próprios e para o mundo. Falar sobre os membros do público que fazem "investimentos emocionais" nos programas de televisão a que eles assistem ou reivindicações de um senso de "propriedade" sobre uma modalidade de mídia (como aquelas oferecidas anteriormente por Klink) capta esse senso de mérito.[3]

ONDE A WEB 2.0 DEU ERRADO | 101

Nos últimos dois anos surgiram vários exemplos de novas empresas de Web 2.0 e marcas de longa data que, da mesma forma, não entenderam o que motiva a participação do público. Por outro lado, as audiências estão cada vez mais conscientes das maneiras através das quais as empresas transformam seus "trabalhos por amor" (no caso da cultura de fã) ou expressões de identidade pessoal (no caso de perfis nos sites de rede social) em commodities a serem compradas ou vendidas. Há um reconhecimento crescente de que o lucro a partir do trabalho criativo doado gratuitamente estabelece desafios éticos que são, no longo prazo, prejudiciais socialmente tanto para as empresas como para as comunidades envolvidas.

A start-up de vídeo on-line Crunchyroll.com, com sede na Califórnia, deu isso como certo após assegurar mais de 4 bilhões de dólares em capital de risco para apoiar o desenvolvimento de sua plataforma de compartilhamento de vídeo no Leste Asiático. O plano de negócios da empresa foi desenvolvido tendo em vista agregar materiais legendados pelos fãs. No entanto, a comunidade de fãs de anime estava preocupada com o fato de a Crunchyroll.com estar lucrando sem repassar valores para os fãs que se dedicaram e sem assumir nenhuma responsabilidade legal que pudesse surgir da efetiva "comercialização" de materiais legendados pelos fãs. Conforme o pesquisador Xiaochang Li observa, a Crunchyroll.com esperou lucrar nas costas do trabalho dos fãs ao colocar todos os eventuais custos de questões legais em cima deles, potencialmente prejudicando a relação implícita entre os produtores de filmes de animação e os fãs (2009, p. 24). De forma semelhante, o modelo de negócio da start-up Fanlib para comercializar fan fiction provocou um protesto em 2007. Os fãs que protestaram contra as práticas da empresa viam o seu trabalho como dons que circulavam gratuitamente dentro de sua comunidade, não como commodities, e acreditavam que as empresas detentoras dos direitos de propriedade intelectual para personagens eram mais propensas a tomar medidas legais se um modelo de negócio fosse desenvolvido em torno dessas atividades/criações (JENKINS, 2007b). Enquanto alguns fãs escolheram aceitar os termos que a empresa oferecia (LI, 2007), outros formaram a Organização de Trabalhos Transformativos para criar plataformas gerenciadas pelas comunidades, onde eles poderiam resistir aos esforços de transformação da sua cultura em commodity.

102 | CULTURA DA CONEXÃO

Por outro lado, muitos participantes ficam frustrados quando as empresas lhes oferecem compensação financeira em desacordo com a reciprocidade de informações que ocorre dentro de algumas formas da cultura ponto a ponto. Imagine como o seu amado responderia se você deixasse dinheiro na sua mesa de cabeceira após um encontro particularmente apaixonado, por exemplo. Longe de aceitar essa recompensa pelos "serviços prestados", isso poderia muito bem prejudicar a intimidade do relacionamento e passar uma mensagem completamente errada.

Contrastando essas situações com as questões do trabalho do público no início deste capítulo, ressalta-se a complexidade inerente ao ambiente contemporâneo de mídia. Como poderíamos aliviar esses mal-entendidos se incutimos a ideia de mérito, além da nossa tradicional dependência do valor, nessas discussões? Como poderíamos negociar a gama de intercâmbios possíveis, valor por valor, mérito por mérito, valor por mérito, mérito por valor, que tal vocabulário implica?

Essas negociações complexas de valor e mérito são analisadas em um episódio, de 2008, do seriado *The Big Bang Theory*, da CBS, intitulado "A Hipótese do Kit de Banho como Presente". Sheldon, o cômico protagonista desajustado da série, passa por uma crise emocional quando descobre que sua ousada vizinha de andar, Penny, planeja dar a ele uma "lembrancinha tola" de Natal. A reação inicial de Sheldon é de choque e ofensa: "Espera aí! Você comprou um presente para mim? Por que você faria uma coisa dessas?". Sheldon com certeza havia lido Lewis Hyde e tinha uma compreensão clara do que significava dar presentes em uma sociedade capitalista: "Eu sei que você acha que está sendo generosa, mas a essência de se presentear é a reciprocidade. Você não me deu um presente. Você me deu uma obrigação".

Os amigos de Sheldon, que sofreram com esse ciclo de ansiedade e recriminação muitas vezes antes, se deleitaram ao ver o drama envolver um novo presenteador, até que a amizade deles os "obrigou" a levar seu amigo carente e nerd até o shopping center local em busca de um presente de "valor idêntico". Lá, Sheldon depara com sua aversão pelos produtos oferecidos em uma loja do tipo cama, mesa & banho, achando pouca coisa que, no seu raciocínio, estivesse à altura do valor de uma mulher. Ele caça uma funcionária da loja

ONDE A WEB 2.0 DEU ERRADO | 103

e tenta fazer com que ela descreva a relação social implícita nos presentes de diferente valor econômico: "Se eu fosse lhe dar esta cesta de presente, com base nesta ação apenas e sem outras informações, deduza e descreva a relação hipotética que existe entre nós. [...] Nós somos amigos, colegas, namorados? Você é minha avó?". Se o presente é uma representação de uma relação, ele pondera, é possível que alguém deduza o tipo de relacionamento a partir de um presente dado?

No final, Sheldon compra várias cestas de presente de valores distintos na esperança de que possa combinar de forma adequada a faixa de preço do presente que Penny comprou para ele. Ele planeja abrir primeiro o presente dela, esgueirar-se para fora da sala, procurar o custo on-line e voltar com algo que se aproxime com absoluta paridade. Entretanto, Sheldon é pego de surpresa quando Penny lhe dá um presente sem valor econômico fixo, um guardanapo sujo, mas de grande valor sentimental: é autografado por Leonard Nimoy e em nome de Sheldon. O que ele primeiro considerou desprezível passou a ser de valor inestimável. Quando fica sabendo que Nimoy limpou sua boca no guardanapo, Sheldon proclama com excitação que ele agora possui o DNA de Nimoy, o suficiente para que desenvolva o seu próprio Spock, desde que tenha acesso a um óvulo.

Penny, obviamente desconfortável, deixa claro que ela não tem em mente uma relação assim tão íntima. É a vez de Penny sentir-se desconfortável em relação às "obrigações" implícitas, ou pelo menos deduzi-las, nessa troca de presentes. Sheldon retira-se e simplesmente retorna com todas as cestas de presente que comprou. Ao decidir que, mesmo de forma coletiva, o valor delas não se aproximava do mérito do guardanapo autografado, ele, por fim, de forma desajeitada, dá à Penny um abraço, um gesto que é tocante por ser inusitado e que parece, afinal, levar as negociações a um fechamento adequado. O episódio nos oferece uma dissertação cômica sobre as diferenças entre valor (quando negociado em torno do alinhamento exato dos preços das várias cestas de presente) e mérito (quando entendido em termos do significado dos presentes que estão sendo trocados).

Ao longo dessa discussão, definimos várias analogias às práticas históricas anteriores, ou seja, à economia moral que formou as rebeliões dos camponeses no início da Europa Moderna, à construção de celeiros como um ritual da comunidade no século 19, ao artesão medieval e suas guildas como uma alternativa ao trabalho alienado e à economia do dom como um sistema de intercâmbio em sociedades tradicionais. Nosso objetivo aqui não é romancear esses momentos anteriores nas relações históricas entre produção e "consumo", nem retratar o que o público contemporâneo faz como, de alguma forma, "autêntico" e livre de limitações econômicas. No entanto, também queremos argumentar contra a generalização da classificação da vida cultural e social das pessoas por completo sob a esfera econômica: sejam aqueles associados ao discurso da Web 2.0 que apaga, com frequência, os interesses conflitantes de produtores e público, sejam aqueles preocupados com o fato de os mecanismos do capitalismo dificultarem qualquer potencial de busca de programas alternativos. De muitas maneiras, esses valores mais antigos do trabalho artesanal – reciprocidade, coletividade e lealdade – continuam a exercer uma influência residual sobre a cultura comercial contemporânea, tanto como novas formas de se entender a cultura participativa quanto no que diz respeito à aplicação das práticas de cultura popular tradicionais nos materiais da cultura de massa.

Parte do poder adquirido pelo discurso Web 2.0 foi o fato de ele ter eliminado essa história mais ampla de práticas participativas, e as empresas agem como se estivessem "concedendo" o poder de agência ao público, tornando a sua produção criativa significativa pela determinação de valor dentro da lógica da cultura de commodity. Para manter uma perspectiva equilibrada, é vital ser capaz de imaginar formas alternativas de valor e significado. As práticas sociais e culturais atuam em um contexto econômico, mas as práticas econômicas também operam em um contexto social e cultural. Há uma autonomia relativa entre essas esferas de atividade, mesmo que muitas das práticas que descrevemos neste livro estejam trabalhando para diluir as fronteiras entre elas. Ter uma noção da relativa autonomia da vida cultural nos oferece uma maneira de criticar a lógica da Web 2.0, insistindo no respeito pelas práticas e identidades culturais prévias, que muitas vezes são profundamente importantes para as comunidades envolvidas.

Para que as modalidades de mídia deixem a cultura de commodity, na qual são produzidas, para contextos sociais informais, através dos quais circulam e são avaliadas, elas devem passar por um ponto em que o "valor" seja transformado em "mérito", no qual o que tem um preço passe a ter um valor incalculável, e no qual o investimento econômico dá lugar ao investimento sentimental. Da mesma forma, quando os "presentes" da cultura de fãs são transformados em "conteúdo gerado pelo usuário", há sensibilidades especiais envolvidas a partir do momento em que os materiais são reabsorvidos pela cultura comercial. Quando as pessoas repassam textos de mídia, elas não o fazem como empregados pagos motivados pelo ganho econômico. Pelo contrário, essas pessoas são membros de comunidades sociais envolvidas em atividades que são importantes para elas sob o aspecto individual e/ou social. Esse movimento, e as transformações a que os textos de mídia estão sujeitos quando circulam, podem gerar tanto valor como mérito. No entanto, os produtores de conteúdo e plataformas on-line, da mesma forma, têm de ter plena consciência das lógicas do mérito que são empregadas por seu público, ou correrão o risco de afastar aqueles que estão envolvidos emocionalmente no material.

Nunca nada é gratuito

Em 2008 e 2009, houve rumores na internet sobre a ideia de coisas "gratuitas". Gigantes da mídia, como a News Corporation, de Rupert Murdoch, ficaram preocupados com serviços como o Google News, "que oferecia o seu conteúdo gratuitamente" e lucrava com isso (SMILLIE, 2009). Circularam boatos de que um site de vídeo on-line de propriedade de uma rede de televisão, chamado Hulu, estava introduzindo modelos de assinatura para seu material, interrompendo com eficácia o stream "gratuito" (J. HERRMAN, 2009). (Em junho de 2010, Hulu de fato introduziu o seu serviço por assinatura "Hulu Plus" [STELTER, 2010].) O editor da revista *Wired*, Chris Anderson, escreveu sobre "a economia da distribuição gratuita" (2009) e surgiram termos como "freeconomy" (economia do grátis) (THE FREECONOMY COMMUNITY, s.d.)

Em um exemplo especialmente proeminente que ilustra essa "freeconomy", o grupo de rock Nine Inch Nails lançou cópias digitais de seu álbum *The Slip*, de 2008, sob uma licença Creative Commons, que permitiu a cópia e o compartilhamento com menos restrições do que o tradicional "todos os direitos reservados". Quando as versões físicas foram lançadas, alguns meses depois, mediante pagamento, o *The Slip* permaneceu disponível no site da banda para download gratuito. Enquanto a imprensa especulava focada no custo do álbum, ou seja, seu valor econômico, e falava sobre o fato de a banda "doar" o seu conteúdo, o vocalista da Nine Inch Nails, Trent Reznor, discutia a decisão de modo diferente. No site oficial da NIN, Reznor chamou o download gratuito de "um agradecimento" aos fãs da banda por seu "apoio constante" (Nine Inch Nails, 2008). Em vez de "doar o álbum", Reznor estava *retribuindo* aos fãs o que eles já lhe tinham dado, ou seja, o seu apoio e compras anteriores, com um pedido silencioso para que continuassem a apoiá-lo. O que à primeira vista pareceu ser "gratuito" foi, na realidade, uma troca recíproca de mérito social dentro de uma relação contínua entre produtor e fãs.

A iniciativa de Reznor pode ser pouco convencional, embora a noção de que as trocas sem custo não sejam verdadeiramente gratuitas possa ser vista em tipos de "brindes" com os quais estamos bem familiarizados há muitas gerações. Antes da introdução generalizada do ar-condicionado, os frequentadores de igreja nos Estados Unidos se refrescavam nos dias quentes de verão com leques de papel com a marca das casas funerárias locais. As joalherias em shopping centers frequentemente oferecem serviços como ferramenta de marketing: fornecem a limpeza "gratuita" de anéis a transeuntes com a esperança não verbalizada de ganhar a lealdade de potenciais futuros clientes. E as marcas, desde bancos locais até candidatos presidenciais, colocam seus logotipos em canetas, artigos de escritório e camisetas de "brinde". Aqueles que dão esses brindes esperam que os receptores incorporem os objetos no seu dia a dia e que a marca os faça lembrar da empresa, enquanto a utilidade do presente gere algum senso de afeição. Esses artigos com marca também, muitas vezes, transformam os usuários em promotores da marca. Nesse sentido, os artigos com marca não são "gratuitos"; é feito um trabalho em troca desses presentes. E, quando as pessoas compartilham suas canetas ou outros brindes ganhos, esses itens se tornam "mídia propagável".

A troca de "presentes" traz expectativas sociais, conforme tanto Hyde (1983) como os roteiristas de *The Big Bang Theory* observam: como resultado, nem todos os presentes podem ser aceitos. Nesse sentido, há produtos e serviços que não podem, literalmente, ser doados porque nós todos somos desconfiados em relação a obrigações ocultas, motivos não declarados ou inte-

ONDE A WEB 2.0 DEU ERRADO | 107

resses encobertos embutidos em presentes. Esse foco nas expectativas que dão forma à troca de presentes é especialmente importante se pretendemos explorar como a mídia se propaga on-line, pois muitos sistemas de cooperação, colaboração e compartilhamento ponto a ponto geram valor pela criação de vínculos mútuos, expectativas recíprocas e "pagamentos" sociais.

Na verdade, quando descrevemos esses produtos e serviços como "gratuitos", isso significa que as pessoas não os compraram com dinheiro, e não que elas não tenham pagado por eles por algum outro meio. Em todo caso, os produtores e os trabalhadores que trabalham "gratuitamente" esperam alguma forma de pagamento (social), e cada pessoa fornece o seu tempo e trabalho sob a expectativa de que os outros vão contribuir de forma similar para o benefício de todos. Compreender a popularidade das muitas plataformas de Web 2.0, portanto, significa considerar o que motiva as pessoas a contribuir com seu tempo e energia sem a expectativa de compensação financeira imediata, quer esses motivos sejam atenção, reconhecimento e construção de identidade; o desenvolvimento de uma comunidade e de vínculos sociais; a criação de uma ferramenta útil; ou uma miríade de outras considerações.

A tecnologia tem tornado fácil o fluxo de conteúdo pelos sistemas de intercâmbio, permitindo que as pessoas adquiram textos de mídia a partir de um contexto e os transplantem para outro, sem muita dificuldade. Porém, conforme já discutimos em relação às disputas sobre termos de serviço ou controle sobre direitos de propriedade intelectual, essas transições nem sempre são tranquilas. É por isso que o esclarecimento sobre o "gratuito" é tão fundamental. O uso do "gratuito" é uma tentativa de descrever transações baseadas na reciprocidade, apesar de estar atrelado à linguagem do mercado, obscurecendo os mecanismos sociais ocultos de uma forma que pode vir a ser um convite para conflitos e violações de ambos os lados.

Com frequência, os motivos comerciais para se oferecer uma plataforma ou texto "gratuitamente" incluem transformar o trabalho do público em commodity, criar oportunidades para coleta de dados, adição de pessoas em uma lista de contatos a ser vendida para marqueteiros ou reunir um público para vender para anunciantes (conceitos explorados ao longo do presente livro). Em outros casos, esse "gratuito" oferece gerar benefícios na tentativa de recrutar aqueles que os aceitam como intermediários autenticamente populares ou então encorajando esses usuários a criar conteúdo eles próprios e, assim, atrair públicos maiores para expandir o alcance de uma plataforma ou marca. O YouTube pode oferecer sua plataforma de web para os usuários sem custo, mas os esforços dos usuários para criar valor social através do site geram visualizações de página e dados que são a base para as relações de licenciamento e publicidade do YouTube. Como resultado, essas trocas criam contratos sociais implícitos, não apenas dentro da comunidade de usuários, mas também entre a comunidade e a plataforma; contratos que, quando violados, podem gerar uma sensação de estar sendo enganado, tanto quanto trabalhadores objetariam ao ter seus salários alterados no dia do pagamento.

Rumo ao marketing transparente

À medida que as empresas entram em acordo com um ambiente on-line que registra, amplifica e prolifera a interpretação coletiva do público e a apropriação de seus materiais de marketing, e à medida que as empresas tentam entender como o seu material é propagado em ambientes governados pela lógica ponto a ponto, essas empresas gastam mais energia tentando envolver seu público diretamente. Considere, por exemplo, o campo de relações públicas. Conforme observado na introdução, o termo "relações públicas" já foi usado para serviço de atendimento ao cliente. Entretanto, em grande parte do século 20, esse termo significou basicamente "assessoria de imprensa", visto que as empresas buscavam influenciar "as massas" através da intermediação de jornalistas profissionais. Hoje, no entanto, as pessoas encarregadas da promoção de uma marca estão tentando, cada vez mais, trazer o público de volta para as "relações públicas".

Isso não significa que a mídia tradicional não seja mais um foco importante, uma vez que ela continua a ser um amplificador proeminente e fundamental em um ambiente de mídia propagável. No entanto, de repente, a importância das recomendações da "pessoa comum" tornou-se uma prioridade renovada, e o boca a boca, a forma original de marketing, é tratado como um fenômeno novo devido a uma distinção importante: a comunicação on-line cria uma trilha textual das conversações do público sobre uma marca ou empresa de mídia que pode ser arquivada indefinidamente para que todos vejam.

Se as marcas e as modalidades de mídia admitem que as recomendações boca a boca de companheiros de público oferecem a maior oportunidade de influenciar os outros, são muitas as questões que permanecem sem resposta. Que tipo de contratos implícitos existe entre as marcas e aqueles que as recomendam? Quais são os códigos morais e as diretrizes que as marcas devem respeitar ao encorajar, solicitar ou reagir aos comentários daquele público que as empresas desejam alcançar? Que tipo de compensação, se for o caso, os membros do público merecem por seu trabalho promocional, quando fornecem um testemunho para o seu programa ou empresa de televisão favorita? Oferecer algumas formas de compensação compromete a integridade de todos os envolvidos? Afinal de contas, conforme Hyde observa, existe uma linha tênue que separa presentes de subornos, mas a distinção carrega enormes implicações morais (1983, p. 237).

Stacy Wood, professora de marketing da Universidade do Estado da Carolina do Norte, conduziu uma pesquisa extensa sobre o valor que as pessoas depositam nas recomendações provenientes de pessoas comuns e o seu potencial impacto sobre as marcas. Em um mundo em que o público é bombardeado por centenas de mensagens diariamente e onde, em resposta, ele se tornou extremamente desconfiado em relação à autenticidade e à credibilidade das mensagens de marketing, as recomendações boca a boca são uma fonte muito importante de informação digna de confiança. Os gerentes de marca e os marqueteiros começaram a tirar proveito disso, incentivando os clientes a escrever depoimentos ou a produzir conteúdo recomendando os produtos. No entanto, esse incentivo precisa ser aplicado com cuidado: a pesquisa de Wood sugere que, quando se fornecem recompensas aos clientes para que escrevam sobre suas experiências, eles muitas vezes exageram, o que resulta em testemunhos menos genuínos nos quais ninguém acredita (nem mesmo os próprios recomendadores). Conforme Wood se aprofunda em nosso livro expandido, "as empresas têm de ter o cuidado de criar um espaço para dar testemunho que, de forma clara, não esteja associado a prêmios ou outros benefícios financeiros, ou seja, um espaço que ressalte a natureza voluntária das contribuições testemunhais. Dessa forma, o engajamento e os testemunhos do consumidor devem ocorrer na economia social (moral/do dom) em vez de em uma economia baseada em commodity. Isso funciona como um sinal de credibilidade, não apenas para o autor do testemunho, mas também para os outros consumidores que lerem os testemunhos resultantes".

Enquanto as disciplinas de marketing abordam a melhor forma de incentivar a participação quando ainda soa como de boa-fé, dois jargões apareceram de forma consistente na literatura popular em torno da Web 2.0: "transparência" e "autenticidade". Ambas as palavras têm histórias profundas em várias disciplinas. Na retórica atual de negócios da Web 2.0, a "transparência" se refere a até que ponto as marcas e os membros do público são igualmente claros sobre os seus vínculos um com o outro, assegurando que os consumidores tenham acesso a todas as informações necessárias para avaliar a credibilidade de uma recomendação. Enquanto isso, na recente terminologia do marketing, "autenticidade" representa a avaliação geral da credibilidade de uma marca ou membro do público. Aqui, o teste de autenticidade pergunta: "O portador da mensagem está sendo integralmente transparente? Essa porção de conteúdo ou recomendação é coerente com o que é conhecido sobre o portador da mensagem ou é esperado dele? E o portador da mensagem tem realmente o conhecimento, a experiência e as credenciais necessárias para apoiar a mensagem?".

Ambos os conceitos são essenciais para a economia moral apresentada neste capítulo. Considerados em conjunto, eles ajudam a estabelecer a "confiança" entre os participantes em uma transação econômica, e permanecem fundamentais quando os produtores/anunciantes e seus públicos renegociam as relações gerenciadas pela lógica da economia do dom. Como as empresas procuram sustentar e incentivar o boca a boca como apoio, no entanto, sua transparência e sua autenticidade são frequentemente colocadas em dúvida.

Nos últimos anos, os comunicadores empresariais têm sido repetidamente flagrados falando como se fossem consumidores não pagos ou fãs comentadores. Essas práticas são rotuladas de "astroturf", ou seja, ações populares falsas. Poucos exemplos de adoção de astroturf irritaram as pessoas mais do que uma campanha em 2006 da Zipatoni para a Sony, centrada no "Tudo o que eu quero para o Natal é um PSP", um site apresentado como de criação de dois fãs adolescentes para convencer seus pais a comprar para eles um sistema de jogos portáteis PlayStation da Sony para o Natal. Quando os gamers descobriram que os vídeos do blog foram hospedados nos servidores da Zipatoni, o site foi revelado como astroturf. Essa descoberta tornou o site "viral" (pelo menos no sentido de que este fez com que aqueles que entraram em contato com ele ficassem "doentes"), quando uma miríade de gamers percebeu a situação como um exemplo de desrespeito da Sony para com a comunidade de games. Os marqueteiros enquadraram o site como o "pior exemplo de prática", os grupos de fiscalização realçaram a campanha como um exemplo da necessidade de maior regulamentação do marketing corporativo e os jornalistas e blogueiros usaram a história (como nós aqui) para ressaltar os equívocos cometidos pelas grandes empresas (SNOW, 2006).

No entanto, muitos exemplos de astroturf não são tão gritantes. Tome outra "lição aprendida", agora canônica, do mundo das relações públicas: a colaboração da empresa de relações públicas Edelman com o Walmart no apoio ao website "Wal-marting em toda a América". Um casal comprou um trailer e planejava fazer um blog sobre uma viagem ao redor do país para visitar seus respectivos filhos. Durante a viagem, eles perceberam que os estacionamentos do Walmart permitiam que trailers estacionassem gratuitamente e decidiram que suas experiências poderiam proporcionar um aspecto único sobre o país. Uma vez que a série postada no blog seria fundamentalmente sobre as suas experiências em Walmarts, no entanto, o casal decidiu contatar a organização "Famílias Trabalhadoras para o Walmart", uma entidade iniciada por Edelman em nome da empresa, para garantir que eles tivessem o direito de prosseguir com o projeto (GOGOI, 2006a). Edelman e o Walmart não apenas deram permissão como ofereceram apoio ao casal, fornecendo outro trailer e financiando uma viagem muito mais ampla do que a planejada originalmente.

Embora o ímpeto por trás do blog resultante fosse realmente conduzido pelo "usuário", o Walmart e Edelman não divulgaram sua intervenção, salvo por uma faixa no site do casal. Portanto, quando blogueiros e grupos de fiscalização descobriram o envolvimento do Walmart e de Edelman, tanto o varejista como a sua empresa de relações públicas foram alvos de escárnio pesado. Muitos blogueiros de marketing ficaram particularmente chateados pelo fato

CULTURA DA CONEXÃO

de Edelman, que tinha sido um líder da indústria na definição de estratégias adequadas de Web 2.0, ter cometido esse erro (Gogoi, 2006a). Apesar de o blog e o interesse do casal não terem sido fabricados, a situação foi uma advertência de que o astroturf inclui não apenas mentiras descaradas, mas também iniciativas que deixam de ser transparentes.

As questões éticas com as quais os comunicadores corporativos e membros do público deparam são críticas e demonstram os desafios de um mundo híbrido em que produtos e textos de mídia se movem com fluidez entre as lógicas das economias de commodity e do dom. Que tipos de vínculos ou relações devem se tornar públicos? É claro que tanto comunicadores corporativos que fingem ser membros do público como marcas que pagam fãs para falar favoravelmente, e que não divulgam esse vínculo, violam o contrato implícito da mídia propagável. Mas e quanto aos blogueiros que analisam um produto fornecido a eles por uma empresa, ou aos fãs que são recompensados por seus comentários ou trabalho promocional com acesso aos criadores? No sentido inverso, os marqueteiros profissionais que participaram das atividades como fãs, em relação à série de televisão *Mad Men,* foram tidos como fãs não autênticos em função de sua dupla identidade como marqueteiros e fãs, conforme insinuou a agência Deep Focus? Eles tinham a obrigação de ser francos desde o início sobre suas identidades profissionais?

Várias questões como essas têm levado a apelos consistentes para que os órgãos reguladores intervenham. Nos Estados Unidos, a Comissão Federal de Comércio atualizou, em 2009, as suas diretrizes para exigir a divulgação de relações remuneradas, desencadeando a discussão tanto entre os marqueteiros como entre os blogueiros. Embora a maioria tenha concordado com a necessidade geral de fiscalizar comportamentos inescrupulosos, alguns blogueiros questionaram como lidar com muitas questões menos claras que poderiam levar à violação de suas diretrizes sem saber. Jornalistas on-line questionaram se normas com excesso de restrições poderiam visar uma faixa muito ampla de comentários on-line no interesse de proibir comportamentos inescrupulosos. E alguns líderes do setor perceberam que as normas impostas pelo governo, em vez das diretrizes do setor e da autofiscalização, poderiam levar a restrições demasiado onerosas que criariam um fator de resfriamento entre os marqueteiros. As diretrizes estimulam as empresas a persistir em uma mentalidade da era de radiodifusão por medo de que a colaboração com o público possa levar a uma vulnerabilidade legal?

O certo é que as marcas e os produtores de mídia estão cada vez mais conscientes do potencial de lucro e promoção ao adotar a "mídia propagável". Entretanto, há grande necessidade de se levantar uma discussão mais refinada das implicações econômicas por trás da Web 2.0. As comunidades proeminentes se encontram cada vez mais bombardeadas por marqueteiros que buscam criar um "fenômeno viral" ou gerar o boca a boca. A comunidade "mommy blogger" (com informações para mães), os tuiteiros proeminentes e os fóruns de discussão de fãs ativos estão agora nas listas-alvo dos marqueteiros e profissionais de relações públicas encarregados de "chegar aos formadores de opinião". Enquanto os jornalistas pagos são recompensados monetariamente por seu tempo, estabelecendo contatos com comunicadores corporativos, muitos desses membros do público mantêm seus blogs por interesses sociais em vez de econômicos, pois suas contribuições são de valor dentro de suas comunidades. Quanto mais marcas quiserem adotar comunidades e "juntar-se à discussão", mais bem informados devem ser os gerentes de marca, os marqueteiros internos e as agências e associações do setor sobre as pretensões implícitas e, às vezes, explícitas dos públicos em relação à participação corporativa nesses diálogos. Da mesma forma, os fãs, blogueiros, gamers, tuiteiros e outros participantes de comunidades on-line precisam desenvolver um entendimento diferenciado das implicações de seus novos envolvimentos com anunciantes e produtores.

Não precisamos de formadores de opinião

Embora os profissionais de relações públicas tenham aceitado que não podem mais pensar apenas em jornalistas para apregoar os seus produtos, alguns deles agora afirmam, como alternativa, que existem alguns membros de elite de qualquer comunidade que, se convencidos da mensagem de uma marca, podem convencer todos os demais a seguir o exemplo. Nós discutimos, ao longo do presente livro, a necessidade de os criadores de conteúdo prestarem atenção à atuação do público em relação à circulação de conteúdo. No entanto, não estamos reivindicando que os pretensos formadores de opinião sejam mais aptos a ser eficazes na circulação de conteúdo do que o resto de nós. De fato, o formador de opinião é um dos grandes mitos do mundo da Web 2.0. No livro *O ponto da virada* (2000), Malcolm Gladwell baseou sua teoria do formador de opinião no agora bem conhecido estudo do "Problema do Mundo Pequeno" (MILGRAM, 1967; TRAVERS & MILGRAM, 1969), no qual, através de vários experimentos, os residentes de Nebraska e do Kansas, nos Estados Unidos, foram solicitados a entregar uma carta para alguém em Boston, passando-a através de contatos sociais que eles achassem que poderiam estar próximos ao alvo final. De forma esplêndida, dentre aqueles casos em que a carta foi transferida com sucesso, levou-se em média cinco intercâmbios para que ela chegasse ao alvo pretendido, ou "seis graus de separação", como o fenômeno agora é popularmente rotulado. No uso desses estudos, Gladwell enfatizou que a carta finalmente atingiu seu alvo pretendido por meio dos mesmos poucos amigos na maioria dos casos, e argumentou que esses "formadores de opinião" eram afinal os que precisavam estar engajados para atingir o público-alvo.

Desde que Gladwell lançou esse argumento, o "formador de opinião" tem sido enfatizado em inúmeros estudos de caso de marketing para discutir por que a atenção e o endosso dos principais membros do público são fundamentais para o sucesso. A razão é que o melhor caminho para alcançar qualquer pessoa em uma comunidade é achar as poucas pessoas proeminentes que influenciam a maioria dos membros. A linguagem do "formador de opinião", em particular, tem sido frequentemente usada pelos profissionais de relações públicas para justificar a importância de ir além dos jornalistas tradicionais – até os blogueiros.

No entanto, Peter Dodds, Roby Muhamad e Duncan Watts (2003) testaram esse pensamento ao pedir a mais de 60 mil pessoas que alcançassem dezoito "pessoas-alvo" em treze países, através do encaminhamento de um e-mail junto a um conhecido que pudesse conhecê-las. O estudo deles constatou uma média de cinco a sete passos para que a mensagem alcançasse um de seus alvos pretendidos (reforçando o conceito dos "seis graus"), mas eles não encontraram nenhum dos "formadores de opinião". Conforme resumido por Clive Thompson: "[Watts] constatou que os 'hubs sociais', pessoas altamente conectadas, não eram essenciais. Claro, eles existiam. Mas apenas 5% das mensagens de e-mail passaram por um desses superconectores. O resto das mensagens se deslocou pela sociedade por caminhos muito mais democráticos, movendo-se rapidamente de um indivíduo fracamente conectado para outro, até que chegaram ao alvo" (2008). Essa pesquisa altera a questão de como alcançar "formadores de opinião" para quais são as estruturas sociais que melhor apoiam a propagação dos textos de mídia. Com certeza, as pessoas exercem graus variáveis de influência. Todos nós recebemos recomendações de fontes confiáveis em vez de estranhos, de especialistas em vez de novatos. No entanto, essa influência geralmente é contextual e temporal, dependendo do assunto, da credibilidade da pessoa que fala e de uma variedade de outros fatores. É claro que existem formadores de opinião, mas quem são esses formadores de opinião pode mudar substancialmente de uma situação para outra.

É fácil ver como esse conceito do "formador de opinião" se tornou popular junto com as noções do marketing viral: ambos admitem que existe algum atalho para a construção de interesse em torno da mensagem de alguém. No caso do marketing viral, o mito é que algo inserido no "DNA" do conteúdo vai afetar as pessoas que não terão escolha a não ser ter as mensagens propagadas. No caso dos "formadores de opinião", o mito é que, se um marqueteiro alcança um grupo muito pequeno de fabricantes de sabores, esses poucos vão trazer junto "as ovelhas". Em resumo, os desenvolvedores de marcas e os produtores de mídia ainda estão tentando descobrir qualquer ângulo das "relações públicas" que não exija muito no modo de se relacionar com o público.

No artigo do marqueteiro Scott Gould (2010) sobre a propagabilidade, ele analisa a tensão entre "disseminar" e "reunir". Ao usar uma metáfora sobre agricultura, argumenta que os marqueteiros têm de disseminar as sementes através de muitas relações potenciais e, então, identificar quais relações se desenvolvem e merecem ser aprofundadas:

> Nós não sabemos quais relações vão acabar voltando como as melhores para nós, quais tuítes dão retorno para os negócios, quais bits de marke-

CULTURA DA CONEXÃO

ting fazem a maior diferença e, ao tentarmos plantar cuidadosamente nossas sementes, em vez de disseminá-las, negligenciamos todas as relações potenciais que poderíamos ter, e que nós nunca conseguiríamos normalmente. [...] O dilema é este: como passar de uma abordagem de volume para uma abordagem de valor? Como filtrar tudo o que disseminamos e como saber em quais relações ou oportunidades começar a investir com um valor maior?

Aqui, Gould rejeita a teoria do formador de opinião, ao dizer que um marqueteiro não sabe, no início, quais membros do público podem adotar uma marca. Gould insiste que o marqueteiro constrói relações ao ouvir e interagir, aprofundando relações com os membros do público quando relevante contextualmente e quando ambas as partes têm pontos em comum.

Se a busca por "formadores de opinião" é um indício de uma atitude de distribuição em um ambiente construído e baseado na circulação, a sugestão de Gould de "disseminar" amplamente o conteúdo e, em seguida, "reunir" potenciais apoiadores segue a lógica da conectividade social on-line: uma comunicação aberta que leva, com frequência, a conexões contextualizadas e temporárias, algumas das quais podendo se tornar relações de longo prazo. As empresas de mídia e os profissionais de marketing devem abandonar a ilusão de que "ter como alvo" os mesmos nove "mommy bloggers" ou um punhado de celebridades no Twitter é tudo o que é preciso para fazer com que uma mensagem circule globalmente. Esse modelo limita as relações significativas que um produtor ou marca podem desenvolver, desvaloriza as pessoas que não são inicialmente consideradas "formadoras de opinião" e, por fim, reforça a mentalidade de "um para muitos", através da busca de um punhado de afiliados para compartilhar uma mensagem, em vez de ver as relações se desenvolverem e serem construídas por muitas interações diárias.

Ir além da Web 2.0 (mas não apenas até a "Web 3.0")

Para as empresas de mídia, para os marqueteiros e para o público, onde a Web 2.0 deu errado, no fim das contas? Da mesma forma que a "mídia viral" nos levou a adotar um modelo falso de comportamento de público, que simplifica os motivos e os processos através dos quais ocorre a circulação popular do conteúdo de mídia, a linguagem da Web 2.0 simplifica demais a "economia moral", dando forma a trocas comerciais e não comerciais. Nesse processo, tais termos mascaram algumas diferenças fundamentais no modo como os produtores e o público atribuem valor ao que é gerado por meio de suas interações recíprocas.

O discurso da Web 2.0 pressupõe que a participação dos fãs é uma grande geradora ao produzir novas percepções, criar novos valores e alcançar novos públicos, mas o modelo de negócio muitas vezes separa os textos resultantes dos contextos sociais, dentro dos quais eles foram produzidos e circularam, assim desvalorizando as noções de reciprocidade. Muitas empresas de Web 2.0 têm procurado reivindicar a propriedade total sobre o conteúdo gerado por seus fãs, mesmo após terem buscado fortalecer o sentido dos interesses pessoais dos participantes no espaço. Em outros casos, as plataformas esgotam muito rapidamente os interesses dos usuários de modo a apaziguar a declaração contestada de reivindicações de propriedade intelectual representada por outros interesses comerciais. Tudo isso tem contribuído para um senso de instabilidade e insegurança em relação às promessas da Web 2.0.

Além disso, à medida que as empresas adotam e desejam explorar a credibilidade dos depoimentos dos consumidores e as recomendações dos intermediários autenticamente populares, tanto os marqueteiros como o público devem levar em conta um novo conjunto de considerações éticas. As marcas devem encontrar o equilíbrio, atribuindo valor de forma adequada e colaborando com os entusiastas, contanto que respeitem a autonomia e a voz de seu público. Elas devem evitar cruzar as fronteiras éticas diferenciadas da "autenticidade" e da "transparência", para que táticas míopes de marketing não coloquem a reputação da empresa em crise. E devem abandonar a ilusão de que podem se relacionar com eficácia com uma comunidade ou público como um todo ao atingirem alguns poucos "formadores de opinião" importantes que todo mundo segue sem pensar. Em vez disso, os comunicadores corporativos devem aceitar as complicações e as diferenças necessárias para se envolver de verdade com o público.

As falhas na Web 2.0, em sua essência, podem ser reduzidas a uma formulação simples: o conceito transforma os "produtos" sociais gerados através dos intercâmbios interpessoais em "conteúdo gerado pelo usuário", que pode ser monetizado e transformado em commodity. Na verdade, porém, o público muitas vezes usa o conteúdo monetizado e transformado em commodity de produtores comerciais como matéria-prima para as interações sociais entre os seus membros. Esse falso reconhecimento talvez seja mais profundamente expresso quando as empresas buscam não apenas "captar", "tirar proveito" ou "colher" as contribuições criativas de seu público, mas também bloquear textos de mídia para que eles não possam mais se espalhar além de suas fronteiras delimitadas por muros. No Capítulo 2, vamos explorar ainda mais os motivos às vezes paralelos, às vezes conflitantes e às vezes não relacionados que impulsionam a produção, a circulação e a avaliação do conteúdo de mídia na interface entre a cultura de commodity e a economia do dom.

2

A REAVALIAÇÃO DO RESIDUAL

O Capítulo 1 sugeriu que cada parte envolvida no intercâmbio material pode ter uma concepção diferente de seu valor e/ou mérito. Usamos o termo "avaliação" para descrever o processo pelo qual as pessoas determinam quais formas de valor e mérito são atribuídas a um objeto à medida que este passa por diferentes transações. A avaliação é frequentemente usada para falar sobre o valor monetário de uma commodity em uma transação comercial. No entanto, o mesmo termo também é usado nos processos de curadoria, os quais criam valor não através de compra e venda de commodities, mas por meio da crítica, da organização e da exibição/exposição dos artefatos. Uma avaliação realizada em um arquivo ou museu pode estar relacionada tanto com o valor histórico, cultural ou simbólico do artefato, caso valha a pena preservar o material para gerações futuras, quanto com o valor monetário do item. Além disso, os museus e os arquivos podem ser relutantes em aceitar presentes se os custos de preservação de um artefato excederem seu valor simbólico ou sua importância cultural. Como o aumento das redes digitais acelerou o fluxo de textos e objetos, tais processos de curadoria se tornaram parte do cotidiano de muitas pessoas. Essas formas concorrentes de avaliação são especialmente visíveis no caso de materiais "residuais", ou seja, antiguidades, roupas usadas, itens de colecionadores e assim por diante. Essas "velharias" podem ter perdido muito de seu valor econômico e de seu papel central em termos culturais, mas ainda carregam um valor sentimental enorme para alguns entusiastas.

120 | CULTURA DA CONEXÃO

À medida que o capítulo avançar, desenvolveremos uma compreensão mais diferenciada do "residual" como um local específico de transações culturais, explorando como e por que as negociações de conteúdos antigos de mídia estão ganhando um papel central novo dentro de uma cultura em que locais como o eBay e o YouTube apoiam o intercâmbio de itens entre os membros do público que, de outra forma, já não atraem a atenção de interesses comerciais.

Estimar o valor econômico e determinar o mérito cultural ou sentimental são duas noções cada vez mais vinculadas quando se fala sobre formas populares de avaliação. Como os artefatos (seja um objeto físico, seja um item de conteúdo) percorrem diferentes intercâmbios, os vários grupos envolvidos podem aplicar sistemas diferentes de avaliação, os quais refletem objetivos e interesses divergentes. Podemos distinguir, em grandes linhas, entre trocas comerciais e não comerciais, entre compras e doações; no entanto, mesmo dentro de uma troca comercial pode haver mais de um tipo de valor em jogo.

Embora muitos dos exemplos levantados no presente livro considerem a forma como os textos de mídia circulam através da troca ponto a ponto, nem toda mídia propagável começa dessa maneira, e nem toda mídia propagável termina dessa maneira. Em vez disso, o material é compartilhado em virtude de sua capacidade de adaptação em diferentes condições e de sua habilidade de ser ajustado para satisfazer uma grande variedade de necessidades e motivações. Os clipes dos programas de televisão dos Estados Unidos, por exemplo, são criados dentro da lógica da cultura de commodity orientada para o marketing, mas são reaproveitados pelos fãs para estabelecer relações sociais quando são repassados. Por outro lado, muitas formas de conteúdo gerado pelo usuário, criadas dentro dos primeiros intercâmbios sociais, foram alavancadas comercialmente quando hospedadas nos websites de geração de receita. A Mentos, por exemplo, afirma ter recebido mais de dez milhões de dólares com a publicidade de vídeos postados on-line de pessoas colocando pastilhas de Mentos dentro de uma garrafa de Coca Cola Diet, um golpe de sorte para uma marca que, naquele momento, gastava menos de vinte milhões de dólares por ano em propaganda nos Estados Unidos (Vranica; Terhune, 2006).

Em outros casos, o conteúdo gerado e propagado através da economia do dom digital também é usado, eventualmente, de forma direta pelas empresas como material promocional, como no caso de um comercial da Chicken McNuggets, que se apropriou de um vídeo gerado por usuário de dois amigos fazendo um rap sobre a refeição. O clipe do vídeo foi postado no YouTube um ano antes de o McDonald's adquiri-lo. O McDonald's usou o clipe praticamente sem alteração, intercalando alguns cartões de título e adicionando um slogan ao final. Conforme ambos os casos mostram, a mídia propagável pode percorrer tanto os intercâmbios sociais como as trocas comerciais, e em ambas as direções.

Se pudéssemos decidir que existem coisas que têm valor de mercado e outras que não, haveria menos tensão ou confusão sobre se algo vale a pena. Porém, produtos e serviços, por natureza, não possuem características comerciais e não comerciais. Em vez disso, esses valores e condições são atribuídos aos produtos e aos serviços por meio do contexto das trocas nas quais estão envolvidos. Comprar uma garrafa de vinho para levar a um jantar começa como uma troca comercial, que é a compra do produto na loja, onde seu valor é comunicado através do preço. Se você oferecer a garrafa aos anfitriões para agradecer-lhes por sua hospitalidade (e talvez, com isso, demonstrar que estava pensando neles, ao escolher seu tipo de vinho preferido), será considerada uma gafe social deixar a etiqueta com o preço na garrafa. A remoção da etiqueta é um gesto ritual da transformação entre as trocas comercial e não comercial. Mesmo que ninguém pense que você mesmo fez o vinho, o jantar representa uma troca de dons em que seu preço não é determinado, primariamente, por quanto custa o vinho.

Sistemas de avaliação

Existe uma tendência de descrever avaliação, pelo menos a realizada dentro de um contexto comercial, como um processo bastante racionalizado, concebido para determinar o valor absoluto de um produto. Além disso, avaliação também é a negociação entre diferentes sistemas de avaliação, que determinam não apenas o valor do objeto, mas a forma como esse valor pode

122 | CULTURA DA CONEXÃO

ser mensurado. Quando se avalia uma moeda de ouro, por exemplo, é importante saber se a avaliação está baseada no valor do ouro, no valor da moeda como objeto histórico, em um interesse do colecionador pela moeda ou nas circunstâncias da moeda como um símbolo transmitido de um membro da família para outro.

Considere dois lugares em que a avaliação é realizada na cultura de mídia contemporânea: na série de televisão *Antiques Roadshow* e no site de leilão na internet eBay. Esses dois lugares aplicam diferentes processos de avaliação: um conta com especialistas que estimam o valor comercial e o outro permite que compradores e vendedores negociem preços de forma direta. Enquanto o *Antiques Roadshow* transforma o ato de avaliação em um espetáculo público, o eBay transforma a avaliação em uma prática participativa. Ambos fazem as negociações entre formas concorrentes de valor visível e explícito, embora as relações entre esses diferentes sistemas de avaliação geralmente sejam tidas como certas quando se compra um item em uma loja.

Um dos programas da PBS de maior sucesso de todos os tempos (CLOUSE, 2008; BISHOP, 2001), o *Antiques Roadshow* estimula o fascínio crescente das pessoas com o processo de avaliação, transformando a negociação entre diferentes sistemas de valor na base para o espetáculo público. Em um episódio habitual, os espectadores podem assistir de dez a vinte transações, durante as quais uma equipe de avaliadores e especialistas profissionais fazem seu julgamento sobre o valor de troca de vários artefatos, normalmente relíquias de família, que o público leva para o local de gravação. Uma sessão de avaliação normalmente começa com uma narrativa pessoal ou sentimental, geralmente envolvendo a passagem do objeto através de gerações. O valor e o significado do objeto estão baseados em seu lugar nessas narrativas pessoais e estão vinculados às relações íntimas da família. Conforme um proprietário explicou: "Nós nunca pensamos realmente sobre o valor. É uma coisa muito pessoal para mim". É claro que levar esses itens para o estúdio já indica a disposição do proprietário em reintroduzi-los na lógica das transações comerciais, na qual seu valor primário é econômico e não sentimental. Não é de admirar que, com frequência, há alguma coisa surpreendente para esses proprietários no que diz respeito a ver objetos que há muito tempo fazem parte de seu cotidiano serem

A REAVALIAÇÃO DO RESIDUAL | 123

repaginados pela linguagem do valor de troca. Assim, o processo de avaliação muitas vezes envolve uma troca de histórias. O proprietário compartilha a história do item individual como se ele tivesse passado por sua única trajetória através das várias trocas, enquanto o especialista compartilha uma narrativa histórica mais generalizada sobre quem fez o objeto, em quais circunstâncias e como o valor do objeto pode ter mudado ao longo do tempo.

Dentro desse sistema, o avaliador é imparcial (ele admira a beleza do objeto, mas é indiferente ao seu valor sentimental) e especialista (ele tem discernimento quanto à verdadeira natureza do objeto e mede seu valor potencial de troca no mercado). Uma vez completada a avaliação, os proprietários podem determinar qual dos conjuntos concorrentes de valores orientará seu tratamento futuro em relação ao objeto. Eles podem ficar tentados a separar produtos quando o valor de troca se torna muito alto ("Minha esposa vai querer vender isso"), podem ficar preocupados com a forma como o uso diário ou os rituais da família podem correr risco de dano ("Meu medo era que vocês me dissessem que isso era tão caro que eu não seria capaz de mantê-lo pendurado na minha parede") ou podem reiterar a prioridade do valor sentimental sobre o valor de troca ("Eu fico realmente muito feliz de deixar isso para os meus filhos").

O *Antiques Roadshow* se concentra em apenas dois participantes na transação: o proprietário do objeto e o avaliador especialista, enquanto duas outras partes potenciais permanecem fora do palco: o colecionador, muitas vezes citado como o árbitro final do valor, e a casa de leilões, cujo papel na transação econômica permanece despercebido. Também implícitos, mas presentes em segundo plano, estão os espectadores, que têm o prazer de desenvolver mais discernimento sobre o valor dos objetos cotidianos e os quais são convidados a se entreter com a fantasia de que itens de seu próprio sótão podem valer muito mais do que fora imaginado anteriormente.

Em contrapartida, o site de leilões on-line eBay deixa de lado tanto o avaliador especialista como o leiloeiro profissional para criar o que o fundador, Pierre Omidyar, esperava que se tornasse uma troca "sem atrito" entre vendedores e compradores: "O campo de jogo seria nivelado. Todos os compradores teriam as mesmas informações sobre produtos e preços e todos os vendedores teriam a mesma oportunidade para comercializar suas mercadorias. O for-

124 | CULTURA DA CONEXÃO

mato de leilão, conforme ensinado pela teoria econômica clássica, produziria o preço perfeito porque os itens seriam vendidos pelo exato nível de preço em que a oferta atendesse à demanda" (citado em EPLEY, 2006, p. 151). A cada dia, os vendedores no eBay listam aproximadamente 4,8 milhões de itens através de mais de 40 mil categorias, criando um espaço em que muito mais pessoas do que antes estão envolvidas no processo de avaliação (HILLIS; PETIT; EPLEY, 2006, p. 1). O aumento de trocas em rede torna possível que cada item tenha seu preço atribuído e encontre um novo proprietário sem ser submetido a qualquer avaliação formal. Não há garantia de autenticidade. Os vendedores muitas vezes cometem erros na identificação de conteúdo, material e origens, e os compradores têm de confiar em seu próprio julgamento para avaliar o que é oferecido. As categorias através das quais os objetos circulam não são fixas, e sim constantemente flutuantes, com o mesmo produto potencialmente atraente para vários interesses, e o sucesso da venda, geralmente, reside na habilidade do vendedor em identificar de forma correta e sinalizar a atenção de diversos grupos de compradores potenciais. Em muitos casos, os termos da troca não estão fundamentados no valor material dos objetos, que podem ser descartáveis ou de feitio barato, mas no valor sentimental ou simbólico atribuído a eles: sua capacidade de ser desejável. A capacidade de ser desejável pode ser reconhecida mutuamente dentro de uma comunidade de colecionadores em particular ou pode ser idiossincrática quando as pessoas procuram readquirir objetos de sua infância que se perderam ao longo do caminho. Mary Desjardins descreve esses produtos como "descartáveis não jogados fora" (2006, p. 32) e Zoe Trodd os aborda como "sobras dinâmicas" (2006, p. 86). Ambos os conceitos captam a contingência de sua sobrevivência e a variabilidade de seu valor. Os produtos, antes vistos como baratos, triviais e cotidianos, tornam-se especiais, distintos e colecionáveis.

Conforme Desjardins observa, essas trocas ocorrem dentro de comunidades que são, elas próprias, normalmente efêmeras, uma vez que "frequentemente se baseiam em indivíduos que competem entre si, temporariamente, como concorrentes" (2006, p. 33), e entre pessoas que têm vínculos sociais muito limitados umas com as outras, se houver, fora do processo de oferta de um item em particular. Essas transações podem deixar vestígios sociais, uma vez que tanto o comprador como o vendedor participam em uma economia da reputação que influencia transações futuras. E, em algumas áreas de nicho, as comunidades que surgem em torno de classes de objetos em particular podem interagir muitas vezes por meio de vários sites de transação, com compradores e vendedores conhecendo uns aos outros como membros de uma subcultura de colecionadores. Com o tempo, essas comunidades de colecionadores desenvolvem normas que dão forma à negociação de valor, normas essas baseadas em critérios que os participantes podem não ser capazes de articular completamente, mas que ainda assim internalizam, e das quais muitos vendedores mais casuais têm pouca compreensão ou às quais têm pouco acesso.

O público híbrido do YouTube

As transações on-line em torno de bens não materiais, como os segmentos de mídia, obscurecem ainda mais a distinção entre regimes diferentes de valor. Enquanto um bem físico em particular (ou produtos físicos de mídia, como um DVD ou um livro) pode ser usado somente para um propósito por vez, os produtos digitais são recursos compartilhados que podem ser usados por uma variedade de públicos simultaneamente. Quando os convidados dão ao seu anfitrião uma garrafa de vinho, eles já não detêm a posse dela (e, uma vez que o anfitrião decida "consumir" o presente, ele já era). No entanto, os produtos digitais podem ser compartilhados, simultaneamente, sob uma variedade de contextos, e o acesso ao item pode ser vendido ou oferecido como um presente, sem que o conteúdo jamais deixe de pertencer a quem detém a posse. Paul Booth inventou o termo "digigrátis" para descrever o modo como as trocas ponto a ponto operam dentro das economias digitais. Booth escreve: "O novo presente, o presente digital, é um presente sem uma obrigação de reciprocidade. Em vez de reciprocidade, o que o presente na era digital exige para 'adesão' na comunidade de fãs é meramente uma obrigação de resposta" (2010, p. 134). Tais transações dependem de sociabilidade, mas não necessariamente de reciprocidade. Booth explica: "Quando uma pessoa 'dá' acesso a um blog de fan fiction, este é público e universal, e essa pessoa não vai perdê--lo. Consequentemente, é desnecessário retribuir, pois a pessoa reconhece a presença do dom no blog (geralmente com reforço positivo ou crítica construtiva) através de uma resposta, mas não tem de preencher a lacuna deixada pelo dom" (citado em JENKINS, 2010a). O termo "digigrátis" de Booth nos leva de volta, mais uma vez, à noção de Lawrence Lessig (2008) de que para avançar precisamos ser mais explícitos em reconhecer o status híbrido das trocas on-line. É claro, é exatamente a natureza híbrida dessas trocas, a fluidez com que o conteúdo digital se desloca entre diferentes tipos de transações, às vezes tendo a função de um dom e, às vezes, de uma propaganda (para ganho comercial ou avanço social), que dificulta tanto determinar o valor, o mérito e o significado de tais materiais.

A ideia de que a mídia digital pode estar aumentando ou mesmo facilitando novos modelos híbridos de troca pode ser apreciada de forma mais completa observando-se a forma como esses sistemas híbridos atuam em transações mais duradouras. Gretchen Herrman (1997), por exemplo, explora o bazar em um site. Conforme ela observa, o bazar (quer ocorra no quintal do vendedor ou em sua garagem) é uma transação de mercado na medida em que envolve o "pagamento em dinheiro e a exposição e o merchandising dos produtos", embora o foco na natureza comercial dessas trocas mascare a "gama de estilos de troca, desde a proeminente comercial e individualista até uma preocupação com as necessidades dos outros": "Contrariando o modelo de mercado, vendas de garagem englobam atos de doação definitiva, de doação parcial e a conexão de pessoas por meio do espírito da dádiva na qual alguma coisa do proprietário original é repassada. Os itens das vendas de garagem são usados como dons, e o resultado da venda frequentemente é doado para causas nobres" (p. 925-926). Ambiguidades semelhantes sobre o motivo e a natureza das transações surgem nos brechós, um tipo especial de estabelecimento comercial que lida com transações individualizadas em vez de transações em massa, e que são conduzidas para arrecadar dinheiro para uma instituição de caridade. Frequentemente há sites em que os artigos são doados em vez de vendidos para a loja como estoque e onde os preços são sujeitos a negociação em vez de serem fixos (TINKCOM; FUQUA; VILLAREJO, 2002). (Como a cineasta e historiadora de mídia do MIT Hanna Rose Shell analisa em nosso livro expandido, o vestuário passou por diferentes tipos de trocas ao longo dos séculos e adquiriu diferentes significados e valores nesse processo.)

Um modelo baseado puramente em produtores e público não pode explicar de forma adequada os diversos pontos de interseção entre as várias partes interessadas nesses sistemas de valor híbridos. Yochai Benkler afirma em seu livro *The wealth of networks* (2006) que o surgimento das plataformas de Web 2.0 resulta em uma ecologia de mídia, na qual os produtores de mídia comercial, amadora, sem fins lucrativos, governamental e educacional interagem de formas cada vez mais complexas, muitas vezes empregando os mesmos canais de mídia (e textos particulares) para propósitos muito diferentes. Por exemplo, com barreiras relativamente pequenas de acesso, o YouTube apoia muitos tipos de usuários, que variam desde participantes casuais até produtores independentes, instituições culturais, partidos políticos, produtores profissionais e uma miríade de categorias entre eles. De fato, o sucesso do site se deve, em parte, a certa flexibilidade que o torna acessível e valioso para essa base de usuários diversificada. Com poucos limites reais sobre o que pode ser enviado via upload para o site (com exceção das restrições em torno de material pornográfico, violação de direitos autorais e algumas categorias que infringem as "normas das comunidades"), o YouTube é uma plataforma que oferece um alcance potencialmente grande para quase todos os que chegam. O site incentiva os usuários a pensar em si mesmos como uma espécie de moeda, com os participantes ganhando prestígio social através do número de visitas que atraem.

A Viacom afirma que os primeiros sucessos do YouTube se deveram ao valor de seus direitos autorais – afinal seus vídeos mais populares haviam sido produzidos por grandes empresas de mídia –, o que lançou o site como um lugar em que a atenção em massa torna o conteúdo valioso. Entretanto, muitas estrelas caseiras do YouTube desenvolvem negócios viáveis pela alavancagem da interação com seu público de nicho, e não simplesmente pela distribuição de matéria para consumo de massa. Além disso, existe um tipo especial de "vloggers empresariais" (BURGESS; GREEN, 2009) que desenvolvem negócios por meio do engajamento combinado e ativo no espaço, em vez de simplesmente distribuírem vídeos através deste. Esses vloggers são superusuários que desenvolvem públicos e carreiras de sucesso ao responder a comentadores e visitantes, convidando-os explicitamente a dar respostas e a fazer assinaturas. Conforme Bill Wasik escreve: "Conscientes de que eles estão sempre sendo assistidos, [blogueiros e vloggers] agem de acordo, adaptando suas postagens para atrair o tráfego, gerando controvérsia e acompanhando suas estatísticas para ver o que funciona e o que não funciona. Eles desenvolvem uma metacompreensão da conversa em que estão e de como essa conversa funciona, além de tentar descobrir para onde ela vai, de modo que possam chegar lá primeiro" (2009, p. 11). Esses usuários são empreendedores no sentido de que não apenas produzem blogs de vídeo, mas também usam os aparatos e as práticas para realizar vlogs a fim de atrair visitantes do YouTube, em vez de apenas fornecer conteúdo aos visitantes.

No entanto, nem todos aqueles que fazem upload de conteúdo para o site usam o YouTube como meio de agregar atenção ou de construir notoriedade de forma explícita. Por exemplo, alguns compartilham material, principalmente em nível público, porque têm acesso a algo que eles acham que os outros podem achar valioso, e que poderia abastecer trocas pessoais ou nas comunidades. Alguns enviam vídeos via upload para o YouTube porque esse é um espaço para coleta de informações, seja através da conversa e das conexões sociais que este possa apoiar, seja pelas oportunidades que este fornece aos usuários para rastrear notícias, imagens de arquivo, curiosidades ou conteúdo DIY. Além disso, um trabalho recente sobre a importância do YouTube para propósitos educacionais e de arquivamento demonstra que o site serve como um recurso valioso para usuários especializados em formas que muitas vezes escapam à atenção de massa (SNELSON; PERKINS, 2009; GEHL, 2009).

Como resultado, muitas ideias concorrentes sobre o que tem valor no YouTube coexistem. Essas ideias concorrentes se estendem até mesmo aos usuários individuais. O YouTube Inc. defendeu-se contra as alegações da Viacom de que ela acolhia e lucrava com a violação de direitos autorais por meio da produção de e-mails, mostrando que as empresas e as marcas de propriedade da própria Viacom haviam feito upload de conteúdo para o site para tirar vantagem dos canais de distribuição do YouTube. Alguns desses vídeos foram sinalizados mais tarde como violação de direitos autorais e removidos, muitos em resposta a notificações de violação enviadas pela própria Viacom. O exemplo não está dizendo que sinaliza a Viacom como hipócrita, mas, sim, que aponta para as muitas maneiras pelas quais o site pode ser compreendido, mesmo pelas partes individuais de uma única empresa. De fato, há muitos "YouTubes", dependendo da lógica aplicada para a compreensão e a avaliação do conteúdo no site.

O YouTube tem um impacto especial na sala de aula, onde material efêmero do passado ou conteúdo de imagens podem ser acessados para fins educacionais. Em uma era de maior patrocínio corporativo em educação, as salas de aula estão com frequência se tornando espaços de marca, formatados por necessidades comerciais. No entanto, os professores continuam a seguir os valores historicamente não comerciais que dão forma à própria sala de aula, com maior acesso ao conteúdo digital e ferramentas que conduzem a novas formas de aprendizado colaborativo. Em nosso livro expandido, o diretor de estudos de filmes Ted Hovet, da Universidade de Western Kentucky, analisa a maneira pela qual o conteúdo dos arquivos é avaliado, considerando-se valor, tanto por estudantes como por professores, e como a atividade de avaliação do material de arquivos em si se torna parte do processo de aprendizagem. Hovet escreve que o papel dos estudantes muda quando eles são incentivados a trazer ativamente novos textos para a sala de aula nos estudos de mídia, a partir dos imensos arquivos de conteúdo disponíveis on-line, e que "o papel do professor, nesse momento, é ajudar os alunos a encontrar critérios adequados por meio dos quais avaliarão esses materiais alternativos".

De um modo geral, os tipos de avaliação que ocorrem no YouTube são muito mais próximos daqueles desempenhados pelos curadores em museus, arquivos e bibliotecas do que aqueles realizados por negociantes de antiguidades ou de livros usados. Num certo nível, os vídeos compartilhados no YouTube são "gratuitos", no sentido de que não há transação financeira direta envolvida entre quem faz o upload e o visitante. No nível individual, os visitantes avaliam esse conteúdo muitas vezes tentando descobrir quem está por trás da circulação deste e quais são seus objetivos, à medida que os visitantes decidem a quais vídeos querem assistir e quais propagar através de suas redes sociais. Essas decisões, no nível individual, são muitas vezes tomadas em termos de valor sentimental e interesse pessoal.

Enquanto as pessoas avançam para circular textos de mídia de forma mais ampla, elas também fazem avaliações do valor desses textos como um recurso para intercâmbio social. No entanto, conforme ilustra o vídeo de Susan Boyle no YouTube que foi analisado na Introdução, essas decisões individuais, quando agregadas, podem ajudar a determinar o valor econômico de um vídeo em particular, auxiliando empresas de mídia no mapeamento de padrões em grande escala de gostos e interesses que podem atravessar várias redes sociais. Dado o enorme volume de conteúdo enviado via upload para o YouTube a cada hora, a maioria dos vídeos permanece estática, atraindo pequenos grupos de usuários (ou, talvez, apenas o realizador do upload). Quando o material começa a ser propagado em uma escala maior, no entanto, tanto as empresas como os pesquisadores podem rastrear as alterações na atenção e nos interesses com maior profundidade sociocultural do que teria sido possível na era da radiodifusão tradicional, quando eles poderiam ter contado o número de espectadores, mas sem compreender como atos específicos de leitura, visualização ou escuta se encaixariam nos padrões mais amplos de interação social.

Essa variedade de usos para o YouTube significa que alguns vídeos circulam dentro de um nicho definido de forma clara e relativamente restrito, enquanto outros (o vídeo da Susan Boyle, por exemplo) podem ser propagados por diferentes grupos de interesse, refletindo um interesse cultural muito mais generalizado. Alguns vídeos representam o que Grant McCracken (2009) chama de "cultura rápida", que se move a uma taxa tão veloz que sua propagação se torna altamente visível e passível de rastreamento, enquanto outros representam a "cultura lenta", frequentemente material perene que tem uma vida útil mais longa, mas que pode nunca ser filtrado a ponto de se tornar visível para os *cool hunters* do setor à procura do "próximo grande sucesso". Assim como os membros do público avaliam o valor de conteúdo quando decidem se vão repassá-lo, as empresas de mídia e de marketing avaliam com frequência o valor, a escala, o escopo e a oportunidade das diferentes contribuições quando decidem quais as próximas tendências a ser priorizadas.

Cultura residual

O crítico e teórico cultural britânico Raymond Williams (1977) sugere que a mudança cultural ocorre a taxas variáveis. Como resultado, podemos ser influenciados por coisas, como experiências, práticas, valores, artefatos, instituições, muito tempo depois de elas terem perdido seu papel cultural central. Por fim, Williams declara que a forma como a cultura atua só pode ser completamente compreendida olhando-se o fluxo e o refluxo das influências culturais, em vez de obter uma foto estática de um conteúdo ou de grupos específicos.

A descrição de William distingue quatro tipos de práticas culturais: emergente, dominante, residual e arcaica. As práticas culturais emergentes podem ser representadas pelos "usuários-líderes" ("lead users"), o termo que Eric Von Hippel (2005) usa para os primeiros adeptos cujas decisões ajudam os fabricantes a antecipar utilizações futuras ou identificar possíveis erros para um produto recém-lançado, ou pela "cultura rápida" descrita no trabalho de Mc-Cracken. Neste capítulo, estamos considerando a outra extremidade da "cultura rápida", ou seja, a "cultura lenta", nos termos de McCracken. O *Antiques Roadshow*, o eBay, as vendas de garagem, os brechós e os clipes do YouTube de conteúdo de mídia arquivado, cada um à sua própria maneira, ilustram a "vida após a morte" dos produtos efêmeros e das commodities, demonstrando o que acontece quando esses itens deslizam para o residual e para o arcaico.

Historicamente, as pessoas imaginam que, uma vez realizada uma compra inicial, o produto perde o valor ou que, uma vez que a audiência de um programa encontra-se em declínio, o conteúdo não tem mais nenhum valor cultural. Há vários relatos horríveis de redes de televisão ou empresas de produção jogando latas de filmes no lixo, convencidas de que elas não teriam nenhuma importância no longo prazo. No entanto, no presente momento, nós todos estamos vendo o surgimento de uma série de canais alternativos nos quais o valor é produzido por meio da reavaliação e da recirculação do que Williams chamaria de residual. As pessoas estão interessadas em textos de mídia do passado, vasculhados através do aterro da história, e identificam artefatos que ainda têm valor monetário e capacidade de estimular o desejo. Por exemplo, Paul Booth (2010, p. 27-28) reconta a história de como a rede de

132 | CULTURA DA CONEXÃO

televisão BBC teve de apelar a colecionadores amadores que tinham gravado episódios do *Doctor Who* em audiocassete para ajudar a restaurar trilhas sonoras perdidas de episódios que a rede tinha destruído décadas antes, reunindo recursos para refazer episódios desaparecidos, os quais mais tarde apresentaram um interesse público tremendo.

Enquanto o arcaico se refere às formas históricas que não servem mais para nenhuma função cultural reconhecida, Williams vê o residual como representação de "áreas da experiência, da aspiração e da realização humana que a cultura dominante negligencia, menospreza, se opõe, reprime ou mesmo não pode reconhecer" (1977, p. 123-124). O residual pode permanecer na memória popular, tornar-se o objeto de desejo nostálgico, ser usado como um recurso para dar sentido à vida presente e à identidade de alguém, servir como base de uma crítica às instituições e práticas vigentes e desencadear conversas. Em resumo, o conteúdo residual pode se tornar um forte candidato à propagabilidade.

Will Straw alega que a introdução da mídia digital alterou a relação das pessoas com o residual por meio da coleta e da reciclagem das "coisas" de eras passadas:

> Eu diria que um efeito importante da internet é exatamente essa revitalização de formas antigas da cultura material. Não é apenas que a internet, como um novo ambiente, remodela o passado com as linguagens do presente, de modo que os vestígios do passado possam ser mantidos vivos. [...] Na verdade, a internet reforça o peso cultural do passado, aumentando sua inteligibilidade e acessibilidade. Na internet, o passado é produzido como um campo de coerência cada vez maior, por meio da reunião de artefatos distintos em conjuntos ou coleções e através de comentários e anotações que se juntam em torno dessas aglomerações, viabilizadas em parte por mecanismos de armazenamento de alta capacidade. (2007, p. 4)

A dissertação de Straw começa com uma discussão de um site chamado Longlostperfume.com. Ao prometer um "perfume além do toque dos tempos", o Longlostperfume.com refaz e revende fragrâncias que há muito tempo saíram de produção. Conforme Straw escreve: "A internet se tornou um repositório para uma ampla variedade de conhecimentos que a precedeu: as retó-

A REAVALIAÇÃO DO RESIDUAL | 133

ricas de antigos fandoms, as genealogias simples de famílias, os checklists de cinéfilos e assim por diante. Em torno de algo tão pequeno quanto perfumes antigos, a internet reúne os recursos (fotografias antigas, reminiscências pessoais e logotipos de empresas agora esquecidas) que puxam antigos objetos para o centro das atenções de reconhecimento e entendimentos culturais" (p. 4).

Straw, que diz que esse intercâmbio de mídia residual promove novas formas de consciência histórica e memória coletiva, é muito mais otimista do que o crítico de música Simon Reynolds, em cujo livro *Retromania: Pop culture's addiction to its own past* (2011) alega que esse tipo de "recordação total" é profundamente destrutivo para as capacidades geradoras de uma cultura. Reynolds está preocupado com o fato de que, em um mundo em que música vintage pode ser cada vez mais recuperada de forma instantânea através do YouTube ou de serviços de compartilhamento como o BitTorrent, existe menos estímulo para que o público busque sons novos e diferentes ou para que os músicos explorem novas direções. Em vez disso, os músicos imitam seus predecessores e se engajam em estilos retrô. No que Reynolds reconhece como um possível enquadramento "apocalíptico desnecessário", ele pergunta no início do livro: "Pode ser que o maior perigo para o futuro de nossa cultura musical seja... seu passado?" (p. ix; ênfase no original). No entanto, mesmo o ranzinza Reynolds é forçado a admitir que o público é atraído tanto "para trás" como "para os lados" (p. 85), tirando proveito dessas novas tecnologias de distribuição para reavaliar e revalorizar listas B de títulos que nunca foram completamente vivenciados por gerações anteriores e até mesmo para buscar músicas inéditas ou pouco divulgadas que nunca encontraram nenhuma audiência no seu próprio tempo. Tais reavaliações se tornam cada vez mais importantes à medida que o livro de Reynolds continua sugerindo, ao contrário do que o próprio autor afirma, as maneiras por meio das quais os colecionadores podem, no entanto, gerar valor novo para uma cultura, em vez de afundar na "hiperestagnação" (p. 427).

Conforme Philipp Blom observa em seu livro *Ter e manter: uma história íntima de colecionadores e coleções*, muitas coleções consistem em "objetos coletados, tirados de circulação e pregados como borboletas, agora consideradas espécimes, como 'exemplos de', como ligações com outras esferas da história,

134 | CULTURA DA CONEXÃO

da autenticidade, da beleza" (2002, p. 165). O valor do objeto muda à medida que ele é removido de seu ciclo de vida natural e inserido em uma coleção para ser preservado e protegido. Blom escreve: "Os objetos colecionados perdem seu valor utilitário (há exceções, é claro) e ganham outro, são imbuídos com o significado e as qualidades de representação, além de sua estação original. [...] Os objetos colecionados têm um valor para o colecionador individual que apenas outros colecionadores podem compreender" (p. 165). Ao mesmo tempo, Blom acha que os colecionadores encontram valor em "entulhos", objetos "descartáveis, fora de moda, desconsiderados, antiquados", projetando suas próprias fantasias e desejos em coisas que outras pessoas teriam deixado para trás (p. 165). O conceito de itens de colecionador envolve a antecipação de um momento em que os produtos não serão mais produzidos ou passíveis de circulação. Os colecionadores de histórias em quadrinhos embalam e armazenam gibis, e têm certo medo de lê-los. Os colecionadores de brinquedos nunca retiram o brinquedo da caixa, transformando-os de objetos para brincar em objetos para expor. E muitas prateleiras ficam cheias de figurinhas (para colar em álbum), latas de refrigerante, revistas e uma variedade de outros artigos que são implícita ou explicitamente rotulados como "peças de colecionador". Os objetos podem ser avaliados como potenciais investimentos, com a possibilidade de sua revenda subsequente, e isolados, reunidos em um conjunto para se tornar mais desejáveis. Ambas as formas de colecionar apontam para a "hiperestagnação" temida por Reynolds.

Ao se concentrar no fenômeno de colecionar jogos retrôs, Bob Rehak, professor de estudos de mídia e filmes do Swarthmore College, analisa em nosso livro expandido como o interesse popular em cultura e mídia residual pode se aglutinar on-line, desencadeando novos tipos de produção e práticas culturais (tanto em nível comercial como do público). Conforme Rehak observa, o engajamento contínuo gerado pelos games como desafios da mídia residual complica a nossa compreensão normal da tecnologia, tão rápida em abandonar qualquer coisa obsoleta em meio à nossa busca pela "próxima coisa nova". De acordo com Rehak, os jogos retrôs são avaliados como encarnação de uma "era de ouro" marcada pela inovação e a experimentação. No entanto, tais games não passaram pela experiência como as "antiquadas peças de museu com ausência de bom senso para ficarem enterradas na história dos games". Em vez disso, a cultura em torno dos jogos retrôs envolve a geração criativa de novos textos baseados na estética mais antiga e nos emuladores que permitem que os games mais antigos funcionem em novas plataformas. Os jogos retrôs (sejam games mais antigos reprogramados por emuladores ou novos games baseados em estética mais antiga) permanecem como objetos de nostalgia para jogadores mais velhos, que os fazem em recordar com carinho da própria infância (a qual, por coincidência, foi também a infância de um ambiente ainda em evolução), embora outros jogadores os adotem como objetos cafonas. Ambos os grupos de considerações estéticas dão forma às maneiras de os materiais associados com os jogos retrôs circularem on-line.

Do residual para o retrô

Os colecionadores de mídia têm se comportado, historicamente, mais ou menos da mesma forma que outros tipos de colecionadores. Eles adquiriram gravuras antigas de filmes ou rastrearam velhas gravações e as guardaram escondidas, raramente assistem a elas para não danificá-las e se orgulham (talvez ganhando algum reconhecimento de sua comunidade de nicho) de seu acesso exclusivo a esses textos raros. Porém, o surgimento da mídia digital parece estar mudando a natureza desses processos de curadoria, permitindo a esses colecionadores de artefatos de mídia "ter" e "compartilhar" com fãs de conteúdo de gerações anteriores, simultaneamente. Os colecionadores estão digitalizando materiais raros de mídia e postando-os no YouTube, como parte do interesse renovado em material retrô, e têm ganhado prestígio pelo que são capazes de recolocar em circulação. Nesse processo, as matérias de mídia antigas arquivadas ganham maior visibilidade on-line, educando um público novo que passa a reconhecer o valor do passado anteriormente ignorado, seja em um contexto educacional ou entre os colecionadores de games.

Se os colecionadores tradicionais eliminam o valor de uso quase completamente em favor do valor sentimental, esses fãs de mídia retrô recuperam o valor de uso pela descoberta de novos usos para materiais esquecidos. Assim,

136 | CULTURA DA CONEXÃO

a disponibilidade imediata dos textos de mídia antigos pode inspirar novos atos de criação e execução, levando não apenas à realização de novos significados, mas também à criação de novos textos e ao surgimento de novas comunidades subculturais. Aqui, o residual torna-se o emergente, para voltar aos termos de Williams, uma vez que a cultura de colecionador coexiste e até mesmo estimula a cultura retrô, que pode avaliar esses objetos de modo cafona ou de apreciação irônica.

Sam Carroll (2007) explora o complexo conjunto de correlações entre colecionadores e fãs retrôs em seu relato sobre os usos do YouTube pelo movimento neo-swing. Mais de vinte anos atrás, a comunidade de dança fez esforços conscientes para recuperar a dança Lindy Hop e outras danças swing, vítimas de negligência histórica. Eles descobriram rápido que esses passos estavam preservados de forma mais vívida em antigos filmes obscuros e musicais de curta-metragem (*musical shorts*), muitos dos quais estavam nas mãos de arquivistas e colecionadores. Na década de 1990, a música neo-swing começou a aparecer em clubes, filmes de Hollywood, propagandas e outros lugares por toda a cultura dos Estados Unidos.

Em alguns casos, esses grupos recuperaram músicas antigas de álbuns esquecidos, mofando no porão de alguém. Em outros, escreveram e executaram novas canções, além de revitalizar o gênero musical. As pessoas que aprenderam a dançar swing eram públicos naturais para a música neo-swing, que, por sua vez, trouxe novos públicos para a comunidade de dança swing. Selos de gravadoras reeditaram álbuns antigos que não eram vendidos há décadas. Músicas antigas que tinham caído em domínio público foram reunidas e lançadas em álbuns. E, como o YouTube se tornou um site proeminente para compartilhamento de conteúdos de vídeo, os videoclipes, desde números musicais antigos até os contemporâneos, se espalharam on-line. Enquanto as culturas de colecionador tradicionais eram governadas por impulsos preservacionistas, as novas subculturas retrôs são muitas vezes mais geradoras, mais imaginativas e mais divertidas no modo como recontextualizam e repensam o residual.

Considere o caso do steampunk, um subgênero da ficção científica centrado na releitura de tecnologias e práticas culturais da era vitoriana (BEBERGAL, 2007). Desde os primeiros trabalhos de steampunks, o subgênero coloca as virtudes dos antigos dispositivos mecânicos (às vezes impulsionados a va-

A REAVALIAÇÃO DO RESIDUAL | 137

por, mas nem sempre) contra os defeitos percebidos nas tecnologias digitais (o domínio do cyberpunk). Os temas de steampunk surgiram de forma explícita através de romances de ficção científica, como *A máquina diferencial*, *As peças infernais* e *The diamond age*; por meio de graphic novels como *The five fists of science* e *A liga extraordinária*; e através de filmes, como *As Loucas Aventuras de James West* [*Wild Wild West*]. O steampunk tornou-se rapidamente um fenômeno global, conforme ilustrado por trabalhos europeus como *A Cidade das Crianças Perdidas* [*City of Lost Children*] e filmes de animação japoneses, como *Steamboy* e *O Castelo Animado* [*Howl's Moving Castle*].

No entanto, ver o steampunk simplesmente como um novo gênero de mídia é ignorar até que ponto seus fãs construíram um estilo de vida completo em torno de seus interesses (GUIZZO, 2008). Alguns desses fãs estão usando o eBay para adquirir dispositivos e mecanismos antigos, desde estereoscópios e lanternas mágicas até equipamentos antigos de laboratórios, que podem ser desfrutados ou desmanchados para utilização das partes, para seus próprios projetos de modificação e fabricação. Os artesãos de steampunk estão fabricando objetos artesanais, e empresas pequenas estão começando a produzir objetos em massa em modo steampunk, tanto quanto criavam objetos para circulação na cultura gótica (que se enquadrou em torno de uma releitura criativa da era vitoriana, se bem que mais focada na literatura de romance e de horror), que é bem diferente, porém intimamente relacionada. Em uma das poucas considerações etnográficas dessa subcultura steampunk, Rebecca Onion explica:

> Os steampunks buscam menos recriar tecnologias específicas do presente momento do que reacessar o que veem como o valor afetivo do mundo material do século 19. A ideologia steampunk preza o bronze, o cobre, a madeira, o couro e o papel machê, os materiais de construção desse tempo passado. Os steampunks transformam engrenagens, molas, rodas dentadas, rodas e o movimento hidráulico em fetiche. Eles adoram a visão das nuvens de vapor que surgem durante a operação da tecnologia movida a vapor. [...] Como essas tecnologias, antes tão insultadas, foram introduzidas de volta o léxico cultural como ícones de uma nova paisagem utópica? (2008, p. 138-139).

138 | CULTURA DA CONEXÃO

Essa pergunta final de Rebecca será repetida cada vez mais, visto que a sociedade de rede de hoje fuça as coleções antes privadas em busca de matéria-prima para a construção de novas identidades e para a criação de novas experiências culturais a partir desse conteúdo retrô.

Robert V. Kozinets, professor de marketing da Universidade de York, há muito tempo rastreia a revitalização das marcas antigas e muitas vezes esquecidas que são adotadas por comunidades de colecionadores e grupos de fãs on-line. Ele esteve entre os primeiros a conceituar a ligação entre narrativas e histórias de marcas, mitos e lendas de marcas, comunidades de fãs e comunidades de marcas, e a "repaginação retrô" do passado como um meio de geração de novos significados e valores em torno das marcas. Em nosso livro expandido, Kozinets discute as estratégias pelas quais as empresas se voltam para o "branding retrô", revivendo ou relançando marcas do passado de modo a tirar proveito de fandoms existentes e fornecer pontos de lançamento para a criação de novos mercados:

> A pesquisa de branding retrô [...] se baseia na ideia de que as alegorias da marca são histórias, narrativas ou metáforas prolongadas de forma simbólica. O branding bem-sucedido é a construção de mundos bem-sucedidos, e o mundo que ele cria pode ser uma janela no passado da própria marca (frequentemente cor-de-rosa ou estereotipada). As narrativas de marcas bem-sucedidas possuem uma evocação praticamente utópica de mundos passados e comunidades passadas ou presentes.

Kozinets escreve sobre como o apelo contínuo de certas marcas ajuda a "estimular um tipo residual e real de 'fandom de marca'", levando à sua revitalização definitiva. Por exemplo, a relevância cultural permanente do Fusca da Volkswagen levou ao relançamento do veículo em 1998, enquanto o interesse permanente em *Star Wars* levou a três novas partes da história de trás para diante. A discussão de Kozinets sobre branding retrô mostra as implicações econômicas por trás do movimento retrô: os padrões de interesse retrô nas marcas não apenas gera novos significados, ao recarregarem a importância cultural de ícones anteriormente estáticos. Esses padrões não apenas inspiram uma nova

A REAVALIAÇÃO DO RESIDUAL | 139

produção cultural e uma atividade subcultural. Também geram novos valores, ao criar novos mercados para bens culturais e textos de mídia que passaram a carregar pouco ou nenhum valor de troca. Esses padrões tanto geram novos produtos inspirados pelo antigo como prolongam ou renovam a vida útil dos produtos que, de outra forma, estariam relegados ao passado. Nesse papel, são fontes de lucro para as empresas que possuem essas marcas e os direitos sobre essas histórias.

Os processos que geram esses valores e renovam esses interesses são complexos, pois envolvem muitas possíveis trocas de feedbacks entre produtores, marqueteiros e o público, cada um deles monitorando e buscando influenciar os outros. Se usuários-líderes são os primeiros adeptos, então os usuários retrô podem ser os adeptos tardios. No entanto, ambos funcionam tanto como catadores de descartes quanto como inovadores, cuja atividade, se mapeada, pode abastecer as próximas fases de desenvolvimento cultural e econômico. O público pode se beneficiar, caso esse processo permita melhor ajuste entre os produtos disponíveis e suas necessidades e desejos em particular, desde que a cultura forneça recursos que melhor sustentem suas fantasias e interesses. Simultaneamente, as empresas lucram por meio da expansão dessa atividade de mercado e da descoberta de novas fontes potenciais de receita.

É claro que onde há interesse pelas marcas tem-se uma relação diferente com as fantasias reforçadas por elas, dependendo de quanto se pode pagar para comprar as commodities para as quais se atribuiu esses valores. As marcas são, com certeza, sustentadas pela aspiração, como o misticismo em torno do Rolls-Royce, que é apoiado por aqueles que sonham em comprar um carro desses, mas a empresa depende das compras reais realizadas por pessoas com dinheiro para adquirir os veículos que sustentam o seu negócio. Portanto, embora as empresas possam convidar todas as partes interessadas a dar um sentido a partir do conteúdo delas, essas histórias serão focadas, em última análise, nas fantasias de um subgrupo formado por pessoas que têm recursos para se tornar clientes.

Economia residual

A escolha do termo "residual" por Raymond Williams para descrever o valor desse conteúdo que sai do mainstream cultural é interessante, uma vez que "residual" carrega um significado econômico, assim como cultural. Em contabilidade, "valor residual" é outro termo para "valor de recuperação". Esse é o valor que permanece em um produto, digamos, um automóvel, uma vez que sua "vida útil tenha terminado" e que os custos do descarte do artefato tenham sido subtraídos. Entretanto, na indústria de entretenimento o residual é uma forma de participação nos lucros por meio da qual os talentos continuam a receber remuneração quando seus trabalhos circulam novamente ou são reexecutados em mercados suplementares. Os contratos de trabalhos de Hollywood frequentemente se concentram tanto em pagamentos residuais como em pagamentos por produção inicial, e há uma recalibragem e uma renegociação contínuas desses termos, porque a distribuição digital não foi prevista em muitos contratos anteriores a 1990 e tem de ser reavaliada a cada caso.

Em ambos os usos, "residual" diz respeito ao valor econômico gerado por meio da vida após a morte de objetos materiais e performances de mídia. Esses usos múltiplos do "residual" sugerem que o interesse sentimental e simbólico contínuo dos materiais pode ainda gerar lucro muito tempo depois de seu intercâmbio inicial e seu valor de uso terem desaparecido da memória. Os produtores de mídia têm agido, historicamente, como se precisassem proteger a sua franquia da manipulação descuidada dos fãs, vendo-os como potenciais depreciadores do valor de sua propriedade intelectual ao alterarem o seu significado na percepção popular. Até agora a nossa investigação sobre o residual sugere o contrário, ou seja, que os fãs retrôs apreciam as modalidades de mídia no sentido de que gostam delas e, portanto, as tornam um lugar de investimentos emocionais. Os fãs podem, então, "apreciar" esse material em termos econômicos também, aumentando o valor potencial desses artefatos ao ampliar a sua vida útil e torná-los acessíveis a novos mercados potenciais.

A título de exemplo de como o conteúdo de mídia pode permanecer relevante por décadas, por meio de uma combinação entre prática promocional corporativa e atividade de fã, Kevin Sandler mapeou a trajetória do personagem de desenho animado Scooby-Doo, da Hanna-Barbera, à medida que seu valor cultural sobe e desce com as várias audiências. Conforme Sandler observa, o Scooby-Doo se estende há mais de quatro décadas em programação de televisão, desde 1969 até o presente, aparecendo em treze séries originais, em várias redes de TV de sinal aberto e a cabo. Enquanto alguns sucessos do detetive Great Dane estão ligados à sua capacidade de se reinventar para refletir o gosto das crianças contemporâneas, sua relevância contínua também envolve a manutenção das relações com os fãs mais velhos que cresceram com esse personagem pateta, e este então se torna tanto um objeto de caracterização cafona como de nostalgia.

Aqui, uma franquia de mídia funciona de forma muito parecida com a de uma marca retrô, com um novo valor gerado inserindo o Scooby em novos contextos ou colocando-o frente a novas audiências. Sandler descreve as tensões que surgem em torno das propostas concorrentes sobre esse personagem, com as estratégias neurastênicas e irônicas implantadas pela Cartoon Network para prender a atenção dos espectadores adultos, por vezes chocando-se com o alvo mais sério de fãs da próxima geração. Os criadores do novo conteúdo estão tentando constantemente justapor as perspectivas das várias audiências. Por exemplo, Sandler salienta que, apesar do fato de aqueles jogadores adultos serem o maior grupo de consumidores de games, os videogames do Scooby-Doo têm refletido, repetidamente, interesses mais juvenis no personagem, por causa do risco de que as leituras mais adultas possam ser desconcertantes ou inapropriadas para crianças. Na mesma linha, a maneira pela qual os fãs adultos se apropriam dos personagens de desenhos animados de sua infância pode criar tensões da mesma forma, como foi o caso de um filme feito sem autorização por um fã, em 2010, que manipulou as versões digitais do desenho animado do Scooby e dos irmãos Zé Colmeia e Catatau (que foram criados para aparecer em um filme destinado ao público familiar) para produzir uma nova sequência do *O Assassinato de Jesse James pelo Covarde Robert Ford*, no qual um Catatau com olhos lacrimejantes atira em seu amigo de longa data pelas costas em troca de recompensa em dinheiro. O tom sombrio desse vídeo gerou muita controvérsia devido à perspectiva de que pudesse traumatizar os fãs jovens dos ursos que roubam cestas de piquenique.

CULTURA DA CONEXÃO

A descrição de Sandler sugere as formas como decisões do marketing e da programação frequentemente privilegiam certos membros do público e seus interesses em detrimento de outros. Embora vários grupos possam também valorizar o Scooby-Doo, esses grupos não são valorizados da mesma forma pela rede de televisão ou pelos executivos de propaganda. Aqui podemos ainda observar outro potencial significado para residual como "o que fica para trás", por meio dos processos perpétuos de sedimentação e cristalização. As empresas de mídia normalmente identificam (às vezes inconscientemente, às vezes estrategicamente) certos grupos que são um público desejado e, depois, outros grupos que são considerados extras ou irrelevantes. O processo é uma grande fonte de atrito. Conforme veremos novamente no Capítulo 3, essas comunidades de fãs excedentes, junto com os usos de um texto pelo fã não comercial, são frequentemente ignoradas ou suprimidas pelos produtos e marcas. No entanto, as empresas podem aprender muito ao escutar o que esse tipo de público diz e faz.

Clássicos da WWE on demand

A World Wrestling Entertainment (empresa de entretenimento ligada à luta livre) é uma empresa que tem observado e respondido às transações de seus fãs retrôs. Nesse processo, a WWE descobriu novas fontes de receita para o que, em algum momento, foi considerado "comportamento de fãs marginal". Por décadas, antes do surgimento da TV a cabo, a Pro Wrestling U.S. (luta livre profissional) era regionalizada, com promotores "possuindo" uma área compreendida por algumas cidades-chave. Os fãs locais viam apenas a trupe de sua área e um programa de televisão semanal promovia eventos ao vivo. Os promotores regionais consideravam o programa de televisão um veículo para impulsionar a única métrica do negócio que importava: a venda de ingressos. Portanto, esses vídeos eram entendidos como material promocional efêmero sem valor residual. Eles iam ao ar ao vivo a partir do estúdio ou, se gravados, muitas vezes gravavam a mais em função do alto custo do videoteipe.

A REAVALIAÇÃO DO RESIDUAL | 143

No entanto, alguns fãs dedicados tinham curiosidade de saber de onde os novos lutadores tinham vindo e para onde eles iam. Como as revistas de luta livre estavam sempre desatualizadas ou incompletas porque dependiam de informações dos promotores (e eram distorcidas pelas relações que essas publicações tinham com aqueles que operavam em determinadas regiões), alguns fãs fervorosos de diferentes lugares começaram, como alternativa, a criar e comercializar sua própria mídia. Essas relações livres foram manifestadas nas newsletters de fãs, tais como o *Wrestling Information Bulletin*, do fã da California Burt Ray, nos anos 1960, ou o *Illustrated Wrestling Digest*, do fã de Illinois Ronald Dobratz, nos anos 1970. As newsletters continham resultados de combates e notícias relatadas de cada região, derivados de contribuições do leitor, e permitiam aos assinantes comercializar gravações de áudio ao vivo deles mesmos fazendo comentários a partir da arquibancada nos eventos de luta livre locais (e até mesmo filmes de 8 mm, ocasionalmente).

Podia haver taxas para a postagem ou para ajudar o organizador da newsletter, mas essas redes de relacionamento eram desenvolvidas com uma lógica da economia do dom. Os fãs recebiam informações de outros territórios com que mantinham um intercâmbio de fornecimento de informações. Embora as bases de assinantes dessas publicações fossem pequenas, elas ajudavam a criar uma rede de fãs "especialistas" que podiam, então, atuar como provedores de informações para os fãs mais casuais em sua arena local. Subsequentemente, as informações compartilhadas nessas publicações clandestinas tiveram uma influência muito maior do que a sua própria circulação. Os promotores de luta livre ficavam irritados com essas redes de audiência em desenvolvimento, pois achavam que o compartilhamento dos resultados das várias cidades "expunha" o negócio, demonstrando, por exemplo, que os promotores locais basicamente faziam a mesma apresentação de cidade em cidade.

Com o surgimento da gravação de vídeos em casa, essa infraestrutura já existente de fãs tornou-se a base de uma comunidade ativa de comercialização de videoteipes, na qual os fãs permutariam vídeos de luta livre televisionada em seu local com episódios televisionados em outros territórios. Alguns desses fãs acumulavam arquivos pessoais, colecionando combates de tantos territórios quanto possível. Eles viam um grande valor nos textos de mídia que antes não eram considerados viáveis comercialmente pelos promotores de luta livre, e esses textos ganharam interesse e força crescentes ao circular por meio do intercâmbio não comercial.

Os fãs colecionadores viam valor em replicar e compartilhar materiais em vez de mantê-los escassos, particularmente porque não havia meios comerciais oficiais para acessar essas lutas após suas primeiras exibições. Como resultado, as apresentações locais ou os combates particulares eram copiados em várias gerações de gravação (com a qualidade muitas vezes prejudicada após algumas repetições), e esses colecionadores e distribuidores ganharam status especial de "especialistas" em sua própria comunidade como curadores de luta livre, com sua reputação ligada ao tamanho de sua coleção.

O impacto do comércio de fitas de vídeo foi sentido de várias formas. Os fãs agora tinham a capacidade de assistir a lutas de outros territórios como se eles fossem locais, sabendo como as histórias se desenvolviam ao longo do tempo, em vez de apenas ler os resultados dos combates. Eles também possuíam novos parâmetros de referência para mensurar e discutir a qualidade das performances dos lutadores. Antes do aparelho de videocassete, os fãs tratavam os resultados da luta livre exatamente como esportes legítimos. Com o advento das fitas de vídeo, eles puderam começar a avaliar a luta livre como uma arte de performance, comparando a habilidade (ou "ritmo de trabalho") dos lutadores, em vez de seus registros de vitórias e perdas. Essa atitude permitiu aos fãs debater, por exemplo, as performances em uma escala de "cinco estrelas". Enquanto o comércio de fitas permaneceu um sistema de troca completamente informal, era governado tanto por um sistema de economia do dom baseado em reciprocidade como por um modo de desenvolvimento de avaliação de qualidade, fornecendo uma nova ferramenta para determinar quais combates eram "imperdíveis".

Alguns promotores apreciaram a novidade de ter espectadores de muito longe, mas tal *bragging rights* (evento de luta livre pelo "direito de se gabar") não tinha impacto comercial: esses fãs não podiam comprar assentos na arena local. As tecnologias de arquivamento mais baratas finalmente levaram a um número maior de apresentações gravadas, mas os promotores ainda não tinham uma razão comercial para fazer suas próprias gravações e, em alguns

A REAVALIAÇÃO DO RESIDUAL | **145**

casos, apenas mantinham alguns episódios para acessar clipes para episódios futuros, em vez de perceber algum valor comercial no conteúdo. Em resumo, esses vídeos de luta livre mantiveram um grande valor como dons dentro da comunidade de fãs, mas não como uma commodity na indústria comercial.

No entanto, como a demanda cresceu, esse material começou a agregar valor de mercado também. Por exemplo, os comerciantes de fitas com os maiores arquivos finalmente começaram a vender compilações de combates, histórias e entrevistas. Enquanto algumas trocas se tornaram impessoais, com a venda de conteúdo por meio de catálogos enumerados, muitas delas foram desenvolvidas através de relações pessoais e, portanto, incluíram uma variedade de considerações não comerciais. Da mesma forma, as newsletters adquiriram maior destaque na "era do comércio de fitas de vídeo". Por exemplo, o *Wrestling Observer Newsletter*, de Dave Meltzer, ganhou popularidade através de suas notícias e comentários baseados nas fitas que ele recebia de todo o país (e do mundo). Meltzer, um jornalista profissional, transformou sua paixão pessoal em um modelo de negócio e, finalmente, largou seu emprego como jornalista esportivo para trabalhar em tempo integral como editor de sua própria newsletter, sustentado por taxas de assinaturas anuais de colegas fãs.

A internet apenas amplificou ambos os modelos de negócio. Aqueles fãs que buscavam lucrar com sua dedicação a arquivamentos foram capazes de promover de forma mais ativa suas coletâneas de fitas através de websites. Enquanto isso, os milhares de leitores de newsletters se tornaram milhões na era da internet, uma vez que inúmeros assinantes distribuíam notícias através de seus próprios fóruns de fãs e sites, uma prática que também aumentou o público leitor de newsletters, mesmo que o conteúdo de Meltzer e outros fosse muitas vezes compartilhado com os não assinantes. Além disso, o intercâmbio não comercial de conteúdo sobre luta livre proliferou também com fóruns de discussão on-line, que promoviam maiores oportunidades para os fãs compartilharem detalhes de contato e trocarem vídeos.

Por outro lado, a indústria da luta livre tinha sofrido uma grande mudança também. O surgimento da TV a cabo matou o sistema de território, quando a World Wrestling Entertainment (então conhecida como World Wrestling Federation) de Vince McMahon começou a fazer uma turnê de suas lutas em

146 | CULTURA DA CONEXÃO

nível nacional nos anos 1980, impulsionada pelos programas semanais na USA Network e por uma variedade de programas transmitidos em mercados locais. A WWE Home Video capitalizou-se com o VCR (aparelho de videocassete), tornando restrito o uso de seu próprio arquivo para transformar os "supereventos" em fitas para compra ou aluguel. No entanto, o espaço limitado de prateleiras nas lojas de vídeo forçou a WWE (e outras marcas de luta livre nacional) a optar pela distribuição apenas de eventos ou coletâneas especiais, ao passo que os fãs on-line podiam realizar trocas, de forma ativa, de programas semanais, além de conteúdo de lutas antigas e de promoções locais mais clandestinas.

Em 2001, a WWE comprou seu maior concorrente nacional, a World Championship Wrestling, adquirindo o arquivo completo da WCW. Combinando esse material com os que já tinha em seu poder, a WWE repentinamente se interessou em explorar, de forma ativa, o valor do conteúdo de luta livre arquivado. Em vista de esses textos "efêmeros" terem circulado, por décadas, tanto por meio de trocas comerciais como não comerciais entre os fãs, a empresa percebeu que poderia deter um valor econômico maior do que "a indústria". A peça central de seus esforços foi o desenvolvimento de um serviço de assinatura a cabo de vídeo on demand, agora chamado WWE Classics on Demand, que torna disponível de vinte a trinta horas de filmagem de arquivos de lutas para fãs a cada mês. Enquanto alguns desses são eventos especiais, muitos são programas de luta livre semanais da WWE ou dos territórios do passado.

O que antes era conteúdo descartável agora é rotulado de "clássico". A WWE trabalhou por vários anos para etiquetar seu arquivo enorme, a fim de permitir que ele fosse acessado em um número crescente de lançamentos de DVD com material "retrô". Esses DVDs são reunidos sob os temas: estipulação (por exemplo, *Bloodbath: The Most Incredible Steel Cage Matches*), história da luta livre (por exemplo, *The Spectacular Legacy of the AWA*) e coletâneas de lutadores (por exemplo, *20 Years Too Soon: Superstar Billy Graham*). A WWE também desenvolveu mais ofertas comerciais em torno de seu Hall da Fama (galeria da fama para lutadores profissionais), incluindo lançamentos de DVD dos combates do Hall dos Famosos e filmes do Hall da Fama através de vídeo on demand autorizado. Além disso, o WWE.com, uma parte proeminente do modelo moderno de negócio da empresa, expõe cada vez mais o conteúdo clássico para atrair visitantes e o seu próprio canal por assinatura mensal, o WWE Greatest Matches. E, quando este livro estava prestes a ser impresso, a WWE tinha planos de lançar seu próprio canal a cabo completo, apresentando inicialmente o conteúdo de seu arquivo de vídeos de *pro wrestling* (luta livre profissional).

Mesmo quando a popularidade geral do *pro wrestling* diminuiu, no início do século 21, a WWE manteve o lucro relativamente consistente, em parte pela oferta de novos tipos de material para fãs dedicados, como o uso variado desse material arquivado. Portanto, a reavaliação do arquivo de luta livre da empresa desempenhou um papel em seu modelo de negócio.

Junto com essas novas práticas de negócios, o conteúdo de luta livre circula por meio da lógica não comercial agora mais do que nunca. Os fãs continuam buscando uma cópia quando perdem o último programa da semana, enviando upload de conteúdo das "promoções independentes" em todo o país (frequentemente dos fãs de uma personalidade local em particular, que buscam fazer isso para a WWE, ou do próprio lutador), e compartilhando combates dos arquivos que a WWE não possui. Enquanto isso, pode-se encontrar uma prolífera coleção de combates e clipes da história da WWE enviada via upload por fãs para o YouTube, por exemplo, e sobre a qual a WWE exerce um controle bastante ativo para o que considera uso indevido de sua propriedade intelectual (como clipes dos eventos do pay-per-view ou DVDs da WWE), mas ainda deixa uma grande parte do conteúdo ficar. Talvez, como a WWE tem material demais em seu arquivo para disponibilizar comercialmente de uma só vez, a empresa acredite que essa circulação não traga desvantagem econômica, mas potenciais vantagens promocionais para a empresa.

A história de qualquer modalidade, marca ou texto de mídia provavelmente inclui o fluxo de material através tanto de trocas comerciais como não comerciais. Aqui, os programas de luta livre televisivos, desenvolvidos inicialmente com propósitos de marketing, eram vistos como não tendo valor de longo prazo. Esses arquivos apenas ganharam força pela circulação não comercial, mas essa circulação ponto a ponto do conteúdo de luta livre gerou novos usos comerciais do material para grandes marcas, assim como para fãs individuais. Esses usos mercadológicos agora prosperam junto com a propagação não comercial permanente dos vídeos arquivados. Um processo constante

148 | CULTURA DA CONEXÃO

de reavaliação entre os fãs e a indústria da luta livre governa o movimento desses textos, permitindo que o conteúdo desempenhe uma série de funções à medida que circula ao longo do tempo.

Não estamos sugerindo aqui que toda atividade dos fãs se presta à "monetização". Como vimos, o jargão do setor – "capitalizar", "alavancagem", "tirar vantagem" – soa bastante explorador e pode realmente ser percebido dessa forma. Vários de nossos exemplos demonstram que o uso de material cultural por parte do público pode produzir efeitos negativos quando as empresas violam o contrato implícito com seu público (ver Capítulo 1). Em vez disso, estamos sugerindo que as empresas precisam realmente escutar o seu público e compreender as várias motivações dele para propagar seu conteúdo. A WWE percebeu, ao longo do tempo, que havia interesse no material de arquivo de luta livre ao prestar atenção às práticas de arquivamento e compartilhamento da ação popular dos fãs. Como resultado, a empresa construiu novos modelos de negócio para atender melhor a esses fãs e, em seguida, lançou vídeos históricos de luta livre que circularam apenas através das comunidades de fãs por anos ou mesmo décadas, em um retorno à ampla disponibilidade.

Nos momentos em que a motivação do público e o desejo da empresa de obter lucros se alinham, podem surgir novas oportunidades de negócios. Entretanto, não haverá alinhamento com frequência. As indústrias da mídia e de marketing ainda não desenvolveram, como um todo, um ouvido sintonizado com suas audiências e com a maneira como sua propriedade intelectual está circulando entre essas duas lógicas. No Capítulo 3, vamos discutir de forma mais detalhada algumas das maneiras usadas pela indústria da televisão, em particular, para avaliar as diferentes formas de atenção e engajamento, para classificar alguns públicos como desejáveis e outros como "excesso", e os perigos de se rejeitar ou marginalizar esse "público excedente".

3

O VALOR DO
ENGAJAMENTO DA MÍDIA

Em janeiro de 2010, o site Blastr do Canal SyFy postou um artigo com a manchete provocativa: "(O seriado) *Heroes* é um sucesso como o mais pirateado dos programas de TV" (HUDDLESTON, 2010). Conforme o artigo relatou, o TorrentFreak.com acompanhou com que frequência um episódio específico do seriado tinha sofrido download ilegalmente em 2009. Muitos programas cult – *Heroes* e *Dexter* entre eles – atraíram tantos ou mais downloads ilegais quanto espectadores de TV, pelo menos conforme contados pela Nielsen. Se todos esses telespectadores fossem contados igualmente, alguns seriados cancelados ou a ser cancelados em breve se tornariam um sucesso da rede de televisão. *Heroes*, por exemplo, teve 6,58 milhões de downloads ilegais de um único episódio, em comparação aos 5,9 milhões de telespectadores legais (o número aproximado calculado pela Nielsen naquele momento). Enquanto isso, um sucesso como o seriado *Lost* teve 6,31 milhões de visitas ilegais por episódio, além de seus 11,05 milhões de telespectadores legais.

Os torrents representam apenas um dos vários mecanismos possíveis por meio dos quais uma pessoa pode acessar ilegalmente o conteúdo da televisão – por isso mesmo esses números expandidos subestimam o alcance completo de espectadores. É surpreendente como quase todos esses "sucessos" de torrents eram "programas cult" que contavam com audiências de nicho dedicadas e estruturas de série para atrair audiências "engajadas". A maioria era composta de seriados que dependiam de uma audiência regular para que fossem inteligíveis. Esses programas estão também entre os mais vistos em plataformas legais alternativas (como plataformas de vídeo on demand e plataformas on-line disponíveis comercialmente) e são os mais vendidos em DVD.

Muitos espectadores ilegais provêm de países onde um seriado é exibido com a programação atrasada em relação ao cronograma original. Esses fãs querem sincronizar a sua visualização com as discussões internacionais on-line sobre programas, mas não podem participar facilmente da conversa se tiverem de esperar até que os programas estejam disponíveis localmente. Por outro lado, outros espectadores são de países onde um seriado não está disponível em nenhuma programação, seja atrasado ou não, e os downloads ilegais são sua única chance de acessar o conteúdo. Muitos outros espectadores querem pular as propagandas, visualizar os programas em seus próprios horários, assistir ao vídeo em sua plataforma preferida e/ou evitar políticas de sites legais de streaming de TV que eles acham frustrantes. Esses "piratas" estão obtendo o conteúdo não porque se recusam a pagar por isso (especialmente porque podem assistir de graça quando vão ao ar originalmente), e sim porque estão buscando mudar as condições sob as quais assistem ao conteúdo (DE KOSNIK, 2010).

Esses espectadores não são contabilizados nas lógicas atuais de medição de audiência. Eles assistem aos seriados, mas não de formas que possam ser avaliadas pelos canais de TV. A indústria busca membros da audiência que se encaixem nos mercados específicos, definidos por dados demográficos de idade e sexo que sejam desejáveis para os anunciantes, e que sejam mais facilmente construídos em torno de um horário de publicidade universalizado e "grudento".

O produtor executivo de *Heroes*, Tim Kring, respondeu à revelação do Blastr dizendo: "A atitude geral das redes para com essa massiva audiência que está lá fora tem sido ficar ao largo e importunar essas pessoas quando, na verdade, são essas as pessoas que têm procurado ativamente esses programas. Elas foram a algum lugar e piratearam ativamente o programa. Essas pessoas são fãs que devem ser acolhidos e é preciso, de alguma forma, que se descubra como ter retorno financeiro" (citado em JENKINS, 2010b). Javier Grillo-Marxuach, criador e roteirista do seriado *The Middleman*, viu esses espectadores ilegais como parte do mecanismo para gerar consciência e interesse em sua propriedade cult:

> Quanto mais as pessoas falam sobre o programa, mais outras pessoas vão acabar comprando o DVD. Por fim, qualquer um que veja uma cópia pirata vai falar para alguém comprar a camiseta ou o DVD ou o chaveiro, e o dinheiro voltará para nós. [...] Eu preferiria que o programa no qual eu trabalho fosse visto e, com toda franqueza, dada a forma como os estúdios têm lidado com a remuneração de royalties para escritores nas plataformas alternativas... Sinto muito sobre seu problema de pirataria, de verdade! (citado em JENKINS, 2010b)

O seriado *Heroes* entrou então em classificação de risco e foi, por fim, cancelado, enquanto o *The Middleman* já havia sido cancelado e estava recuperando seus custos de produção por meio das vendas de DVD. No entanto, as perspectivas tanto de Kring como de Grillo-Marxuach refletem o valor potencial que os detentores de direitos autorais podem, por fim, encontrar nessas exibições alternativas. Esse público marginal é muitas vezes bastante engajado num momento em que as indústrias da mídia estão preocupadas com os públicos não engajados e com o declínio da lealdade do espectador. No entanto, esses downloads ilegais são os encaminhados com maior frequência para a equipe jurídica do que para as divisões de marketing ou de pesquisa. Em vez de buscar maneiras de envolver esses espectadores de torrents em práticas legais, de reconhecer o valor potencial do engajamento deles ou de entender o que pode motivá-los a ficar à margem da lei para acessar conteúdo, as preferências e os interesses dos espectadores não autorizados de *Heroes* e de outros programas normalmente não são levados em consideração.

Os comentários de Grillo-Marxuach refletem a lógica de Jason Mittell (2005), que escreve que seu uso de compartilhamento de arquivos para assistir à primeira temporada do seriado *Veronica Mars* "realmente ofereceu mais valor à indústria" do que se ele tivesse assistido na própria rede. Mittell sugere, como um usuário do TiVo (marca de gravador de vídeo digital), que ele não teria assistido a comerciais e, como não pertencente à família Nielsen, seus "hábitos

152 | CULTURA DA CONEXÃO

como espectador não são incluídos no intercâmbio de audiências elaborado entre redes e anunciantes por meio da avaliação das audiências".

No entanto, como um espectador "ilegal", o acesso de Mittell a conteúdo através de torrents pode realmente ter sido rastreado como um indicador da popularidade do seriado *Veronica Mars*. Além disso, ele incentiva outros a assistir e até a reassistir ao seriado para "enganchar" a esposa dele. Ele também se converteu a espectador legal de rede de TV depois que foi apanhado e até usou o programa em suas salas de aula, solicitando que a biblioteca de sua universidade comprasse *Veronica Mars* em DVD.

Grillo-Marxuach e Mittell desafiaram a suposição de que as visualizações não autorizadas não têm nenhum valor comercial, apontando para fontes de receitas alternativas que podem ter importância nos modelos de negócio em evolução na televisão dos Estados Unidos. Eles sugerem como os membros da audiência geram valor por meio de suas compras diretas (de episódios legais adquiridos através de download, de DVDs, de mercadoria relacionada com o programa) e através de seu papel como intermediários autenticamente populares que atraem novos membros do público. Ao fazer isso, tanto Grillo-Marxuach como Mittell relembram uma lógica de engajamento, uma dentre várias que nos ajudarão a decifrar os tipos de visualização mais valiosos para as indústrias da mídia.

Você está engajado?

Pode-se descrever o que está acontecendo na televisão contemporânea nos Estados Unidos como uma passagem de um modelo baseado em assistir TV com hora marcada para um paradigma baseado no engajamento. Sob o modelo de compromisso, os espectadores comprometidos organizam suas vidas para estar em casa em determinado horário a fim de assistir aos seus programas favoritos. O conteúdo é criado e distribuído essencialmente para atrair essa atenção em certo horário, uma audiência que pode ser prevista e, posteriormente, mensurada e vendida para os anunciantes com fins lucrativos.

As classificações tradicionais de TV representam a audiência como a commodity primária trocada através das práticas de mídia de radiodifusão.

Em contrapartida, os modelos baseados em engajamento veem a audiência como uma cooperativa de agentes ativos cujo trabalho pode gerar formas alternativas de valor de mercado. Essa abordagem privilegia os públicos dispostos a buscar conteúdo através de vários canais, visto que os espectadores acessam os programas de televisão em seus próprios horários, graças aos gravadores de videocassete e, mais tarde, aos gravadores de vídeo digital (DVRs), downloads digitais, dispositivos móveis de vídeo e coletâneas de DVDs em caixas. Tais modelos valorizam a propagação dos textos de mídia, uma vez que as audiências engajadas são mais propensas a recomendar, discutir, pesquisar, repassar e até gerar material novo em resposta.

A crescente fragmentação da audiência e a multiplicação das plataformas de distribuição têm levado à incerteza sobre qual é o valor para alcançar tipos diferentes de audiência. Aqueles que medem e valorizam práticas de audiência mais ativas conflitam com outros que querem bloquear o conteúdo a fim de preservar o valor proveniente dos modelos tradicionais. Mesmo entre aqueles que compreendem ser essencial o desenvolvimento de modelos de negócio em torno desse engajamento do público tem havido pouco consenso em relação a como, ou mesmo a quais medidas de envolvimento são importantes, ou como concordar com um modelo para transações de negócios em torno de tais medidas.

O sistema de classificação da Nielsen, o padrão-ouro dentro da indústria, tem experimentado com fórmulas alternativas que pelo menos se expandem mais além do modelo de compromisso rígido. O novo padrão da Nielsen, o "C3s", mede a visualização no mesmo dia acrescido daqueles que assistem dentro dos três dias seguintes por meio de tecnologias com a função *timeshift* (como DVRs). Essa abordagem permanece focada no modelo baseado em hora marcada. A Nielsen agora considera não apenas aqueles que cumpriram o compromisso no horário, mas também todo mundo que esteve "elegantemente atrasado".

Os comentários de Deborah Reichig, do canal CourtTV, demonstram as dificuldades de se chegar a um consenso sobre como mensurar o engajamento:

154 | CULTURA DA CONEXÃO

> Estamos conversando com uma agência que pensa que lealdade é um fator importante, e eles a medem pelo número de pessoas que assistiram de três a quatro episódios. Outra agência acha que é a persistência, e esta é medida pelo número de minutos assistidos por programa. E há outras que querem considerar "a capacidade de persuasão". Nós realmente fizemos uma revisão na literatura e há 85 palavras e frases diferentes que as pessoas usaram para chegar a esse conceito. (Citado em Sass, 2006.)

As audiências deparam com uma configuração de plataformas em constante mudança e acordos financeiros quando buscam o conteúdo que querem de uma indústria que não é capaz ainda de vender a elas nas formas e nos contextos que elas desejam.

O foco no engajamento é fundamental para a reconfiguração do poder da audiência que estamos discutindo ao longo deste livro. Enquanto o Capítulo 2 tratou de como os públicos "avaliam" os textos de mídia, o Capítulo 3 explora a maneira como as indústrias de mídia atribuem valor às audiências, na forma de um estudo de caso sobre o melhor caminho para se entender a questão fundamental do engajamento em qualquer plataforma. O nosso foco aqui é sobre a indústria da televisão, lugar de algumas das maiores tensões sobre como mensurar o valor da audiência, mas questões similares estão vindo à tona em toda a indústria de entretenimento. Os debates atuais em torno de acesso autorizado e não autorizado ao conteúdo de televisão ilustram as tensões que estão surgindo à medida que os fãs compartilham material fora das estruturas e dos fluxos de radiodifusão tradicional. A circulação não autorizada de conteúdo frequentemente surge da frustração das audiências quando elas lidam com o estado de transição dos canais de distribuição alternativos, com a frustração ao tentar navegar por um sistema que parece prometer-lhes a mídia que elas querem, quando elas querem, mas que frequentemente desaponta. É essa a situação que quisemos descrever quando sugerimos que a "pirataria" é mais frequentemente um produto de fracassos de mercado por parte da indústria da mídia do que de fracassos morais por parte das audiências de mídia. Este capítulo analisa as tensões entre a forma como as audiências se engajam e a forma como as indústrias de mídia mensuram e recompensam o engajamento. Essas tensões precisarão ser trabalhadas por todas as partes envolvidas se tivermos a intenção de construir uma "economia moral" alternativa em torno da produção e da circulação da mídia. Na segunda parte do capítulo, vamos explorar uma série de estratégias diferentes de transmídia que surgiram à medida que produtores e marqueteiros procuraram atrair e manter os interesses de fãs ativos na esperança de que eles também pudessem ajudar a motivar o engajamento de espectadores mais eventuais.

Os desafios da medição

A indústria da televisão exige que se tenha conhecimento sobre as pessoas que assistem, mas essa audiência é, grosso modo, desconhecida. Conforme Ien Ang sugere, as pessoas que realmente assistem à TV são, em grande medida, "invisíveis" para as empresas de mídia, uma massa "escondida atrás de milhões de portas fechadas dispersas de lares privados, praticamente inacessível e de difícil controle para quem é de fora" (1991, p. 30). Mesmo que novos formatos como o DVD, o vídeo on demand e locações de eletrônicos estejam abastecendo a indústria da televisão com mercados de audiência de contato direto com a programação (KOMPARE, 2006, p. 337), e ainda que os serviços e as comunidades de distribuição on-line tenham aumentado a visibilidade das audiências (nicho, fã ou outros), a indústria da televisão ainda é definida por uma condição de "transmissão centralizada e recepção privatizada" (ANG recorrendo aqui a RAYMOND WILLIANS, 1974, p. 30).

As tecnologias de sistemas de classificação tentam tornar a audiência visível para a indústria da televisão. Ao usar tecnologias de pesquisa e levantamento para ganhar escala, a indústria arquiteta uma representação estatística de quem pode estar assistindo e como pode estar assistindo. Esse modelo usa dados demográficos para segmentar a audiência de televisão em grupos facilmente definíveis, diferenciados por fatores tais como idade, rendimento, sexo e etnia, mas "a audiência", de outro modo, é tida como relativamente coerente.

156 | CULTURA DA CONEXÃO

Essa audiência de televisão aproximada abastece a indústria com um objeto gerenciável que ela pode mensurar, para o qual ela pode conceber uma programação e vendê-lo para anunciantes. Os membros da audiência são vistos como "consumidores", e as classificações assumem que essa recepção (o fato de um dado aparelho de TV estar ligado) equivale à comunicação (de que a mensagem foi recebida). Esse modelo reduz o conjunto de fatores que precisa ser computado para quando se discute o ato de "assistir à televisão", que ocorre em uma gama diversa de contextos e circunstâncias do dia a dia (ANG, 1991, p. 62) e com uma enorme variedade de engajamentos do público. Essas classificações, embora ofereçam uma grande simplificação, tornaram-se o método de avaliação padrão para transações de negócios.

As estratégias adicionais de medição (como as Q-Scores, que fornecem uma representação mais qualitativa da familiaridade e da preferência da audiência em relação a determinados apresentadores, personagens e marcas) fornecem informações mais ricas em nuances da experiência da audiência. Entretanto, o modelo que Ang descreve ainda predomina por causa das relações estruturais que organizam a indústria da televisão. Eileen Meehan (2005) afirma que a demanda dos anunciantes por acesso a "consumidores" específicos (determinados dados demográficos de alto valor) modelam as práticas de programação da indústria. Assim, os conglomerados de mídia usam várias plataformas e práticas sinérgicas para atrair essas audiências com alto grau de procura. Essa situação contribui para o desenvolvimento de franquias, reduzindo a concorrência na indústria da mídia e estreitando o leque de interesses (potencialmente) representado.

As redes de TV *e* os anunciantes compram as classificações de um único fornecedor credenciado (Nielsen) com um interesse de longa data em agradar a ambos. O sistema de classificações resultante tem uma inércia que se torna difícil para novos concorrentes e que impede mudanças significativas nos métodos de medição. O sistema de classificações é configurado para fornecer uma moeda consistente, ou seja, um sistema de avaliação de valor, para a condução de acordos de negócios, e não prioritariamente para fornecer uma contabilidade precisa de todos que assistem à TV. Podem ser feitas mudanças no sistema para melhorar a abrangência e a profundidade com que a audiência deve ser

O VALOR DO ENGAJAMENTO DA MÍDIA | 157

compreendida, mas apenas de modo que não interfira na razão de esses dados estarem sendo reunidos, em primeiro lugar. Ainda que os dados estejam longe de ser perfeitos, o negócio pode continuar normalmente desde que todos estejam usando os mesmos números.

Apesar dos passos para desenvolver alternativas de distribuição para o modelo de radiodifusão (desde os próprios websites das redes de TV até iniciativas de distribuição on-line, como Hulu and Fancast), as estruturas de rede de TV e os estúdios ainda privilegiam receitas de publicidade de conteúdo de primeira execução. Em uma postagem intitulada "Por que assistir TV on-line (na maior parte das vezes) não ajuda nas classificações (por enquanto)", o vice-presidente sênior da SyFy Digital, Craig Engler, explica que, pelo menos por enquanto, a indústria está estruturada para separar espectadores por transmissão via radiodifusão e espectadores por streaming:

> As classificações de TV medem especificamente a audiência que assiste a programas na TV, enquanto um tipo diferente de sistema de classificações (na verdade, vários tipos de sistemas) mede as audiências que assistem on-line. Embora elas compartilhem bastante do mesmo conteúdo e estejam completamente ligadas, o streaming on-line e a TV são fundamentalmente negócios separados que normalmente são distribuídos, financiados e monetizados de diferentes maneiras. (2010)

Talvez não seja surpresa, então, dado que as classificações são commodities que as redes vendem para compradores, o fato de Engler colocar o ônus nos anunciantes. Ele aponta que os anunciantes estão – o que é bastante compreensível – apenas interessados em espectadores para a plataforma que compraram:[1] "Se um anunciante compra um anúncio no [programa] na TV, ele não está preocupado com quantas pessoas assistiram ao programa em iPhones porque ele não pagou para ter seu anúncio veiculado em iPhones. Às vezes, os anunciantes compram anúncio na TV, on-line e no celular simultaneamente, mas isso não é o padrão (ainda) [2010]". Mesmo para as equipes que criam um trabalho, planejar o lucro que o material gera pode ser bastante complicado. Os acordos alcançados com as receitas geradas do anúncio vendido

158 | CULTURA DA CONEXÃO

para a visualização na televisão, on-line e on demand podem ter configurações diferentes na maneira como o lucro é dividido, sem mencionar as vendas de DVD, os acordos de locação, direitos de transmissão e assim por diante. Porções do fluxo de lucro corrente vão não apenas para a empresa que distribuiu o conteúdo, a empresa que detém o conteúdo, a equipe que criou o conteúdo, e assim por diante, mas frequentemente para várias divisões dentro de cada uma dessas entidades, dependendo da plataforma em particular. Apesar de essas receitas cumulativas poderem identificar o programa como um sucesso (ou fracasso), esses números são dispersos e, portanto, mais difíceis de rastrear e interpretar. Além disso, como os novos modelos de negócio ainda estão desenvolvendo formas alternativas para distribuição de vídeo, o valor de um espectador muda de plataforma para plataforma. Engler diz: "Preferimos ter um milhão de espectadores de TV do que um milhão de visualizadores de streaming porque fazemos mais dinheiro com os espectadores de TV, o que significa que eles contribuem mais para a saúde e o sucesso de um programa" (2010).

Em face dos desafios internos da indústria da televisão, as empresas de mídia enviam mensagens confusas para o seu público. A vida e a morte do drama *Jericho*, da CBS, ilustra esses sinais conflitantes. Ao estrear como parte da temporada de outono de 2006, *Jericho* (um seriado sobre uma comunidade rural do Kansas, nos Estados Unidos, que enfrenta as consequências de um holocausto nuclear) atraiu uma audiência pequena (para uma rede de televisão dos Estados Unidos), porém apaixonada. Quando o programa foi cancelado no final da primeira temporada, os fãs demonstraram seu apoio por meio do lançamento de uma grande campanha on-line bem organizada. O porta-voz da CBS, Chris Ender, declarou oficialmente a campanha como a maior manifestação de apoio por meio digital a um programa que a empresa já tinha visto (ver Collins, 2007). Além de bombardear a CBS com e-mails, os fãs enviaram algo entre 20 e 25 toneladas de amendoins para os escritórios da CBS em Nova York e Los Angeles, em referência a uma fala do último episódio da primeira temporada (Serpe, 2007).

A manifestação foi o suficiente para que o programa fosse renovado. Foram autorizados sete novos episódios com uma advertência severa para os fãs de

Jericho: a de que eles precisavam assistir à transmissão ao vivo ou não haveria futuro para o programa. Em uma entrevista à *Ad Age* (STEINBERG, 2007), Leslie Moonves, CEO da CBS Corporation, anunciou que a emissora tinha ficado surpresa com o apoio dos fãs ao programa. A CBS não tinha reparado que esse seriado de classificação relativamente baixa tinha uma audiência significativa que assistia em sua plataforma de streaming oficial e em seus DVRs em casa. Para ser computados de forma adequada, os espectadores precisam "aparecer" nas classificações medidas, assistindo televisão ao vivo. Não foi apenas Moonves. A estrela Brad Beyer (citado em TARNOFF, 2007) e a presidente da CBS Enter-tainment, Nina Tassler, advertiram, separadamente, os espectadores de que eles precisavam assistir às transmissões ao vivo. Conforme Tassler contou ao *New York Times*, "queremos que eles assistam na quarta-feira, às 8h, e precisamos que recrutem espectadores que vão assistir à transmissão ao vivo" (citado em WYATT, 2007). Essas advertências entraram em conflito com a mensagem que Moonves lançou apenas três dias mais tarde em uma sessão de perguntas e respostas, na Universidade de Siracusa, em Nova York:

> Este é um grande momento de transição, em que o nosso objetivo é basi-camente ter o nosso produto, ou conteúdo, em todos os lugares que puder-mos. Portanto, no final do dia, contanto que eu seja pago por isso, não me importo se vocês estão assistindo *CSI* na CBS, às 21h na quinta-feira, no seu DVR, se você o está adquirindo no Amazon.com ou no CBS.com. [...] Você ainda está assistindo *CSI*. Não importa como você o adquiriu. (2007)

Em resposta à pergunta ao final da entrevista, Moonves admitiu que a discrepância entre a mentalidade "em todos os lugares, em qualquer lugar" e as declarações sobre *Jericho* foi devido à falta de medição abrangente para vi-sualização on-line. No entanto, presumindo-se que a CBS pudesse computar as visualizações no CBS.com e em outros lugares, a maior questão seria, na verdade, a diferença que os anunciantes pagariam de uma mídia para a pró-xima. (E, é claro, apenas aqueles espectadores que têm uma caixa da Nielsen seriam contabilizados na "medição abrangente" da visualização na televisão tradicional, ainda que todos os fãs fizessem o que a CBS havia aconselhado.)

160 | CULTURA DA CONEXÃO

O seriado *Jericho* foi cancelado antes do final da segunda temporada. Afinal, a CBS não tinha feito nada para mudar seu modelo. A profundidade do engajamento dos fãs de *Jericho* para trazer o programa de volta por uma veiculação limitada surpreendeu a empresa, mas ela ainda mediu o sucesso através de um modelo de compromisso.

Apesar de os fãs de *Jericho* terem apresentado novamente seus protestos à CBS, os fãs de outro programa de rede de televisão, *Chuck*, da NBC, seguiram a lógica de Engler de atrair o outro lado da transação de negócios: o anunciante. Conforme Sheila Seles, diretora de mídia digital e social para a Advertising Research Foundation, detalha em nosso livro expandido, esses fãs escolheram demonstrar o valor econômico potencial do engajamento da audiência de uma maneira tangível. Quando os fãs da comédia de espionagem da NBC ouviram falar do potencial cancelamento do programa no final da temporada televisiva de 2008--2009, eles se dirigiram a um patrocinador especificamente, a cadeia de restaurantes Subway, para demonstrar o valor da atenção deles. Menos de um mês depois, a NBC renovou *Chuck* por meio de uma parceria publicitária com a Subway.

Como Seles argumenta, os fãs de *Chuck* reconheceram que o ato de assistir ao programa não era suficiente para demonstrar o seu tamanho como comunidade de espectadores ou o seu investimento no programa. Ao se dirigirem a um patrocinador em particular, esses fãs concentraram suas energias em causar uma impressão que pudesse ser reconhecida pela NBC:

> Os fãs de *Chuck* compraram sanduíches para demonstrar que eles eram as pessoas que a Subway estava tentando atingir, pessoas que comprariam sanduíches de metro. Se o sistema de classificações pudesse medir com eficácia o valor real da audiência televisiva, a Nielsen teria sido capaz de dizer à NBC que essas pessoas que compram sanduíche na Subway estavam assistindo a *Chuck* em números que justificavam os dólares gastos em publicidade pela Subway. Mas não podia fazê-lo ou não o fez. E assim os fãs compraram sanduíches e salvaram um programa.

Ao destacar a dificuldade da indústria da televisão para transitar entre o modelo de compromisso dominante e o modelo de engajamento emergente,

Seles compara o resgate de *Chuck* aos esforços da NBC de criar uma programação que teria sucesso, apesar da baixa audiência. No outono de 2009, a NBC substituiu uma hora de programação com roteiro toda noite, durante a semana, por um talk show apresentado pelo veterano Jay Leno. Mais barato de produzir do que a programação com roteiro e repleto de inserções de produtos e segmentos patrocinados, "o programa de Leno era tão barato de produzir que pôde recuperar os custos e obter um lucro modesto, mesmo sem uma grande audiência". Apesar de cancelado rapidamente após classificações desastrosas e um impacto negativo nos programas de notícias apresentados a seguir, a experiência de Leno serve como contraponto ao sucesso dos fãs de *Chuck*. Seles escreve: "Tanto os fãs de *Chuck* como a NBC quiseram ser mais espertos do que o sistema de classificação: os fãs de *Chuck* fizeram isso ao recorrer diretamente aos patrocinadores, e a NBC, ao produzir um programa que não precisava de audiência para fazer dinheiro".

Tais mudanças requerem que se repensem os modelos populares de consumismo; um modelo útil, tanto para anunciantes como para produtores, é o das últimas décadas de trabalho em estudos culturais, que explorou o "consumo" de mídia como atos de produção de significado. Nas atividades cotidianas dos espectadores, eles contribuem com o valor cultural (sentimental, simbólico) dos produtos de mídia ao retransmitirem os conteúdos e ao tornarem os materiais valiosos dentro de suas redes sociais. Cada novo espectador que essas práticas atraem para o programa pode, em tese, resultar em um maior valor econômico (intercâmbio) para as empresas de mídia e os anunciantes.

O antropólogo Grant McCracken propôs que se afaste o descritor do "consumidor" de forma total, uma vez que o termo localiza pessoas no fim de uma cadeia de criação de valor, talvez até uma extremidade inoperante, visto que a vida do produto fecha com seu consumo. Em nosso livro expandido, McCracken observa que o "consumidor" tem sido útil em evocar "a distinção entre produtor e consumidor, lembrando à sociedade corporativa que o capitalismo não é a arte do possível e sim a arte do desejável". No entanto, ele escreve que muitas pessoas têm objeções ao termo "consumidor", não apenas porque indica uma força destrutível incapaz de gerar valor, mas também porque é insuficiente para descrever a compra de uma ampla variedade de produ-

162 | CULTURA DA CONEXÃO

tos (tal como conteúdo digital) que "não são depreciados pelo ato do 'consumo'". De forma um tanto provocadora, McCracken propõe um "multiplicador" com alternativa, com o argumento de que seu novo termo reconhece as maneiras pelas quais os membros da audiência geram valor por meio de suas atividades:

> Um "multiplicador" é alguém que tratará o produto, o serviço ou a experiência como um ponto de partida. Os multiplicadores desenvolverão algum produto de sua própria inteligência e imaginação. Eles vão se apoderar de um artefato cultural e torná-lo mais detalhado, mais compreensível contextualmente, mais diferenciado culturalmente e – não nos esqueçamos do propósito do exercício – mais valioso. Usar um termo como "multiplicador" ajudará o criador de significado a manter as novas realidades na melhor posição. Se não houver nada no produto, no serviço ou na experiência que possa ser desenvolvido, bem, então voltemos à estaca zero.

Os "multiplicadores" podem ou não ser o descritor correto para esse novo relacionamento, mas McCracken faz as perguntas certas em relação à maneira como as empresas descrevem o valor econômico e cultural gerado pelas atividades do público, tal como o compartilhamento de mídia, que é fundamental para o paradigma da mídia propagável.

Agora, apenas poucos produtores compreendem de forma plena o que está em jogo ao passar de um modelo baseado em hora marcada para um modelo baseado em engajamento, e apenas poucos fãs estão tendo experiência com maneiras alternativas de reivindicar o valor gerado por suas atividades. As redes de TV tentaram e não conseguiram (pela experiência com Leno) reduzir os custos da exibição baseada em compromisso. Talvez ficassem mais satisfeitas com o desenvolvimento de novas formas de avaliação da audiência engajada.

Em nosso livro expandido, Eleanor Baird Stribling, diretora de serviços ao cliente e pesquisa de distribuição, promoção e análise de vídeo on-line da empresa TubeMogul, oferece um modelo quantitativo rigoroso para avaliar/valorizar o engajamento. Stribling classifica o "amplo espectro de comportamentos de fãs que contribuem com valor econômico" em quatro categorias de atividade, duas que fornecem valor econômico direto – "assistindo, ouvindo ou participando" e "comprando produtos primários e secundários" – e duas que fornecem valor econômico indireto – "endossando" e "compartilhando e recomendando". As duas últimas atividades são mais difíceis de quantificar e medir do que as duas primeiras, mas "são imensamente valiosas, por causa dos elementos sociais que ajudam tanto a reter como a recrutar público", sustentando e transformando uma modalidade de mídia.

Stribling argumenta que há duas formas-chave de desenvolver um modelo para transformar com eficácia essas expressões variadas em medidas que possam ser usadas pelas empresas. A primeira é equilibrar a amplitude da expressão com a profundidade da expressão, um equilíbrio que Stribling reconhece que pode se deslocar para uma modalidade de mídia ao longo do tempo quando for sustentada por fãs dedicados, mas vê aumentar e diminuir sua popularidade mais casual. A segunda é considerar a forma como o tempo afeta o valor das expressões: "Muito frequentemente, vemos uma estatística, como o número de fãs do Facebook ou de seguidores do Twitter de uma modalidade de mídia, e uma declaração de que esse número representa valor. No entanto, esses dados não indicam o que esses fãs fazem, uma vez que eles fizeram amizade ou seguiram com o propósito de participar, promover ou apoiar a modalidade de mídia". Para fazer isso, Stribling propõe que se considere "o montante de tempo gasto com uma modalidade de mídia comparado com outras", "com que frequência os fãs interagem com uma modalidade de mídia ou em seu entorno" e "as mudanças na forma como os fãs interagem com uma modalidade de mídia ou em seu entorno ao longo do tempo".

O modelo de Stribling levanta questões sobre como o investimento dos fãs pode ser reconhecido, quantificado e recompensado de modo que fãs, produtores e anunciantes possam *todos* reconhecer. Tanto McCracken como Stribling propõem novos termos para a discussão dessas relações, uma linguagem que pode ter aumentado a eficácia dos fãs de seriados como *Jericho* e *Chuck* que quiseram ter suas perspectivas ouvidas dentro da indústria de transmissão por radiodifusão. Ao identificar os sinais de engajamento mais profundo e, depois, ao propor maneiras de envolver os fãs como intermediários autenticamente populares, a proposta de Stribling vai além do julgamento baseado em impressões, mesmo que ela reconheça a importância de se rastrear o número de vezes em que um fã estabelece comunicação com uma modalidade de mídia.

CULTURA DA CONEXÃO

Sem dúvida, haverá casos em que as empresas poderão ver o público como "divisor", em vez de "multiplicador" do valor de sua propriedade intelectual. Os interesses dos fãs e dos produtores nem sempre estarão alinhados. E, talvez o mais importante, a disfunção do presente sistema está se tornando mais óbvia em nosso ambiente de mídia cada vez mais complexo. O foco da indústria de classificação em medidas passivas de resposta do público, e a nossa aceitação da lógica delas, mostra que as empresas menosprezam os esforços dos espectadores empenhados em demonstrar ativamente o valor de seu engajamento.

Público como commodity e trabalho

O título do trabalho clássico de Dallas Smythe, de 1981, "On the audience commodity and its work", aponta para uma contradição central: a atenção do público pode ser uma espécie de "commodity", embalada e vendida em transações comerciais entre emissoras e anunciantes, mas o público também "trabalha". Tanto como commodity quanto como trabalho, o público produz valor econômico. Smythe declara:

> [O trabalho é] visto geralmente como fazer algo que você preferiria não fazer, algo desagradável, alienante e frustrante. Também é considerado algo ligado a um emprego, uma fábrica, um escritório ou uma loja. Nem sempre é dessa forma. Em sua essência, trabalho é algo criativo, algo distintamente humano, pois a capacidade de trabalhar é uma das coisas que distingue os seres humanos de outros animais. (p. 256)

Smythe está interessado em discutir como o ato de assistir televisão se torna um trabalho mercantilizável que a empresa de classificação empacota como dados e que se torna uma moeda de troca entre anunciantes e redes de TV.

Mark Andrejevic (2009) escreve, e muitas vezes reitera ativamente, que o fluxo de radiodifusão tradicional cria um contexto para publicidade em que o conteúdo desejado é coerente com uma lógica "consumista", e que as empresas de classificação não vão agir contra o seu consumidor final, o anunciante. Andrejevic sugere que os produtores de mídia e os anunciantes encontraram novos caminhos para gerar valor a partir do trabalho do público, em parte pelas práticas muitas vezes encobertas de *data mining* (prospecção de dados), mencionado no Capítulo 1. Andrejevic declara:

> Oferece-se aos usuários um mínimo de controle sobre o produto de sua atividade criativa em troca do trabalho que eles realizam ao desenvolver comunidades e sociabilidade on-line na infraestrutura de rede controlada de forma privada. Como condição de seu "livre" consentimento para se engajarem nesse intercâmbio produtivo, eles tanto constroem websites populares como se submetem às formas de monitoramento e experimentação que estão se tornando um componente integrante da economia interativa. (p. 419)

Essa explicação sugere que o público cria, conscientemente ou não, valor de economia por interesses comerciais, por meio da geração do conteúdo para atrair a atenção e transformar essa atenção em commodity, e através das informações valiosas que eles lançam, as quais podem ser vendidas pelo lance mais alto.

Embora ainda não tenha sido desenvolvido um modelo de negócio consistente para plataformas de compartilhamento de vídeo on-line, essas práticas fornecem às empresas de medição de mídia uma chance maior de captar e avaliar diretamente o público como commodity. (De fato, um dos argumentos mais convincentes feitos pelas plataformas de internet, na tentativa de captar mais dólares de publicidade gastos com marcas, é que elas fornecem dados reais e detalhados do público, em vez de dados aproximados.) Andrejevic está certo ao enfatizar as diferentes formas usadas pelo Google e por outras empresas de mídia para lucrar com as atividades de seus usuários, seja gerando conteúdo ou despejando dados, mas sua explanação faz pouca distinção entre o trabalho do público sob as lógicas da Web 2.0 e as possibilidades muito mais expansivas que existem no que estamos chamando de cultura participativa.

Dentro de um modelo de engajamento, essa construção relativamente simples da "exploração" do trabalho do público passivo por parte da indústria não

166 | CULTURA DA CONEXÃO

é mais adequada para descrever as muitas maneiras pelas quais os fãs e outros públicos geram valor, não apenas através do valor de "commodity" da própria atenção deles, mas também pelo "trabalho" deles como "multiplicadores" de McCracken, dando forma e moldando a circulação de material. O modelo de Smythe presume que o ato de assistir TV é um trabalho basicamente não qualificado. Contudo, envolver-se com textos televisivos em um contexto social, especialmente em suas formas mais complexas e dispersas, é constituído como trabalho qualificado. Os fãs e outros públicos ativos desenvolvem uma especialização no conteúdo e um domínio das tecnologias de distribuição que aumentam seus interesses nessas modalidades de mídia. Quando eles interagem com a mídia pelas redes sociais, começam a agir mais como as guildas de artes e ofícios de Sennett (2008), ao perseguirem interesses mútuos de forma ativa. Eles estão utilizando tanto textos de mídia como mensagens de marcas como portadores de significação cultural e como recursos para a vida cotidiana. Na verdade, as empresas estão frequentemente lucrando com o trabalho desse público, mas é fundamental que não se considere isso uma exploração em sua totalidade, ao negar as muitas maneiras pelas quais os membros do público tiram proveito de sua participação voluntária em tais envolvimentos.

Enquanto considerações como as de Smythe se concentram no trabalho do público desempenhado na esfera privada e a de Andrejevic se concentra na maneira como as empresas de mídia estão prospectando dados (*data mining*) das atividades individualizadas de um usuário, as práticas do público de rede envolvem cada vez mais muitas dinâmicas além daquelas que podem ser facilmente transformadas em dados. Robert V. Kozinets descreve o surgimento de "comunidades de consumo", grupos de pessoas com interesses semelhantes que "buscam e intercambiam, de forma ativa, informações sobre preços, qualidade, fabricantes, revendedores, ética das empresas, histórico das empresas e outras características relacionadas ao consumo" (1999, p. 10). Tais tendências tornaram possíveis intervenções como aquela dos fãs de *Chuck*. Kozinets argumenta que as transações comerciais estão cada vez mais sendo avaliadas e fiscalizadas por essas comunidades: "Os consumidores leais estão criando seus gostos em conjunto como uma comunidade. Essa é uma mudança revolucionária. On-line, os consumidores avaliam a qualidade em conjunto. Eles negociam os padrões de consumo. Ao atuar como moderadores das finalidades dos produtos, promovem o branding juntos. [...] As organizações de consumidores podem fazer exigências bem-sucedidas aos marqueteiros que os consumidores individuais não podem" (p. 12). A decisão sobre que tipo de computador ou carro comprar pode agora ser formatada pelo consenso em evolução de uma comunidade de consumidores em potencial. E, de forma semelhante, a decisão sobre qual conteúdo televisivo assistir e onde assistir é formatada pelas normas que surgem de associações sociais como as organizadas em torno de comunidades de fãs, grupos religiosos, comunidades étnicas e raciais, grupos políticos e outras redes impulsionadas por demais interesses.

Por exemplo, Joshua Green (2008) discorre sobre as discussões passionais dos usuários iniciais do Hulu sobre os termos de serviço do site enquanto eles procuravam barganhar o valor de sua atenção por um acesso maior e mais conveniente. Enquanto a empresa conduzia levantamentos variados para medir a capacidade de resposta do público ao seu preço e seus esquemas de entrega, seus usuários esperavam fazer valer a voz deles para ganhar maior poder e controle sobre o que era oferecido pelo site. O marketing do Hulu definiu o site em relação às plataformas de transmissão baseadas em hora marcada, mas muitos desses usuários interpretaram o uso da plataforma como semelhante aos downloads por torrent que são gratuitos, porém ilegais. O Hulu moldou esse site para oferecer um serviço expandido, enquanto esses usuários ativos o viam como um lugar para trocar a atenção deles voltada para publicidade pela facilidade de utilização e garantia de vídeos de alta qualidade. Esses membros do público com grande voz ativa se assemelham às "comunidades de consumo" de Kozinets, ao exibirem uma compreensão sofisticada de seu status tanto de commodity como de trabalho.

O valor dos públicos excedentes

No modelo baseado em hora marcada, não é possível ter um excedente de público-alvo do programa. Enquanto um programa estiver "produzindo" o público "certo", haverá uma demanda infinita por esses membros do público.

168 | CULTURA DA CONEXÃO

Os anunciantes não reclamariam, por exemplo, se toda menina adolescente, nos Estados Unidos, assistisse a um programa de televisão ou se reunisse em um website, se o desejo deles fosse por dados demográficos. O custo da publicidade durante a programação de televisão seria levado a montantes astronômicos, é claro, e os orçamentos adicionais de publicidade, frequentemente usados para vídeo on-line, seriam pulverizados muito rapidamente. No entanto, nem o anunciante nem o fornecedor de conteúdo argumentariam que o conteúdo atraiu "muitos membros" do público desejado.

Entretanto, os membros do público que estão fora do público-alvo são muitas vezes tratados como "excedentes". Em alguns casos, esses membros podem fornecer uma receita suplementar por meio da compra de mercadoria relacionada à modalidade do entretenimento, mas são considerados com frequência irrelevantes em um modelo baseado em hora marcada. Quando esses segmentos "indesejados" superam o público principal, eles podem até mesmo ser vistos como um estorvo, confundindo os anunciantes em relação ao valor da modalidade de mídia para distribuir os grupos de público-alvo.

As séries dramáticas diurnas transmitidas nos Estados Unidos tomaram forma nos últimos anos por decisões das redes de televisão aberta para focar em públicos-alvo e para suprir o público excedente. As "novelas" envelhecem (sendo que a mais nova, *The Bold and the Beautiful*, da CBS, foi lançada em 1987), assim como o seu público. No entanto, no momento, a indústria negocia, predominantemente, acordos de publicidade focados em mulheres entre 18 e 49 anos e, especialmente, em mulheres entre 18 e 34 anos. Enquanto isso, os responsáveis por decisões e analistas das redes de televisão cada vez mais falam sobre os números medíocres das novelas para o público-alvo, e a audiência contínua de mulheres (e homens) acima de 49 anos é, às vezes, referida de forma negativa como mais um sinal de que esses programas não atraem mais, essencialmente, mulheres adultas jovens.

A natureza transgeracional das histórias, dos elencos e das comunidades de fãs dessas novelas pode ser considerada uma desvantagem quando se analisa a audiência unicamente em termos de impressões para vender. No entanto, entendidos como parte de uma rede social maior, esses públicos excedentes têm um aspecto diferente. Os espectadores ativos acima de 49 anos são, muitas vezes, fãs veteranos que desempenham um trabalho importante nas comunidades de fãs tanto on-line como off-line em torno desses programas. Os fãs que assistem a uma novela em particular há décadas são mais velhos no duplo sentido do significado – não apenas espectadores mais velhos, mas também autoridades na comunidade de fãs. Conforme C. Lee Harrington e Denise Bielby descrevem, o processo de se tornar um espectador envolvido em textos de novela leva tempo e muita paciência (1995, p. 87-88). Os fãs veteranos frequentemente ajudam os novatos a compreender os relacionamentos entre todos os personagens. O conjunto da história da narrativa não pode nunca ser completamente absorvido e compreendido por uma única pessoa.

Muitos atores, escritores e executivos na indústria da novela o perceberam há muito tempo, e apreciam o importante papel desempenhado por esses fãs veteranos, mas as pressões econômicas têm afastado a importância desses fãs essenciais. A necessidade de recorrer a um público mais jovem justifica o menosprezo pelo histórico do programa ou o descarte dos atores veteranos mais caros para colocar uma ênfase maior nas estrelas mais novas e mais jovens.

Com valores baixos de produção comparados com os programas do horário nobre, relacionamentos complicados entre personagens de um elenco amplo e um formato de diálogo pesado com um compromisso de exibição semanal em vários horários, esses programas são uma aposta importante para novos espectadores que não tenham nenhum histórico com os personagens e nenhuma estrutura social que estimule o ato de assistir continuamente. Charlotte Brunsdon escreve: "Para milhares de fãs, os valores de produção com certeza não são o objetivo, ou pelo menos não o ponto principal. [...] É em parte um prazer ritual, que oferece confiança em sua familiaridade e regularidade" (1984, p. 86). Para obter esse prazer ritual, porém, a novela tem de se tornar uma parte habitual da vida dos fãs. Essa é uma das razões pelas quais as comunidades de fãs, tanto on-line como off-line, são tão importantes. Essas comunidades formam espaços sociais para manter o engajamento dos fãs, mesmo quando certos enredos deixam de gerar interesse imediato do público. Frequentemente, fãs que são ativos em fóruns on-line declaram que ficam desiludidos com os programas, mas que continuam a assisti-los como pré-

170 | CULTURA DA CONEXÃO

-requisito para participar das discussões sobre os erros neles contidos, ou dos debates sobre a continuidade e/ou motivação dos personagens. Embora muitas pessoas na indústria de novelas lamentem as queixas constantes dos fãs, as paródias e os discursos retóricos resultantes podem estimular os espectadores a se apegar à comunidade que desenvolveram em torno do ritual de assistir aos programas.

A editora e colunista de revista de novelas Mary Ann Cooper falou sobre a novela *As the World Turns* (cancelada em 2010), da CBS: "As pessoas se lembram de ter crescido com a novela *As the World Turns*, assistindo ao programa enquanto a avó fazia cookies ou a mãe dobrava a roupa. Hoje, quando elas sintonizam o programa, lembram-se daqueles tempos em casa com seus entes queridos" (citado em WALDMAN, 2006). Muitos dos espectadores mais fiéis de programas dentro do público-alvo começaram a acompanhá-los porque a mãe, a avó ou os irmãos mais velhos assistiam ao programa quando eles estavam crescendo, e aquelas conversas contínuas com seus amigos próximos ou membros da família muitas vezes permanecem como uma parte importante de sua experiência de assistir televisão.

Porém, as novelas diminuíram de forma consistente o seu apelo transgeracional ao apenas e tão somente cortejar seu público-alvo. Menos mães e avós assistindo significam menos filhos e filhas se unindo à audiência. A única maneira de criar uma nova geração de fãs de novelas, portanto, pode ser recuperar a confiança dos espectadores veteranos e trabalhar com eles para ajudar a construir uma infraestrutura social sustentada em torno da novela, mas isso requer considerar os espectadores parte de uma rede maior e não apenas impressões individuais, um público engajado e não apenas espectadores.

Embora as novelas dos Estados Unidos estejam, cada vez mais, saindo do ar (com quatro novelas de longa duração canceladas por redes entre 2008 e 2011 e outras com rumores constantes de extinção) para ser substituídas por programas de jogos, talk shows e "programas de estilo de vida", a ABC vendeu os direitos para a produção contínua de originais para dois desses seriados "diurnos": *All My Children* e *One Life to Live*. A empresa de produções Prospect Park tinha planos para o lançamento de ambos como seriados on--line contínuos, um modelo criado com a convicção de que os fãs de novela dedicados poderiam sustentar um programa fora da lógica da TV aberta. No entanto, o empreendimento lutou publicamente para ganhar o apoio financeiro necessário e anunciou, em novembro de 2011, que estava suspendendo seus planos de lançar as duas novelas on-line. A dificuldade em trazer as novelas para a distribuição on-line demonstra quanto a indústria de entretenimento está incerta sobre esses novos modelos, assim como quanto os modelos existentes, os regimes de alianças e outros semelhantes dificultam o dimensionamento de projetos como esses para que sejam rentáveis. Apesar disso, o interesse da empresa Prospect Park em ambos os programas, após o cancelamento da ABC, levanta questões quanto à possibilidade de as redes tradicionais de televisão estarem bem equipadas para constituir sites em que se desenvolva a programação focada no engajamento do público em vez de nos aspectos demográficos do público, ou quanto ao fato de essas novas formas de medição poderem atender melhor às redes a cabo ou aos empreendimentos on-line.

Engajamento transmídia

As novelas têm poder de permanência porque fornecem um universo de contação de histórias substancialmente maior do que o programa em si, oferecendo material quase infinito para discussões e debates de fãs e, portanto, garantindo conteúdo "propagável" através das redes de fãs. Esses "mundos de histórias envolventes" (FORD; DE KOSNIK; HARRINGTON, 2011) são definidos por grandes histórias de bastidores que não podem ser resumidas de forma ordenada, por um elenco de personagens dentro da narrativa atual e através de sua história mais ampla, pela dependência substancial do histórico do programa, por uma ampla variedade de forças criativas ao longo do tempo, por uma estrutura de narrativa em série e por um senso de permanência e continuidade dentro do universo ficcional.

A lógica das redes dos Estados Unidos de que as novelas são apenas um veículo para vender mulheres jovens adultas para empresas de sabão permaneceu relativamente estática durante as últimas oito décadas e continua em vigor

172 | CULTURA DA CONEXÃO

mesmo quando essas modalidades estão deixando a programação diurna. Por outro lado, as franquias de histórias em quadrinhos, as ligas esportivas e outras modalidades de mídia, construídas sobre mundos de histórias envolventes, desenvolveram modelos de negócio que identificam múltiplas maneiras de se envolver com uma narrativa e, assim, abrir múltiplas fontes de receita.

Por exemplo, a luta livre profissional cria seus programas de televisão em série como novela por meio de um modelo de negócio que inclui eventos ao vivo, programas pay-per-view, merchandising, venda de DVDs, conteúdo de website original, videogames e várias outras maneiras de contar histórias, muitas das quais geram receitas diretas do público. Quem quer que compre um ingresso para um programa, vale o mesmo para o WWE, quer essa pessoa seja homem ou mulher, quer tenha oito ou 80 anos. E, no Capítulo 2, nós analisamos a maneira como o interesse sustentado dos fãs de luta livre levou a uma reavaliação do vídeo arquivado. Esses exemplos estão levando as indústrias de mídia a pensar de forma mais profunda sobre seu material como um gerador contínuo e renovável de valor (quer se trate de troca simbólica ou sentimental), em vez de meramente uma commodity de uma única vez. Em lugar de tentar deslocar o interesse do público para o próximo novo lançamento em um sistema de obsolescência planejada, esse modelo busca prolongar o engajamento do público com textos de mídia no intuito de expandir os pontos de contato com a marca. Nesse processo, ele também fornece a base econômica que dá suporte à criação de novos tipos de textos, permitindo que o público explore de forma mais completa as ficções favoritas e vá mais fundo nas histórias que interessam a ele.

Conforme Derek Johnson – professor de estudos culturais e de mídia na Universidade de Wisconsin, Madison, nos Estados Unidos – sugere em nosso livro expandido, a ideia de estender uma franquia de ficção através de plataformas não é nova. No entanto, essas práticas estão assumindo uma nova visibilidade em uma cultura ligada em rede. As estratégias de transmídia são muitas vezes discutidas como práticas emergentes. Como alternativa, Johnson sugere, a transmídia representa uma reconfiguração de lógicas mais antigas da indústria (como licenças e franquias), adotando frequentemente novas plataformas e novas ideias sobre engajamento do público em direção a objetivos

O VALOR DO ENGAJAMENTO DA MÍDIA | 173

familiares. Os acordos de licenciamento e coprodução que sustentam as práticas de transmídia se desenvolveram durante várias décadas, da mesma forma que a apreciação da "construção do mundo" por parte do público. O desafio é reconhecer as novas energias que motivam as estratégias transmídia à medida que as indústrias de mídia passam de um modelo baseado em hora marcada para um modelo baseado em engajamento, mais adequado para um cenário de mídia propagável, sem recusar as lições que podem ser aprendidas e os modelos de décadas atrás que ainda podem ser úteis.

Ademais dessa história de franquia e licenciamento, a narrativa transmídia baseia-se em um esforço duradouro para intensificar a serialização. Jennifer Hayward (1997) remonta esse tipo de narrativa à ficção de série publicada por Charles Dickens e outros no século 19. Desde o começo, o entretenimento serializado foi adotado para exigir um leitor comprometido e engajado, que pudesse acompanhar cada novo episódio e fazer links entre segmentos de informações dispersas pelo desdobramento da narrativa. Hayward cita a reação de críticos contemporâneos à narrativa em série de Dickens, incluindo cuidados para não revelar spoilers da narrativa para os outros leitores, inquietações de que Dickens poderia estar criando as histórias à medida que ele avançava e preocupações de que a tensão e a expectativa em relação a elementos futuros fossem muito prolongadas e perturbadoras.

Essas tradições de gênero duradouro da ficção em série parecem ideais para a era atual do engajamento televisivo. Escritores como Jason Mittell (2006) e Steven Johnson (2005) notaram o aumento da complexidade da narrativa da televisão contemporânea, sugerindo que tais histórias exploram as capacidades cognitivas expandidas do público ligado em rede. Este é especialmente o caso numa era em que as pessoas podem agregar conhecimento e comparar observações on-line, como ocorrido em torno do desenvolvimento da Lostpedia, um site de referência on-line do tipo Wikipédia em grande escala, que foi construído pela audiência do seriado *Lost* (MITTELL, 2009). E, como Ivan Askwith (2009) observa, os produtores de *Lost* muitas vezes se viam equilibrando os interesses de pessoas que assistiam ao seu seriado semana após semana e de pessoas que assistiam a muitos episódios consecutivos em DVD, sugerindo maior consciência por parte deles em relação a modalidades alternativas de visualização. As

CULTURA DA CONEXÃO

preocupações dos críticos de Dickens do século 19 soam como as preocupações dos críticos do século 21 ao escreverem sobre *Lost*.

Essas narrativas complexas em série agora estão se estendendo mais além do meio de televisão em websódios, histórias em quadrinhos impressas e digitais, jogos de computador e experiências de realidade alternativa, cada um deles se tornando nova fonte de receita e, além disso, abastecendo a fascinação do público (pelo menos quando essas extensões são de qualidade compatível e ascendente até aquele momento ainda imprevisível em que o mercado se torna saturado e o interesse saciado). A indústria chama tais práticas de "entretenimento transmídia", um termo solidificado em 2010 com a decisão da organização Producers Guild of America de reconhecer o "produtor de transmídia" como um cargo-padrão em suas negociações trabalhistas (POWELL, 2010).

Ao escrever sobre a denominada mídia viral (como o vídeo de Susan Boyle, discutido na Introdução), muitas vezes se assume que o que é transmitido nas comunidades corresponde a pouco mais do que vídeos snacks (vídeos promocionais), rápidas exibições superficiais de conteúdo que oferecem uma recompensa emocional direta (ver, por exemplo, MILLER, 2007). Tais snacks podem se constituir como moeda comum entre funcionários de escritório que buscam conteúdo novo para compartilhar com seus colegas.[2] Em nosso livro expandido, Ethan Tussey, professor assistente de comunicações na Universidade do Estado da Georgia, nos Estados Unidos, explora a forma como alguns produtores computam as especificidades daqueles que acessam textos de mídia enquanto estão no ambiente de trabalho, à medida que eles criam conteúdo, adotando determinadas características formais que ajudam a encaixar o material nos fluxos do trabalho e em práticas de vigilância do escritório moderno. Tussey argumenta que o dia de trabalho hoje constitui simplesmente outra "parte do dia", assim como o horário nobre (que é à noite) ou o *drive time* (o horário nobre do dia, normalmente coincidindo com a hora do rush), por meio dos quais as marcas e os produtores podem atingir um público-alvo específico.

Ao contrário dessas experiências rápidas de mídia, que envolvem pouco investimento de tempo e energia por parte do público, as estratégias de transmídia para mundos de histórias complexas muitas vezes geram popularidade entre públicos engajados no que o professor de estudos de mídia Jason Mittell, do Middlebury College, nos Estados Unidos, rotula de "fandom forense". Em seu ensaio, constante em nosso livro expandido, Mittell explica que esses programas mantêm "compromissos de longo prazo para ser saboreados e dissecados em fóruns tanto on-line como off-line". Mittell afirma:

> Talvez precisemos de uma metáfora diferente para descrever o envolvimento do espectador com a complexidade da narrativa. Poderíamos pensar em tais programas como aprofundáveis em vez de propagáveis. Eles incentivam uma modalidade de fandom forense que induz os espectadores a cavar mais fundo, sondando sob a superfície para entender a complexidade de uma história e de sua narração. [...] Esses programas criam ímãs de engajamento, atraindo espectadores para os mundos de história e incitando-os a se aprofundar para descobrir mais sobre eles.

Apesar de a declaração de Mittell indicar uma dicotomia entre textos "propagáveis" e "aprofundáveis", sugerimos que tais textos realmente promovem o engajamento através da propagação e, nesse caso, propagação particularmente dentro dessas comunidades de "fandom forense". Em outras palavras, enquanto o material promocional para o programa ou os textos criados por fãs sobre o programa possam ser propagados em círculos mais amplos entre fãs casuais, as conversas, as extensões e os artefatos que vêm "de dentro" desses textos aprofundáveis podem circular dentro da base de fãs engajados, uma vez que os fãs comparam observações e trocam interpretações. Em vez de snacks, o conteúdo transmídia ao redor desses programas poderia ser considerado como "pistas" que elucidam enigmas essenciais, como "peças de quebra-cabeça" que os fãs forenses podem reunir para revelar um padrão mais complexo, ou como "inquéritos" que suscitam debate entre esses fãs dedicados.

Cada um desses usos representa o tipo de "ativadores culturais" que Jenkins descreveu em *Cultura da convergência* (2006b), elementos que dão ao público algo para fazer. O modelo de engajamento sugere que ter alguma coisa para fazer também dá aos fãs algo sobre o que falar e os incentiva a propagar conteúdo para outros membros potenciais de público. O foco de Mittell no

176 | CULTURA DA CONEXÃO

Lostpedia, por exemplo, sugere que um texto denso incentiva seus fãs a se tornarem caçadores de informações (ROSE, 2011), as quais eles, depois, trazem de volta juntos à medida que constroem sites de referência on-line para informar sobre as experiências dos outros com séries muito queridas. Essas estratégias de narrativa e promoção exploram as dinâmicas sociais entre os fãs, ultrapassando o imaginado espectador solitário sob formas antigas de medição de audiência. Elas proporcionam aos fãs os recursos de que eles precisam para falar sobre o programa, tanto quanto os episódios da novela diária abastecem a conversa constante entre os espectadores.

Contudo, há diferenças substanciais entre as formas como "mundos de histórias envolventes" constroem o engajamento a partir de seus fãs e as formas como os fãs se envolvem com tais textos "aprofundáveis". Um programa como *Lost* adquire muito de sua complexidade por causa de suas camadas de significado embutido em um único episódio. Os fãs forenses podem assistir a esses programas repetidamente, desembalando novos significados a cada exibição e revisitando episódios antigos uma vez que as novas verdades são reveladas para se obter novos níveis de entendimento. A narrativa se propaga por várias temporadas (*Lost*, por exemplo, teve 121 episódios), mas os episódios são geralmente breves o suficiente para que os fãs possam, coletiva ou individualmente, reconstituir cada detalhe em minúcias.

Por outro lado, a complexidade dos universos das histórias em quadrinhos, das cidades das novelas e do mundo da luta livre profissional (e podem-se acrescentar os seguidores ativos de notícias políticas ou seguidores de uma liga de esportes) vem através de uma forma intensa de acrescimento, através de mundos de histórias baseadas em um universo muito maior de personagens do que uma história "aprofundável" típica, com episódios que vêm com maior frequência e têm duração muito mais longa. Por exemplo, uma novela nos Estados Unidos tem mais episódios em metade de um ano do que *Lost* teve em sua exibição total, e as novelas frequentemente duram décadas. Personagens de histórias em quadrinhos de longa data tiveram suas histórias construídas sobre centenas ou mesmo milhares de temas. E a World Wrestling Entertainment gera várias horas de programação nova a cada semana, sem período de entressafra. Muitos desses textos não são, com frequência, tão intensamente "aprofundáveis" e pode não haver tantas camadas de significado para desembalar em um único episódio. No entanto, esses programas geram complexidade por meio de seu volume e duração.

Conforme Mittell demonstra, os textos aprofundáveis se tornam propagáveis por meio de processos coletivos de criação de significado e de coleta de informações promovidos pelos fãs (por exemplo, Lostpedia). Para textos como novelas, que são complexos por causa de sua natureza aberta, os fãs podem se engajar através de interpretação, contextualização, testes de continuidade e reconstituição comunitária das histórias relevantes de bastidor de um episódio recente, em vista da enorme quantidade de texto que tinha vindo antes. Em suma, ambos os tipos de histórias proporcionam modelos viáveis para o engajamento particularmente de públicos dedicados, para a criação de material potencialmente propagável e para a adoção de uma abordagem transmídia para contar histórias, mesmo que eles construam esse engajamento de formas bastante diferentes.

"A experiência de engajamento total"

Como a seção anterior demonstra, há vários precedentes, razões e justificativas para esse impulso em direção a uma abordagem mais transmídia, não menos do que para as agora bem estabelecidas configurações de modalidade de mídia concentrada, que criam fortes incentivos para desenvolver conteúdo por meio de plataformas. As equipes de criação nas indústrias de mídia estão transformando esse imperativo econômico em uma possibilidade artística, perguntando não apenas como as empresas podem lucrar com o fluxo de material, mas também como as abordagens transmídia produzem experiências de entretenimento mais significativas. Esses dois primeiros motivos, no entanto, estão estreitamente alinhados com um terceiro: o desejo de aumentar o engajamento por meio do reconhecimento e da recompensa aos espectadores mais fortemente comprometidos. Desde o início, as experiências iniciais em narrativa transmídia (de *A Bruxa de Blair* e *Matrix* no cinema a *Dawson's Creek* na

178 | CULTURA DA CONEXÃO

televisão) foram financiadas por orçamentos promocionais e, portanto, avaliadas com base em seu sucesso em atrair e motivar a atenção da audiência. As histórias transmídia usam segmentos adicionais para desenvolver seus mundos de ficção, para construir histórias de bastidores ou para explorar pontos de vista alternativos, tudo a serviço da melhoria da narrativa principal, a "nave mãe", e, por fim, da intensificação do engajamento do público.

Em alguns casos, o conteúdo transmídia é considerado a sua própria fonte de lucro, que deve atingir uma audiência de massa, ou pelo menos uma audiência de nicho grande o suficiente para recuperar os seus custos de produção. Esses produtores querem tornar o material mais acessível para um público maior, e preveem que aparelhos como o iPad vão orientar o público através dos textos multimídia. Outros veem os fãs, na verdade, como os primeiros a divulgar a propriedade por meio de seus círculos sociais. Aqui, a exclusividade e a natureza direcionada do conteúdo são precisamente o que impulsiona o burburinho. Outros ainda, como Kim Moses, cocriador de *Ghost Whisperer* (2009), descreve trabalhos transmídia como "presentes" para seus dedicados fãs, ao recompensar o investimento deles com um conteúdo bastante desejado.

Quando a CBS concordou em colocar no ar *Ghost Whisperer* (uma série com tema sobrenatural que foi exibida de 2005 a 2010), a equipe formada por marido e mulher, Kim Moses e Ian Sander, reconheceu que eles enfrentaram uma batalha difícil para encontrar o público-alvo "certo". Embora a estrela do programa, Jennifer Love Hewitt, tivesse seguidores essencialmente jovens, a CBS tinha uma reputação de um público mais maduro. Além disso, o horário do programa, sexta-feira à noite, provara ser o beijo da morte para a maioria dos seriados, especialmente aqueles voltados para jovens, que dificilmente ficam em casa nas noites de sexta-feira. Muito poucas das novas séries apresentadas nesse horário, ao longo da última década, chegaram à segunda temporada. O objetivo aparentemente impossível de Moses e Sander era conseguir que *Ghost Whisperer* chegasse a pelo menos cem episódios, para que o seriado tivesse seus direitos de transmissão negociados.

Moses observa: "Nos dias de hoje, não é suficiente para um produtor apenas produzir um programa de televisão. Acredito que ele também seja responsável por produzir a audiência" (2009). Para alcançar esse objetivo, ela procurou transformar *Ghost Whisperer* em "uma experiência de engajamento total". Ela formulou os princípios dessa abordagem quando estava trabalhando no programa *Profiler*, da NBC, de 1996 a 2000, para o qual desenvolveu um website de grande tráfego que retratava eventos-chave da série a partir da perspectiva de Jack of All Trades, o *serial killer* que o protagonista do seriado monitora durante grande parte dos episódios. Aqui está como Moses descreve essa filosofia: "O engajamento total lhes dá uma experiência de interligação entre uma transmissão e outra. Ele conduz as pessoas ao programa, semana após semana, por meio dessas experiências, além de levar pessoas que nunca o tinham visto antes a degustá-lo. Isso também gera burburinho e cria novas fontes de receita" (2009).

Moses e sua equipe de *Ghost Whisperer* monitoraram de perto as respostas dos fãs on-line, para tentar identificar os elementos que envolveram em particular espectadores ativos. Por exemplo, um detalhe descartável sobre "The Laughing Man" em um episódio da primeira temporada tornou-se fundamental para a estratégia de narrativa on-line e o personagem foi, por fim, reintroduzido no programa no episódio final da temporada. E, aproveitando a fascinação do público pelo mundo dos fantasmas, eles desenvolveram uma série na web chamada *The Other Side*. A série, embora não incluísse nenhum ator do elenco ou cenários do programa de televisão, explorou as mesmas questões a partir da perspectiva de um fantasma.

Em *Ghost Whisperer: Spirit Guide*, Moses e Sander descrevem o pacote total:

> Primeiro e mais importante, nós somos contadores de histórias, portanto, tudo que fazemos, desde os websódios de *The Other Side* até as jornadas interativas de *Payne's Brain*, conta uma história relacionada à série *Ghost Whisperer*. [...] Testamos os recursos que criamos on-line e, quando eles obtêm adesão, formamos uma equipe com os chefes de departamento dos estúdios e das redes e lançamos esses recursos nas várias plataformas que são usadas pela nossa base de fãs. O objetivo é tornar a série *Ghost Whisperer* uma experiência multidimensional que permita ao espectador interagir à sua própria maneira com sua própria programação. Ir além do que Melinda Gordon está vivenciando no mundo dos espíritos em um

180 | CULTURA DA CONEXÃO

episódio, por meio da interação on-line com todos os tipos de iniciativas virais que criamos. (2008, p. 146-147)

Algumas das extensões que eles desenvolveram tiveram vida útil longa, enquanto outros elementos foram pontuais, em resposta a episódios em particular. Algumas expandiram a ficção, enquanto outras ofereceram informações de bastidores sobre o processo de produção. Algumas procuraram organizar encontros sociais de fãs, como exibições em universidades ou festas on-line, enquanto outras procuraram explorar as habilidades criativas de seu público, como um concurso de "A História Mais Assustadora Já Contada", a ser escrita coletivamente pelos fãs. Muito do que fizeram foi realizado com orçamentos muito baixos e, portanto, eles se viram colaborando com artistas amadores, ao oferecer a eles uma visibilidade maior para seus trabalhos.

Moses discute esse processo como uma das colaborações entre a equipe de produção e a base de fãs ativos para manter a série no ar. Essa abordagem, Moses argumenta, reconhece que os fãs mais fervorosos da série querem se tornar uma parte ativa do mundo retratado na televisão:

Nós tivemos de reuni-los, trazê-los. Tivemos de cortejá-los e marcar um encontro com eles. Foi como o Clube do Mickey Mouse para as pessoas que gostavam de fantasmas. À medida que fizemos isso, nossos relacionamentos no mundo on-line começaram a crescer. E a audiência começou a sentir liberdade para agir, e passou a fazer coisas para nós de forma viral. [...] Realmente pensamos que essa experiência de engajamento total é a solução milagrosa para públicos decrescentes no século 21. (2009)

A metáfora do "cortejar" de Moses é especialmente útil aqui, se pensarmos o "engajamento" como as conexões emocionais entre espectadores e o conteúdo desejado. As metáforas do cortejar enfatizam a importância da construção do relacionamento, em vez de "vigiar", "explorar", "tirar vantagem" ou "aproveitar-se" do engajamento dos fãs, embora elas possam ser enganadoras, na medida em que podem mascarar a maneira como esses esforços vão expandir as fontes de receita e lucrar com aqueles relacionamentos. No entanto, conforme a filosofia de Moses indica, um modelo de engajamento prospera apenas quando as modalidades de entretenimento ajudam as audiências ativas a se conectarem entre si e em torno dessas modalidades. Na época em que a série foi cancelada, no final de sua temporada de 2010, os episódios de *Ghost Whisperer* tiveram seus direitos de transmissão cedidos com sucesso para as redes de TV SyFy, WE e ION.

À medida que os narradores transmídia criam suas histórias de forma a impulsionar o interesse por multiplataformas ou a abastecer o fandom forense, surgem também outras preocupações em relação à forma como o engajamento é finalmente discutido e definido. Em particular, alguns críticos de cultura têm a preocupação de que uma era de extensões transmídia poderia significar o declínio de qualquer tipo de narrativa que não se dê bem em uma série de websódios, cocriação com o público ou "conteúdo gerado pelo usuário". Ao escrever sobre a série de televisão aclamada pela crítica *Friday Night Lights*, Virginia Heffernan reflete:

> A falha da série *Friday Night Lights* é extrínseca: o programa se recusou terminantemente a se tornar uma franquia. Ele não é e nunca vai ser como *Heroes, Project Runway, The Hills* ou *Harry Potter*. Ele não gera aspectos sensacionalistas, charges, figurinhas de coleção, jogos de tabuleiro, figuras de ação, vassouras que vibram. [...] Episódios requintados é tudo o que se consegue. O programa [...] guarda ferozmente suas fronteiras, refina sua estética, define uma realidade particular e insiste na autenticidade. Ele deixa os fãs de fora. (2008)

Heffernan ressalta um perigo que muitos criativos sentem quando as empresas procuram envolver os telespectadores on-line: aquela boa narrativa pode cair no esquecimento em meio a uma campanha-relâmpago de "extensões". No entanto, embora Heffernan saliente o motivo pelo qual o *Friday Night Lights* nunca vai se tornar uma franquia, a propagabilidade da reputação do programa por meio de discussões de fãs ativos e recomendações boca a boca depõe contra uma definição muito acanhada de engajamento. Um programa com classificação de audiência considerada relativamente fraca ao longo de

182 | CULTURA DA CONEXÃO

sua veiculação, no entanto, ficou no ar durante cinco temporadas na NBC, uma rede de televisão "aberta" tradicional, apesar de nunca ter melhorado sua classificação de forma substancial. Suas últimas três temporadas foram salvas por meio de um acordo para primeira veiculação na DirecTV, em troca de o provedor via satélite arcar com alguns dos custos de produção do programa. A série *Friday Night Lights* poderia nunca ter criado uma "experiência de engajamento total", mas a propagação do apoio dos fãs da série por meio de plataformas (incluindo campanhas on-line para mobilizar a NBC) resultou em uma série forte que pôde manter uma vida útil longa, em vez da veiculação truncada de um drama adolescente com fraco desempenho que os fãs temiam inicialmente (uma fatalidade, por exemplo, sofrida pela aclamada série *Life Unexpected*, da rede CW, em 2011).

A valorização das audiências "cult"

À medida que os produtores de mídia desenvolvem um modelo mais diferenciado de entretenimento transmídia, eles precisam se tornar igualmente diferenciados na identificação dos vários tipos de atividade dos públicos que se inspiram nos atributos desse mesmo modelo. Os textos e os programas em aberto, que geram discussões apaixonadas entre os fãs mas pouco contribuem em termos de "extensões transmídia", demonstram que os modelos de visualização engajada devem também levar em conta os vários modos de participação ativa das audiências por meio das plataformas de mídia que não criam conteúdo gerado pelo usuário nem seguem as histórias complementares. Por exemplo, dados recentes da Nielsen (2010) sugerem que 10% ou mais de todos os espectadores navegam em sites de rede social ou, de outro modo, fazem busca via web de material pertinente durante os principais eventos de televisão, como o final da série *Lost*, transmissões do Oscar ou do Super Bowl, ou os finais de temporada de determinados reality shows (*Survivor*, *American Idol*). Tópicos relacionados a programas "lideram" no Twitter durante as transmissões, e uma série de programas agora estimula os tuítes em tempo real, com

O VALOR DO ENGAJAMENTO DA MÍDIA | **183**

base em uma lógica da indústria em expansão de que essas conversas criam um incentivo mais forte para que o público assista aos programas "em tempo real" (mesmo que seja apenas para evitar spoilers). De modo semelhante, dois pesquisadores da HP Labs, Sitaram Asur e Bernardo Huberman (2010), monitoraram conversas sobre a estreia de filmes no Twitter. O Twitter atrai muitos "fãs de mídia" com maior probabilidade de irem ao cinema em dias de estreia. Suas conversas refletem a consciência e o interesse no lançamento de um filme. Suas postagens no Twitter, por sua vez, ampliam esse interesse à medida que propagam o que eles sabem para amigos, familiares e seguidores.

Os fãs de *Friday Night Lights* podem se envolver em uma discussão crítica sobre as motivações dos personagens; os fãs de luta livre podem reinterpretar o histórico de longa data de dois personagens que brigam entre si, conduzindo ao próximo programa no pay-per-view; os fãs de *Lost* podem penetrar profundamente nos mistérios de uma narrativa complexa; e os fãs de *Ghost Whisperer* podem seguir e até ajudar a estender a narrativa por meio de plataformas múltiplas de mídia. Porém, todas essas estratégias partilham um fator fundamental: comportamentos que foram uma vez considerados cult ou marginais estão se tornando a maneira mais comum de como as pessoas se engajam com os textos televisivos.

Em um mundo em que o público agora usa com regularidade o Twitter, o Facebook, blogs e sites de compartilhamento de vídeo para reagir às ofertas da mídia de massa, produtores de mídia e marqueteiros reconhecem e respeitam, cada vez mais, a influência desses intermediários autenticamente populares. A noção de "cult", de conotação histórica potencialmente perigosa, entusiasma e une de forma anormal (e doentia) vínculos sociais. No início dos anos 1930, "cult" referia-se a crenças e práticas religiosas que rompiam com o pensamento dominante do cristianismo. Nos anos 1960, o termo era aplicado às preferências de nichos na mídia e na cultura. Matt Hills argumenta que os fãs da mídia "cult" se posicionam e às suas modalidades preferidas "contra o mainstream", porque a modalidade tem um apelo restrito a um público exigente ou porque transgride as preferências e os valores do mainstream (2002, p. 27). No entanto, cada vez mais a definição de "mídia cult" descreve certos modos de participação de fãs. Como a internet ajudou a normalizar algumas dessas práticas, uma série como

184 | CULTURA DA CONEXÃO

Lost pode ser definida como "cult" em seu modo de engajamento, e como "mainstream" no tamanho de seu público.

A evolução do modelo "on demand" do World Wrestling Entertainment (ver Capítulo 2) engloba a decisão de uma empresa em escutar os fãs cult e, por fim, tomar seus comportamentos como mainstream. A popularidade total do WWE diminuiu desde o seu auge, no final dos anos 1990 e começo de 2000, mas a franquia sobrevive adotando modos de engajamento antes considerados cult, ou seja, interesse nas políticas de bastidores da empresa, por exemplo, ou acesso a notícias e informações entre os programas de televisão, incorporando-os às estratégias de produção e divulgação. Os fãs de luta livre mais fervorosos agem como intermediários na promoção da luta livre para um público mainstream, mesmo quando se autodefinem contra os espectadores mais casuais por meio de seus discursos voltados para os iniciados.

As estratégias de transmídia pressupõem que a dispersão gradual de material pode sustentar vários tipos de conversas do público, recompensando e construindo vínculos particularmente fortes com os fãs mais fervorosos de uma propriedade, enquanto inspiram outros a ser ainda mais ativos na busca e no compartilhamento de novas informações. Nesses ambientes, eventos como o San Diego Comic-Con (principal feira de quadrinhos dos Estados Unidos) tornaram-se um ponto de partida importante para campanhas de recomendação boca a boca em torno das modalidades de mídia. O Comic-Con de San Diego atrai mais de 130 mil fãs ativos a cada ano, muitos dos quais têm blogs, contas no Twitter e seguidores influentes nos sites de redes sociais com foco na cultura popular. Portanto, os criadores de séries de TV, como *Heroes*, e filmes como *Atividade Paranormal* [*Paranormal Activity*] (2007), *Distrito 9* [*District 9*] (2009), *Kick-Ass – Quebrando Tudo* [*Kick-Ass*] (2010) e *Scott Pilgrim Contra o Mundo* [*Scott Pilgrim vs. the World*] (2010) descreveram suas apresentações no Comic-Con como um pilar de seus esforços promocionais, com graus variados de sucesso.

O Comic-Con estava no centro da campanha para o lançamento, em 2008, pela HBO, da série *True Blood*, desenvolvida pela Campfire, uma agência de marketing formada, em parte, por membros da equipe que foi pioneira em "narrativa dispersa" com *A Bruxa de Blair*. Conforme explicou Michael Monello, diretor-executivo de criação para a campanha de *True Blood*, "a estratégia para a primeira temporada era começar pequena, entusiasmar fãs essenciais e, depois, desenvolver públicos mais amplos à medida que chegávamos mais perto da estreia" (2010). Durante o que a agência descreveu como sua fase de "descoberta", os líderes de opinião dos fãs receberam correspondências pessoais, incluindo mensagens em línguas mortas ou frascos com sangue sintético falso, com a intenção de desencadear discussões on-line. Aqueles que decifravam o código eram capazes de acessar websites ocultos ou mensagens telefônicas secretas fornecendo novas pistas. Seu interesse era alimentado por vídeos distribuídos pelo YouTube, "documentando" a forma como a sociedade humana reagia à descoberta de vampiros entre eles.

Após atrair esses primeiros adeptos, a agência Campfire estendeu a abordagem a anúncios em revistas e jornais ou outdoors nas principais cidades, mudando o foco para fãs mais casuais. Feito isso, a Campfire e a equipe de *True Blood* contaram com aqueles que já estavam engajados na série para converter seus amigos e familiares. Os personagens do programa (e a ligação da propriedade com uma série de livros popular) tornaram-se o foco da promoção apenas após a Campfire ter educado o público interessado em relação aos parâmetros básicos do mundo da ficção. Essa fase começou com a primeira apresentação pública pelo elenco e a equipe técnica da série, uma apresentação com todos de pé no San Diego Comic-Con que resultou em outra onda enorme de burburinho on-line em torno da série a ser lançada em breve.

A partir daí, a Campfire envolveu públicos maiores por meio de publicidade tradicional para o programa, transformando esse conteúdo em pacotes de acesso mais fácil para execução no website da HBO, na plataforma de vídeo on demand e em outros lugares. Ao longo desse processo, o burburinho dos fãs inspirou novas coberturas, além de aumentar a consciência do mainstream. Por fim, os vídeos on-line sozinhos atraíram mais de 5,9 milhões de espectadores, de acordo com estatísticas internas da Campfire, e 6,5 milhões de pessoas assistiram ao primeiro episódio da nova série, resultados elevados para um programa de um canal por assinatura. Conforme Monello explicou:

> Sem as redes sociais que permitem aos fãs espalharem conteúdo de forma ampla e rápida, nossa estratégia de "começar pequenos" não seria praticamente viável. As correspondências iniciais funcionaram porque as pessoas

que as receberam tinham ligação com outros fãs e puderam contar as histórias uns para os outros, e essas histórias puderam ser descobertas por outros fãs [...] Livres da necessidade de fazer tudo grande e acessível, pudemos criar elementos dentro de nossas histórias para diferentes tipos de fãs, provocando paixão e estimulando as pessoas a propagarem a história. [...] Os fãs de carteirinha agem motivados por sua paixão muito mais rápido; portanto, a chave é criar experiências que deem a eles uma parte de sua história para contar. [...] Dar a esses fãs dedicados acesso antecipado aos elementos da história e empoderá-los para ajudar a circular a história tornou-se fundamental para essa estratégia de lançamento extremamente bem-sucedida.

No entanto, como a Comic-Con assume um papel importante no lançamento do conteúdo de mídia cult, adeptos antigos do evento acharam que esse talvez estivesse amplo demais ou mainstream. Por outro lado, as indústrias de mídia tiveram de aprender que os interesses dos participantes da Comic-Con, frequentemente descritos como "formadores de opinião" ou "influenciadores", podem nem sempre refletir os interesses de um público mais amplo. Por exemplo, o alto nível de entusiasmo na Comic-Con em relação a *Scott Pilgrim Contra o Mundo* levou os analistas da indústria a superestimarem sua bilheteria, resultando em uma reação de curto prazo contra o público cult quando o filme deixou de recorrer à venda antecipada de ingressos. No ano seguinte, alguns dos maiores estúdios declinaram de participar da Comic-Con por acreditarem que esse público-alvo acabaria abrindo o fim de semana com grandes sucessos de super-heróis, independentemente, enquanto o evento permaneceria essencial para as estratégias dos produtores de televisão que buscam romper com a confusão da temporada televisiva de pré-estreias e para os produtores de filmes independentes e de baixo custo que, de outra forma, não poderiam obter cobertura de mídia e atenção de fãs.

Até poucos anos atrás, a indústria via a Comic-Con como um meio de recompensar seus fãs dedicados, ao fornecer acesso antecipado exclusivo a imagens de próximos lançamentos, embora os avisasse para não compartilhar o que viam com outras pessoas. Mais recentemente, a demanda por exclusividade deu lugar à necessidade de publicidade, com participantes comparti-lhando seus nomes de usuário no Twitter (Twitter *handles*), os comunicadores criando suas próprias hashtags para sustentar a discussão e vídeos liberados para blogs, como o io9 do Gawker, que tem como destino o público de nicho quase simultaneamente aos acontecimentos em tempo real, em San Diego. Essas estratégias sugerem um reconhecimento crescente tanto de que esses fãs, como intermediários autenticamente populares, podem se tornar comuni-cadores eficazes por seu esforço, como de que o ato de ajudar a propagar a mídia pode aumentar o engajamento dos fãs participantes com o conteúdo, permitindo que tenham maior interesse pelo potencial sucesso deste.

Portanto, para produtores ou marqueteiros que procuram tornar esses públicos engajados e ativos parte fundamental de sua estratégia para revelar uma história nova, é importante que ouçam e compreendam detalhadamente os desejos e as prioridades desses públicos cult fervorosos, assegurando que eles sejam vistos como respeitadores dos interesses do nicho de fãs (não sendo amplo demais ou mainstream), assim como que eles não confundam os de-sejos desse segmento particularmente envolvido com aqueles de seu público potencial como um todo.[3]

Os esforços para aproveitar as práticas da mídia cult e engajar fãs fervo-rosos, ao mesmo tempo que se atrai o público mainstream, têm sido especial-mente desafiadores para as redes de televisão aberta dos Estados Unidos, como os exemplos de novela e de *Friday Night Lights* demonstraram. Em particular, o final da temporada televisiva de 2010 indicou uma mudança nas estratégias de transmídia que formam a televisão aberta dos Estados Unidos. Séries como *Heroes, Lost, Ghost Whisperer* e *24 Horas* [24], que constituíram a primeira onda desse tipo de enfoque, finalizaram suas operações. Tentativas de retomar o en-gajamento do público de *Lost* (como *Flash Forward, V, The Prisoner* e *The Event*, entre muitas outras séries) não conseguiram inspirar o "fandom forense" descri-to por Mittell. A maioria dessas séries não durou nem uma temporada inteira, frustrando fãs que estavam reunindo pistas para decifrar as mitologias e suspen-dendo o lançamento do conteúdo transmídia antes de ele realmente começar. Porém, à medida que essas práticas de mídia cult esmoreciam, outra série nova de sucesso, *Glee*, representava uma abordagem transmídia alternativa, mais fo-

188 | CULTURA DA CONEXÃO

cada na extensão da performance, em vez de na narrativa através de plataformas, e em apoiar diferentes formas de participação do público.

Em resposta ao sucesso comercial da franquia *High School Musical,* da Disney (que é contada através de apresentações ao vivo, gravações e filmes feitos para TV), *Glee* combina as convenções narrativas dos bastidores de musicais com covers de sucessos recentes e músicas populares antigas. O programa cria um espaço em que, assim como *American Idol* ou novelas, várias gerações de telespectadores podem coexistir. A série *Glee* pode ser compreendida ao lado de jogos, como *Guitar Hero* e *Rock Band,* como parte das próprias experiências da indústria da música na utilização de espaços alternativos de mídia para promover novos artistas e para reavivar o interesse por músicas clássicas. Tanto as músicas originais como as versões de *Glee* são disponibilizadas pelo iTunes, permitindo que sejam integradas imediatamente na vida dos fãs da série, os Gleeks, muitas vezes na mesma semana em que um episódio foi ao ar. No total, o elenco de *Glee* agora tem mais "Hot 100 hits" da *Billboard* do que qualquer outro grupo musical ou músico na história (TRUST, 2011), ultrapassando Elvis Presley, James Brown e os Beatles. Ao se concentrar na performance em vez de na narrativa, a série *Glee* dissemina elementos "frescos" que podem ser engajados a qualquer momento e em qualquer ordem. Além disso, os números das performances do elenco de *Glee* são assistidos por muitos espectadores que podem não ver a série, o que pode acabar atraindo fãs para o programa.[4]

Coexistindo com lançamentos autorizados e comerciais, entretanto, os Gleeks também usaram as práticas da cultura participativa e a permissão para utilizar plataformas de compartilhamento de vídeo para produzir e compartilhar suas próprias performances. Conforme Alex Leavitt escreve na versão expandida deste livro:

> Os Gleeks apaixonados celebram a série *Glee* consumindo mídia, mas, mais do que isso, criando mídia. Centenas de vídeos do YouTube apresentam indivíduos ou grupos dançando e dublando para gravações de elenco ou cenas reencenadas, que interpretam o programa de forma subjetiva ou exclusiva. Isso não é fan fiction, em que os fãs colocam novas versões em

O VALOR DO ENGAJAMENTO DA MÍDIA | 189

narrativas preestabelecidas. Em vez disso, esses vídeos ilustram um tipo de "refazer" participativo, porém respeitando a criação original.

Os produtores de *Glee* aceitaram abertamente essas produções feitas pelo público como um reflexo do entusiasmo dos fãs pela série, em parte porque a série em si tem como enfoque a alegria da performance amadora e de novas cenas de material cultural familiar. O contraste entre as campanhas feitas pelos públicos de *True Blood* e de *Glee* é impressionante: uma envolveu o lançamento cuidadoso do conteúdo para alcançar diferentes níveis de participantes; a outra conta com os esforços descoordenados da própria audiência para criar e compartilhar conteúdo com fãs mais casuais.

Mas quais fãs?

Como as seções anteriores demonstram, há muitos modelos concorrentes para pensar sobre como os públicos se relacionam com o conteúdo expandido, que se torna cada vez mais normal em nosso mundo transmídia. Alguns vislumbram que a narrativa transmídia significa uma história ou um mundo narrativo que se desdobra em episódios através de plataformas de mídia. Nesses casos, os produtores nunca têm certeza da profundidade com a qual os fãs serão capazes de se envolver com cada canal de interação (*touchpoint*), portanto, ou eles têm de tornar esse material disperso de interesse secundário ou, então, devem opcionalmente acompanhar aqueles que seguem apenas alguns episódios priorizados sobre o que podem ter perdido em textos complementares. Enquanto isso, alguns produtores visualizam o espaço transmídia para oferecer diferentes apelos a públicos de nichos diferentes: as pessoas que jogam os games podem não ser as mesmas que leem os webcomics.

O que fica claro, porém, é que o elevado número desses modelos indica que a indústria está mudando suas percepções em relação ao público à medida que surgem novos modelos para criação de conteúdo. Certamente persiste a mentalidade de radiodifusão. As classificações Nielsen permanecem fundamentais para a indústria da televisão, mesmo que não estejam preparadas para avaliar as audiências engajadas ou para compreender os espectadores que ficam de fora do público-alvo. Ainda assim, as diversas inovações destacadas neste capítulo mostram como modelos de medição de audiência antigos estão sendo questionados e como a indústria da televisão está percebendo que perde receita em potencial ao não computar o engajamento dos fãs.

Como a mídia social foi um elemento facilitador para que comportamentos do público que antes eram considerados de nicho ou marginais se tornassem banais e mainstream, produtores inovadores (como Kim Moses) e marqueteiros (como a Campfire) estabeleceram novos relacionamentos com seus públicos usando práticas que outrora eram consideradas apenas para os fãs de mídia cult. As práticas de transmídia, por exemplo, são concebidas para dar aos espectadores algo para fazer e algo sobre o que falar em relação ao conteúdo de mídia. Em alguns casos, suas respostas são estruturadas de modo que a atividade dos fãs mais ativamente engajados (como as mensagens de blog em torno de *True Blood*, as entradas no Lostpedia ou os vídeos de música feitos pelos Gleeks) aumente a conscientização entre os espectadores mais casuais. Esses "intermediários autenticamente populares" estão, portanto, gerando valor, especialmente quando medido em termos de engajamento do espectador, através de suas tentativas de propagar conteúdo de mídia mais além de seu ponto inicial de distribuição.

Contudo, como a indústria procura se envolver com seu público dessa nova maneira (e busca desenvolver novos processos para medição do valor desse envolvimento), surgirão novas questões sobre o valor relativo dos diferentes segmentos de mídia. Foi sugerido por nós anteriormente, por exemplo, que a lógica antiga baseada unicamente (ou essencialmente) na segmentação de dados demográficos de idade e sexo em particular precisa ser repensada para refletir a rede social mais complexa que cerca uma modalidade de mídia popular, de uma forma que reconheça melhor o valor que os públicos engajados trazem para uma modalidade de mídia.

Infelizmente, essa mentalidade de segmentação restrita por idade e sexo tem encontrado, com muita frequência, seu caminho na narrativa transmídia também. Com frequência, a indústria da televisão visualiza a transmídia estritamente como um meio de atrair determinados segmentos do público; por exemplo, jovens nerds do sexo masculino que têm tempo e renda disponíveis para acompanhar uma série de desdobramento complexo e, dessa maneira, as empresas até presumem que haverá tal engajamento. Esse foco no público jovem do sexo masculino reflete o desejo de retomar um segmento de público valioso que a televisão tem perdido nos últimos anos para outras mídias, mas não é adequado para uma história mais longa de ficção em série, que tende a associar uma estrutura narrativa que percorre episódios ou que encoraja uma resposta em comum dos espectadores mais maduros e do sexo feminino (FISKE, 1987). Os seriados *Ghost Whisperer* e *Glee* são particularmente casos de sucesso de modalidades de mídia que atraem seguidores com bastante presença do sexo feminino por meio de extensões transmídia, e novelas e dramas como *Friday Night Lights* atraem o público substancialmente feminino através de outras estratégias que incentivam a discussão on-line.

A comunidade centrada nas mulheres que tem sustentado a fan fiction e os fan vidding ao longo dos anos está entre os críticos de maior voz ativa de uma abordagem transmídia definida de forma restrita. Conforme visto no Capítulo 1, esses fãs são profundamente ambivalentes no que diz respeito às suas relações com a indústria, ou seja, frustrados com sua marginalização, mas, por outro lado, nada ansiosos para ver seu comprometimento de longo prazo com os valores da "economia do dom" cooptados pelas iniciativas comerciais. Suzanne Scott (2009) argumenta que o conteúdo transmídia pode se apropriar de ideias da produção cultural do público e redirecioná-las para atender outros mercados, processo este que ela descreve como uma forma de "redoação". A indústria comercial agora fiscaliza o material dos fãs, absorvendo o que é compatível com as preferências do mainstream e marginalizando o resto. A extensão transmídia, Scott afirma, frequentemente promove "uma versão contida e definida de forma estrita de fandom para o público em geral".

Embora essas práticas possam expandir o alcance das práticas culturais de fãs em particular (como fan fictions que focam em personagens secundários) e recompensar alguns interesses de fãs (como uma fascinação por bastidores), as escolhas da indústria refletem o senso dos produtores em relação a que tipos de membros do público são desejados e que tipos de significados aumentam, em vez de diminuir, a partir do interesse do mainstream. Scott descreve o resultado como um "anexo digital", uma versão limpa e amigável para o mercado do espaço muito mais confuso da crítica de fãs populares e da produção cultural: "Quer os modelos de conteúdo auxiliar estejam sendo ou não implantados ativamente como um dispositivo para refrear e controlar o fandom, eles estão servindo como uma potencial porta de entrada para o fandom por parte do público mainstream, além de oferecer de forma enfática uma versão distorcida da economia do dom do fandom que equipara o consumo e o domínio canônico com a comunidade" (2009). Alguns desses críticos de fãs fazem distinções entre o fandom "afirmacional" (*affirmational fandom*), que busca construir suas fantasias dentro dos termos criados por um texto original, e o fandom "transformacional" (*transformational fandom*), que busca reescrever os textos para melhor servir aos interesses dos fãs. Como escreve obsession_inc,

> No fandom "afirmacional", o material de origem é reafirmado, o propósito do autor está voltado para a satisfação da comunidade, as regras são estabelecidas de acordo com a forma como são caracterizados os personagens e com o funcionamento do universo. [...] É tudo uma questão de decisão em relação aos detalhes. Esse é o tipo mais impressionante de fandom com o qual a fonte criadora pode falar abertamente, porque o criador detém a carta mágica na manga do "Porque eu sou o único que realmente sabe, é por isso". [...] Eles estão no comando, são sempre a última palavra sobre seus próprios trabalhos, e a ideia assustadora de fãs que criam trabalhos levando embora os trabalhos deles e lidando com eles não é frequente. Estes são os fãs consagrados. [...]

> O fandom "transformacional", por outro lado, é sobre obter a fonte e transformá-la de acordo com os próprios propósitos dos fãs, seja para corrigir uma questão decepcionante (uma nítida falta de sexo entre dois personagens é uma questão favorita a ser corrigida) no material original, seja usando este material para ilustrar um ponto, seja apenas para se divertir. [...] Há uma discordância fundamental sobre "quem é o responsável" que é muito difícil ignorar. Estes são, definitivamente, os fãs não consagrados. (2009)

O VALOR DO ENGAJAMENTO DA MÍDIA | 193

Em muitos casos, como Scott e o obsession_inc observaram, as extensões transmídia estão cortejando os fãs "afirmacionais", percebidos dentro dos círculos de fãs como mais frequentemente jovens do sexo masculino. Ao fazer isso, as extensões recompensam interesses historicamente "masculinos" (incluindo aqueles de domínio da complexidade do conteúdo do programa), enquanto marginalizam os interesses historicamente "femininos" (em especial os relacionados à exploração das relações emocionais e eróticas entre os personagens). Julie Levin Russo (2009), por exemplo, criticou o videomaker Toolkit da série *Battlestar Galactica*, que fornecia 40 cenas de ação configuradas a partir das quais os fãs poderiam construir seus próprios "tributos" para a série de ficção científica. Conforme Russo observa, o kit do iniciante não inclui nenhuma das cenas com personagens que sejam fundamentais para a vivência da série para muitas fãs do sexo feminino, e o conjunto de regras desencoraja de forma ativa as pessoas a executar e adicionar suas próprias cenas. O objetivo do projeto era criar um espaço legalmente autorizado para que os fãs se divertissem com textos de mídia, embora as escolhas do que disponibilizar apresentassem uma inclinação consistente em direção aos fãs do sexo masculino. Tentativas semelhantes para estimular filmes de paródia masculinos e desestimular os viddings femininos surgiram em torno do concurso de filmes feitos por fãs que a Atom Films organizou para a franquia *Star Wars*, práticas que Henry Jenkins criticou em *Cultura da convergência* (2006b). Em ambos os casos, fãs do sexo feminino podem ficar à margem das regras ou se recusar a participar, e, de um jeito ou de outro, acabam marginalizadas.

Todos nós devemos estar vigilantes em relação ao que é sacrificado, comprometido e cooptado pelas empresas de mídia como parte desse processo de conformação ao mainstream de atividades e interesses do público cult. Nesse contexto, é importante o modo como as empresas de mídia percebem o valor que os fãs criam em torno de sua propriedade. É importante saber se o público é visto como commodity ou trabalho, se as empresas admitem que um conteúdo valioso possa ser originado apenas a partir do setor do comércio, e se toda a autoridade cabe aos colaboradores autorizados ou se as práticas legais de redes e estúdios protegem o espaço para usos mais transformativos. E, fundamentalmente, é importante saber quais formas de criatividade e de criação de público finalmente são rotuladas como "transmídia".

194 | CULTURA DA CONEXÃO

A evolução gradual da indústria da televisão de um modelo baseado em hora marcada para um modelo baseado em engajamento reflete mudanças que ocorrem em toda a indústria de mídia, assim como a comunicação ligada em rede torna visível o trabalho outrora invisível do público ativo na criação de valor e na expansão do engajamento em torno da modalidade de mídia. A lógica por trás da obtenção de um público imaginado como passivo e em massa está entrando em colapso e a segmentação demográfica por idade e sexo está sendo questionada. Nesse ambiente, os marqueteiros terão de encontrar novas maneiras de computar os públicos e de avaliar a compra de espaço publicitário. Qualquer sistema novo deve respeitar a importância do público excedente e do papel que os membros do público ativo desempenham como intermediários autenticamente populares na formação da experiência de outros membros do público.

Este capítulo usa a indústria da televisão, em particular, como talvez o setor de mídia em que essas tensões têm se desenrolado de forma mais dramática. No entanto, muitas das lições aprendidas até agora com a televisão têm implicações em toda a indústria de mídia, em que o papel das audiências sociais cada vez mais engajadas e do trabalho consciente e ativo que o público está dedicando ao conteúdo de mídia para seus próprios propósitos está promovendo mudanças na forma como as empresas de mídia e as marcas se envolvem com seus públicos.[5] No processo, à medida que conceitos tais como engajamento do público e narrativa transmídia assumem uma presença mais forte, as empresas devem ter cuidado para não definir de forma muito estrita quem pode participar (deixando de fora o público excedente potencialmente importante) ou como participar (valorizando alguns tipos de engajamento de público enquanto ignora, desrespeita ou até mesmo tenta litigar as contribuições valiosas de outros). E os criadores têm de considerar como esses canais de interação (*touchpoints*) transmídia podem oferecer locais para escutar em vez de promover. Esses conceitos da participação do público serão o foco principal do próximo capítulo.

4

O QUE CONSTITUI UMA PARTICIPAÇÃO SIGNIFICATIVA?

Enquanto o Capítulo 3 explorou a forma como o conceito de "engajamento" está ajudando a redefinir a medição da audiência, o Capítulo 4 está focado em como as mudanças nas relações entre os produtores de mídia e seus públicos estão transformando o conceito de participação significativa. Considere duas citações que representam um discurso maior que proclama o fim do "consumo" de mídia descrito de forma histórica:

> Toda vez que um novo consumidor se une a esse cenário de mídia, um novo produtor se une também, porque os mesmos equipamentos, como telefones e computadores, permitem que se consuma e se produza. É como se, no momento em que o consumidor comprasse um livro, os produtores o jogassem na impressora de graça. (SHIRKY, 2005)

> As pessoas conhecidas antigamente como audiência desejam informar as pessoas de mídia de nossa existência, e de uma mudança no poder que acompanha a mudança da plataforma da qual todos vocês ouviram falar. Os leitores que escrevem. Os espectadores que pegaram uma câmera. [...] Muitas pessoas de mídia querem clamar em nome da própria razão: *Se todos falassem, quem sobraria para ouvir? Você pode pelo menos nos dizer isso?* (ROSEN, 2006).

Os "consumidores", em continuidade ao argumento, estão se tornando produtores.

Não tão rápido, avisam José Van Dijk e David Nieborg (2009). Em seu ensaio *Wikinomics and its discontents*, eles dissecam e criticam manifestos recentes da Web 2.0 (incluindo, com divulgação na íntegra, *Cultura da convergência* [JENKINS, 2006b]) que descrevem as mudanças fundamentais nas lógicas cultural e econômica que dão forma ao cenário de mídia. Ao citar uma pesquisa da Forrester de 2007 sobre adultos on-line nos Estados Unidos – a qual constatou que 52% das pessoas on-line eram "inativas" e que apenas 13% eram "verdadeiras criadoras" do denominado conteúdo gerado por usuário –, Van Dijk e Nieborg concluem: "A criação e a participação ativa de conteúdo digital parece ter muito menos relevância do que as multidões que ele atrai. [...] A criatividade em massa, de um modo geral, é um comportamento consumista com um nome diferente" (p. 861). Eles perguntam o que mudou – se é que mudou –, em um mundo onde "a maioria dos usuários é de fato aquela que assiste ou faz download de conteúdo de contribuição proveniente de outras pessoas" e onde esse segmento de "espectadores e inativos" representa a "demografia mais atraente para anunciantes e proprietários de sites" (p. 861). Eles acreditam que a mudança de "audiências" ou "consumidores" para "usuários" é profundamente ilusória, uma vez que o último termo mescla modos de engajamento passivo ("meramente clicando") e ativo ("expressando opinião em blog e fazendo upload de vídeos"), deixando pouco claro qual exatamente é a "utilidade" disso.

No entanto, conforme detalhado no Capítulo 3, achamos que o público faz um trabalho importante além do que está sendo aqui definido de forma limitada como "produção", ou seja, alguns desses processos assinalados como "menos ativos" envolvem um trabalho considerável que potencialmente apresenta um valor de acordo tanto com a lógica comercial como com a não comercial. Embora estejamos entusiasmados com a redução das barreiras de entrada para a produção cultural, não devemos presumir que as atividades do público envolvendo habilidades maiores de produção de mídia sejam necessariamente mais valiosas e significativas para outros membros do público ou para os produtores culturais do que os atos de debate ou interpretação coleti-

O QUE CONSTITUI UMA PARTICIPAÇÃO SIGNIFICATIVA? | 197

va, ou que as modalidades de mídia que promovem mais formas técnicas de participação e criação do público sejam de alguma forma mais envolventes do que o conteúdo que gera discussão e compartilhamento. Quando as pessoas promovem a mídia DIY, tornando-a o elemento essencial da cultura participativa, correm o risco de reduzir os outros tipos de participação, ou seja, a apreciação, a avaliação, a crítica e a recirculação de material para um "comportamento consumista com um nome diferente".

Ao contrário de Rosen, nós acreditamos que ainda há pessoas que estão essencialmente "escutando" e "assistindo" à mídia produzida por outros. No entanto, assim como Yochai Benkler (2006), argumentamos que mesmo aqueles que estão "apenas" lendo, ouvindo ou assistindo fazem isso de formas diferentes em um mundo onde reconhecem seu potencial de contribuição para conversas mais amplas sobre aquele conteúdo do que em um mundo onde são impedidos de ter uma participação significativa. (Leia mais sobre isso adiante.)

Van Dijk e Nieborg podem também subestimar algumas mudanças na produção cultural ao focar os dados que apenas incluem adultos. Uma pesquisa de 2007 feita pelo Pew Center for the Internet & American Life (Lenhart et al.) constatou que 64% dos adolescentes on-line nos Estados Unidos tinham produzido mídia, com 39% circulando aquele conteúdo mais além de amigos e familiares. Ao longo dos últimos cinco anos, o Pew tem visto aumentos dramáticos na produção de mídia pelos jovens (mais de 10%), o que sugere uma tendência em direção, cada vez mais, da participação ativa.[1]

Van Dijk e Nieborg estão certos, porém, de que este ainda não é, e pode nunca vir a ser, um mundo onde todo leitor já é um escritor e toda audiência já é formada pelas "pessoas anteriormente conhecidas como tais". Um indivíduo que responde "produtivamente" a uma modalidade de mídia, marca ou causa pode ser um ouvinte "passivo" para muitos outros, sendo que atividade e passividade não são descrições permanentes de nenhum indivíduo. E nós respeitamos a advertência de Matt Hills de que, às vezes, o conceito de "produtor cultural" é "instigado a fazer trabalho demais" na esperança de "remover a mácula de consumo e consumismo" (2002, p. 30). Ao longo deste livro, portanto, não queremos nem exagerar a prevalência de muitos comportamen-

198 | CULTURA DA CONEXÃO

tos do público ativo nem rejeitar as formas de engajamento frequentemente rotuladas como "passivas".

Esse conflito entre um ponto de vista que visualiza a comunicação de rede como agente fundamentalmente modificadora da natureza da audiência ("as pessoas anteriormente conhecidas como a audiência") e outro em que ela não muda nada de significativo em relação às estruturas existentes ("comportamento consumista com um nome diferente") é um dentre uma série de aspectos competitivos (participação periférica legítima *versus* "observação"; resistência *versus* participação; audiências *versus* públicos; participação *versus* colaboração; ouvir *versus* escutar; consumidores *versus* cocriadores) que estão dando forma à nossa compreensão da participação on-line durante este momento de transição. Esses vários binários são provenientes de muitas perspectivas e disciplinas diferentes, incluindo pesquisa de marketing, estudos culturais, ciência política, educação, antropologia e estudos digitais, o que sugere uma dificuldade persistente para definir o que constitui uma participação significativa em muitos campos diferentes. Ao longo deste capítulo, vamos lutar entre forças conflitantes e talvez contraditórias, entre uma concepção de participação (que inclui uma promessa de tornar as empresas mais compreensivas em relação às necessidades e os desejos de seus "consumidores") e uma concepção política de participação (que foca o desejo de todos nós exercermos um poder maior sobre as decisões que afetam a qualidade de nossa vida cotidiana como cidadãos). Não seremos capazes de resolver essas tensões aqui, e a relação difícil entre o capitalismo e a capacidade expandida da comunicação continua a ser uma relação incômoda, enfrentada pelos teóricos de todas as tendências em seus trabalhos. Estamos tentando resistir a qualquer interpretação fácil de um em relação ao outro, ainda que eles sejam profundamente interligados em nosso modo cotidiano de falar sobre a "revolução digital". Ambos os conceitos de participação estão em jogo na reestruturação da ecologia da mídia que ocorreu nas últimas duas décadas. E vale a pena manter ambos os conceitos em foco enquanto examinamos o que muda e o que permanece na mesma em uma cultura em que as práticas de circulação através do público exercem um impacto maior sobre os tipos de conteúdo de mídia com os quais deparamos e sobre os relacionamentos que existem dentro e entre públicos ligados em rede.

Observação versus participação periférica

Conforme ilustrado pelas críticas à Web 2.0 de Van Dijk e Nieborg, tornou-se comum para os céticos afirmar que os colaboradores mais ativos representam uma porcentagem muito pequena da base de usuários para qualquer plataforma Web 2.0. Na maioria das vezes, no âmbito da indústria, essa percepção é representada por uma pirâmide de participação que mostra como a população de usuários diminui à medida que você chega às atividades que exigem mais tempo, dinheiro, recursos, habilidades e emoção intensa. Por exemplo, considere o modo como Bradley Horowitz descreveu a forma como o Yahoo! modelou a participação do público em seu Serviço Yahoo! Grupos:

> Um por cento da população de usuários pode começar um grupo (ou um segmento dentro de um grupo). Dez por cento da população de usuários pode participar ativamente e, na verdade, criar conteúdo, seja começando um segmento ou respondendo a um segmento em curso. Cem por cento da população de usuários se beneficia das atividades dos grupos acima (observadores). [...] Nós não precisamos converter 100% do público em participantes "ativos" para ter um produto bem-sucedido que beneficie dezenas de milhões de usuários. De fato, há muitas razões para que você não queira fazer isso. Os obstáculos que os usuários atravessam quando mudam de observadores para sintetizadores para criadores são também filtros que podem eliminar o ruído do sinal. (2006)

Tais modelos muitas vezes retratam a produção de mídia como a forma mais elevada de participação do público, ao descartar muitas pessoas como "inativas" e considerar que os membros do público têm posições completamente fixas, de forma que mudanças entre essas posições são vistas como insignificantes. Uma representação amplamente difundida da pirâmide de Horowitz chegou a ponto de rotular os 90% que não estavam produzindo conteúdo de forma ativa como "observadores", sugerindo que eles tenham se aproveitado da comunidade sem retribuir. Existem vários modelos alternativos que oferecem formas mais diferenciadas de refletir sobre participação

200 | CULTURA DA CONEXÃO

(veja, por exemplo, Hayes, 2007; Bartle, 2003), em que os mais sofisticados traçam a ecologia das interações entre os diferentes participantes em vez de construir as hierarquias implícitas na estrutura da pirâmide.

Embora esses modelos ajudem a visualizar um processo complexo, sabe-se que esses usuários não aderem a nenhum desses papéis de modo permanente e frequentemente se comportam de diferentes maneiras em várias comunidades. O designer de games Raph Koster observa, em relação ao jogo, que "todo mundo é um criador": "A questão é 'do quê'. Todos têm uma esfera em que se sentem confortáveis em exercer uma atividade – talvez seja o seu trabalho, talvez seja educar seus filhos, talvez seja colecionar selos. Fora dessa esfera, a maioria das pessoas é criadora apenas dentro de circunstâncias cuidadosamente limitadas. A maioria das pessoas não pode desenhar, mas qualquer um pode colorir dentro das linhas ou delinear" (2006; ênfase no original). Além disso, ver a participação como um modelo com níveis crescentes de engajamento mais intenso mascara o grau no qual todos os participantes trabalham em conjunto em uma economia que opera sob alguma combinação de lógica comercial e não comercial, com várias audiências desempenhando tarefas que dão apoio umas às outras. A partir dessa perspectiva, um "observador" proporciona valor às pessoas que compartilham comentários ou produzem conteúdos multimídia, expandindo a audiência e potencialmente motivando o trabalho delas, enquanto os críticos e os curadores geram valor para aqueles que estão criando material e talvez de um para o outro. Os críticos fornecem ideias sobre quais conteúdos devem ser avaliados e os curadores facilitam aos críticos o acesso aos textos a serem examinados.

Os educadores há muito estudam a forma como os membros das comunidades de prática aprendem sobre participação e apoiam a participação uns dos outros. A pesquisa deles sugere que as pessoas, no início, aprendem ao observar ou "espreitar" a partir das bordas, que certas atividades básicas podem representar posições vantajosas para um maior engajamento e que indivíduos-chave ajudam a motivar o progresso dos outros. Jean Lave e Etienne Wenger descrevem esse processo como "participação periférica legítima", observando que os novatos se integrarão muito mais rapidamente se forem capazes de observar e aprender com os participantes mais habilitados (1991, p. 29). Em um exemplo bastante citado, eles descrevem o modo como os aprendizes são frequentemente solicitados a varrer a loja, dando a eles acesso às operações em andamento no estabelecimento e uma chance de ver os outros colocando em prática suas habilidades avançadas através de uma gama de transações diferentes. Lave e Wenger observam: "Como um lugar em que alguém se move rumo à participação mais intensa, a perifericidade é uma posição empoderadora. Como um lugar em que se é impedido de participar mais plenamente – muitas vezes de forma legítima, a partir da perspectiva mais ampla da sociedade em geral –, é uma posição desempoderadora" (p. 36).

Essa reformulação nos obriga a prestar mais atenção à "estrutura" que as diferentes comunidades fornecem para a participação, além de fazer com que reconheçamos que os "observadores" podem optar por "observar" por muitas razões diferentes. Conforme Susan Bryant, Andrea Forte e Amy Bruckman escrevem sobre como se aprende a ser um Wikipedista: "Através de atividades periféricas, os novatos se familiarizam com as tarefas, com o vocabulário e com os princípios de organização da comunidade. Gradualmente, à medida que os principiantes se tornam veteranos, sua participação assume formas que são cada vez mais importantes para o funcionamento da comunidade" (2005, p. 2). A comunidade Wikipédia tem um forte interesse em expandir suas linhas e recrutar novos membros, e trabalha com esse objetivo de forma a facilitar um maior engajamento das pessoas.[2]

Podemos comparar essa forte estrutura com as condições de produção que cercam a mídia de massa, em que uma pequena elite tem as habilidades, o conhecimento e as motivações exigidas para fazer contribuições importantes e em que a maioria permanece na qualidade de observadores. Os processos de participantes mais habilitados estão escondidos da visualização do público, de modo a proteger a "mágica" e a "mística" de se fazer mídia profissional. Yochai Benkler diz que as ferramentas digitais "permitem a qualquer pessoa, em qualquer lugar, percorrer sua vida na prática, observando o ambiente social com outros olhos, os olhos de alguém que poderia realmente interpor um pensamento, uma crítica ou um interesse no debate público. Os indivíduos se tornam observadores menos passivos e, portanto, mais engajados nos espaços sociais que poderiam potencialmente se tornar assuntos de conversa política"

202 | CULTURA DA CONEXÃO

(2006, p. 11). Nós acreditamos que os "observadores" vivenciem de forma diferente o conteúdo dessas conversas, mesmo que nunca realmente contribuam, por causa de sua consciência em relação à capacidade potencial de participar e pelo fato de reconhecerem a existência de poucas barreiras à contribuição (embora reconheçamos, como discutiremos adiante neste capítulo, que a participação não é uma opção disponível igualmente para todos). E, se for esse o caso, ele aponta para mudanças fundamentais na posição do público. Muitas culturas estão se tornando mais participativas (em termos relativos) do que nas configurações anteriores do poder da mídia.

Uma breve história da cultura participativa

Os debates atuais sobre cultura participativa surgem a partir de uma história muito maior de tentativas para gerar plataformas alternativas para comunicação do público. Considere o desenvolvimento da Amateur Press Association (Associação de Imprensa Amadora) na metade do século 19, que viu pessoas jovens escrevendo à mão, datilografando e fazendo a impressão de suas próprias publicações sobre cultura, política e vida cotidiana e enviando-as por meio de circuitos elaborados que se assemelham ao que hoje são rotulados de "redes sociais" (PETRIK, 1992). Considere como essa mesma comunidade era entre os primeiros adeptos do rádio amador no início do século 20 (DOUGLAS, 1989). Considere os esforços de comunidades políticas alternativas, tal como a comunidade afro-americana, que criou a sua própria imprensa em reação à cobertura de notícias do mainstream, sobre assuntos com os quais se importavam, ou seu próprio cinema em resposta ao lançamento, em 1915, de *O nascimento de uma nação*. Considere o surgimento dos clubes de câmera amadora no século 19 ou o crescimento da produção de filmes caseiros no século 20 (ZIMMERMAN, 1995). E considere como vários grupos minoritários usaram o conceito de "ativismo do consumidor" e táticas, tais como ações de boicotes e *buycotts* (compre produtos rotulados e eticamente responsáveis), para lutar por maior igualdade legal e social (COHEN, 2003). A cultura participativa, em outras palavras, tem uma história (na verdade, várias histórias) muito maior do que o tempo de vida de tecnologias específicas ou de plataformas comerciais.

Já em 1932, Bertolt Brecht imaginou a transformação do rádio de uma tecnologia que apoiava um público em massa passivo para um meio de participação coletiva:

> O rádio é unilateral quando deveria ser bilateral. É puramente um aparelho para distribuição, para o mero compartilhamento. Portanto, aqui está uma sugestão positiva: mude este aparelho de distribuição para comunicação. O rádio seria o melhor aparelho de comunicação possível na vida pública [...] se soubesse como receber assim como transmitir, como deixar o ouvinte falar assim como ouvir, como inseri-lo em um relacionamento em vez de isolá-lo. ([1932] 1986, p. 53)

No contexto do rádio nos Estados Unidos, a visão de Brecht chegou o mais próximo de sua concretização nas primeiras duas décadas do século 20, quando as estações emissoras estavam tão aptas a estar nas mãos de tropas de escoteiros, grupos de igreja e escolas quanto nas mãos das lojas de departamento e outros interesses comerciais (Douglas, 1989). "Nós, o povo" acabamos perdendo a batalha para o rádio, com operadores de radioamador e estações "piratas" na periferia das experiências da maioria das pessoas com o meio. O público preservou alguns aspectos do modelo de Brecht no espaço esculpido para a rádio comunitária entre as estações AM locais e alguns esforços de rádio público. No entanto, em uma era de MP3 players personalizados e de rádio via satélite "com curadoria", a proeminência dessas alternativas públicas para o rádio comercial mainstream continua a diminuir. Os operadores de radioamador são vistos hoje como saudosos de uma tecnologia ultrapassada. De fato, o único modelo remanescente notável de Brecht, o que exige uma comunicação bidirecional, é a cultura CB dos Estados Unidos, de longa data, construída nos dispositivos de comunicação de rádio mais comumente associada a motoristas de caminhão que conversam na estrada usando pseudônimos ou "codinomes", os avatares das estradas.[3]

A proposta de Brecht foi revisitada por Hans Magnus Enzensberger, que, em 1970, profetizou de forma semelhante o surgimento de uma cultura de mídia muito mais participativa, na qual os meios de produção e circulação cultural estariam "nas mãos das próprias massas" ([1979] 2000, p. 69). A partir desse ponto, Enzensberger busca entender por que o público deixou de adotar, de forma persistente, os potenciais de participação das tecnologias de comunicação. A mudança, ele argumenta, surgiria não através de alterações na infraestrutura tecnológica, uma vez que o público não estava tirando proveito de oportunidades já existentes, mas, sim, da modificação das práticas sociais e culturais em torno da mídia e da superação de obstáculos econômicos e políticos para uma participação mais plena. Para Enzensberger, a solução não seria simplesmente colocar a produção nas mãos de indivíduos isolados, mas promover novos tipos de públicos que pudessem adotar "formas agressivas de publicidade" que permitissem o compartilhamento significativo de conteúdo de mídia e possibilitassem a "mobilização".

Conforme Aaron Delwiche (2012, p. 16) observa, a tese de Enzensberger precisa ser compreendida como parte de uma conversa muito maior sobre os potenciais da cultura participativa, novas tecnologias de mídia e suas relações com a cidadania democrática, um tema que passa por muitos dos documentos-chave da contracultura dos anos 1970 – por exemplo, a Declaração de Port Huron, um manifesto dos estudantes para uma sociedade democrática, vários anos antes, em 1962, associada à exigência de que um cidadão deveria ter voz ativa naquelas "decisões sociais que determinam a qualidade e as direções de sua vida", com a chamada para "fornecer meios de comunicação" para a "participação comum" dos cidadãos nas deliberações-chave (p. 12). Delwiche salienta que esse discurso da contracultura buscava distinguir entre os potenciais das tecnologias e o modo como seus usos anteriores tinham sido modelados pelas estruturas "tecnocráticas" das instituições dominantes (p. 12). A esperança era que, se o público pudesse expandir seu acesso a novos canais e processos de comunicação, poderia usá-los como uma ferramenta por meio da qual lutar por uma cultura mais democrática. Fred Turner (2008) mostrou como essas ideias, por sua vez, exerceram uma influência poderosa sobre o desenvolvimento cibercultural nas últimas décadas, realçando a importância de explorar essas elucubrações anteriores sobre participação política e cultural para os tipos de desenvolvimento documentados neste livro.

A era da comunicação on-line dos dias de hoje demonstra alguns passos decisivos nas direções que Brecht e Enzensberger defenderam pela expansão do acesso aos meios de produção cultural (por meio de ferramentas de uso e acesso fácil) e à circulação cultural dentro e através de diversas comunidades. A concepção de Brecht de um mundo onde os ouvintes se tornem "fornecedores" de material para outros ouvintes tem sido realizada de forma mais plena na era digital do que o rádio jamais alcançou. O podcasting, por exemplo, trouxe o formato do rádio de volta, se não a tecnologia, a um meio mais participativo, que permite a muitos grupos diferentes produzir e circular conteúdo como o rádio.[4]

Devemos reconhecer que, para muitos dos escritores que acabamos de discutir, mudar a estrutura da modalidade de mídia era fundamental para a análise deles em relação ao que precisava acontecer antes que se pudesse chegar a uma cultura mais participativa. Mas esses autores também presumiram que o maior acesso do público às ferramentas para produção/circulação cultural e às informações essenciais sobre como a sociedade funciona poderia, simultaneamente, resultar das estruturas de propriedade e criar mudanças nelas. A partir dessa perspectiva, o momento atual, quando a concentração da mídia se mantém ao lado da expansão nas capacidades comunicativas das pessoas comuns, é paradoxal. Para compreendê-lo, pode ser necessário separar os diferentes tipos de controle sobre os canais de comunicação. É possível, por exemplo, distinguir entre os tipos de controle de informação exercidos pelas redes de televisão (que programam de modo rígido todo o conteúdo que distribuem) e pelas empresas de telecomunicações (que determinam quem tem acesso à banda larga e quanto é dado de prioridade para diferentes usos do sistema, mas tem pouca supervisão, ou responsabilidade editorial, quanto ao conteúdo compartilhado através de suas tecnologias). A mudança dos meios dominantes de comunicação, de radiodifusão para digital, pode, nesse processo, reduzir o domínio do controle corporativo sobre muitos tipos de conteúdo, resultando na circulação ativa de maior diversidade de perspectivas. No entanto, quando esses ganhos forem obtidos, vão simplesmente se intensificar as lutas sobre as questões de acesso, particularmente pela neutralidade da rede, tornando ainda mais cruciais os debates acerca de restrições corporativas sobre o acesso às redes e os seus usos.

Resistência versus participação

Conforme sugerido pelas citações de Shirky e Rosen, no início deste capítulo, os ganhos obtidos na expansão do acesso às plataformas de mídia, em um mundo digital, são muitas vezes retratados como resistência às indústrias de mídia mainstream. Por exemplo, as vozes ativas, os ativistas e os blogueiros da indústria igualmente descrevem, com frequência, o poder crescente da "blogosfera" como um desafio para jornalistas e para a mídia comercial, falando da diminuição da autoridade da "grande mídia" ou da ameaça que essas fontes de mídia livre representam para as instituições e práticas "herdadas". Entretanto, assim como especialistas cometeram o erro de priorizar as atividades do público com base no nível de habilidade tecnológica envolvido, muitas pessoas, igualmente de forma incorreta, interpretaram a criação de mídia pelo público unicamente como uma força de oposição ou revolução contra a mídia comercial. Em vez disso, ocorre algo mais complexo.

Esse foco na "resistência" é compatível com a linguagem empregada pelos escritores nos estudos culturais e críticos que são tradição desde os anos 1980. Atualmente, os acadêmicos são muito mais propensos a falar sobre política com base na "participação", refletindo um mundo onde mais poder da mídia fica nas mãos dos cidadãos e dos membros do público, ainda que a mídia de massa possua uma voz ativa privilegiada no fluxo das informações. A sintaxe diz a nós todos algo essencial sobre esses dois modelos. Somos resistentes *a* algo: ou seja, somos organizados em oposição *a* um poder dominante. Participamos *em* algo, ou seja, a participação é organizada *em* e *através das* coletividades e conectividades sociais. Os pensadores corporativos também adotaram um foco na participação, embora muitas vezes quisessem ver em que estávamos participando como uma espécie de "mercado" (potencial ou real) para seus produtos e serviços. Ao mesmo tempo, outros usaram o conceito de "participação" para descrever os comportamentos cívicos dos públicos (conceitos a serem abarcados em maiores detalhes em breve). As duas considerações partem do pressuposto de que os participantes percebem um investimento maior nas instituições e nas práticas da cultura ligada em rede: elas têm menor probabilidade de tentar derrubar algo que lhes dá maiores participações no resultado.

Dentro dos círculos da área de propaganda, os tipos de participação desejados pelas empresas são discutidos com frequência em termos de "comunidades de marcas". As empresas têm tido interesse na ideia de que as audiências que cortejam formem fortes vínculos sociais através da afinidade comum por uma marca, pois, assim esperam, essas relações afetivas significam aumento da lealdade do consumidor num momento em que os vínculos com as marcas são vistos como menos estáveis do que nas gerações anteriores. Muitos marqueteiros enquadram esse conceito como indicação de propriedade corporativa sobre grupos específicos de pessoas, e interpretam a "comunidade" como amplamente reativa às maquinações da marca. Por outro lado, críticos temem que tais comunidades de marcas possam se tornar simples veículos para promoção de mensagens corporativas em particular, um veículo exclusivo para conceder à empresa acesso e credibilidade junto aos amigos e familiares dos membros.

Em muitos casos, porém, as empresas não "criam" comunidades de marcas. Em vez disso, "cortejam" comunidades existentes cujos interesses em geral as predispõem aos tipos de conversa que as empresas procuram facilitar. Em alguns casos, talvez essa ideia de comunidades construídas em torno de uma empresa faça sentido. De um modo geral, aficionados por Harley Davidson, John Deere e Apple desenvolveram vínculos fortes com essas empresas e seus produtos, respectivamente. No entanto, o que normalmente acontece com essas "comunidades de marcas" é muito mais complicado do que isso.

Primeiro, interpretar essas comunidades apenas como aficionadas por uma empresa e com uma atitude reativa a ela obscurece os potenciais conflitos que esses grupos podem ter com a marca. Assim como fãs de novelas declaram com regularidade que o "programa é de propriedade deles" e têm voz ativa sobre a direção a ser tomada pela produção, os membros das "comunidades de marcas" frequentemente têm voz ativa sobre as questões relacionadas aos serviços ao consumidor e são críticos no que diz respeito às decisões de negócios tomadas pelas empresas, sentindo que seu apoio fervoroso aos produtos torna-os parte interessada e ativa na marca. As comunidades de marcas podem então desempenhar um papel de fiscalização. Elas poderiam apoiar com entusiasmo uma marca que as serve, mas também estão propensas a exigir mudan-

208 | CULTURA DA CONEXÃO

ças no comportamento corporativo ou nos produtos quando acham que uma empresa está agindo de modo contrário aos interesses de seus consumidores.

Segundo, as marcas podem ser consideradas importantes em um grupo social se e quando se tornam um símbolo para relações culturais duradouras. A cultura da motocicleta precedeu a "comunidade de marca" da Harley. A Apple não inventou os aficionados por tecnologia e John Deere não criou uma sociedade agrária. Em vez disso, essas marcas geraram uma afinidade profunda com os públicos conectados socialmente, visto que entenderam uma cultura que já existia e demonstraram isso por meio do marketing, do design e do foco de seus produtos.

Dados os esforços das empresas para forjar tais vínculos ativos e efetivos com seus públicos, os críticos temem, com legitimidade, uma celebração às escuras da participação, especialmente se separada das discussões do que as pessoas estão participando e de quem se beneficia com a participação delas. Mark Andrejevic, por exemplo, argumenta que "a simples equação da participação com empoderamento serve para fortalecer as estratégias de marketing da cultura corporativa" (2008, p. 43), enquanto o teórico político Jodi Dean fala sobre "publicidade sem públicos" (2002, p. 173), sugerindo que a capacidade de comunicação expandida desfrutada pelos novos participantes de mídia não resulta necessariamente nos tipos de comunidades pensantes e que debatem imaginados pelo entendimento tradicional da esfera pública. Enquanto a noção do "leitor ativo" estava associada ao modelo de "resistência", respondendo às teorias anteriores de manipulação de mídia que assumiram a absorção passiva das mensagens ideológicas, a noção de "atividade" e de "soberania" foi absorvida por modelos de negócio na Web 2.0, exigindo que fosse desenvolvido um vocabulário mais refinado para refletir sobre a realidade das relações de poder entre empresas e seus públicos. (Para análise das estratégias pelas quais os produtores de televisão solicitam a participação da audiência, veja a tese da professora de televisão Sharon Marie Ross, da Universidade de Columbia, em Nova York, em nosso livro expandido.)

Concordamos que as empresas exploram com cinismo, às vezes, o desejo do público de "participar", de modo a servir para fins comerciais, ao passo que cedem muito pouco controle para aqueles que participam, além de raramente

O QUE CONSTITUI UMA PARTICIPAÇÃO SIGNIFICATIVA? | 209

adotarem práticas mais participativas por motivos puramente altruístas. Pelo contrário, as empresas adotam práticas participativas como um meio de aumentar o engajamento do público, de acordo com as orientações discutidas no Capítulo 3. Mas os espectadores não são meros joguetes para os interesses comerciais ou para as elites políticas, pois suas identidades compartilhadas e a capacidade de comunicação coletiva permitem que se manifestem sobre seus interesses percebidos.

Muitas das comunidades discutidas aqui têm histórias anteriores à comunicação digital atual e valores, políticas, identidades e práticas declaradas que existem fora do âmbito das plataformas digitais através das quais suas atividades estão sendo atualmente conduzidas. Seus interesses coletivos envolvem dar forma a representações, declarar significados e valores, alterar termos de serviços e condições de trabalho e utilizar as plataformas para movimentos maiores em prol da mudança social. As comunidades estão sempre fazendo cálculos em relação às trocas entre o valor que as empresas extraem delas e os benefícios que elas obtêm ao usar as ferramentas e as plataformas corporativas. A maioria desses grupos argumentaria que obtém capacidade de comunicação por meio das redes on-line, embora fiquem frustrados com alguns dos aspectos mais exploradores de seu envolvimento com essas empresas. Geralmente são públicos específicos e não simplesmente audiências formadas por espectadores.

Audiência versus público

Conforme citado por Daniel Dayan, a *audiência* é produzida por atos de medição e vigilância, normalmente sem conhecimento de como as pistas que ela deixa podem ser ajustadas pelas indústrias de mídia. Ao mesmo tempo, o *público* frequentemente dirige a atenção de forma ativa para as mensagens que valoriza: "Um público não apenas oferece atenção, mas também solicita atenção" (DAYAN, 2005, p. 52). O público, conforme Sonia Livingstone diz, é "tido como coletividade, mais do que a soma de suas partes, enquanto a audiência, em contrapartida, é mera agregação de indivíduos" (2005, p. 25).

210 | CULTURA DA CONEXÃO

Dayan chega a uma conclusão muito semelhante: "Um público não é simplesmente um espectador no plural, um somatório de espectadores, um montante. Trata-se de uma entidade coesa cuja natureza é coletiva, um agrupamento caracterizado pela sociabilidade compartilhada, por uma identidade compartilhada e por algum senso dessa identidade" (2005, p. 46).

Ao empregar esses termos, pode ser útil distinguir, como os outros fizeram, entre "fãs", entendidos como indivíduos que têm uma relação fervorosa com uma franquia de mídia em particular, e fandoms, cujos membros se identificam conscientemente como parte de uma comunidade maior com a qual sentem algum grau de comprometimento e lealdade. Os fãs individuais podem ser tidos como integrantes do grupo de espectadores, enquanto os fandoms começam a demonstrar algumas características dos públicos, ligados entre si por meio de sua "sociabilidade compartilhada" e sua "identidade compartilhada". Os fandoms procuram direcionar a atenção das indústrias de mídia e, com isso, dão forma às suas decisões, objetivo que perseguem com graus variados de sucesso.

Os fandoms são um tipo de coletividade (no qual eles agem como comunidades em vez de indivíduos) e conectividade (no qual seu poder é ampliado por seu acesso às comunicações ligadas em rede) cuja presença está sendo sentida na cultura contemporânea. Os membros de minorias ou comunidades subculturais, vários tipos de ativistas e grupos DIY, e diferentes grupos de afinidades também estão vinculados por meio de "sociabilidade" e "identidade" compartilhadas, bem como procuram "direcionar atenção" por meio de suas ações on-line. Grande parte do restante deste capítulo será usada para explorar modelos diferentes que levam em consideração essas formas de desenvolvimento de experiência social e os tipos de poder coletivo que exercem sobre seu ambiente de comunicação.

Considerar audiência como público pode oferecer uma nova perspectiva para compreender o fandom de mídia. Tome como exemplo os fãs de novela. Apesar de alguns espectadores assistirem isoladamente, a transmissão diária das novelas, sem término de temporada, facilita os rituais de compartilhamento e debate em família e entre amigos, durante ou após os episódios. Tal "fofoca" (BROWN, 1990) tornou-se uma fonte vigorosa de participação

O QUE CONSTITUI UMA PARTICIPAÇÃO SIGNIFICATIVA? | 211

da audiência em um gênero cuja trama geralmente se concentra em "fofocas" provincianas. Os fãs de novela há muito tempo usam novas tecnologias para expandir o escopo desses processos: eles partiram das conversas pessoais para as campanhas de cartas escritas, da organização de fã-clubes para o desenvolvimento de uma imprensa de fãs, dos fóruns de discussões on-line para o uso crescente de blogs e podcasts (Ford, 2008a). O surgimento das plataformas digitais apenas ampliou o escopo de atividades desse público participativo e já socialmente ligado em rede. Além disso, os fóruns on-line e as práticas de produção digital (tal como fazer upload e remixar conteúdo do programa) tornaram-se populares entre os fãs de novelas, principalmente quando facilitam o "trabalho" primário de seus espectadores: debates, críticas e assim por diante (Webb, 2001). Portanto, pode-se argumentar, a "produção" de fãs continua a ser uma atividade complementar para o que os espectadores de novela fazem desde os idos de 1930. (Para saber mais sobre as relações históricas entre fãs, produtores e textos de novelas, veja a tese do professor de sociologia C. Lee Harrington, da Universidade de Miami, em nosso livro expandido.)

Nesse ambiente, o texto de novela atua como um recurso para os espectadores construírem relacionamentos, que muitas vezes se envolvem em debates críticos que ultrapassam as situações do programa e vão em direção à vida pessoal dos indivíduos ou a temas mais amplos, cívicos, religiosos, políticos ou morais, especialmente quando as novelas lidam com "questões sociais". No verão de 2006, por exemplo, a novela norte-americana *As the World Turns* exibia um enredo sobre a revelação de que o adolescente Luke Snyder é homossexual, focando os próximos anos nas reações da família de Luke e nas tentativas dele de administrar a vida, no centro-oeste dos Estados Unidos, como um jovem adulto homossexual. Nesse processo, a história gerou uma série de debates ativos entre os fãs. Alguns fãs homossexuais do sexo masculino começaram a discutir a revelação da homossexualidade na trama em fóruns de chats gays, apresentando uma nova comunidade de espectadores para a novela *As the World Turns* (uma "audiência excedente"). Muitos usaram o programa para mediar questões da identidade homossexual masculina contemporânea nos Estados Unidos e da representação de personagens gays na mídia. Afinal, conforme Roger Newcomb (2011) discute, muitos fãs homossexuais protestaram contra a trajetória do en-

212 | CULTURA DA CONEXÃO

redo, mostrando-se particularmente chateados pelo fato de não ser mostrada na tela a intimidade física entre Luke e seu namorado, porque perceberam que as preocupações dos produtores/rede de TV residiam nas potenciais reações dos espectadores socialmente conservadores. A pressão dos fãs levou a um aumento dos beijos do casal na tela, mas o grau de demonstração de afeição e intimidade permitido a Luke continuou a ser um foco até o cancelamento do programa em 2010.

Por outro lado, enquanto fãs de longa data de *As the World Turns* discutiam a história em fóruns de novelas on-line, as conversas se aprofundavam sobre as perspectivas e as questões dos próprios espectadores a respeito da homossexualidade. No fórum de discussão Media Domain, de Michael Gills, por exemplo, a discussão mudou da revelação da homossexualidade de Luke para questões sobre se a preferência sexual era determinada geneticamente ou por efeito do meio em que vivemos. A questão levou a respostas pessoais passionais e detalhadas. Postagens compartilhavam histórias de amigos gays que tinham sido molestados quando crianças e que pensavam sobre se tal acontecimento havia ajudado a modelar sua identidade sexual; de irmãos gays que disseram que sabiam que eram gays desde cedo ou que foram criados em famílias heterossexuais de outra forma; e de uma tia que tinha experimentado a homossexualidade, mas que, por fim, se estabelecera em uma relação heterossexual duradoura. Um fã abertamente gay compartilhava suas histórias e pontos de vista pessoais. Outro fórum reunia e compartilhava regularmente pesquisas de uma variedade de fontes médicas. Enquanto a discussão ficou vinculada ao texto, à medida que os conjuntos de posts (thread) avançavam, a trama atuou como um catalisador para uma comunidade de fãs com vários pontos de vista políticos e sociais para discutir questões de grande importância social de forma (em grande medida) civilizada, em parte porque esses fãs tinham desenvolvido relações sociais duradouras. Tais discussões ilustram a forma como as comunidades de fãs frequentemente assumem vários aspectos-chave dos públicos, complicando qualquer modelo que retratasse esses fãs como audiência formada por espectadores passivos. Em vez disso, um texto de mídia se torna um material que promove discussão e debate nas comunidades ativas, na interseção entre a cultura popular e o discurso cívico, conversas essas que podem fazer com que as comunidades sejam ativas ou levar à mudança social.

O QUE CONSTITUI UMA PARTICIPAÇÃO SIGNIFICATIVA? | 213

Alguns grupos de ativistas procuram transformar audiência em público conectado em rede com o qual possam trabalhar na promoção de suas causas. Um desses grupos é o Brave New Films, uma empresa de produção de mídia criada pelo produtor de documentários progressivos Robert Greenwall (*Outfoxed: A Guerra de Rupert Murdoch contra o Jornalismo* [*Outfoxed: Rupert Murdoch's War on Journalism*]; *Iraque à Venda: Os Lucros da Guerra* [*Iraq for Sale*]; *Wal-Mart: O Alto Custo do Preço Baixo* [*Wal-Mart: The High Cost of Low Price*]). Greenwall foi um dos primeiros adeptos do Netflix como um distribuidor alternativo de seu conteúdo, usando o serviço comercial como um veículo de baixo custo para que seus apoiadores sediassem festas "em igrejas, escolas, pistas de boliche, pizzarias, onde quer que houvesse um telão" (GREENWALL, 2010). Greenwall solicitava que os fãs não apenas apresentassem seus filmes, mas também discutissem sobre eles, ao introduzir os vídeos nas conversas em andamento nas comunidades e aproveitar sites/ferramentas de redes sociais (especialmente Meetup.com) para reunir os espectadores. Em alguns casos, ele interligou várias festas em casa através de transmissão via web ao vivo, em que o produtor respondia a perguntas.

Produtor de televisão de longa data que agora dirige uma organização sem fins lucrativos, Greenwall estava mais preocupado em divulgar sua causa do que em obter rendimentos, embora use a web para atrair doações a fim de ajudar a sustentar suas futuras produções. Ao falar sobre o documentário *Outfoxed*, sua crítica da rede de rádio norte-americana Fox News, Greenwall disse ao jornal norte-americano *Boston Globe*: "Você tem a minha permissão para doá-lo. Esse filme é para ser uma ferramenta e, então, você o pega e faz com ele o que quiser" (GORMAN, 2003). Greenwall encontrou audiências que compartilham sua causa, muitas das quais têm uma desconfiança ativa e desdém pelos interesses comerciais. A Brave New Films se vê como um movimento popular alternativo à mídia concentrada.

Cada vez mais a equipe de Greenwall compartilha seus vídeos através de sites de redes sociais como o Facebook, incentivando os "amigos" a remixar e circular o conteúdo. Durante uma das campanhas da Brave New Films, o staff pressionou seus membros para ver se eles podiam aumentar sua comunidade no Facebook, procurando garantir que a página *Rethink Afghanistan* tivesse mais "fãs" do que o próprio site da comunidade do Departamento de Defesa. Com isso, a empresa incentivou os participantes a pensar em si como parte de um público ligado em rede que poderia propagar o conteúdo para seus membros dispersos. O grupo também desenvolveu Cuéntame, uma página do Facebook com foco nas questões latinas. Aqui, a equipe da Brave New Films corteja interesses tanto através de campanhas voltadas para questões explicitamente políticas (como os confrontos do movimento Tea Party com a NAACP – National Association for the Advancement of Colored People –, ou os protestos em torno da lei de imigração do Arizona) como para interesses mais culturais (vinculando sua plataforma progressiva para discussões sobre *pop stars* ou a Copa do Mundo).

Conforme Chuck Tyron (2009) observa, a Brave New Films usa há anos a flexibilidade que a distribuição digital oferece para atualizar continuamente seus documentários. Frustrada quando o filme voltado para a ética de Tom Delay foi proferido como irrelevante após o líder do congresso ter sido obrigado a se demitir, a equipe agora lança documentários de longa-metragem em blocos de dez minutos, via web, aproveitando o seu caráter imediato e atual antes de incorporá-los em trabalhos mais longos.

A abordagem de Greenwall é consistente com o que Jessica Clark (2009) descreve como "mídia pública 2.0". Ao rejeitar uma noção paternalista de "mídia de serviço público" em favor de uma em que a "mídia pública" se refere à mídia que mobiliza e facilita os públicos, Clark argumenta que dar maior controle aos públicos sobre a circulação da mídia pode aprofundar seu comprometimento.

> Em vez de esperar passivamente pelo conteúdo a ser distribuído como na época da radiodifusão aberta, os usuários estão buscando ativamente e comparando mídia sobre assuntos importantes por meio de mecanismos de buscas, recomendações, vídeos on demand, guias de programas interativos, feeds de notícias e sites de nichos. Isso está colocando pressão sobre os criadores para que convertam seu conteúdo, de forma que ele fique não apenas acessível através de várias plataformas e dispositivos, mas também formatado e marcado de forma adequada para que tenha maior probabilidade de ser encontrado.

De modo semelhante ao nosso modelo de propagabilidade, Clark descreve como esses trabalhos oferecem recursos para sustentar as conversas públicas, como os membros do público intensificam o seu envolvimento por meio de atos de curadoria e circulação e como a propagação da discussão pode ajudar a prepará-los para tomar medidas em torno dos assuntos que estão sendo discutidos. Uma vez que o público pode apenas se engajar no conteúdo se puder encontrá-lo em meio à infinidade de opções disponíveis, torna-se cada vez mais importante usar esses textos como chamadas à ação (*call to action*) para reunir esses públicos ou ainda desenvolver material que possa sustentar ou envolver comunidades existentes.

Embora o grupo de Greenwall acolha as pessoas que produzem respostas e remixagens em vídeo de seus filmes, a "participação" não fica limitada à criação de mídia. Os atos de curadoria, conversação e circulação, que ajudam a espalhar suas mensagens progressivas, são compreendidos como parte do processo político. Inegavelmente um público, os apoiadores de Greenwall também demonstram comportamentos e atitudes muitas vezes associados às comunidades de fãs, incluindo o desejo de se conectar com o produtor para obter acesso antecipado ao material ansiosamente aguardado.

A complexidade desses relacionamentos pode ser sugerida pela experiência do grupo de fãs ativistas Racebending (LOPEZ, 2011). O grupo consistia, inicialmente, nos fãs mais fervorosos da série de desenho animado do canal de TV Nickelodeon *Avatar: A Lenda de Aang* [*Avatar: The Last Airbender*], um programa conhecido por seu elenco de personagens multirracial e multinacional. Apesar de serem provenientes de etnias imaginárias, a iconografia do programa associa as civilizações fictícias representadas na série com várias culturas inuítes (membros da nação indígena esquimó) e do Leste Asiático. Esse multiculturalismo imaginário foi essencial para o engajamento dos fãs. Quando ouviram que uma versão para o cinema seria um filme de ação usando atores brancos nos papéis principais, um boato confirmado mais tarde pelas chamadas de elenco com preferência explícita por atores caucasianos, eles se mobilizaram contra o que perceberam como uma traição dos valores que associavam à propriedade original. Eles recorreram a uma variedade de abordagens adotadas pelas comunidades de fãs para exercer pressão sobre o escritor, o

216 | CULTURA DA CONEXÃO

diretor e o produtor do filme, M. Night Shyamalan, ele próprio um indiano-americano. Os fãs uniram forças com outros grupos de ativistas dedicados a combater a discriminação em Hollywood e a reivindicar as representações na tela de pessoas de cor, como o grupo de teatro East West Players e o grupo de defesa da mídia Media Action Network para asiático-americanos. Lori Kido Lopez observa: "Algumas das táticas mais eficazes e mais fortes da organização dependem das habilidades desenvolvidas como membros da comunidade de fãs: aprimoramento de seus argumentos por meio de discussões da comunidade, produção e edição de criações multimídia, educação de si próprios sobre todas as facetas de sua causa e poder contar com suas redes confiáveis para fornecer um banco de dados de informações" (2001, p. 432).

Essa história parece diferente se interpretada em termos de resistência da audiência ao filme ou da lealdade dos fãs à série de animação original. Aqui, os apoiadores mais ardentes da franquia são também seus críticos mais severos. Embora os produtores da série de animação original não desafiassem publicamente as decisões da Paramount, os fãs sentiam fortemente que suas ações populares estavam protegendo a integridade da ideia original, mesmo quando pediram um boicote. Os membros do grupo Racebending falaram como fãs e endossaram algum conteúdo produzido comercialmente, geraram seus próprios vídeos, muitas vezes através de remixagem de textos comerciais, buscaram reverter decisões inoportunas dos produtores e organizaram um boicote. Cada uma dessas atitudes implica uma relação um tanto diferente entre essa audiência ativa e (alguns) produtores, uma vez que ambos perseguiam agressivamente seus próprios interesses convergentes e divergentes.

Embora os produtores do filme tenham procurado ignorar o impacto do protesto sobre suas decisões em relação ao elenco, os fãs foram bem-sucedidos em reformatar o contexto discursivo do lançamento do filme, forçando os produtores a responder repetidamente a questões e aos desafios sobre sua política racial e assegurando que a eliminação das diferenças étnicas não fosse de jeito nenhum invisível. Quando o mesmo grupo de fãs chamou a atenção de um caso similar de supressão de um personagem asiático-americano em uma adaptação proposta para filme da série de histórias em quadrinhos *Runaways*, a Disney e a Marvel Studios se mobilizaram rapidamente para reverter sua con-

O QUE CONSTITUI UMA PARTICIPAÇÃO SIGNIFICATIVA? | 217

vocação do elenco e asseguraram ao grupo que os atores seriam etnicamente apropriados. Os investimentos do grupo como fãs deram a eles uma posição poderosa a partir da qual desafiar os interesses corporativos.

Participação versus colaboração

Baseando-se nas representações populares de personagens que buscam negociar para si um espaço entre os regimes de ocupação e os movimentos de resistência, Derek Johnson sugeriu o abandono das metáforas de "guerra" ou "resistência" e o avanço em direção à "colaboração", uma relação mais complexa em termos morais, na qual os colaboradores podem "ter ocupado posições subjetivas dentro de uma estrutura de poder opressivo, visualizando isso como o melhor meio de servir aos interesses do indivíduo" e, por fim, criando novas oportunidades e ferramentas "para que os outros desafiem as regras de uma ordem social ocupada" (2010).

A noção de Johnson em relação à "colaboração" pode ser menos confortável para os interesses tanto corporativos como públicos porque chama a atenção para as relações confusas, incertas e contraditórias entre os dois. A participação em uma comunidade de marca ou de fãs pode ou não ser um modo de influenciar a cultura e pode ou não ser um modo de intensificar o engajamento do público com a propriedade ou marca. Os colaboradores são cúmplices dos regimes dominantes de poder, ainda que muitas vezes também usem sua incorporação nesse sistema para redirecionar as energias ou reencaminhar os recursos deste. Ao mesmo tempo, as empresas frequentemente têm de tolerar comportamentos que podem ter sido vistos antes como resistentes ou transgressivos, se quiserem atrair a participação dessas comunidades ligadas em rede.

Mary L. Gray, em seu trabalho com a juventude gay que mora na área rural nos Estados Unidos, propõe o conceito de "públicos de fronteira": "experiências reiterativas e efêmeras de pertença que circulam pelas regiões periféricas e através do(s) centro(s) de uma esfera pública mais reconhecida e validada" (2009, p. 92-93). Gray explica que tais grupos podem fazer, em qualquer

218 | CULTURA DA CONEXÃO

lugar, com que as pessoas ocupem temporariamente um espaço dominado e operado por outros para se envolver em conversas sérias para seus próprios propósitos. Gray discute, por exemplo, sobre os jovens gays em uma pequena cidade no Kentucky, nos Estados Unidos, que se reuniam nos corredores do Walmart, nas primeiras horas da manhã, travestidos de mulher, flertando e assumindo comportamentos sociais proibidos em outros espaços públicos naquela comunidade. Conforme ela descreve, a loja tornou-se um local de briga quando a juventude confrontava intimidadores de gays e os participantes eram forçados a decidir se defendiam ou abandonavam seu território.

O uso de espaços comerciais para encontros políticos não é historicamente exclusivo. Classicamente, o conceito da esfera pública de Habermas (1962), filósofo e sociólogo alemão, enfatizava a independência de tais espaços tanto em relação aos interesses corporativos como aos do governo. Como Nancy Fraser nos faz lembrar, Jürgen Habermas defendia que a esfera pública "não é uma arena de relações de mercado, e sim uma arena de relações discursivas, um teatro para debater e deliberar, em vez de comprar e vender" (1990, p. 57). No entanto, Tom Standage documenta, os cafés (lojas) que Habermas usava para ilustrar sua concepção da esfera pública eram, afinal de contas, estabelecimentos comerciais, geralmente organizados em torno de temas ou assuntos que lhes permitia reunir públicos almejados que poderiam desejar usar os espaços como sua base de operações (2006, p. 151-165). Os proprietários forneciam espaço para reuniões e recursos (panfletos, revistas, jornais) para dar apoio às conversas e aos clientes. Mas, afinal, os cafés estavam em um negócio de venda de café. Os cafés poderiam ser considerados espaços de marca que funcionavam de modo bastante semelhante aos construídos e vendidos pelas empresas de Web 2.0.

Com certeza, queremos ficar atentos, conforme John Edward Campbell (2009) defende, à maneira como tais estabelecimentos negociam entre entendimentos concorrentes (e às vezes conflitantes) de participantes como clientes e como cidadãos. Campbell aponta para a forma como os "portais de afinidade" associados aos grupos minoritários, como o PlanetOut ou o BlackPlanet, frequentemente têm de minimizar as questões controversas que poderiam torná-los menos hospitaleiros para marcas. Em muitos casos, porém, esses esta-

O QUE CONSTITUI UMA PARTICIPAÇÃO SIGNIFICATIVA? | 219

belecimentos, apesar de seus objetivos comerciais, também funcionam como espaços onde os participantes podem sair de suas posições fixas e se engajar em conversas significativas e, com isso, identificar interesses compartilhados, desejos mútuos e identidades coletivas.

Para aceitar essa relação de colaboração mais complexa moralmente é essencial que se veja além das relações entre produtores e seus públicos como um jogo de soma zero. Andrejevic nos leva nessa direção com suas críticas sobre a metáfora da "apropriação indevida" de Henry Jenkins (1992), em relação aos participantes do site de discussão de fãs chamado Television Without Pity (TWoP) [Televisão Sem Piedade]. Referindo-se a uma passagem de Michel de Certeau que descreve leitores que se deslocam através de "terras pertencentes a outra pessoa, [...] campos que eles não escreveram" (1984, p. 174), Andrejevic argumenta:

> A metáfora é derrubada na transição dos campos para os textos: o consumo de cultivos é exclusivo (ou, como os economistas dizem, "rival"), enquanto o consumo produtivo de textos não é. Longe de despojar os textos de televisão através de suas práticas, os seguidores do TWoP os enriquecem não apenas para si próprios, mas também para aqueles que se beneficiam economicamente do "valor agregado" produzido pelo trabalho dos espectadores. (2008, p. 42)

Conforme sugerimos ao longo deste livro, os proprietários daqueles campos nem sempre acolhem e valorizam essas contribuições e podem vê-las como uma ameaça ao seu próprio controle criativo e econômico sobre aqueles campos. Entretanto, Andrejevic tem o direito de argumentar contra uma oposição binária entre "passividade cúmplice e participação subversiva" (p. 43). Ele destaca o "local de trabalho" onde o trabalho dos fãs pode, ao mesmo tempo, "ser um local de satisfação da comunidade e pessoal e também de exploração econômica" (p. 43). De fato, o trabalho dos fãs pode ser explorado para proveito dos "proprietários", ainda que os fãs também se beneficiem do que criam. Assim é a natureza da colaboração na barriga da besta mídia.

Todos nós devemos abordar com ceticismo saudável essas estruturas e práticas que surgem, pesando cuidadosamente as diferentes propostas para a nossa participação. A rápida expansão da cultura participativa é um desafio contínuo: as comunidades crescem mais rápido do que sua capacidade de socializar suas normas e expectativas, e essa escala acelerada dificulta a manutenção da intimidade e da coerência das formas anteriores de cultura participativa. Os membros são seduzidos de todos os lados para adotar práticas que não necessariamente se alinham com os seus próprios interesses e, é claro, a participação geralmente envolve algum grau de vínculo estreito com as lógicas comerciais. Mas, da mesma forma, a participação ligada em rede também força as empresas de mídia e as marcas a ser mais compreensivas com seus públicos. As comunidades ligadas em rede podem "convocar" as empresas que elas percebem que estão agindo contra os interesses da comunidade, e seu acesso a ferramentas de mobilização e de publicidade significa que elas podem provocar algum dano real.

Ouvir versus escutar

Muito da retórica em torno da Web 2.0 busca fundir as práticas ativas de colaboração e deliberação pública com a posição mais passiva dos públicos tradicionais. Tim O'Reilly demonstra essa tendência em sua tese de 2005, *O que é Web 2.0?*, e em sua tese de 2009, com John Battelle, *Web ao quadrado: Web 2.0 após cinco anos.* Ambas as obras discutem a necessidade de uma "arquitetura de participação", que O'Reilly (2005) inicialmente caracteriza como "uma ética de cooperação embutida", na qual a empresa atua como "um corretor inteligente, que liga as extremidades umas às outras e se aproveita do poder dos próprios usuários". O'Reilly oculta algumas diferenças importantes entre agregação e deliberação, fugindo da questão fundamental de se as empresas de Web 2.0 valorizam a participação por causa do conteúdo apresentado conscientemente ou por causa dos dados vazados inadvertidamente.

Embora ainda use os conceitos alternadamente, o relatório de 2009 de O'Reilly e Battelle mostra bem menos interesse na deliberação coletiva do que na agregação dos dados do usuário: o "gerenciamento, a compreensão e a resposta às enormes quantidades de dados gerados pelo usuário em tempo real. [...] Os nossos telefones e câmeras estão sendo transformados em olhos e ouvidos para aplicações, os sensores de movimento e localização dizem onde estamos, para onde olhamos e com que rapidez nos movemos. Os dados estão sendo coletados, apresentados e colocados em prática em tempo real. A escala da participação aumenta em ordem de magnitude". Se alguma inteligência surgir desse sistema, é uma inteligência de máquina e não a inteligência social de participantes. Assim como as indústrias de mídia há muito procuram formas de medir "passivamente" o engajamento dos públicos, temendo a "subjetividade" que ocorre quando os públicos se tornam cocriadores de dados do público, o paradigma da Web 2.0 – apesar de toda a sua retórica empoderadora – se apoia cada vez mais na coleta passiva das preferências dos usuários.

O'Reilly e Battelle celebram o que Mark Andrejevic (2007) criticou como uma nova cultura de vigilância que transforma os usuários em conjuntos de dados, em vez de considerá-los seres culturais complexos. Valorizar os participantes unicamente como dados faz com que as audiências retornem a um estado de "passividade" imaginada, em vez de reconhecê-los como públicos, com a capacidade de reformular as empresas com as quais interagem. No âmago do nosso modelo de mídia propagável está a ideia de que os membros do público são mais do que dados, que suas discussões coletivas e deliberações, e seu envolvimento ativo na avaliação e no conteúdo em circulação, são geradores.

Enquanto O'Reilly e Battelle minimizam a natureza qualitativa e social dos modelos deliberativos, comunicadores corporativos e anunciantes são, de forma semelhante, atormentados por focarem o "retorno sobre o investimento" que se baseia nos modelos de medição da era da radiodifusão. Os tipos de astroturf descritos no Capítulo 1 priorizam medidas facilmente quantificáveis (por exemplo, número de visitas, número de seguidores, número de fãs) mais do que medidas mais qualitativas de engajamento e participação da audiência. Além disso, à medida que as marcas procuram "rastrear" o que seus públicos dizem sobre elas, esses programas de monitoramento com frequência se inclinam desproporcionalmente para a agregação, perpetuando a cultura de vigilância de Andrejevic que comumente considera os membros de público pouco mais do que pontos de dados.

222 | CULTURA DA CONEXÃO

Essa confiança nas medidas quantitativas leva às estratégias de marketing que definem o sucesso pelo que é fácil de contar (repetindo as limitações do modelo de aderência discutido na introdução e os desafios da medição voltada para a indústria da televisão detalhados no Capítulo 3). A medição é especialmente importante não apenas para determinar *se* uma iniciativa foi bem-sucedida, mas também para definir *em que* constituiu o sucesso. Ilya Vedrashko, chefe de pesquisa e desenvolvimento da agência de propaganda Hill Holliday, examina em sua tese presente no livro expandido por que a indústria da propaganda teve dificuldade de incorporar uma abordagem de mídia propagável em suas iniciativas de marketing. Ele constata que as empresas e as agências muitas vezes se aventuram nesses espaços participativos para fazer suas perguntas tradicionais do tipo "Quem está aí?" e "Quantos estão aí?", em vez de solicitar novas percepções e formar novos relacionamentos.

Tais abordagens não apenas atribuem pouco valor ao engajamento do público, mas também podem levar as empresas a criar as chamadas estratégias que realmente tenham pouca estratégia, para entrar em comunidades on-line ou plataformas sem compreender o contexto daquela comunidade ou refletir sobre como ou por que o público pode querer interagir com a empresa e seu conteúdo. Sam Ford escreve que tais práticas de mídia levam a "um modismo passageiro de mídia social atrás do outro" (2010e). Ao descrever a mentalidade do "objeto novo e brilhante" que as empresas levam em direção ao mundo virtual do Second Life, ele escreve que a "grande maioria cumpriu seus objetivos apenas por estar lá e ficou chocada com a resposta morna. Infelizmente, a lição aprendida com o Second Life não foi para questionar a estratégia que levou as empresas até lá em primeiro lugar. Em vez disso, as empresas adotaram a mesma abordagem 'gee whiz' (expressão de entusiasmo) para as páginas de fãs do Facebook, aplicativos móveis e serviços locais".

Para evitar tais falácias, as empresas devem se deslocar de uma cultura do apenas "ouvir" o que o público está dizendo para uma que priorize o "escutar" o que o público tem a dizer. Em um nível interpessoal, todos nós compreendemos a diferença fundamental entre "ouvir" e "escutar". Ouvir é o ato físico de receber uma mensagem, enquanto escutar é um processo de espera, de concentração e de dar resposta a uma mensagem. Entretanto, como as empresas falam "escutar", o

O QUE CONSTITUI UMA PARTICIPAÇÃO SIGNIFICATIVA? | 223

termo caiu na mesma armadilha que muitas palavras outrora úteis, dada a natureza impulsionada pelo modismo da retórica do marketing. A versão do marketing/
relações públicas da escuta muitas vezes diz respeito a um pouco mais do que o
monitoramento quantitativo, através de "Quem está aí?" e de "Quantos estão
aí?", tipos de questões a que Vendrashko se refere. Esse monitoramento quantitativo provavelmente se tornou o foco porque, como muitas vezes é o caso quando
se medem pessoas (ver ANG, 1991), é mais fácil realizá-lo quando as pessoas são
removidas do processo. Quantificar os comentários e as discussões on-line e fil-
trá-los semanticamente para determinar sentimento promete uma medição mais
consistente porque é mais fácil determinar e testar a precisão da coleta de dados,
os problemas gerados pelas falhas dessas ferramentas podem ser reparados tecnologicamente, e as empresas podem contratar facilmente uma plataforma (um
audiofone, se você quiser) para agregar aqueles dados (FORD, 2010a).

Embora as empresas gastem um tempo considerável com o aprimoramento da coleta de dados, por um lado, e com o recebimento de mensagens
corporativas por meio de seus "canais de interação de mídia social", por outro,
muitas não se preocupam em conectar o que eles dizem com o que eles ouvem.
No livro *Chief culture officer*, Grant McCracken pede que as empresas se tornem entidades "vivas" e "que respiram". Embora tenham se tornado adeptas
de expirar suas mensagens, as empresas não são tão boas em inspirar o que
suas audiências estão dizendo sobre elas ou as questões sobre as quais elas estão se comunicando. Dado o número de empresas que estão respirando com
dificuldade os dados agregados da audiência, pode-se imaginá-las na UTI,
dependendo de dispositivos mecânicos para inspirar perspectivas de fora, sua
entrada de ar reduzida a apenas as mensagens que a empresa já sabe como
aspirar (FORD, 2010a). A partir da perspectiva da empresa, quanto mais o "escutar" puder lembrar resultados de pesquisa, tanto melhor. (Ou, se as empresas quiserem percepções qualitativas, elas se voltam para grupos de discussão,
ambientes fechados e artificiais com agendas sob controle da empresa). Isso
não quer dizer que tal pesquisa não aconteça. No entanto, acredita-se que o
fato de transformar as conversas ativas de comunidades em dados agregados
(transformando, portanto, os públicos em espectadores passivos) priva esses
grupos de seu arbítrio e rejeita sua capacidade de participação.

Por fim, escutar exige uma resposta ativa: não apenas coletar dados, mas também fazer algo com eles. Tal ação pode incluir interagir como resposta sobre o que o público está falando: agradecer a eles pelo entusiasmo, oferecer apoio ou recursos adicionais, responder às preocupações e corrigir equívocos. Em outros casos, pode levar a mudanças internas: abordar as necessidades de públicos excedentes inesperados, os apelos de usuários líderes e retrôs, os padrões culturais entre as comunidades que a empresa mais deseja alcançar, ou pontos de discórdia e mal-entendidos que podem ser abordados por meio de alteração na comunicação ou na prática de negócio.

Um dos motivos mais assustadores para as empresas se concentrarem principalmente em ouvir é que elas não estão realmente organizadas para escutar com eficácia. Estudiosos de mídia e marketing lutam há muito tempo para impedir que os públicos sejam retratados completamente como passivos. Nesse mesmo espírito, devemos ter o cuidado de não descrever as organizações como uma entidade única e unificada. Muitas vezes, as funções de marketing de uma empresa têm pouca, talvez nenhuma, ligação com serviços de TI, os jurídicos ou os serviços ao cliente. Cada uma dessas divisões reporta-se a uma parte diferente da liderança corporativa e encontra-se em um campus diferente, e seus líderes podem ser apenas vagos conhecidos.

Para o cliente, todos esses canais de interação se constituem como "uma marca". No entanto, internamente, essa comunicação fracionada representa lógicas contraditórias e medidas concorrentes de sucesso com pequeno alinhamento ou colaboração interna. Por exemplo, enquanto os departamentos de marketing são cobrados e medidos pelo número de formas pelas quais podem "engajar" o cliente ou, no mínimo, pela coleta de suas "impressões" através das várias plataformas, os departamentos de serviço ao cliente são medidos, frequentemente, pela rapidez com que podem se desvencilhar do cliente, por meio de métricas de eficiência (quantas chamadas podem ser respondidas em uma hora, por exemplo).

No passado, esses "silos" internos (o termo popular para descrever esse problema no mundo corporativo) poderiam existir separadamente porque os clientes tinham menos oportunidades para falar fora dos mecanismos cuidadosamente orquestrados de feedback fornecidos por uma empresa. Hoje, no entanto, quando uma marca solicita que os públicos colaborem em um concurso para criar "conteúdo gerado pelo usuário" ou facilita a customização e a difusão do material "oficial", essas atividades ainda estão dentro dos limites de uma divisão de propaganda ou pertencem à divisão de relações públicas?

Tais questões são mais do que apenas mera semântica. A infraestrutura corporativa cria divisões disciplinares rígidas entre esses vários departamentos, não apenas no âmbito do trabalho, mas, talvez o mais importante, também no orçamento. Quem "detém" a relação com o cliente dentro de uma empresa é, afinal, uma questão de quem permanece relevante e quem mantém seu emprego. E à medida que os comunicadores corporativos por toda uma organização se adaptam a uma era digital, as tensões e as linhas de falhas entre os departamentos modelam a forma como as marcas reagem à ética e às práticas do que estamos chamando de mídia propagável.

Com certeza, várias divisões de uma organização poderiam ser mais bem servidas para fornecer funções um pouco diferentes nesse ambiente de mídia. Por exemplo, os anunciantes poderiam escutar para elaborar, dar sustentação e tornar mais relevante suas campanhas de marketing; os profissionais de relações públicas, para construir relações e tornar a empresa compreensiva em relação às conversas que acontecem além do marketing da empresa; o serviço ao cliente, para responder de modo proativo aos problemas que as pessoas têm com produtos ou serviços da empresa (FORD, 2010b). No entanto, escutar o público é um objetivo e uma atividade que todos esses departamentos poderiam compartilhar, que poderia proporcionar um ponto central no qual estabelecer novos meios de comunicação interna e colaboração.

O mais frustrante de tudo é que muitas empresas não escutam de verdade porque não é de interesse de seus líderes. Assim como os criadores de mídia geralmente querem permanecer na ilusão de um mundo de radiodifusão, em que as audiências podem ser mais facilmente relegadas a um conjunto de indivíduos passivos em vez de entendidas como públicos conectados em rede, os líderes corporativos vivem em um mundo menos complicado quando podem simplificar a maneira como seus clientes são compreendidos (por isso a preferência por ouvir a escutar).

Não obstante, estão acontecendo debates em toda reunião de diretoria das empresas entre proibicionistas que desejam controlar de forma rígida suas

CULTURA DA CONEXÃO

propriedades intelectuais e colaboracionistas que desejam construir novas relações com seus públicos (Jenkins, 2006b). Conforme Erica Rand sugere em *Barbie's queer accessories* (1995), há colaboradores dentro de muitas empresas que trabalham para liberalizar políticas, para permitir significados alternativos ou, de outro modo, para mudar a sua relação com seus públicos. Eles podem fazer isso não porque querem "liberar" seus públicos, mas, sim, porque veem essas concessões ao público como uma boa lógica de negócio, ou ainda porque sua ética pessoal e profissional exige essa mudança.

Para esses colaboradores, a mudança de ouvir para escutar é importante por causa dos potenciais benefícios que podem ser alcançados ao se escutar e responder ao público. Como ilustração, tome este exemplo da comunidade de games de esporte. Os fãs descobriram que o jogo *Tiger Woods PGA Tour 08*, da EA Sports, tinha uma falha na programação em que era possível um jogador (jogando como o homônimo Tiger Woods) caminhar sobre um obstáculo de água e fazer uma tacada. Levinator25 era um desses fãs, entre vários, que não apenas descobriram o erro, mas fizeram o upload de um vídeo no YouTube executando as suas tacadas no jogo. Quando chegou a hora de promover o *Tiger Woods PGA Tour 09*, a agência Wieden+Kennedy fez o upload de um vídeo de 30 segundos que começa com a imagem de um computador mostrando o vídeo de Levinator25 seguido pelos créditos que dizem:

> Levinator25,
> Você parece pensar que seu vídeo Tacada de Jesus
> foi uma falha de programação no jogo.

O filme então apresenta o Tiger Woods "real" acertando sua bola de dentro de um obstáculo de água. Woods estuda a bola (que repousa sobre uma folha de lírio flutuante), remove seus sapatos e meias e caminha sobre a água para fazer a tacada. O anúncio termina com duas sentenças que aparecem sobre a imagem de Woods voltando pela água para a margem: "Não é uma falha. Ele é simplesmente muito bom".

O anúncio foi postado não como um vídeo independente, mas como uma "resposta" no YouTube ao upload de Levinator25. Tal abordagem quis

O QUE CONSTITUI UMA PARTICIPAÇÃO SIGNIFICATIVA? | 227

dizer que W+K, EA Sports e Woods fizeram com que seu comercial fosse parte da conversa da comunidade que já estava acontecendo, demonstrando que estavam prestando atenção e escutando a comunidade de fãs interessada em seus games. Esses processos podem abrir oportunidades para as empresas responderem aos seus públicos do modo como eles querem e precisam, e responderem de maneira que se encaixem nas conversas em andamento dos públicos, onde eles as estão tendo, e de formas apropriadas – isso se a empresa realmente escutar e compreender a comunidade a qual está alcançando.

No entanto, as práticas de escuta também são cruciais porque a ilusão do mundo da radiodifusão foi quebrada. Não escutar de forma proativa o que clientes ou outros grupos estão dizendo sobre uma marca da empresa quer dizer não responder a um problema de serviço ao consumidor antes que este se torne um assunto de relações públicas, ou não abordar uma preocupação que as pessoas tenham levantado com uma mensagem da empresa ou prática de negócio até que isso danifique a reputação da marca. Em outras palavras, os esforços de escuta são importantes para o resultado final não apenas porque fornecem um alicerce para construir relacionamentos positivos com os públicos, mas também porque ajudam a evitar os tipos de crise que estão se tornando cada vez mais prováveis quando as empresas ignoram o que as pessoas estão dizendo sobre elas e seus produtos.[5]

Por exemplo, começando no final de 2009, a Domino's Pizza descartou seu marketing tradicional após ter escutado e aceitado o que as pessoas disseram sobre sua pizza: que não era muito boa. Em vez de continuar a ignorar essa realidade, a Domino's admitiu isso de cabeça erguida, anunciando publicamente que estava se comprometendo a fornecer uma pizza melhor e pedindo aos clientes que ajudassem nesse esforço. A empresa reagiu às conversas on-line sobre suas novas pizzas, solicitou feedback e se comprometeu em continuar resolvendo as questões que as pessoas ainda tinham com a Domino's. Ela pediu que o público documentasse e enviasse qualquer experiência ruim que tivesse com a marca e executou uma campanha nacional de propaganda realçando o que tinha dado errado, desculpando-se e prometendo corrigir o problema.

Um ambiente de mídia mais participativo concentra-se não apenas em melhor compreensão e na priorização das formas pelas quais as audiências de mídia participam, mas igualmente nas atividades em que as indústrias de mídia e marcas devem participar se quiserem continuar a prosperar. Em outras palavras, os conceitos corporativos de "alinhamento", em movimento descendente, devem ser substituídos pelas empresas que escutam com constância seus públicos e que reajustam sua infraestrutura com o objetivo de ficar mais sintonizadas para abordar o que esses públicos querem e precisam.

Padrões diários de cocriação

Se algumas empresas ainda estão aprendendo como "escutar" e responder, a cultura ligada em rede dá origem a formas mais elaboradas (e, em alguns casos, radicais) de cocriação e "produsage" que, além disso, revisam a nossa compreensão das relações entre empresas e públicos. Podem-se considerar essas práticas como colaboração em um sentido diferente, ou seja, trabalho em conjunto para alcançar algo que os participantes poderiam não atingir por conta própria. Em nosso livro expandido, Ana Domb, diretora do Programa de Design de Interação da Universidade Veritas, na Costa Rica, descreve as formas complexas de participação que cresceram em torno do estilo de música popular brasileira denominado tecnobrega. Seu estudo de caso sugestivo analisa os papéis que várias festas desempenham na manutenção da produção e da circulação de som gravado em um contexto em que muitas ideias dominantes sobre propriedade intelectual foram suspensas. Conforme Domb sugere, esses vários participantes, alguns amadores, alguns comerciais, alguns que ocupam as fronteiras entre os dois, formam uma rede de valor, e suas atividades são mantidas de forma mútua, cada um contribuindo com o valor da experiência geral.

Dentro desse modelo, os públicos são valorizados não apenas como clientes em uma transação comercial, como compradores de música gravada, de ingressos para eventos ou merchandising de marca, mas também como multiplicadores ativos que contribuem com um valor simbólico para a comunidade tecnobrega. A tecnobrega é uma subcultura musical organizada em torno de milhares de grandes festas por mês, em que DJs pilotam sistemas de som

O QUE CONSTITUI UMA PARTICIPAÇÃO SIGNIFICATIVA? | 229

sofisticados e grandiosos com plataformas hidráulicas e efeitos pirotécnicos. Igualmente fundamental para essa subcultura, no entanto, são os públicos, que se organizam em "equipes de amigos que participam das festas e dos shows juntos". Conforme Domb as descreve, as equipes criam valor através de suas atividades promocionais: circulação de música, promoção de shows e de suas bandas favoritas, criação de conteúdo (colocação e composição de músicas, invenção de danças etc.) e elevação do status do DJ na comunidade por meio de demonstrações públicas do fandom. Esses papéis são importantes para o sucesso do negócio do tecnobrega em geral. Embora muitos desses comportamentos tenham sido padronizados, assim como as atividades dos fãs engajados, o contexto do tecnobrega está aceso porque o papel desse público foi adotado como um meio de sustentar a produção de música, de modo que não pode ser considerado como de compreensão convencional de "públicos" ou mesmo de "fandoms".

Ao examinar sites de redes sociais, empreendimentos coletivos tais como softwares de fonte aberta e gratuitos, e espaços colaborativos on-line como Wikipédia e Slashdot, Axel Bruns (2008) oferece uma óptica para que se entendam os diferentes papéis exercidos pelos membros do público em uma sociedade ligada em rede. Importante para a nossa discussão, Bruns defende uma categoria mais fluida de participação que ele rotula de "produsage", uma fusão de "produção" e "uso", realizada pelos "produsers" (produtores-usuários) através de processos colaborativos de criação e recriação. Construída com disponibilidades técnicas que incentivam as abordagens frequentes de tarefas, de papéis suscetíveis a mudanças e uma ausência de hierarquia, de material compartilhado em vez de se deter à propriedade do mesmo, e as abordagens detalhadas para solução de problemas, a sociedade ligada em rede incentiva a colaboração em projetos por meio de uma comunidade "colmeia" (p. 18-19). Essa comunidade cria através de um "processo evolutivo, repetitivo, perpetuamente inacabado e contínuo de desenvolvimento gradual dos recursos de informações compartilhados pela comunidade" (p. 20).

A indefinição de papéis que Bruns discute de forma hábil descreve a participação dos superfãs do tecnobrega, que atuam "não simplesmente como consumidores passivos, mas, sim, como usuários ativos, com alguns deles partici-

230 | CULTURA DA CONEXÃO

pando mais intensamente com foco apenas em seu próprio uso pessoal, e outros participando de formas que são inerentemente construtivas e produtivas para redes sociais e conteúdo comunitário" (2008, p. 23). Lendo-se pela óptica de Bruns, as atividades dos públicos do tecnobrega para gerar interesse público, promover shows, distribuir gravações através de sites de redes sociais e até mesmo implorar que os DJs reconheçam as festas significam que esses fãs podem ser vistos como criadores significativos da experiência que eles e outros públicos mais casuais estão usufruindo como "o público". Domb reconhece que o retorno usufruído pelos públicos do tecnobrega vem tanto dos membros de outras equipes como dos músicos e dos promotores dos eventos.

E, dado que as ações dos membros efetivos da equipe são recompensadas pelo status social (isto é, quanto mais popular for sua equipe, mais alto é o seu nível de consideração dentro da comunidade e maior é o seu perfil de celebridade), podem-se discutir as recompensas do tecnobrega através da avaliação comunitária, conforme identifica Bruns. Esses paralelos não são completamente inesperados, e Bruns observa que práticas similares ao produsage podem ser identificadas no antigo DIY e em comunidades de aficionados (2008, p. 390). O tecnobrega é um processo, não um produto, é um acontecimento contínuo, não um evento único. Como outros tipos de produsage, a atividade dos fãs nunca termina (p. 27-28). Termina um show e eles começam a planejar o próximo.

As práticas que envolvem gostar, recomendar e retransmitir textos são especialmente aparentes em locais que alavancam a atenção, tais como o You-Tube, onde, Bruns argumenta, os "valores de produsage" triunfam sobre os "valores de produção" (2008, p. 255). Bruns observa que lá os produsers desempenham papéis promocionais e de curadoria, selecionando e promovendo conteúdo e criando metadados, melhorando as perspectivas de material a ser encontrado pelos futuros usuários. Ao fazer isso, ele afirma que esses públicos atingidos pelos produsers são mais propensos a selecionar por relevância e ressonância, menosprezando os produtores de mídia tradicional que há muito tempo dependem de altos valores de produção para distingui-los dos movimentos de participação popular e dos produtores de mídia independente. Cada vez mais a mídia tem se tornado parte da reação normal à leitura/escuta/

O QUE CONSTITUI UMA PARTICIPAÇÃO SIGNIFICATIVA? | 231

visualização para todo mundo, em vez de um desejo de ser produtor de mídia em treinamento.

Essas práticas do público ativo são particularmente perceptíveis, por exemplo, na popularização dos modismos de dança. Em nosso livro expandido, Kevin Driscoll, estudante de doutorado da Escola Annenberg para Comunicação e Jornalismo da Universidade do Sul da Califórnia, nos Estados Unidos, observa o que poderia ser aprendido com o fenômeno do vídeo on-line de encenar as coreografias com base no vídeo *Crank Dat* (Soulja Boy), de 2007, de Soulja Boy. DeAndre Way, um estudante do ensino médio da área rural do Mississippi, nos Estados Unidos, ao gravar música como Soulja Boy Tell'Em tornou-se uma espécie de sensação da noite para o dia no verão de 2007 com a trilha musical "Crank Dat" (Soulja Boy), que foi uma das várias trilhas de snap postadas no site Soundclick de compartilhamento de música. Conforme Driscoll explica, snap é um gênero de hip-hop que se afasta "o máximo do modelo de hip-hop convencional. A programação mínima de bateria e letras repetitivas do snap desestabilizou as normas inquestionáveis do hip-hop, tais como o valor do jogo complexo de palavras e o uso de samples de funk e soul". Way foi um de um pequeno número de artistas de snap a postar no site Soundclick, cada um deles retrabalhando alguns elementos comuns para criar sua própria versão de *Crank Dat*. O importante do snap e da variação de *Crank Dat* é dançar, uma característica que o distingue de outros gêneros do hip-hop. Soulja Boy usou seu blog e perfis de redes sociais para incentivar ativamente os fãs a dançar e a aproveitar a sua performance, a produzir e compartilhar vídeos que remixassem sua música. Essa abordagem promoveu milhares de downloads de músicas e milhões de visitas em seu blog no MySpace, o que contribuiu para que ele assinasse um contrato com uma importante gravadora em três meses.

É tentador ler sobre o sucesso de Soulja Boy como o conto de um produtor talentoso que compôs uma música cativante e coreografou uma dança fácil de imitar e, em seguida, direcionou para um público tão amplo quanto possível pelo YouTube. Porém, Driscoll observou, o sucesso de Soulja Boy teve mais a ver com o modo como DeAndre Way envolveu os públicos para remixar e recoreografar seu conteúdo, promovendo "múltiplos pontos de entrada", conforme Driscoll descreve:

232 | CULTURA DA CONEXÃO

Para que um artefato cultural específico se propague, seu potencial expressivo deve ser acessível através de audiências aparentemente diferentes. O clique do Cash Camp demonstrou, por meio de suas danças, gírias, roupas idiossincráticas e sotaques do sul, múltiplos pontos de entrada no fenômeno *"Crank Dat"*. E Soulja Boy, ao estrear sua música como a trilha sonora para um vídeo de dança caseiro de outro grupo, convidou visitantes de forma implícita a criarem variações adicionais. As audiências que aceitaram o convite mantiveram apenas os elementos que acharam relevantes. Elas se sentiram à vontade para criar novos passos de dança, para retrabalhar o áudio, para alterar o vídeo e para introduzir seus próprios símbolos de importância local.

Way incentivou o público a transformar sua criação, ao pedir que as pessoas respondessem e dissessem algo exclusivo por meio do *Crank Dat*. Através desse processo, Soulja Boy agiu como "curador, líder de torcida e símbolo emblemático para o fenômeno coletivo *Crank Dat*, de acordo com Driscoll, encorajando em vez de buscar medidas legais contra fãs que queriam se aproveitar de suas próprias criações. Conforme ele explica na letra da música *"Y'all can't do it like me/so don't do it like me* [Vocês todos não podem fazer igual a mim/então não façam igual a mim]". A cada estágio, o performer solicitava e retribuía a participação da audiência dentro de um gênero que tem, como Driscoll ressalta, tradições fortes de apropriação, transformação, capacidade de variação na performance e expressão de identidade (local).

As versões, interpretações, adaptações e mash-ups criados pelos fãs em torno de *Crank Dat* são exemplos de práticas do público que já foram largamente propagadas no YouTube. Independentemente de o slogan muito divulgado do YouTube convidar os usuários a "transmitir a si próprios", a comunicação e o diálogo representam um montante significativo da atividade do site, em detrimento da radiotransmissão e do autobranding. Sua arquitetura permite que os usuários façam um link de um vídeo que sofreu upload para outro existente como uma "resposta" e, no processo, tornam-se uma parte direta da circulação do vídeo original. Mesmo os vloggers mais inexperientes reconhecem a participação de seus visitantes ao responder aos comentários em vídeos, convidando

O QUE CONSTITUI UMA PARTICIPAÇÃO SIGNIFICATIVA? | **233**

as pessoas a escrever e oferecendo mensagens de saída que reconhecem outros usuários do serviço (BURGESS & GREEN, 2009; LANGE, 2009). Jean Burgess argumenta: "O YouTube é em si um site de rede social, em que os vídeos são o principal meio de conexão social entre os participantes (em vez de *friending*, ação de adicionar alguém à sua lista em uma rede social)" (2008, p. 102).

Além disso, Burgess sugere que certos vídeos "atuam como um ponto central para uma atividade criativa adicional por uma vasta gama de participantes. Esses vídeos são parodiados, copiados, passam por mash-up, são respondidos, imitados e recriados. Eles podem não ser, quantitativamente, os vídeos mais "populares", mas podem se tornar mais profundamente incorporados na memória popular por meio de suas repetições e variações. São vídeos muitas vezes identificados como "memes", tais como o *Crank Dat* de Way ou o vídeo do YouTube bastante popular da música "Chocolate Rain". Ao discutir a onda de criatividade inspirada pelo último vídeo, Burgess observa que a música "Chocolate Rain", assim como *Crank Dat*, apresentou várias formas para o público imitar ou remixar, desde o solo com vozes de barítono até a performance idiossincrática de Zonday e os "encartes" de vídeo com legendas de estilo.

A ideia de produsage para Bruns sugere que aqueles que produzem suas próprias respostas de vídeo mantêm seus papéis como audiência, mesmo quando criam e publicam conteúdo. O mesmo pode ser dito das pessoas que ajudam a propagar esses vídeos e que promovem Soulja Boy. O YouTube é um espaço em que todos podem ver o público realizando trabalhos como membros de público: o trabalho de criar significado, de conectar a mídia com suas realidades e suas identidades pessoais e interpessoais.

O YouTube é impulsionado, em parte, pelo clipe e pelas citações, ou seja, um apanhado breve ou uma seleção editada de outros textos de mídia. Esses vídeos são uma prova de que os públicos se envolvem com o conteúdo e o avaliam, usando-o como um recurso para expressar suas identidades pessoais e interesses compartilhados. Muitos líderes da indústria, no entanto, veem essas práticas triviais como fortes ameaças. Por exemplo, Brian Grazer, produtor de *8 Mile*, falou sobre um mash-up de seu filme e *Napoleon Dynamite*: "Isso me incomoda artisticamente. Aqui está uma coisa sobre a qual você não tem

234 | CULTURA DA CONEXÃO

controle, e estão picando e colocando suas memórias em um liquidificador" (citado em HOLSON, 2007). Enquanto isso, o CEO e presidente da Medialink Worldwide, Laurence Moskowitz, falou sobre violação de direitos de autor em 2007, dizendo que "o gênio tem de ser colocado de volta na garrafa, ou toda a economia da indústria de entretenimento, em nível mundial, estará sujeita a uma contrafação desastrosa" (citado em WHITNEY, 2007). Ambas as declarações apontam para a conjugação de pirataria flagrante das indústrias de mídia, a reprodução de um trabalho com ganho comercial total ou parcial, com uma variedade de atividades de fãs que comentam, criticam, recomendam ou fazem novas declarações criativas usando parte de um trabalho existente.

Esses são os tipos de práticas que John Hartley descreve como *redaction*, ou seja, a produção de "material novo por um processo de edição de um conteúdo existente" (2008, p. 112). Apesar de a citação ter se tornado uma forma aceitável de circulação de material impresso on-line (os blogs fazem regularmente citações do material e depois um link com o mesmo, por exemplo), muitas empresas ainda não estão equipadas para acolher o valor gerado através de citações audiovisuais ou outras formas de trabalho de transformação como meio de incorporar o material deles em conversas contínuas maiores.

Em um mundo em que algo, se não propagado, está morto, se não puder ser citado, pode não significar nada. As práticas sociais de mídia propagável precisam de material que seja citável, ao fornecer formas fáceis para que o público possa extrair trechos desse material e compartilhar esses trechos com os outros; e apropriável, ao fornecer as funções tecnológicas que tornam o conteúdo de fácil manuseio e compartilhável. A capacidade de incorporar facilmente vídeos do site para outros fóruns on-line foi fundamental para o sucesso do YouTube. Tal capacidade de apropriação é muitas vezes um fator-chave na forma como o material se espalha. Por exemplo, Emma F. Webb (2011) investigou o modo como os vídeos on-line são frequentemente usados como ponto de referência ou para efeitos e ilustração em discussões e críticas de fãs de novelas. Essas apropriações não são simplesmente produzidas pelas audiências. Elas geram audiências pelo aumento da conscientização popular dos programas que estão sendo citados e, mais importante ainda, elas mantêm as audiências ao abastecer as conversas em andamento.

O problema da participação desigual

Os ganhos obtidos com a criação de um ambiente de comunicação mais participativo, para algumas pessoas, não foram a consequência inevitável da introdução das novas tecnologias digitais e das comunicações ligadas em rede. Eles surgem a partir das escolhas feitas, e que continuam a ser feitas, em relação à maneira como novas ferramentas e plataformas são empregadas. Um estudo de 2006 realizado pelo Pew Center for the Internet & American Life (LENHART et al., 2007) constatou que as pessoas com renda familiar de 75 mil dólares ou mais por ano tinham três vezes mais probabilidade de produzir e compartilhar conteúdo de internet do que aquelas cujo rendimento familiar anual era menor do que 30 mil dólares. Essas desigualdades continuam se expandindo: à medida que os residentes de baixa renda, nos Estados Unidos, obtiveram acesso a computadores ligados em rede através de escolas e bibliotecas públicas, seus pares mais abastados conseguiram acesso à banda larga e desfrutam de acesso ilimitado em suas casas (LIVINGSTONE; BOBER, 2005).

Os wikipedistas falam de "viés sistêmico", ou seja, do modo como a criação de conteúdo em seus projetos de movimentos populares é limitado e desequilibrado por características demográficas de quem participa e quem não participa. Embora originário como um termo entre os wikipedistas, o "viés sistêmico" formata todas as plataformas da Web 2.0. Isso é importante quando mais colaboradores asiático-americanos sobem ao topo no ranking do YouTube do que os afro-americanos ou quando os sites com usuários moderados não têm mecanismos que promovam a diversidade de perspectivas. Em cada um desses casos, a disponibilização dessas plataformas pode parecer neutra em seu design, mas não em seus efeitos, porque as "soluções" tecnológicas não podem superar outros fatores que dão forma ao acesso relativo de grupos diferentes ao poder comunicativo e cultural. A participação on-line limitada pode refletir a falta de tempo disponível, especialmente entre aqueles que não têm acesso digital no local de trabalho, assim como reflete a falta de rendimento disponível (SEITER, 2008). Portanto, essa falta de participação pode persistir quando se tem acesso técnico, mas não as habilidades e o conhecimento cultural exigidos para se participar plenamente. Além disso, aqueles que não conhecem nin-

236 | CULTURA DA CONEXÃO

guém que usa a internet para se engajar nas práticas da cultura participativa podem não ter modelos significativos que inspirem seu próprio uso da tecnologia e das plataformas.[6]

É improvável que a mudança dessas desigualdades seja proveniente de empresas que se concentrem em "mercados carentes", uma abordagem que parte do pressuposto de que os principais condutores do novo cenário de mídia são econômicos e de que devemos ser cortejados como clientes em primeiro lugar, em vez de membros de comunidade. E nem virá de projetos de serviços públicos concebidos para garantir o acesso às tecnologias, mas não para dar treinamento das capacidades exigidas para uma participação significativa. A obtenção do acesso à internet pelas escolas e bibliotecas públicas nos Estados Unidos foi alardeada por ajudar a eliminar a "exclusão digital" durante a presidência de Bill Clinton, mas a política governamental, em todos os níveis, procurou limitar de forma significativa o acesso aos sites de rede social e às plataformas de compartilhamento de vídeo, ou impor filtros obrigatórios a conteúdos da web, em vez de desenvolver habilidades para a negociação desses espaços.

Muitos dos esforços mais poderosos para ampliar a participação são, em vez disso, provenientes de comunidades que trabalham juntas para superar as restrições à sua capacidade de comunicação. Sasha Costanza-Chock (2010), por exemplo, descreveu o surgimento de estratégias e táticas da nova mídia entre os grupos latinos no sul da Califórnia como "mobilização transmídia", uma estratégia que explora toda e qualquer plataforma de mídia disponível para difundir sua mensagem. Historicamente, esses ativistas dos direitos dos imigrantes cortejam a cobertura através da mídia de massa anglo-americana com sucesso limitado: a mensagem deles foi muitas vezes marginalizada e distorcida. O surgimento da mídia de radiodifusão étnica na Califórnia, especialmente rádio e televisão no idioma espanhol, concedeu um acesso maior a esses grupos de direitos dos imigrantes, mas ainda baseado nos canais de comunicação.

Embora os locutores de rádio (no idioma espanhol) ainda desempenhem o papel mais importante na mobilização dos apoiadores dos direitos dos imigrantes para participar das marchas de protestos, Costanza-Chock observa um

O QUE CONSTITUI UMA PARTICIPAÇÃO SIGNIFICATIVA? | 237

emprego crescente da mídia social e das práticas participativas, especialmente entre os ativistas mais jovens, mas que se espalham através do movimento à medida que os ativistas passam a reconhecer como essas práticas digitais podem reduzir os custos e expandir o seu alcance. Conforme ele explica, a "mobilização transmídia, portanto, marca uma transição no papel dos comunicadores do movimento, de criação de conteúdo para agregação, curadoria, remixagem e circulação de textos ricos de mídia por meio de formações de movimentos ligados em rede" (2010).

A mobilização transmídia tira proveito das capacidades latentes de comunicação da comunidade. Costanza-Chock descreve como os imigrantes em Los Angeles foram os primeiros adeptos da utilização de câmeras de vídeo ao gravarem coletivamente os principais eventos da comunidade, tais como festivais, casamentos, funerais e shows, e enviarem as fitas de vídeo de volta para suas cidades natais como um meio de manter os laços com a família e com a comunidade através das distâncias geográficas. Mais recentemente, o uso dos sites de compartilhamento de vídeo on-line tem complementado o transporte físico das fitas de vídeo. Essas mesmas práticas são empregadas quando os ativistas dos direitos dos imigrantes gravam e fazem upload de cenas de protestos ou palestras de líderes comunitários sobre suas lutas. (Muitas dessas habilidades digitais são então passadas informalmente entre amigos e colegas de trabalho, enquanto os jovens que adquiriram aprendizado sobre as novas mídias em escolas acabam ensinando seus pais e avós.)

À medida que o valor da mobilização transmídia se tornou mais claro, muitos ativistas tradicionais e grupos de trabalho nos Estados Unidos começaram a fornecer treinamento nas habilidades relacionadas às novas mídias para os seus membros, geralmente no serviço de produção do tipo de mídia que pode propagar suas mensagens nos outros segmentos da comunidade. Por exemplo, Costanza-Chock documenta um projeto chamado Radio Tijeras que treinou costureiros em práticas de produção de áudio (2010, p. 174). Os participantes criaram noticiários, gravaram poemas, geraram anúncios de utilidade pública e interpretaram histórias orais. Eles misturaram suas próprias produções com música popular na criação de *discos volantes* (revistas de áudio--CD) a serem distribuídos dentro das fábricas exploradoras do centro de Los

238 | CULTURA DA CONEXÃO

Angeles. De modo mais geral, a participação na produção e na circulação das mensagens do movimento fortalece os vínculos e aumenta o engajamento na causa, permitindo aos participantes maior senso de propriedade sobre o que foi produzido e maior senso de envolvimento no resultado.

A mensagem pode se espalhar através das páginas do Facebook e de postagens no Twitter, nos programas de rádio e nas revistas de áudio, nas artes nas ruas e pela oratória. Muitas vezes, o mesmo conteúdo é reaproveitado ou remixado à medida que percorre plataformas. Os sistemas híbridos de comunicação, especialmente aqueles entre mídia de baixa e de alta tecnologia, preenchem lacunas de alfabetização tecnológica nas comunidades de imigrantes. Para mencionar um exemplo histórico, imigrantes judeus que trabalhavam em fábricas exploradoras em Nova York na virada do século 20 contratavam alguém para ler livros, jornais e revistas em voz alta para eles enquanto trabalhavam (HOWE; LIBO, 1983). Voltando para um exemplo mais recente, blogueiros em Beirute durante a Guerra do Líbano de 2006 criaram desenhos e gráficos interessantes que podiam ser impressos e postados por partidários conectados digitalmente nas comunidades de imigrantes libaneses ao redor do mundo, transmitindo assim sua mensagem para as pessoas que podiam carecer tanto de acesso digital como de habilidades em utilização de mídias exigidas para seguirem os blogs elas próprias (JENKINS, 2006a).

Há uma forte tradição na literatura política sobre o mundo em desenvolvimento de falar sobre "tecnologias apropriadas", ou seja, tecnologias que acomodam as capacidades e as necessidades das populações locais, que são sustentáveis, que respeitam seu meio ambiente e que tiram o máximo proveito da infraestrutura e dos recursos tecnológicos disponíveis, que em geral são limitados. Muitas vezes, essas práticas provocam o alastramento da mídia, frequentemente reduzindo a distância entre as populações ao mesmo tempo que asseguram a comunicação das mensagens essenciais. Tais práticas envolvem, com frequência, a interação entre as culturas de baixa e de alta tecnologia, tais como aquela que John Fiske (1994) descreve em seu trabalho sobre como as rádios piratas funcionavam nas comunidades afro-americanas e de imigrantes em Los Angeles logo após os distúrbios raciais ocorridos em 1992. Nesse caso, os participantes usaram a mídia de movimentos populares para contestar a concepção dos levantes na mídia dominante e para questionar a autoridade da polícia, utilizando geralmente leitura em voz alta e debates sobre relatos impressos que poderiam não ter sido acessíveis à comunidade como um todo. O relato mais recente de Costanza-Chock sobre o ativismo dos direitos dos imigrantes sugere que continua a funcionar um sistema similarmente híbrido de comunicação em Los Angeles, que desafia e complementa as representações da mídia de massa através de formas de transmissão de mensagens participativas e construídas mais localmente.

Contudo, é significativo que Costanza-Chock descreva em seu estudo muitas dessas práticas de comunicação como remanescentes dentro da comunidade de imigrantes latinos. Os participantes dos movimentos dos direitos dos imigrantes, ele argumenta, acreditam que têm pouca chance de atingir os públicos anglo-americanos ou que encontrarão pouco apoio lá, em função da retórica demagógica anti-imigrante que é utilizada em alguns programas de rádio e televisão no idioma inglês. Embora esses grupos às vezes percorram a mídia social para buscar causas em comum com outras populações de imigrantes que estejam engajadas em lutas semelhantes, eles frequentemente recebem pouca ou nenhuma resposta da mídia mainstream, que poderia ajudá-los a atingir os públicos anglo-americanos persuadindo-os da legitimidade da causa em questão. Portanto, encontramos no movimento dos direitos dos imigrantes um exemplo rico de como os textos de mídia se espalham (entre as gerações, através das plataformas, além das fronteiras nacionais) e quando e por que eles não se espalham (através das divisões ideológicas e de classe, das barreiras da língua e, especialmente, da mente fechada de muitas pessoas de fora do movimento).

Enquanto isso, outros pesquisadores constataram que as redes sociais on-line podem ser tão segregadas, se não mais, quanto as redes sociais no mundo físico. Conforme danah boyd (2011) e S. Craig Watkins (2010) documentaram, o Facebook e outros sites de redes sociais geralmente funcionam como o equivalente digital das comunidades fechadas, protegendo os participantes do contato on-line com pessoas de fora de seu círculo social enquanto permitem comunicações mais fáceis e mais rápidas com seus amigos e familiares. Tanto boyd como Watkins argumentam que as pessoas optam entre o Facebook e o

240 | CULTURA DA CONEXÃO

MySpace com base em suas aspirações econômicas e em seu status educacional, normalmente usando uma linguagem bastante codificada em termos de classe e etnia para descrever o que não gostam em relação à outra plataforma. Watkins compara esse processo ao *The big sort* (A grande classificação), que introduziu a segregação em muitas cidades nos Estados Unidos através de padrões residenciais.

Quanto levamos a sério essas desigualdades de acesso e oportunidade depende muito do que entendemos como valor da participação. Se, como alguns céticos, entendermos a cultura participativa como um "comportamento de consumo com um nome diferente", então devemos, conforme um ex- -delegado da Comissão Federal de Comunicações sugeriu, entender a exclusão digital como nada além da diferença de quem possui carros de luxo e quem não possui. Porém, se entendermos cultura participativa como um passo vital em direção à percepção de uma luta secular por comunidades de movimentos populares para obter maior controle sobre os meios de produção e circulação cultural, ou seja, se entendermos a participação como o trabalho de públicos e não simplesmente de mercados e audiências, então as oportunidades para expansão da participação são lutas que devemos incluir ativamente através do nosso trabalho, seja por meio de esforços para reduzir os obstáculos técnicos e econômicos, seja para expandir o acesso ao aprendizado de como utilizar as mídias. (Esses debates se tornam muito reais quando os distritos de escolares de baixo rendimento brigam para definir se gastam seus orçamentos escassos com professores, livros de ensino ou computadores.) E se entendermos o momento atual como de "colaboração" e cocriação, ou seja, se o visualizarmos como um momento que envolve relações mais complexas entre as empresas e os públicos, temos ainda mais motivos para expandir a luta em relação aos termos de nossa participação. Nossos exemplos aqui (que variam do tecnobrega no Brasil aos vídeos de snap no YouTube e às lutas pelos direitos dos imigrantes em Los Angeles) sugerem as maneiras pelas quais nossa esfera pública tem enriquecido através da diversificação de quem possui os meios para criar e compartilhar cultura.

Quando dizemos que nossa cultura está em processo de se tornar mais participativa, falamos em termos relativos, ou seja, participativa em relação aos sistemas mais antigos de comunicação de massa, e não em termos absolutos. Não vivemos, e talvez nunca vivamos, em uma sociedade em que cada membro seja capaz de participar plenamente, em que a mais baixa das classes baixas tenha a mesma capacidade comunicativa que as elites mais poderosas. Na medida em que a participação dentro dos públicos ligados em rede se torna uma fonte de poder discursivo e persuasivo, e na medida em que as capacidades de participar significativamente on-line estão vinculadas às oportunidades econômicas e educacionais, a luta pelo direito à participação está vinculada às questões fundamentais de igualdade e justiça social.

Conforme visto aqui, a natureza da participação na era digital é um assunto complicado. Até mesmo para grupos que têm um acesso maior às tecnologias digitais e dominam as habilidades para empregá-las de modo eficaz para suas próprias finalidades, nossa capacidade de participar pode vir a ser complicada por questões ligadas a quem detém a propriedade das plataformas através das quais ocorre a comunicação e como as suas agendas definem a forma como tais ferramentas podem ser empregadas. E mesmo que consigamos passar nossas mensagens, muitas vezes fica a dúvida sobre se alguém está escutando. Nada disso permite que sejamos complacentes com as condições atuais das comunicações ligadas em rede, ainda que as oportunidades expandidas de participação nos deem motivos de esperança e otimismo.

O que estamos chamando de propagabilidade parte do pressuposto de que a circulação se constitui como uma das forças-chave que dão forma ao ambiente de mídia. Parte também de uma crença de que, se formos capazes de entender melhor os fatores institucionais e sociais que formatam a natureza da circulação, podemos nos tornar mais eficazes com a colocação de mensagens alternativas em circulação (um objetivo que nos traz de volta ao que Enzensberger comentou sobre as "formas agressivas de publicidade"). Este capítulo analisou as formas que a participação assume nas sociedades que usam cada vez mais as ferramentas digitais para comunicar e se reunir. No Capítulo 5 vamos argumentar que o que se propaga nesse ambiente participativo é aquilo que John Fiske (1989b) poderia chamar de textos "producentes", ou seja, textos que se constituem em recursos que as comunidades participativas empregam em suas interações. Ao fazer isso, nos movemos entre um foco nas características do público ligado em rede e as características dos textos que estão cada vez mais sendo concebidos para se propagar através dos sites de redes sociais, seja por meio de marcas que buscam atingir os clientes atuais ou potenciais, seja por meio de ativistas que buscam atingir simpatizantes.

5

DELINEAMENTOS PARA A PROPAGABILIDADE

O tema de maio de 2010 da revista *Fast Company* foi o perfil da agência de criação Mekanism (BORDEN, 2010), o grupo responsável pelas promoções on-line tão bem-sucedidas como a campanha do sabonete líquido Axe, que carrega um duplo sentido: "Axe limpa suas bolas". Alegando que a empresa pode garantir o "sucesso viral", a Mekanism proclama que a linguagem de compartilhamento de dons com suas comunidades de marca é suave demais para um mundo de serviços orientados ao cliente (citado em BORDEN, 2010). Em outras palavras, pode ser mais negócio alegar ser capaz de infectar o mundo com conteúdo. Mas a agência às vezes torna-se vítima de sua própria linguagem, ao admitir que os clientes digam: "Vocês são os caras virais, pressionam um botão e fazem isso se tornar viral. Não é por isso que contratamos vocês?".

Na verdade, em vez de ter alguma fórmula mágica, a Mekanism entende profundamente o mercado jovem nos Estados Unidos e usa esse conhecimento para melhor envolver esse público. Os funcionários da agência mantêm seus ouvidos sintonizados com as necessidades e os desejos daqueles que estão cortejando para as empresas que os remuneram. Eles disseminam conteúdo destinado a públicos em particular e distribuem material que fornece àqueles públicos algo exclusivo para compartilhar dentro de suas comunidades. A Mekanism emprega várias ferramentas quantitativas para modelar como e por que sua mídia está se propa-

244 | CULTURA DA CONEXÃO

gando, criando métricas para o sucesso. A noção de que a agência gera a "virali-dade" pode ser um exagero, mas a Mekanism coloca um esforço significativo para compreender o público e criar textos que tenham ressonância com os públicos desejados. Conforme eles dizem, "postar e orar" não é uma opção.

Por meio de nossos argumentos até agora, esperamos ter convencido os leitores de que a propagação, de todas as formas de mídia, depende tanto (ou mais) de sua circulação pelo público quanto de sua distribuição comercial; que a propagabilidade é determinada por processos de avaliação social e não técnica ou feitiçaria criativa, e com a participação ativa dos públicos engajados. Neste capítulo exploramos a criação de material concebido para ser propagado.

Os criadores de conteúdo não trabalham com magia nem são desprovidos de poder. Não concebem vírus nem esperam simplesmente que algo aconteça. Os cria-dores bem-sucedidos compreendem os aspectos estratégicos e técnicos que precisam dominar para criar um conteúdo com maior probabilidade de propagação, e refle-tem sobre o que motiva os participantes a compartilhar informações e a construir relacionamentos com as comunidades que definem sua circulação. Eles não podem prever completamente se os públicos adotarão o que conceberam, mas um criador, seja profissional ou amador, pode fazer apostas melhores por meio dos processos de escuta discutidos no Capítulo 4. Além disso, criadores atentam para elementos de textos de mídia que os tornem mais propensos a ser propagados. Este capítulo explora as estratégias, os aspectos técnicos, as motivações do público e as caracterís-ticas do conteúdo que os criadores possam ter em mente, de modo a criar conteúdo com um potencial maior de propagabilidade. Muitos dos nossos exemplos aqui são provenientes de iniciativas de marketing. No entanto, conforme examinaremos mais adiante neste capítulo, esses princípios se aplicam a grupos civis, sem fins lucrativos, e a criadores independentes de mídia, entre outros.

O princípio da incerteza

As empresas de produção de conteúdo travaram uma longa luta com a previsão e a medição do sucesso de seus produtos. O economista Richard Caves (2000) argumenta que a incerteza em relação à demanda é uma realidade cotidiana nessas empresas. Essas questões são exponencialmente mais difíceis de se responder no atual cenário de mídia propagável, em que muitos modelos antigos para compreender os públicos de mídia deixaram de ser aplicáveis. No entanto, há alguns conjuntos de considerações que podem ajudar os produtores a criar conteúdo que tenha ressonância com o público. Esses incluem processos antigos que a indústria de entretenimento usa para minimizar essa incerteza, considerações estratégicas e técnicas que assegurem que o conteúdo seja disponibilizado nas formas que o público tenha maior probabilidade de achar útil e abordagens para compreender o que motiva o público a circular conteúdo.

Em primeiro lugar, as empresas de entretenimento há muito tempo usam modelos de superprodução e de formatação para lidar com essa incerteza. Conforme Amanda D. Lotz, professora de estudos de comunicação na Universidade de Michigan, discute em nosso livro expandido, as estratégias tradicionais para responder a essa imprevisibilidade persistem em um ambiente de mídia propagável. O que é fundamental para entender as "indústrias de mídia baseadas em entretenimento", ela escreve, é reconhecer até que ponto o sucesso é imprevisível. A primeira resposta é a superprodução, como escreve Lotz:

> Os executivos de televisão, cinema e da indústria fonográfica, todos trabalham em um universo em que sabem perfeitamente que mais de 80% do que desenvolvem e criam fracassará comercialmente. O principal problema é que eles não sabem quais produtos inseridos nos 10% a 20% podem realmente fazer sucesso. Portanto, embora seja doloroso sob o ponto de vista de alocação de recursos, a estratégia é gerar muito mais produtos criativos do que se poderia ter sucesso e, depois, ver o que dá certo.

A mídia propagável pode desfrutar de custos irrecuperáveis menores de produção, Lotz sugere, particularmente porque os públicos não mantêm "as mesmas expectativas do elevado orçamento de produção que prejudicam a mídia estabelecida", e porque a mídia propagável "reduz custos ao esquivar-se da distribuição paga", permitindo que "os criadores lancem conteúdo preliminar e, em seguida, deem seguimento aos sucessos com sequências ou extensões".

246 | CULTURA DA CONEXÃO

Apesar disso, a melhor resposta continua a depender da formatação, e a melhor maneira de prever o novo sucesso é aproveitar o sucesso do passado.

Em segundo lugar, em uma era de compartilhamento digital, há uma variedade de considerações estratégicas e técnicas que podem aumentar as chances de o conteúdo poder ser propagado. O conteúdo é mais suscetível a ser compartilhado se for:

- *Disponível quando e onde o público quiser*: os produtores, sejam profissionais ou amadores, precisam ir além de uma mentalidade "se você construir, eles virão", levando (ou enviando) material para onde o público achar que é mais útil.

- *Portátil*: os membros do público não querem ficar presos em um lugar só. Eles querem seus textos de mídia "em movimento". O conteúdo tem de ser citável (pode ser editado pela audiência) e apropriável (fácil de pegar e inserir em outros lugares pelo público). Os públicos muitas vezes abandonam o material se o compartilhamento se mostrar muito oneroso.

- *Facilmente reutilizável em uma série de maneiras*: os produtores de mídia e o público de mídia circulam conteúdo por razões muito diferentes, realmente por razões muito diferentes. A criação de textos de mídia que sejam abertos a uma variedade de usos do público é fundamental para a criação de material para ser propagado.

- *Relevante para os vários públicos*: o conteúdo que atraia a mais do que um público-alvo, tanto o público pretendido como o público excedente, tem um significado mais amplo como mídia propagável.

- *Parte de um fluxo constante de material*: a mentalidade "viral" leva marcas a investirem toda a sua energia em um texto de mídia específico e espera que gere sucessos exponenciais. As plataformas de blogs e microblogs enfatizam a importância de um fluxo regular de material, alguns dos quais podem ressoar mais do que outros, uma vez que os criadores nem sempre são capazes de fazer previsões.

Em terceiro lugar, e mais importante, o sucesso na criação de material que as pessoas querem propagar requer alguma atenção aos padrões e às motivações da circulação de mídia, ambos orientados pelos significados que as pessoas podem obter a partir do conteúdo. Afinal, os humanos quase nunca se engajam em atividades insignificantes. Às vezes, pode não ser facilmente evidente o porquê de as pessoas estarem fazendo o que fazem, mas esforçar-se para entender a motivação e o interesse de uma pessoa ou de uma comunidade é fundamental para a criação de textos cuja propagação seja mais provável.

Uma coisa é clara: as pessoas não circulam material porque os anunciantes ou produtores de mídia pedem a elas que façam isso, embora possam fazê-lo para apoiar uma causa na qual estejam envolvidas. Elas podem dar a alguém uma camisa de grife ou mesmo uma camiseta promovendo um filme favorito, e podem responder a perguntas sobre onde alguém poderia comprar mais camisas, mas é pouco provável que enfiem um catálogo em uma caixa de presente.

Quando se trata de propagabilidade, nem todo conteúdo é criado da mesma forma. O público avalia constantemente as ofertas de mídia para tentar verificar seu potencial valor como recursos para compartilhamento. Além disso, nem todo bom conteúdo é necessariamente bom para compartilhar. Em uma economia do dom, os textos circulados dizem alguma coisa sobre as percepções dos participantes tanto do doador como do receptor. Nós todos optamos por compartilhar materiais que valorizamos e esperamos outros que tenham valor. As pessoas avaliam o conteúdo que encontram de acordo com seus padrões pessoais e o conteúdo que compartilham com base no valor percebido por seu círculo social. Em outras palavras, algo que seja interessante para os indivíduos pode não ser material que queiram propagar através de suas comunidades, e alguns textos de mídia que eles espalham podem se tornar mais interessantes por causa da percepção do seu valor social.

Podemos compartilhar músicas da nossa banda favorita como um modo de nos definir, de comunicar algo sobre quem somos e do que gostamos para os nossos amigos. Podemos repassar um artigo de notícia para um antigo colega de escola para fortalecer nossos vínculos sociais com ele, para lembrá-lo de que nós lembramos daquilo que lhe interessa. Podemos incluir um clipe de vídeo em um post de blog ou uma atualização do Twitter como um meio de fornecer um comentário a respeito, usando esse clipe como inspiração para o nosso próprio conteúdo e como um meio de obter a nossa notoriedade e público. De duas, uma: podemos compartilhar material como uma forma de crescer ou de ativar uma comunidade, seja retransmitindo um clipe de show de televisão para colegas fãs para ajudar a dissecá-lo, seja propagando um vídeo de protesto para mobilizar ou recrutar pessoas em torno de uma causa social.

O conteúdo se espalha, então, quando atua como alimento para conversas do público já em andamento. Conforme Douglas Rushkoff descreve, "conteúdo é simplesmente um meio para interação entre as pessoas. As muitas formas de conteúdo, que reunimos e encontramos on-line, eu diria que são realmente apenas formas de munição, algo para ter quando estiver sem assunto para conversas no trabalho, no dia seguinte, uma desculpa para dar início a um diálogo com aquela pessoa atraente na baia ao lado" (2000). Tenha em mente que muitas das escolhas que as pessoas fazem para propagar conteúdo, conforme descrito, não são gestos grandiosos e arrebatadores, mas, sim, ações cotidianas simples, como "curtir" uma atualização de status do Facebook.[1] Entretanto, muitas decisões ativas e motivações estão envolvidas até mesmo nesses processos instantâneos.

Textos producentes e recursos culturais

A seção anterior detalhou os modelos de produção, as considerações estratégicas e técnicas e questões sobre as motivações do público que podem ajudar os produtos a reduzir incertezas ao tentar criar material com uma chance maior de propagação. Essas considerações ficam todas de fora do texto propriamente dito, ou seja, são abordagens que podem ser aplicadas a qualquer tipo de texto. O que não estamos querendo dizer, no entanto, é que, em um mundo de mídia propagável, o conteúdo não importa mais. De fato, é exata-

DELINEAMENTOS PARA A PROPAGABILIDADE | **249**

mente o oposto que é verdadeiro: os criadores que utilizam todas as estratégias, e consideram todas as questões discutidas anteriormente, ainda não serão bem-sucedidos se não criarem textos de mídia que envolvam as pessoas e que as pessoas considerem que vale a pena compartilhar com seus amigos. Embora não exista nenhuma resposta simples para a criação de conteúdo que entre em ressonância com as pessoas, as próximas seções consideram tipos de material com maior potencial de propagabilidade.

O estudioso em comunicações John Fiske (1989a) estabelece uma distinção entre cultura de massa, produzida e distribuída em massa, e cultura popular, que são textos de mídia que têm sido integrados de forma significativa à vida das pessoas. Conforme Fiske destaca, apenas alguns materiais oriundos da cultura de massa é que entram na cultura popular: "Se as commodities ou os textos culturais não contêm recursos a partir dos quais as pessoas possam criar seus próprios significados para suas identidades e relações sociais, eles serão rejeitados e vão fracassar no mercado. Eles não vão se tornar populares" (p. 2). Sob esse modelo, as *mensagens* são codificadas no conteúdo e os *significados* são decodificados a partir de um texto. Os significados do público muitas vezes se expandem ou se desviam das mensagens de um produtor. Fiske reconhece que há interesses comerciais que trabalham para inspirar interesse em mensagens produzidas em massa, mas esse material comercial não poderia se "tornar popular" se não tivesse potencial de criar significado.

A ideia de Fiske de que o conteúdo pode se tornar material para as interações e os interesses de várias comunidades reconhece e celebra a capacidade geradora da cultura participativa. Fiske escreve que as audiências "pluralizam os significados e as ofertas de prazeres [cultura de massa], fogem ou resistem a seus esforços disciplinares, fracionam sua homogeneidade ou coerência, invadem ou atacam em seu terreno" e que as pessoas produzem cultura quando integram produtos e textos na vida cotidiana (1989b, p. 28). Sob o controle do produtor, é cultura de massa. Sob o controle do público, é cultura popular. A circulação popular pode, portanto, transformar uma commodity em um recurso cultural.

Fiske argumenta que alguns textos são mais aptos a produzir novos significados do que outros. O texto producente é aquele que "se oferece para a produção popular. [...] Tem pontas soltas que escapam de seu controle, seus significados excedem seu próprio poder de discipliná-los, suas lacunas são amplas o suficiente para novos textos inteiros a ser produzidos neles, ou seja, está, em um sentido muito real, além de seu próprio controle" (1989b, p. 104). O material que preenche todos os espaços em branco limita as interpretações do público. A propaganda, por exemplo, é menos producente porque estabelece limites rígidos para os potenciais significados (apesar de que, como o público é retirado de seu contexto imediato, a velha propaganda pode ser relida, haja vista a recirculação da iconografia do realismo socialista ou da Guerra Fria como tema nos últimos anos). Em vez disso, o conteúdo producente pode ser desfrutado e acessado em vários níveis, ou seja, pode ser tomado ao pé da letra, mas também pode produzir níveis ocultos mediante interpretação ativa e apropriação (tais como com as narrativas complexas de televisão analisadas no Capítulo 3).

A noção do "producente" de Fiske introduz princípios de orientação para a transformação de commodities em recursos culturais: a abertura, as pontas soltas e as lacunas, que permitem que os visitantes leiam o material independentemente de suas próprias formações e experiências, são fundamentais. Como detalhamos anteriormente neste capítulo, tal abertura possibilita que as pessoas transmitam algo delas próprias quando repassam conteúdo. Mike Arauz, estrategista da consultoria digital Undercurrent, sugere que "as oportunidades de as marcas atingirem os indivíduos em meio ao público de massa estão desaparecendo rapidamente. Para que se atinjam as pessoas agora, é necessário que se encontre uma maneira de cruzar com elas em seus próprios termos – isso quer dizer onde quer que elas escolham passar o tempo. Esses lugares são definidos pelas paixões das pessoas. A vida das pessoas não gira em torno de sua marca, gira em torno da vida" (2009).

A teoria tradicional do branding valoriza o controle do significado, em vez de inspirar a circulação. Alguns tipos de longa data da Madison Avenue provavelmente explodiriam de raiva ante a ideia de que o público poderia se apropriar de suas mensagens e retrabalhá-las (e seus respectivos departamentos jurídicos, mais ainda). Eles não querem que suas marcas sejam "pluralizadas" (FISKE, 1989b) ou "multiplicadas" (para usar o termo de Grant McCracken oriundo de um trecho de sua obra presente em nosso livro expandido). Eles temem perder o controle quando, na realidade, nunca o tiveram. Conforme este livro mostra em detalhes, os comportamentos propagáveis de hoje refletem padrões muitos mais antigos no modo como as pessoas recebem e discutem os textos de mídia. Só agora os intercâmbios entre as pessoas são muito mais visíveis, e ocorrem em uma escala e uma frequência maiores à medida que uma porção maior da sociedade explora o mundo on-line. À medida que os participantes circulam conteúdo de marca para seus próprios propósitos, cada novo visitante encontra o conteúdo original novamente e é lembrado da marca e de seus potenciais significados.

Agora mesmo, muitas empresas se prendem à ideia de que uma marca pode carregar uma gama bastante restrita de significados, definidos e articulados por administradores de marcas oficiais. Eles evitam criar textos producentes porque criar material que esteja aberto à interpretação deixa o controle do significado fora de suas mãos. Mas, ao fazerem isso, as empresas limitam a propagabilidade de suas mensagens e restringem o valor da marca como um veículo para expressão pessoal e social, tudo o que, em última análise, danifica a reputação e as vendas das empresas. Essas tentativas corporativas para conter a criatividade popular por meio da criação de trabalhos fechados desvalorizam seu material ao removê-lo da circulação significativa. No entanto, ainda assim o público criativo pode encontrar "ângulos producentes" para muitos desses textos, o que significa que tais estratégias fechadas ainda não dão garantia de controle completo a um produtor. Talvez o único modo de manter o controle completo sobre o significado de um texto seja nunca compartilhá-lo com ninguém.

Nas próximas seções, destacamos alguns tipos de conteúdo que são particularmente propagáveis em função de terem adotado as estratégias producentes descritas anteriormente. Essas seções incluem o uso de fantasias compartilhadas, humor, paródia e referências, conteúdo inacabado, mistério, controvérsia oportuna e boatos.

Fantasias compartilhadas

Lewis Hyde argumenta que a cultura comercial que modela a venda de commodities e a cultura não comercial que dá forma à troca de dons são formadas fundamentalmente em torno de diferentes fantasias, que por sua vez dão forma aos significados atribuídos a tais transações: "Devido ao poder de união dos dons e à natureza individual da troca de commodities, os dons se tornaram associados às comunidades e criaram uma obrigatoriedade em relação aos outros, enquanto as commodities estão associadas à alienação e à liberdade" (1983, p. 86). A cultura da commodity enfatiza a expressão pessoal, a liberdade, a ascensão social, a possibilidade de escapar de restrições e permite novas possibilidades. Esses temas, muitas vezes descritos como "escapistas", têm uma história profunda na teoria e na prática da publicidade. A criação de fantasias individualizadas faz todo sentido dentro de um modelo de impressões, no qual os membros do público são percebidos como indivíduos atomizados.

As fantasias de uma cultura de commodity são aquelas de transformação (McCracken, 2008), enquanto as fantasias que animam os intercâmbios não comerciais são baseadas na experiência compartilhada, seja a reafirmação da nostalgia e de valores tradicionais, o fortalecimento de vínculos sociais e a aceitação de obrigações mútuas, seja o conforto de operar dentro de padrões sociais familiares. Esses são os valores intimamente ligados à reciprocidade da qual depende a economia do dom. Quando os materiais se deslocam de uma esfera para a outra, muitas vezes são retrabalhados para refletir as fantasias e os valores alternativos.

Os trabalhos criados por fãs geralmente se concentram em temas de romance, amizade e comunidade (Jenkins, 1992). Esses valores dão forma às decisões que os fãs tomam em todos os níveis, a começar, por exemplo, com a escolha de um filme ou programa de televisão. Um vídeo de música de fã para *Heroes*, por exemplo, pode apresentar interações entre dois personagens que pouco compartilham a tela. A música selecionada ainda enfatiza laços afetivos entre os personagens. A mídia criada pelos fãs é compartilhada entre uma comunidade com paixões comuns. Em alguns casos, os fãs produzem histórias ou vídeos para dar uns aos outros explicitamente como presentes. Na maioria das vezes, porém, os fãs entendem seus trabalhos como uma contribuição à comunidade como um todo. O fandom abastece escritores e artistas, dando a mais profunda ênfase àquele material que reflete mais claramente os valores essenciais da comunidade.

Outro conteúdo frequentemente propagado tem um tom nostálgico explícito. Para muitos da geração *baby boom*, por exemplo, é um prazer enorme assistir a comerciais antigos ou programas de sua infância. Essa geração, conforme destacado no Capítulo 2, usa o eBay para readquirir brinquedos antigos, histórias em quadrinhos, álbuns e figurinhas de coleção e outras peças de conteúdo que seus pais jogaram fora quando eles foram para a faculdade. Esse material desperta a troca de lembranças, especialmente histórias pessoais e coletivas para ler, escutar e ver. Uma página do Facebook, digamos, focada nos graduados de uma turma de colégio em particular pode postar regularmente vídeos de música popular de sua juventude como trampolim para o intercâmbio de lembranças compartilhadas. Quando os produtores fazem parte de uma comunidade e compreendem seus valores e fantasias compartilhados, o conteúdo criado por eles tem maior probabilidade de alcançar uma profunda ressonância com os membros companheiros da comunidade.

Humor

A antropóloga Mary Douglas (1991) analisa a linha muito tênue que separa uma piada de um insulto: uma piada expressa algo que a comunidade está pronta para ouvir, enquanto um insulto expressa algo que ela não quer considerar. Portanto, reconhecer uma piada envolve trocar julgamentos sobre o mundo e se definir a favor ou contra os outros. Os criadores de conteúdo podem se valorizar com um público em particular, ao mostrarem que compreendem as suas sensibilidades, e podem se alienar ao calcularem mal essas sensibilidades. O humor não é simplesmente uma questão de gosto: é um veículo através do qual as pessoas articulam e validam seus relacionamentos com aqueles com quem compartilham a piada.

Considere um estrondoso sucesso de propaganda de 2010: a campanha "Cheire como um homem, cara" do desodorante Old Spice. Lançados em fevereiro pela agência de propaganda Wieden+Kennedy, os comerciais de televisão apresentam Isaiah Mustafa como o Cara do Old Spice, "bonito, porém uma figura um tanto inescrutável que se envolve com situações aleatórias de masculinidade": "o homem cujo cheiro o seu homem poderia ter" (POTTER, 2010). O primeiro spot deu o tom. "Olá, meninas!", o Cara do Old Spice enuncia em pé em seu banheiro, usando apenas uma toalha. Depois, ele comanda a espectadora (presumivelmente do sexo feminino): "Olhe para o seu homem, agora olhe de volta para mim, agora de volta para o seu homem. Infelizmente, ele não sou eu, mas, se ele deixasse de usar o sabonete líquido com perfume de mulher e mudasse para Old Spice, ele poderia ter um cheiro como se fosse eu". Depois disso, dá-se início ao jogo. O banheiro é substituído por um barco, um suéter amarrado recai sobre os ombros do Cara do Old Spice e ele mostra que está usando uma calça branca apertada. Para provar seu valor como o homem cujo cheiro as mulheres gostariam que seus homens tivessem, ele apresenta uma ostra, com ingressos para um evento favorito em seu interior. "Agora os ingressos são diamantes", ele diz, e são mesmo, porque "qualquer coisa é possível quando o seu homem cheira como Old Spice e não como uma mulher". A câmera que se afasta mostra Mustafa em cima de um cavalo, uma situação que ele enfatiza com uma declaração seca do fato: "Eu estou num cavalo".

Com a promessa de transformar os consumidores simplesmente através do uso do produto, os comerciais recorrem a alguns clichês de propaganda e a referências culturais. É uma paródia não apenas do garoto-propaganda, mas também do ideal de homem produzido comercialmente, "com todo o torso esculpido e com um tom ridiculamente autoconfiante" (EDWARDS, 2010). O desodorante Old Spice empregou essas técnicas várias vezes no passado. Por exemplo, um comercial em 2007 mostrava como o produto podia fazer com que os pelos do peito crescessem (uma façanha que seu concorrente, em uma comparação *tête-à-tête*, não poderia conseguir). Essa masculinidade tornou a escolha ideal para "situações reais do homem, como basquete e atividades militares". Um comercial de 2008 apresentava um personagem correndo em volta de um campo de beisebol enquanto promovia o Old Spice como o "desodorante peso pesado, lutando sem luvas, o que resulta na melhor disputa, partida e combate, com horas de desempenho de alto nível na luta contra o odor". Em 2009, o produto foi apresentado como o desodorante preferido dos

DELINEAMENTOS PARA A PROPAGABILIDADE | 255

vencedores de competições masculinas, tais como braço de ferro, golpes de caratê para quebrar blocos de concreto e esculpir com motosserra. No último caso, o vencedor desodorizado com Old Spice entalhou o seu próprio bloco de madeira com uma motosserra e, então, usou-a para entalhar uma escultura no bloco de madeira de seu oponente, tudo antes que o outro rapaz pudesse começar a operar a serra. Faz muito tempo que o desodorante Old Spice parodia a construção da masculinidade pela indústria da propaganda.

Para se ter uma ideia, em setembro de 2010, o Cara do Old Spice original recebeu 25 milhões a mais de visitas no YouTube, enquanto o canal do Old Spice que exibe todos os vídeos da campanha recebeu cerca de 94 milhões de visitas. Naquela época, a marca tinha conquistado mais de 90 mil seguidores no Twitter e mais de 675 mil fãs no Facebook. Talvez em função disso é que as vendas do desodorante Old Spice tenham crescido 30% de fevereiro a julho de 2010, cinco meses após o lançamento da nova campanha de propaganda (EDWARDS, 2010).

Podemos perceber a campanha "Cheire como um homem, cara" como um produto dos experimentos contínuos do Old Spice para encontrar o tom certo de humor para zombar das noções de masculinidade (CADDELL, 2010). Diferentemente dos comerciais anteriores, essa campanha envolveu tanto espectadores do sexo masculino como do feminino, uma vez que é direcionada diretamente às "mulheres", que geralmente são quem compra sabonete líquido para os seus respectivos. Seus elementos autoparódicos dão permissão aos usuários, de forma implícita, para adotar e adaptar o conteúdo para seus próprios propósitos. As paródias do comercial do Old Spice se espalharam pela internet uma vez que os usuários se aproveitaram da forma e da estrutura do comercial para conduzir suas próprias conversas. Homens de todo tamanho e com todo tipo de corpo filmaram paródias apresentando homens "mais realistas" cujo cheiro seu homem poderia ter. O programa de televisão para crianças *Vila Sésamo* produziu uma versão que apresentava o personagem Grover prometendo ajudar os espectadores a "cheirar como um monstro". O programa de comédia política australiano *Yes We Canberra!* fez uma versão criticando o status do casamento gay na Austrália, e outra paródia da Australian Broadcasting Corporation filmou Toni Abott, líder do partido oposicionista australiano, animado e pedindo para ser "o homem que o seu PM deveria ser". A biblioteca Harold B. Lee, da Universidade Brigham Young, produziu até mesmo uma versão vendendo as vantagens de se estudar na livraria.

"Cheire como um homem, cara" é um bom exemplo de texto "produ-cente". O vídeo tem uma mensagem claramente definida, mas o absurdo cria lacunas "amplas o suficiente para que todos os novos textos sejam produzidos nelas" (FISKE, 1989b, p. 104). A agência Wieden+Kennedy escalou Mustafa para fazer 186 vídeos individuais durante 48 horas e os postou no YouTube, em resposta aos comentários enviados ao Cara do Old Spice por meio de Twitter, Reddit e Facebook, e os vídeos-resposta deixados no YouTube em tempo real. O Cara do Old Spice responde várias vezes a Alyssa Milano (com quem ele flerta), faz uma proposta de casamento em nome de um usuário do Twitter e responde a um monte de perguntas bastante aleatórias.[2] Muitos vídeos-resposta não exibem uma única menção aos produtos da Old Spice, e sim respostas às pessoas que falam sobre a campanha. No fim das contas, a campanha usa o humor em todas as suas extensões para demonstrar como o Old Spice "adquire" certa mentalidade e é um participante importante no diálogo dos membros específicos do público (no caso da extensão on-line, as comunidades que são conhecedoras das lógicas tradicionais da propaganda, completamente familiarizadas com a ironia e imersas nas plataformas de mídia social).

No entanto, nem todo grupo apreciou essa extensão. Quando a Old Spi-ce escolheu como alvo os trolls do 4Chan, eles responderam com uma mistura de perplexidade e escárnio evidente, sendo que um deles escreveu: "Esta foi a primeira vez que vi alguém fazer propaganda para o /b/ e estou feliz que tenha sido uma coisa tão épica e engraçada e tão próxima do nosso humor quanto 'isso é do caralho'", enquanto outro postou uma imagem macro do Cara do Old Spice rotulada de "campanha de marketing troll". Nesse caso, o humor da Old Spice pode ter sido direcionado para a audiência errada, ofendendo algumas pessoas em uma comunidade expressamente construída para ser não apenas não comercial, mas anticomercial.

Paródia e referências

Fiske cita a paródia em específico como uma forma popular estreitamente associada com o "producente", uma das maneiras pelas quais o público transforma marcas em recursos para suas próprias interações sociais. Enquanto todo humor se aproveita, seja de um público que "pega" a piada seja daquele que compartilha uma sensibilidade, a paródia combina esse aspecto do humor com uma referência específica compartilhada. Isso é exatamente o que torna a paródia valiosa, pois pode expressar experiências compartilhadas e, especialmente quando se trata de referências nostálgicas, uma história compartilhada. Aqueles que criam humor e paródia requerem experiências comuns específicas daqueles que estão rindo da piada.

Um exemplo particularmente potente de como o poder da paródia ajuda a propagar conteúdo é um comercial de 2007 para a Toyota no videogame on-line *World of Warcraft*. Esse comercial não apenas utiliza detalhes e estéticas exclusivos de *World of Warcraft*, mas também se refere a um evento muito específico na história da cultura de games on-line. O filme de 30 segundos exibe um grupo de guerreiros planejando e se munindo para um ataque. No meio da discussão sobre a estratégia da batalha, um dos integrantes de repente se afasta da equipe. Ele anuncia que vai se equipar com "um pequeno Quatro Rodas de Fúria!" e, em seguida, se transforma imediatamente em um caminhão e entra em ação, deixando seus companheiros para trás. A propaganda faz referência diretamente a um vídeo bem conhecido, baseado em *World of Warcraft*. O jogador Leeroy Jenkins estava afastado de seu computador enquanto seus aliados planejavam meticulosamente uma incursão. Quando retornou para o game, gritou em voz alta seu próprio nome como um grito de guerra e saiu para a briga sem levar em conta o plano que tinha sido articulado em sua ausência, por fim condenando seus aliados à derrota. Esse vídeo do *epic fail* de Jenkins se espalhou amplamente on-line dentro, e por fim fora, da comunidade de *World of Warcraft*, e o incidente ficou tão conhecido que foi finalmente apresentado como uma questão no game show de televisão *Jeopardy!*

A paródia da Toyota permaneceu fiel não apenas à cultura de *World of Warcraft*, mas também ao incidente de Leeroy Jenkins em particular. Os guer-

258 | CULTURA DA CONEXÃO

reiros da propaganda da Toyota usam vozes casuais similares aos jogadores originais quando planejam o ataque. O personagem que se transforma em um caminhão emite um grito de guerra excessivamente dramático e disparatado e proclama "Vamos fazer isso!", exatamente do mesmo modo que Leeroy Jenkins faz. Além disso, há uma camada adicional de autorreflexividade quando um dos jogadores de *World of Warcraft* responde com um exasperado "De jeito nenhum. Não tem nenhum caminhão em *World of Warcraft*!". Os detalhes específicos em termos culturais do comercial por fim estabelecem uma homenagem lúdica e uma paródia carinhosa do original, exibindo a Toyota como um membro importante da comunidade de *World of Warcraft*, em vez de uma força comercial zombando ou "se aproveitando de" uma cultura da qual não faz parte.

As referências específicas em termos culturais, como a da propaganda da Toyota, proporcionam prazer ao público que gosta de criar links entre diferentes textos e reconhece quando os textos fazem referência entre si. O designer Jeffrey Zeldgan escreve em sua análise da campanha de propaganda para o documentário de 2007 da HBO *Alive Day Memories*:

> A peça de propaganda contém mais conteúdo do que eu listei. Grande parte desse conteúdo encontra-se do lado externo. Isso porque o tema dessa propaganda foi concebido e filmado num estilo quase igual ao de um anúncio da Gap americana. Consciente ou inconsciente, um espectador americano fará quase certamente uma conexão inquietante entre a deformação e o sacrifício retratados nesta peça e a qualidade otimista da duradoura e muito bem-sucedida campanha de roupas "no estilo *slash*" da Gap. *Essa conexão é conteúdo.* (2007)

O exemplo de Zeldman realça como uma variedade de gêneros, nesse caso um documentário sobre os veteranos norte-americanos da Guerra do Iraque, pode usar tais referências. Quando os membros do público escolhem retransmitir textos de mídia, eles demonstram que pertencem a uma comunidade, que estão *in* em relação à referência e compartilham alguma experiência em comum. Saber sobre Leeroy Jenkins ajuda a definir alguém como um *insider* do *World of Warcraft,* ao mesmo tempo que desvia os *outsiders* para quem esse conhecimento carrega pouco ou nenhum valor. Esse grau de exclusividade é a função-chave para a propagação de algum material, embora a inclusão de Jenkins como base para uma questão no *Jeopardy!* também insinue quanto essa informação se torna de conhecimento comum além da comunidade inicial. A propaganda da Toyota tanto se torna parte do mito de Leeroy Jenkins como instiga novos públicos a buscarem fora o material original de *World of Warcraft.*

Conteúdo inacabado

O Capítulo 3 argumenta que uma franquia de mídia de sucesso não é apenas um atrativo cultural, que reúne pessoas de mesma opinião para formar um público, mas também um ativador cultural, que dá alguma coisa para essa comunidade fazer. O conteúdo que é inacabado, ou não imediatamente inteligível, estimula a inteligência individual e coletiva de seus públicos. Esses textos ou eventos geralmente solicitam às pessoas que contribuam com algo ou as incentivam a olhar duas vezes para eles, pois elas podem não acreditar no que estão vendo; elas precisam verificar sua autenticidade ou descobrir como foram feitos.

Um dos exemplos de propaganda mais citados dessa abordagem, o site de vídeo interativo Galinha Submissa [Subservient Chicken], do Burger King (lançado em 2004), envolveu literalmente os usuários na criação do conteúdo do vídeo. Os visitantes visualizaram um vídeo amador de um homem usando uma fantasia de galinha, de pé em uma sala. A filmagem ocorre por meio de uma única câmera de baixa resolução em close, não diferente de uma webcam montada acima de um computador. Embaixo, havia uma caixa de entrada de texto com as palavras: "Tenha a galinha do jeito que você gosta. Digite o comando aqui". Uma vez teclado um comando reconhecido, este aciona um clipe de vídeo do homem na fantasia de galinha realizando o que lhe é exigido. Havia aproximadamente 300 clipes diferentes ao todo, cada um deles referente a um dos comandos, que variam de "pule" para "bote ovos" para "*moonwalk*" (passo de dança popularizado por Michael Jackson). Os comandos que a galinha não entendia podiam resultar em um clipe expressando confusão ou aborrecimento, enquanto os considerados inapropriados, como os explicitamente sexuais, resultavam em um clipe da galinha sacudindo o dedo em desaprovação.

A campanha se tornou uma referência tão grande de uma nova maneira de se fazer propaganda que inspirou uma variedade de estudos de caso e muitas campanhas correlatas. Por exemplo, seis anos mais tarde, a marca europeia Tipp-Ex de líquido corretor replicou o modelo em um vídeo no YouTube que exibia um caçador com muito medo de atirar em um urso que se aproxima dele em uma região selvagem. Em vez de matar o urso, ele usa uma fita corretiva para tapar o verbo no título do vídeo, "O caçador mata um urso", e convida os usuários a escrever seus próprios verbos. Mais de 50 verbos reconhecidos desencadearam clipes exibindo finais bem-humorados diferentes.

Ambas as campanhas criaram uma interação dinâmica, incorporando o usuário como parte do processo de criação do final do filme que veem. A "história" exigia o uso de um comando para prosseguir, de forma que a produção fosse controlada e desencadeada integralmente pelo usuário. Ambas as marcas rejeitaram o controle completo sobre a criação do conteúdo – mesmo que as várias ações e finais fossem previamente realizados, o texto em si, a propaganda, era fundamentalmente incompleta. A Galinha Submissa foi o mais ousado dos dois: enquanto o Tipp-Ex solicitou que os usuários se engajassem em um jogo narrativo com dois personagens (o caçador e o urso) em um espaço com a marca bem visível e forte no YouTube, a Galinha Submissa era muito menos clara, ao oferecer menos pistas quanto ao contexto para a pessoa fantasiada de galinha gigante, olhando fixamente para fora da tela. Não apenas não havia nenhum significado óbvio atribuído à Galinha Submissa, mas também não havia nenhuma ação, nenhum conteúdo por completo, até que o usuário digitasse um comando. Portanto, ao criar um trabalho parcial, um arquivo de partes componentes incompletas, a campanha da Galinha Submissa oferecia ao usuário uma atividade que ia além de apenas acesso e escolha: ela oferecia uma participação tangível na criação do trabalho.

DELINEAMENTOS PARA A PROPAGABILIDADE | 261

Muitos participantes também exploraram o modo como a Galinha Submissa trabalhou tanto quanto eles reinterpretaram seu significado. Os gamers muitas vezes buscam testar os limites de um game para ver quanto controle eles realmente podem exercer. No caso da Galinha Submissa, os usuários quiseram empurrar os limites da propaganda para ver quais falhas poderiam encontrar em sua execução. Logo apareceram páginas da web que catalogaram os vários comandos que o site reconhecia e suas respostas. Do mesmo modo, os usuários deixavam comentários em vídeos do Tipp-Ex com a lista completa de verbos que desencadeariam respostas. A ambiguidade e a natureza inacabada dessas campanhas tiraram proveito da inteligência coletiva da cultura participativa, incentivando a propagação de conteúdo por meio da criação de um desafio em que as pessoas pudessem trabalhar juntas para solucionar. As comunidades espalham o texto ao tentar expandir as fileiras dos potenciais solucionadores de enigmas.

Mistério

A Galinha Submissa também foi interessante por causa das qualidades amadorísticas da produção do vídeo, e o site lembrou a proliferação das webcams on-line com fetiches ao vivo, o que talvez tenha conduzido muitos espectadores a questionar inicialmente se o site exibia uma pré-gravação ou se o homem estava realmente respondendo àqueles comandos ao vivo. Os mistérios sobre as origens dos textos de mídia proliferaram na era da mídia propagável, em parte porque o conteúdo se move com muita fluidez de contexto para contexto, frequentemente descaracterizando os motivos originais por trás de sua produção. Quando novos públicos deparam com tais textos, eles muitas vezes ficam sem saber quais deveriam ser os seus objetivos retóricos ou mesmo quem produziu o material. Eles podem nem mesmo ser capazes de classificar, de início, se os trabalhos são motivados comercialmente ou não comercialmente.

Por exemplo, no começo de janeiro de 2009, Heidi (uma australiana loira e atraente) enviou um apelo um tanto estranho via YouTube: ela tinha encon-

262 | CULTURA DA CONEXÃO

trado recentemente um rapaz em um café em Sydney, Austrália, com quem ficara um pouco encantada. Após explicar como seus pedidos tinham sido confundidos, o que lhe deu uma chance de falar com ele rapidamente, Heidi exibiu à câmera um casaco esporte preto que o homem misterioso tinha deixado para trás. Este era um elemento-chave para encontrá-lo novamente. Ela esperava que alguém pudesse reconhecer a jaqueta.

O apelo de Heidi teve muitas das características de um vídeo amador genuíno do YouTube. Ela focaliza a câmera diretamente, sentada em um quarto simples com luz natural. Tropeça nas palavras e seu discurso é cheio de repetições e "hums". Ela parece nervosa e sua linguagem é simples. Textos em cor-de-rosa piscam sobre a tela ao final do vídeo com uma conta do Hotmail, pela qual os espectadores podem contatá-la, e um URL para um website que oferece mais detalhes: dificilmente um padrão de produção sofisticado e profissional.

O vídeo ficou popular rapidamente. A moça de 24 anos apareceu no noticiário nacional e em programas de entrevista, e foi assunto em uma coluna de perfil na seção de estilo de vida do jornal australiano *Sydney Morning Herald* (MARCUS, 2009a). Ao descrevê-la como uma "Cinderela moderna", o jornal relatou que em apenas seis dias o vídeo dela acumulou mais de 60 mil visualizações e mais de 130 comentários. Alguns desses comentários, segundo o jornal, questionavam a autenticidade da história. Nas entrevistas, Heidi garantiu ao público australiano que a história era genuína, mas os comentaristas no YouTube estavam menos do que convencidos. Alguns apontaram que levar um casaco de um café, em vez de entregá-lo a um funcionário, era um comportamento estranho. Os meios jornalísticos encontraram outras inconsistências na história dela, revelando que não conseguiram rastrear o empregador de Heidi e que a equipe de funcionários do café não se lembrava do incidente (embora se lembrassem dela deixando um bilhete para o homem misterioso). Outros descobriram que a etiqueta na jaqueta era de uma marca de roupas, a Witchery, que não tinha linha de produtos para homens. Quando contatada, a Witchery negou envolvimento.

Logo, o vídeo revelou-se uma "fraude". O jornal de Sydney *Daily Telegraph* ficou sabendo que a Witchery estava para lançar uma linha de produtos para homens (O'NEILL, 2009). Apenas dois dias após a publicação do perfil no *Sydney*

Morning Herald, o jornal observou que um jornalista da Naked Communications, que presta serviços para a Witchery, confirmou que a empresa estava por trás do vídeo (MARCUS, 2009a). Uma parte da imprensa australiana reagiu com certa veemência contra a campanha. Convidados do *The Gruen Transfer*, um programa de júri de televisão em rede nacional que critica e discute campanhas e estratégias de propaganda, rejeitou a campanha por ser dissimulada. Enquanto isso, Heidi deu prosseguimento ao seu vídeo original com um segundo vídeo em que apareceu impecável, reconhecendo que era uma atriz e que a narrativa como um todo era parte de uma campanha para a Witchery.

A história da Witchery é especialmente interessante por causa da semelhança com o caso da Lonelygirl15, um experimento de vídeo on-line que foi veiculado de 2006 a 2008 e que tinha a intenção de ser o vlog de uma adolescente que tem aulas em casa. Em ambos os casos, a incerteza do público em relação ao status desse conteúdo fez com que a descoberta da fonte dessas mensagens fosse a atividade central. Considere o que danah boyd escreveu sobre o exemplo, agora clássico, do vídeo Lonelygirl15: "Eles estão contando sua história, verdadeira ou ficção. É claro, isso deixa as pessoas muito desconfortáveis. Eles querem que os blogs, o YouTube e o MySpace sejam Reais, com a letra R maiúscula. Ou querem que isso seja um jogo do começo ao fim. Entretanto, o que está acontecendo é tanto ambos como nenhum. As pessoas estão jogando, com certeza, mas mesmo aqueles que estão criando 'realidade' ainda estão engajados num ato performático" (2006). Essa fascinação de se chegar ao fundo das "fraudes" está longe de ser nova. Neil Harris relembra como o famoso mágico de circo do século 19, P. T. Barnum, uma vez compartilhou uma anedota de seu vendedor de ingressos sobre o show: "Primeiro ele os tapeia e, depois, eles pagam para ouvi-lo sobre como ele fez isso" (1981, p. 77). Talvez não surpreenda que alguém goste que o empresário de luta profissional Vince McMahon seja regularmente comparado a Barnum hoje. Quase todos os fãs de luta sabem que as performances não são competições legítimas, mas com frequência assistem ativamente a combates de luta com vistas a entender "como eles fazem isso".

O estímulo de tais estratégias ativas provenientes do público é o que distingue um show de mágica (em que os participantes sabem que estão sendo "enganados") de uma fraude e de histórias como a da Cinderela da Witchery e da Lonelygirl15, do que se tornou conhecido como astroturf: conteúdo produzido comercialmente que procura se fazer passar por mídia criada pelo público, muitas vezes de maneiras que mascaram os motivos comerciais e políticos daqueles que o produziram. Em uma cultura que cada vez mais tem de trabalhar em meio a confusões no que diz respeito às fontes e aos motivos do material que circula digitalmente, há um forte incentivo para que blogueiros e jornalistas desmascarem os grupos que estão circulando mensagens "falsas" ou "enganosas" on-line, desafiando-os por suas enganações. Pode ser muito fina a linha que divide uma "campanha *cool*", que pretende ser parte "do mundo real", de outra, exibida por marqueteiros que procuram "enganar" o mundo; depende de se os criadores parecem ter desejado que, em seu final, as verdadeiras origens do texto fossem descobertas, e se seus idealizadores são vistos como parte da cultura com a qual o conteúdo procura se envolver.

Controvérsia oportuna

A controvérsia e a oportunidade podem também ser elementos-chave para entender por que o conteúdo se propaga. Para os propósitos aqui em discussão, a controvérsia diz respeito às formas como o material pode desencadear um desacordo intenso entre aqueles que deparam com ele, especialmente em termos dos valores e dos julgamentos em conflito. Ao mesmo tempo, a oportunidade se refere às maneiras como uma parte da mídia pode estar vinculada a discussões extremamente atuais dentro ou além de um dado site de rede social, às vezes abastecidas por cobertura de notícias, mas também formatadas recorrendo-se a experiências pessoais.

Tome, por exemplo, os vídeos on-line de dezembro de 2010 que retratam a experiência do programador de computador John Tyner em um posto de segurança no aeroporto de San Diego, nos Estados Unidos. O U.S. Transportation Security Administration tinha acabado de introduzir "melhorias nos procedimentos de segurança", incluindo novas tecnologias de escâneres que conseguiam

DELINEAMENTOS PARA A PROPAGABILIDADE | 265

penetrar a roupa dos viajantes e permitia varredura de todo o corpo, produzindo essencialmente um raio X deles. Como os novos escâneres estavam sendo introduzidos gradualmente, os viajantes tinham a possibilidade de "optar por não" passar por eles, caso em que seriam revistados pelos agentes da TSA, que usariam agora a parte de cima de suas mãos e dedos (em vez da palma das mãos) para tocar a virilha e o peito dos passageiros. Tyner declinou de passar pelo novo escâner. Quando um agente da TSA se preparava para revistá-lo, Tyner advertiu o agente de que ele poderia mandar prendê-lo se o agente "tocasse sua bunda". O agente chamou seu supervisor, e teve início uma briga verbal entre Tyner e seus companheiros de viagem e alguns agentes da TSA. Finalmente, Tyner foi escoltado de volta ao balcão da companhia aérea para receber um reembolso da passagem, e um homem acreditou que um agente da TSA o tivesse ameaçado com uma multa de 10 mil dólares para deixar a área de segurança.

Antes de começar o processo que acabou de ser detalhado, Tyner tinha ligado a função de gravação de vídeo de seu celular. Ele postou uma série de três partes de sua experiência no YouTube e um relato por escrito completo sobre o episódio em seu blog naquele mesmo dia. Os vídeos ganharam impulso rapidamente porque falavam sobre um assunto predominante na consciência pública no momento da experiência de Tyner. Ao longo do ano, a imprensa e o público tinham questionado a segurança, a necessidade e as violações de privacidade desses escâneres e a invasão das revistas mais minuciosas. E o lançamento desse conteúdo foi oportuno, uma vez que os relatos da imprensa e a discussão pública igualmente chegaram a um ponto crítico no momento em que viajantes se preocupavam com os potenciais atrasos que essas novas práticas de segurança poderiam provocar em suas viagens no feriado de Ação de Graças. Talvez não seja surpresa, então, que os vídeos tenham se espalhado rapidamente pela internet, por meio de redes sociais e sites de notícias e através de blogs e sites de microblogs. O vídeo de Tyner foi remixado e até afinado pelo Auto-Tune (processado eletronicamente para distorcer o áudio para torná-lo melódico). As pessoas fizeram camisetas com slogans com base no desafio de Tyner: "Se você tocar minha bunda, vou mandar te prender". E a história foi captada pelas agências de notícias do mainstream tanto para relatar o incidente como para entrevistar Tyner.

266 | CULTURA DA CONEXÃO

Com frequência, o texto de mídia se espalha particularmente longe quando retrata uma controvérsia que preocupa uma comunidade no exato momento em que esta busca conteúdo que poderia atuar como seu grito de guerra. Nesse caso, o material se torna propagável porque articula o sentimento do momento, uma situação que as pessoas vivenciaram mas que não conseguiram explicar com facilidade, ou uma percepção que as pessoas não conseguiram colocar em palavras. De forma semelhante, o conteúdo se propaga quando declara uma postura da comunidade sobre um assunto de interesse intenso, em um momento particular, melhor do que seus membros acham que poderiam de outra forma. O vídeo de Tyner chegou na hora certa para servir como uma prova para pessoas céticas em relação às novas medidas de segurança da TSA, especialmente porque Tyner não era um "formador de opinião" amplamente conhecido, e sim um cidadão "como qualquer um", cujo compartilhamento de uma experiência da qual muitas pessoas têm receio tornou-se relevante e oportuno em termos contextuais.

A oportunidade (e o *timing*) pode ser particularmente complicada em função de a relevância cultural poder mudar rapidamente. Esse *timing* é difícil de prever. Essa é muitas vezes a lógica por trás dos blogs corporativos e das contas no Twitter (e de sites de notícias on-line, inclusive), em que o conteúdo é regularmente disponibilizado através de upload na esperança de falar sobre um assunto de importância para o público num dado momento, mas com a mentalidade de que alguns textos serão amplamente propagados enquanto outros não, dependendo de quanto tempo uma comunidade se mobiliza em torno de um assunto específico e com qual outro conteúdo ela poderia se envolver ativamente em outro dado momento.

A controvérsia pode ser ainda mais complicada de ser adotada por produtores. Muitos dos exemplos ressaltados no presente capítulo demonstram como vários grupos, tais como criadores, marqueteiros, grupos de mídia civis de movimento popular e comunidades pouco organizadas, usam a controvérsia para tornar seu conteúdo mais propagável. Em alguns casos, no entanto, essa controvérsia pode produzir efeitos negativos. Por exemplo, a empresa de videogame Electronic Arts sofreu uma forte repercussão com sua decisão de hospedar um conteúdo na San Diego Comic-Con, em 2009, que oferecia a um vencedor sortudo "uma noite pecaminosa com duas meninas boazudas", como parte da promoção para seu videogame *Dante's Inferno*. Com a intenção de retratar a "luxúria", um dos sete pecados capitais usado como elemento do game em *Dante's Inferno*, a disputa criou um repúdio mais intenso em relação à objetificação das mulheres do que a empresa havia se preparado para enfrentar. Conforme Suzanne Scott (2010) documentou, a promoção ficou vinculada a debates maiores em torno da mudança do equilíbrio de gênero convencional, uma reação contra a maioria feminina dos fãs de *Crepúsculo* [*Twilight*], e a acusações de assédio sexual entre os participantes do evento. Além disso, a campanha da Electronic Arts adquiriu uma visibilidade mais ampla por causa do uso generalizado de ferramentas de redes sociais pelos participantes do Comic-Con. Aqui, a oportunidade pode ter ajudado a propagar publicidade para a Electronic Arts, mas, simultaneamente, intensificou a controvérsia que, por fim, exigiu um pedido de desculpas por parte da empresa.

Boatos

A qualidade final que faz com que o conteúdo se propague é também a qualidade com o maior potencial de causar danos. No trabalho de Patricia Ann Turner sobre populações afro-americanas, ela faz a distinção entre boatos, que são constelações temporárias e informais de especulação, e lendas contemporâneas, que são "boatos mais solidificados" que mantêm uma consistência razoável à medida que são passados (1994, p. 5). Muitos dos casos de Turner se concentram em produtos comerciais, em particular nos boatos de que um número de empresas diferentes – desde fabricantes de alimentos e produtos perecíveis, como a Church's Chicken e os cigarros da Marlboro, até confecções como a Troop Sport – eram de propriedade da Ku Klux Klan. Esses boatos permaneceram largamente difundidos durante o período de sua pesquisa, e podem ter infligido sérios danos a essas marcas: a Church's foi forçada a colocar-se à venda e a Troop Sport foi à falência quando os rumores se espalharam (TURNER, 1994, p. 96).

268 | CULTURA DA CONEXÃO

Algumas das acusadas eram empresas de iniciativa privada e outras eram empresas públicas, mas nenhuma tinha políticas racistas explícitas. Embora as alegações não tivessem fundamento na verdade, as acusações, Turner relata, estavam longe de ser aleatórias. As companhias acusadas eram "empresas de propriedade de brancos [com] propaganda direcionada exclusivamente a consumidores negros, que estabeleceram franquias em todo o país para vender commodities populares mas não essenciais, principalmente em bairros negros" (1994, p. 97). Os boatos se tornaram veículos para os sentimentos compartilhados de frustração entre alguns públicos afro-americanos em relação à escassez de negócios de propriedade de negros em suas próprias comunidades. Esses boatos refletem a realidade de um mundo onde o racismo, na maioria das vezes, não assume mais uma forma direta, como uma manifestação da KKK, mas, em vez disso, é vivenciada através de uma forma implícita, tácita e, portanto, difícil de localizar ou confrontar. Ao circular a história, os membros da comunidade estavam demonstrando sua própria participação ativa, ajudando a distinguir o amigo do inimigo, popularizando uma anedota para expressar suas maiores preocupações sobre racismo e estabelecendo as fronteiras de sua comunidade.[3]

Os boatos que Turner discutiu foram amplamente compartilhados dentro das comunidades negras que ela estudou e eram pouco conhecidos fora delas. Historicamente, a América negra gerou suas próprias instituições, desde a barbearia até a imprensa afro-americana e a igreja de negros, espaços públicos alternativos que permitiam a formulação e o intercâmbio das perspectivas próprias da comunidade. Alguns estudiosos (por exemplo, NUNLEY, 2004) vincularam essas instituições a uma tradição mais antiga de *hush harbors*, espaços onde escravos se reuniam fora da vigilância de seus senhores para a indispensável comunicação, acentuando sua capacidade de sustentar conversas entre pessoas da mesma raça. O surgimento de computadores ligados em rede ampliou essas mensagens e expandiu sua circulação, que, em alguns casos, permite que outros promovam causas comuns dentro de grupos minoritários e entre eles.

No entanto, a porosidade do ambiente de comunicação também traz novos riscos para tais comunidades. Considere, por exemplo, a circulação de vídeos exibindo os sermões do reverendo Jeremiah Wright para sua congregação, a Trinity United Church of Christ (da qual Barack Obama foi membro), que desempenhou um papel significativo na campanha presidencial de 2008. Os sermões de Wright foram escritos e apresentados para uma congregação formada predominantemente, e não mais exclusivamente, por negros, como parte de uma tradição da crítica de negros inflamados às instituições e às práticas dos brancos. Porém, no ambiente moderno da mídia, as mensagens são muito mais difíceis de se conter, pois elas viajam e se espalham por toda parte. Assim, os vídeos do reverendo Wright foram postados no YouTube e apanhados por blogueiros e podcasters, transmitidos e reformulados pela Fox News, cobertos pelo *Washington Post* e pelo *New York Times*, discutidos nos programas de rádio, citados como referências nos debates políticos, redefinidos na propaganda política e assim por diante. O que os comentários de Wright podem ter significado em um espaço exclusivamente negro ou dominado pelos negros é muito diferente do que significam quando se propagam por esses outros contextos.

Considere as alegações falsas de que o presidente Barack Obama teve uma educação muçulmana ou de que ele não nasceu nos Estados Unidos, boatos que persistem apesar das repetidas tentativas de corrigi-los. Alguns observadores políticos acreditam que essas histórias foram fabricadas de forma maliciosa e provavelmente foram sustentadas por grupos interessados em gerar ansiedade em relação à eleição de Obama e desconfiança de suas motivações. Os boatos sobre o presidente negro funcionaram, entre os conservadores culturais brancos, como um discurso deslocado sobre raça, expressando sua percepção de que Obama não era adequado para liderar o país e mudando o foco de raça para questões sobre religião, origens nacionais ou patriotismo.

Para os conservadores cristãos, os boatos sobre as raízes muçulmanas de Obama foram especialmente incômodos quando combinados com a saída de George W. Bush, um presidente conservador branco que proclamava abertamente seus "valores cristãos". Um boato particular sobre o presidente Obama, que circulou tanto on-line como off-line, declarava que o presidente tinha cancelado o Dia Nacional da Oração e participado de uma cerimônia islâmica na Casa Branca. Na verdade, Obama anunciou a proclamação anual do dia da oração em 2009, mas optou por observá-la de forma privada. Algumas versões de e-mails do boato deturparam a imagem do presidente retirando

270 | CULTURA DA CONEXÃO

seus sapatos antes de entrar em uma mesquita durante uma viagem diplomática em Istambul como prova da suposta cerimônia islâmica na Casa Branca. Aqueles que compartilham os valores expressos por esses boatos sabiam como lê-los. Eles podem ou não ter acreditado neles no sentido literal, assim como os rumores sobre a Church's podem ou não ter sido tomados ao pé da letra por aqueles nas comunidades afro-americanas que os ouviram e compartilharam. No entanto, esses boatos realizam um trabalho significativo, em termos culturais e políticos, na definição de como essas comunidades percebem coletivamente as mudanças na composição racial nos Estados Unidos.

Por meio da investigação desses vários boatos, aprendemos algo importante sobre a forma como o conteúdo se espalha e o porquê, sobretudo que o material que é apanhado muitas vezes não é o de maior qualidade, mas, sim, o mais poderoso diante dos desejos e dos temores da comunidade participativa. A facilidade com que a controvérsia a respeito do nascimento de Obama poderia ser refutada não impactou a sua capacidade de conduzir o debate porque, como no exemplo da Church's, era uma parábola para enraizar profundamente as preocupações culturais.

Não temos a intenção de sugerir que os atributos aqui listados sejam os únicos tipos de material propagável. Na verdade, este livro inclui uma gama vasta de exemplos que se encaixariam nas categorias detalhadas nas seções anteriores. Embora a nossa lista não seja completa, a intenção foi detalhar alguns tipos de conteúdo que têm o maior grau de propagabilidade. Conforme estas seções indicam, os textos que são particularmente producentes, ou seja, que deixam abertos os processos de análise, a criação de significados ou a atividade coletiva para que o público os preencha, frequentemente conduzem a um engajamento profundo. Em suma, textos producentes e engajantes têm uma grande tendência a se espalhar.

Ativismo Avatar e outras mídias cívicas

Embora muito da discussão neste capítulo esteja fundamentado nas estratégias empregadas pelos marqueteiros para criar mais conteúdo propagável, os

DELINEAMENTOS PARA A PROPAGABILIDADE | 271

princípios fundamentais da propagabilidade podem ser empregados por qualquer tipo de produtor de mídia que queira garantir a circulação de seu conteúdo através das diversas populações dispersas pelo planeta. Os princípios da propagabilidade podem, de fato, ser mais visíveis quando examinamos as formas pelas quais a mídia cívica adota novos estilos e estratégias, com o propósito de estimular a circulação livre e atrair a assim chamada cobertura de mídia merecida. A mídia cívica é o conteúdo destinado a aumentar o engajamento cívico ou a motivar a participação no processo político. Isso pode incluir a mídia produzida por candidatos políticos, organizações de movimentos populares (incluindo grupos ativistas) e cidadãos individuais. (Alguns dos exemplos de boatos descritos anteriormente são cívicos na função, mesmo que possam parecer anticívicos em seu tom e conteúdo.) Sem os meios para alcançar um grande público através dos canais de transmissão aberta e muitas vezes trabalhando com recursos bastante limitados, muitos desses grupos esperam que seus apelos de ação comunicados por meio da mídia on-line possam motivar os adeptos a ajudar a difundir seus princípios.

Diferentemente dos produtores comerciais que podem ficar divididos entre seu desejo de criar barulho e seu interesse em monetizar e regular o fluxo de material, os produtores de mídia cívica normalmente se preocupam mais em levar sua mensagem ao mundo. Como tal, eles têm pouca escolha, a não ser adotar a participação de seus adeptos. Em geral, a propagabilidade diminuiu os custos do discurso político. Como resultado, grupos ativistas acham mais fácil conceber e circular conteúdos de mídia convincentes, construindo afiliações mais fortes com um público que desempenha um papel muito mais ativo na propagação de sua mensagem. Essas táticas funcionam porque criam mídia (como os vídeos do YouTube) que é de fácil circulação, prestam atenção às motivações sociais que estimulam os adeptos e os visitantes mais casuais a compartilharem esse conteúdo com seus amigos e concebem o conteúdo usando alguns dos princípios básicos identificados por nós. No entanto, como veremos, esses produtores de mídia cívica enfrentam questões éticas, especialmente relacionadas ao que acontece quando algumas imagens de tumulto social e de sofrimento humano são descontextualizadas das especificidades de suas origens históricas e políticas, percebidas como prejudiciais aos apelos de ação dos produtores, em vez de os fortalecerem.

272 | CULTURA DA CONEXÃO

Esse conteúdo de mídia cívica propagável pode ser dissonante inicialmente pelo fato de abandonar a sobriedade com que normalmente as pessoas recebem as mensagens políticas, mas os produtores contam com a controvérsia em torno dessas táticas inesperadas para inspirar a propagação adicional e a discussão de sua mídia. Por exemplo, no início de 2010, um grupo de cinco palestinos, israelenses e ativistas internacionais pintou de azul a si mesmos à semelhança do Na'vi, personagem de *Avatar*, o filme de ficção científica de James Cameron que foi um sucesso em 2009, e marcharam ao longo da cerca que percorre a vila Bil'in, na Cisjordânia. Os manifestantes de pele azul, cujos trajes combinavam os tradicionais *keffiyeh* e lenços *hijab* com caudas e orelhas pontudas, foram finalmente interceptados pelo exército de Israel, que os atacou com gás lacrimogêneo e bombas sonoras. Eles fizeram o upload de um vídeo no YouTube que justapõe imagens de vídeo caseiro da ação com imagens do filme de Hollywood. Enquanto os ativistas entoam um cântico sobre a demolição da cerca, o espectador pode ouvir os personagens do filme proclamarem: "Nós vamos mostrar ao Povo do Céu que eles não podem levar o que quiserem! Esta... esta é a nossa terra!".

Os críticos conservadores dos Estados Unidos temiam que a representação de um complexo industrial militar pudesse fomentar o antiamericanismo em dimensões internacionais; contudo, à medida que a imagem do Na'vi foi tomada por grupos de protesto em várias partes do mundo, o mito foi reescrito para se concentrar nas configurações locais do complexo industrial militar (Deuze, 2010). Na vila Bil'in, o foco foi no exército de Israel; na China, foi nas lutas dos proprietários de casas contra confiscos de terras por colaboradores que trabalham com o governo chinês; no Brasil, foi nos índios da Amazônia contra a construção de barragens que ameaçam a floresta tropical; e em Londres, foi nos ativistas que protestam contra os interesses da exploração britânica em nome de uma tribo na Índia.[4]

Os manifestantes de Bil'in reconheceram possíveis semelhanças entre as lutas de Na'vi para defender seu *garden planet* contra o Povo do Céu e suas próprias tentativas de recuperar as terras que acham que foram tomadas deles injustamente. O vídeo deles no YouTube deixa claro o contraste entre as selvas exuberantes de Pandora e a paisagem árida e empoeirada dos territórios ocupados, mas o imaginário heroico do filme ofereceu a eles uma visão empoderadora de suas próprias lutas. Os espectadores no mundo todo reconheceriam as referências oportunas ao filme por causa do poder extraordinário da máquina de publicidade que é Hollywood, e o fato de essas referências serem empregadas aqui em relação às lutas por territórios no Oriente Médio certamente despertou controvérsias. Além disso, a visão de um manifestante de pele azul se contorcendo na poeira e engasgando com gás lacrimogêneo chocou muita gente que prestava atenção ao tipo de mensagem que as pessoas frequentemente desligam e tiram de sintonia. Embora seja difícil chamar de engraçadas as imagens resultantes, elas estão se desfamiliarizando e dependem do acesso do público ao conhecimento contextual de forma similar às reivindicações feitas anteriormente em relação à paródia.

O ativista e teórico de mídia Stephen Duncombe argumenta, em seu livro *Dream: Re-imagining progressive politics in the age of fantasy* (2007), que a esquerda norte-americana adota com muita frequência uma linguagem racionalista que pode parecer fria e exclusivista, que fala com a cabeça e não com o coração. Duncombe argumenta que o contexto cultural contemporâneo, com seu foco na apropriação e na remixagem de elementos a partir da cultura popular, pode oferecer um novo modelo de ativismo, que seja tanto espetacular como participativo, atraindo o poder emocional das histórias que já são importantes para um público em massa e rejeitando o vocabulário complexo através do qual são conduzidos com frequência os debates políticos. Duncombe cita, por exemplo, um grupo chamado Bilionários por Bush, cujos integrantes posaram como megamagnatas saídos do jogo Monopólio para chamar a atenção dos interesses corporativos que definem as posições do partido republicano. No entanto, ele poderia ter escrito sobre os manifestantes que se pintaram de azul, sobre os usuários de Twitter tornando verdes os seus ícones em solidariedade ao movimento iraniano pelos direitos civis, ou sobre os ativistas do Tea Party vestidos com trajes da revolução americana para refletir seu desejo de retornar ao que eles veem como as intenções originais da Constituição dos Estados Unidos. Em cada caso, os ativistas geraram imagens poderosas, muitas vezes ao se apropriarem de elementos e transformá-los em uma mitologia cultural compartilhada maior, em relação à qual as pessoas sintam uma ligação emocional imediata e tenham um impulso para compartilhar.

274 | CULTURA DA CONEXÃO

Andrew Slack, da Harry Potter Alliance, chama esse processo de "acupuntura cultural", sugerindo que sua organização identificou um "ponto de pressão" vital na imaginação popular ao aproveitar metáforas de uma franquia popular para crianças (JENKINS, 2009, 2012). O jovem Harry Potter, Slack argumenta, percebeu que o governo e a mídia estavam mentindo para o público com o propósito de mascarar o mal em seu meio. Potter, portanto, organizou seus colegas de classe para formar a Armada de Dumbledore e saiu para mudar o mundo. Ao espelhar esse impulso, a Harry Potter Alliance mobilizou mais de 100 mil jovens em todo o mundo para participar de campanhas contra o genocídio na África, para apoiar os direitos dos trabalhadores e o casamento gay, para levantar dinheiro para ajuda humanitária no Haiti, para chamar a atenção para a concentração da mídia e muitas outras causas.

Os esforços de Slack reuniram fãs apaixonados dos romances de fantasia da escritora J. K. Rowlings para trabalharem em conjunto com grupos ativistas mais tradicionais, perguntando a seus seguidores o que a Armada de Dumbledore estaria combatendo no mundo real. Muitos adeptos do grupo disseram que nunca tinham se considerado "políticos" antes, e a capacidade de passar da cultura participativa para o engajamento cívico foi eficaz na superação da relutância deles para se tornarem ativistas (KLIGLER-VILENCHIK et al., 2012). Tais esforços fazem uso das realidades de uma mídia de notícias apta a prestar muito mais atenção ao que está acontecendo em Hogwarts (ou pelo menos na abertura de um novo parque temático de Harry Potter) do que ao que está acontecendo em Darfur.

Sem dúvida, *Avatar* não pode resolver uma luta antiga por território, e o vídeo do YouTube produzido pelos manifestantes de Bil'in não é nenhum substituto para o discurso inteligente sobre o que está em jogo nesse conflito. E não pretendia ser. Em vez disso, seu objetivo era circular mais além do público-alvo já envolvido nessas questões, falando com outras comunidades sobre seus desejos e interesses, como com os fãs de *Avatar*, com comentaristas culturais interessados em apropriações de conteúdo de mídia pelo público, e assim por diante, em uma linguagem visual familiar aos vários públicos em nível internacional. Conforme Simon Faulkner explicou em uma discussão que colocou o vídeo de *Avatar* no contexto mais amplo das estratégias de mídia contínuas dos manifestantes de Bil'in:

DELINEAMENTOS PARA A PROPAGABILIDADE | 275

> Os espectadores de um vídeo da demonstração de Bil'in no YouTube, ou de fotografias da mesma demonstração no Flickr, poderiam recorrer às formas de comunicação baseadas em textos como um meio de se informar sobre por que essas imagens foram produzidas. [...] Os organizadores da demonstração de *Avatar* em Bil'in tiveram como objetivo produzir imagens fortes que tivessem um impacto sobre aqueles que as viram e que atrairiam a atenção de um público muito mais amplo. [...] Qualquer perda de compreensão conceitual que ocorra por meio do impacto imediato das imagens do "ativismo de *Avatar*" pode ser compensada na forma como essas imagens se relacionam com a palavra escrita. (2010)

A esperança é que tais vídeos provocativos estimulem buscas maiores por informações, inspirando aqueles que deparam com eles a seguirem os links de volta e a se aprofundarem nos sites ricos em conteúdo que esses grupos de ativistas construíram em torno deles. O ato de compartilhar tais vídeos, por sua vez, tem o potencial de fazer com que os participantes estreitem os laços emocionais com as comunidades que os produziram.

Apesar dos críticos que repudiam uma política fundamentada na propagação de mensagens através de mídia social, como o "slacktivismo", uma pesquisa do Centro de Estudos de Impacto Social da Comunicação da Universidade de Georgetown e da Ogilvy Worldwide, em 2010, sugere que os pequenos investimentos em tempo e esforço exigidos para retransmitir tais mensagens (ou vincular a causas por meio de nosso perfil em sites de rede social) podem deixar os participantes mais propensos a tomar medidas mais substanciais posteriormente (ANDRESEN, 2011). Em levantamento efetuado apenas no território norte-americano, as pessoas que se engajaram com frequência em atividade social promocional eram:

- tão propensas a doar quanto os promotores que não utilizam mídia social;

- duas vezes mais propensas a doar voluntariamente seu tempo;

276 | CULTURA DA CONEXÃO

- duas vezes mais propensas a participar de eventos como caminhadas beneficentes;

- mais de duas vezes mais propensas a comprar produtos ou serviços de empresas que apoiam a causa;

- três vezes mais propensas a solicitar doações em nome de sua causa.

Tudo isso sugere que formas mais propagáveis de mídia cívica podem não apenas atingir adeptos imprevistos, mas também plantar sementes que podem se transformar em compromissos mais profundos ao longo do tempo.

Apesar dos benefícios de tais estratégias, a facilidade com que tal conteúdo se espalha e é reformatado levanta sérias preocupações. Sasha Costanza-Chock escreve, em seu trabalho sobre o movimento dos direitos dos imigrantes em Los Angeles, a respeito das tensões entre ativistas jovens que buscam usar a mídia social para respostas espontâneas aos desenvolvimentos em tempo real e aqueles que querem manter de forma mais cuidadosa a estruturação e a formatação dos principais elementos da mídia da campanha:

> Muitas organizações continuam a achar arriscada a mobilização transmídia, porque esta requer tornar as práticas de comunicação de movimento acessíveis para diversificar as opiniões, em vez de contar apenas com líderes de movimentos experientes para elaborar a narrativa do movimento ao falar com repórteres das mídias de radiodifusão durante as coletivas de imprensa. [...] As formações de movimento que adotam a descentralização de sua voz podem colher grandes recompensas, enquanto as que tentam manter o controle de cima para baixo das práticas de comunicação do movimento se arriscam a perder a credibilidade. (2010, p. 113-114)

Sam Gregory (2010), porta-voz da WITNESS (uma organização de direitos humanos que surgiu em meio à controvérsia em torno da fita de vídeo de Rodney King nos anos 1980), publicou uma série de reflexões sobre os potenciais riscos e benefícios de permitir que vídeos de abusos dos direitos

DELINEAMENTOS PARA A PROPAGABILIDADE | 277

humanos circulem livremente. Quando o pop star Peter Gabriel lançou a WI-TNESS, ele perguntou: "E se todo trabalhador de direitos humanos tivesse uma câmera nas mãos? O que seria capaz de documentar? O que seria capaz de mudar?" (citado em GREGORY, 2010, p. 192). A expansão do acesso às ferramentas de baixa tecnologia de produção e distribuição de mídia trouxe o grupo para muito mais perto de cumprir essa visão, com muito mais abusos de direitos humanos documentados e tornados públicos.

A adoção da cultura participativa por parte da WITNESS permite que os ativistas produzam e compartilhem tais vídeos, mas a organização também reconhece que a circulação dos vídeos de direitos humanos, muito além de seus contextos originais, levanta questões éticas fundamentais. Em primeiro lugar, Gregory identifica questões de consentimento. Aqueles que são vítimas de abuso podem não ser capazes de prever de forma significativa o alcance de diferentes usos de suas imagens no contexto de uma cultura de remix e propagação. Essa preocupação continua a ser verdade, seja com imagens de tortura por parte do governo ou com vídeos de bullying escolar, nos países em desenvolvimento ou nos Estados Unidos. Em segundo lugar, Gregory adverte contra a potencial "re-vitimização" que pode ocorrer quando cenas humilhantes são introduzidas em contextos que estimulam interpretações cômicas ou eróticas:

As violações mais gráficas, como ataques violentos ou mesmo agressão sexual, são vistas como o material que se traduz mais facilmente em per-da de dignidade, de privacidade e de desempenho, e que leva com ele o potencial para uma real revitimização. [...] A distribuição de vídeo em si e por si pode também contribuir para a criação de camadas adicionais de vitimização: indivíduos em vídeos de tortura filmados já são duplamente humilhados, ou seja, no primeiro momento pelo que acontece a eles sob custódia e, no segundo, pelo ato de filmar. Eles são então expostos mais uma vez quando a filmagem alcança ampla circulação. (2010, p. 201)

Ao deparar com esses desafios, Gregory pressionou sua organização a de-senvolver uma ética para determinar a forma como tal material deve circular. Em alguns casos, a WITNESS permitiu que seu conteúdo circulasse via You-

278 | CULTURA DA CONEXÃO

Tube e outros sites de compartilhamento de vídeos, enquanto outros vídeos foram bloqueados e (em tese) podiam ser vistos apenas por meio do site do próprio grupo, o Hub, onde a WITNESS podia formatar o contexto de visualização com mais clareza. Na verdade, é claro, está cada vez mais difícil para qualquer grupo, seja uma organização de direitos humanos, seja uma empresa, controlar a forma como esse material se espalha. Em 2010, a WITNESS encerrou as atividades do Hub.

A persistência de boatos e a porosidade do cenário de comunicação (como visto anteriormente), além dos riscos associados à propagação de vídeos e imagens descontextualizados (conforme sugerido pela WITNESS), representam argumentos para que todos nós assumamos uma responsabilidade maior pela mídia que escolhemos para circulação, para evitar a postagem de informações que não tenham sido examinadas com atenção, para ajudar a contestar os boatos que sabemos terem sido desacreditados e para tentar ajudar a enquadrar materiais que possam ser polêmicos ou perturbadores quando encontrados em contextos inadequados. Em nosso livro expandido, Sam Ford e Christopher Weaver, professores do MIT e desenvolvedores de software, defendem a importância do desenvolvimento de competências fundamentais para a avaliação de conteúdo, assim como princípios éticos para que as pessoas se apropriem das consequências do que compartilham com suas comunidades. Conforme Weaver e Ford destacaram, é especialmente importante que as instituições de educação se envolvam com esses processos de avaliação de conteúdo, uma vez que os textos digitais desempenham papéis de destaque na forma como as pessoas tomam decisões conscientes como cidadãs. Outro passo importante para o aumento da consistência com a qual as pessoas podem examinar as informações on-line (e para o combate de novas formas de plágio em uma era de propagabilidade) provém de projetos como o Curator's Code (http://www.curatorscode.org/), uma iniciativa que fornece diretrizes para a padronização da forma como creditar tanto o criador como o circulador de conteúdo a partir de com quem a pessoa achou o material, uma vez que ela opte por compartilhar esse material com outras pessoas.

Em suma, o controle coletivo que agora todos temos em relação à criação de significado e à circulação de conteúdo pode promover novas maneiras

DELINEAMENTOS PARA A PROPAGABILIDADE | 279

poderosas de participar como cidadãos e membros da sociedade. No entanto, também são necessários novos meios para examinar a qualidade das informações compartilhadas pelas pessoas. O uso responsável dessas novas formas de circulação também exige que se deixe claro onde foram recebidas as informações que as pessoas compartilham, além de se pensar duas vezes antes de retransmitir material que elas não avaliaram de forma rigorosa.

Este livro incluiu os valores de circulação, ao ver o modo como a propagabilidade dá ao público um papel muito mais ativo na formatação do ambiente de mídia, mas essa faz aumentar a participação da ética em nossas decisões coletivas sobre o que a mídia deve circular e como todos nós asseguramos a integridade das informações que compartilhamos com os outros. Não estamos defendendo aqui que a propagabilidade conduza necessariamente a uma visão utópica de uma sociedade mais informada, mais responsável e mais ética. Em vez disso, à medida que as pessoas assumem um papel ativo na formação da criação e da circulação dos textos de mídia, o público tem acesso, para melhor ou para pior, a uma gama maior de opiniões.

Nossa convicção é que os criadores de conteúdo de todos os tipos – desde os executivos da Madison Avenue, nos Estados Unidos, que querem nos vender o desodorante Old Spice, até os grupos cívicos que querem chamar a atenção para injustiças sociais – possam conceber textos que o público queira propagar desde que identifiquem os desejos e as mecânicas básicas que inspiram esses atos de movimentos populares de circulação. Conforme visto anteriormente, o material que se espalha é producente na medida em que deixa espaço aberto para a participação do público, fornece recursos para a expressão compartilhada e motiva intercâmbios através de conteúdo surpreendente ou intrigante. As pessoas querem compartilhar os textos de mídia que se tornam um recurso significativo em suas conversas contínuas ou que ofereçam a elas alguma nova fonte de prazer e interesse. Elas querem intercambiar conteúdo de mídia e discuti-lo quando o material contém ativadores culturais, quando oferece atividades das quais elas podem participar. Conforme vimos no que diz respeito a boatos, esse conteúdo muitas vezes é propagado quando as pessoas são compelidas a falar, conscientemente ou não, o que pensam, mas lhes falta uma linguagem para se comunicarem.

280 | CULTURA DA CONEXÃO

Isso não quer dizer que tal material se torna irresistível, uma reivindicação que nos levaria de volta à passividade associada à teoria da mídia viral. Em vez disso, os participantes avaliam o conteúdo para ver se ele é valioso e significativo para os grupos com os quais conversam regularmente.

À medida que se entra de forma mais decisiva em uma era de mídia propagável, veem-se novos tipos de estratégias de marcas e de discursos cívicos, ambos previstos para refletir uma mudança no poder, longe da distribuição de conteúdo de cima para baixo e em direção ao empoderamento dos intermediários autenticamente populares para atuar em nome de uma organização ou causa maior. As propagandas estão se tornando mais lúdicas e participativas, e não contam mais com sua capacidade de exigir atenção perturbando as práticas que escolhemos como entretenimento. Pelo contrário, os anunciantes estão se esforçando para criar textos que as pessoas busquem ativamente e circulem de bom grado. Enquanto isso, o conceito da mídia cívica se afasta dos discursos das instituições de serviços públicos, assumindo mais qualidades da mídia de entretenimento conforme os criadores procuram expandir as comunidades através das quais eles circulam. Esses produtores não são mais dependentes dos tipos tradicionais de radiodifusão pública para alcançar audiências. No Capítulo 6, vamos explorar de forma mais completa o que esse impulso na direção da propagabilidade significa para os produtores de mídia independente. Tais criadores são muitas vezes os primeiros a inovar com mídia social, uma vez que procuram percorrer os obstáculos tradicionais para distribuir seus conteúdos e aproveitam os modelos colaborativos quando buscam cortejar e manter uma comunidade de apoiadores em torno de seus trabalhos.

6

CULTIVANDO APOIADORES PARA A MÍDIA INDEPENDENTE

A animadora Nina Paley e o escritor de ficção científica Cory Doctorow fazem parte de um segmento crescente de artistas independentes que repensam e reinventam o processo por meio do qual seus textos entram em circulação. Ambos oferecem sua arte aos fãs como "presentes", ou "dons", com a esperança de que a comunidade apoie seus esforços. Embora difiram dos melhores modelos (PALEY; DOCTOROW, 2010), ambos os artistas são fortes defensores do conceito de uma licença Creative Commons, e ambos querem escapar do que veem como regimes restritivos de direitos de autor. Aqui, por exemplo, está uma parte de uma carta aberta de Paley aos fãs que visitam seu website:

> Venho por meio desta oferecer a vocês *Sita Sings the Blues*. [...] Por favor, distribuam, copiem, compartilhem, arquivem e mostrem *Sita Sings the Blues*. Veio da cultura compartilhada e volta para a cultura compartilhada. A sabedoria convencional me incita a exigir pagamento para cada uso do filme, mas então como as pessoas sem dinheiro conseguiriam vê-lo? Como o filme poderia ser disseminado se ficasse limitado à autorização e à remuneração? O controle oferece um falso sentido de segurança. A única segurança verdadeira que tenho é confiar em vocês, confiar na cultura e confiar na liberdade. (2009)

282 | CULTURA DA CONEXÃO

Conforme discutimos no Capítulo 1, tais "presentes" não representam "conteúdo gratuito". Essa forma de presentear muitas vezes implica alguma forma de reciprocidade, reconhecida abertamente em ambos os casos. Mas a disposição desses artistas em sacrificar uma parte do controle sobre a circulação de suas obras ajuda o trabalho a se propagar. Doctorow foi explícito em relação à publicidade e ao potencial desenvolvimento de relacionamentos ao adotar a circulação a partir dos públicos: "De todas as pessoas que deixaram de comprar esse livro hoje, a maioria assim o fez porque nunca ouviu falar dele, e não porque alguém lhes deu uma cópia gratuita" (2008a).

Sob um paradigma de radiodifusão, a distribuição é quase inseparável da promoção: ambos os mecanismos asseguram que um produto produzido comercialmente chame a atenção do público definido o mais amplamente possível. Em contrapartida, a circulação independente de filmes, games, música e histórias em quadrinhos normalmente demanda mecanismos participativos para compensar a falta de orçamento promocional. Suas estratégias de comunicação frequentemente cultivam comunidades subculturais e de nicho que eles imaginam que tenham uma forte afinidade com o gênero ou a mensagem deles, e os criadores esperam que seus apoiadores promovam o trabalho junto a outros com ideias iguais.

Essas estratégias não existem em oposição aos objetivos comerciais, ainda que não sejam totalmente compatíveis com eles. Doctorow publica seus livros (como o de 2003, *Down and out in the magic kingdom*, e o de 2008, *Pequeno irmão*) por meio de editoras comerciais, mas ganhou grande visibilidade ao permitir que seus fãs fizessem download de seus livros gratuitamente e remixassem e recirculassem o conteúdo de modo que desencadeasse discussões. Paley vende DVDs do seu filme de animação *Sita Sings the Blues*, de 2008, pelo seu próprio website, onde também comercializa produtos temáticos, incluindo trilhas sonoras e camisetas. No entanto, uma boa parte do rumor veio das pessoas que compartilham links para o filme on-line. Alguns subgrupos daqueles que assistem ao filme de graça acabam por pagar para ter a propriedade de seu próprio DVD, e muitos compram DVDs para mostrar seu respeito e apoio ao artista. Quando Paley vende cópias de seus DVDs, arrecada 50% dos rendimentos, pois não divide sua receita com um distribuidor externo. Ela doa

CULTIVANDO APOIADORES PARA A MÍDIA INDEPENDENTE | 283

os outros 50% para o QuestionCopyright.org, fazendo uma declaração para o valor de acesso ilimitado a materiais culturais. Paley (2010b) estima que, em novembro de 2010, ela tenha arrecadado 119,708 mil dólares através de várias formas de "doações" de seus fãs, enquanto fez apenas 12,551 mil dólares por meio de distribuição cinematográfica e de radiodifusão. A licença Creative Commons, de Doctorow, proíbe apropriação comercial e sem fins lucrativos e a remixagem de seu livro, enquanto Paley permite que os membros de seu público lucrem com suas próprias vendas comerciais dos DVDs dela, mas enfatiza que eles devem pagar uma parcela da receita para certos detentores de direitos de músicas.[1]

Paley rejeita um argumento que vê a opção de "entrar na era digital" como uma forma de não participar da distribuição comercial na sua totalidade:

Quando decidi dá-lo gratuitamente on-line, o que finalmente me fez ver que isso era viável foi perceber que isso não significava que não seria visto na tela grande, que a internet não é um substituto para o cinema – é um complemento. Muitas pessoas verão o filme on-line e vão dizer: "Nossa, eu gostaria de poder ver isso na tela grande!". E, assim, elas podem, e algumas pessoas gostam de ver mais de uma vez. E tem outra coisa: você vê on-line e isso aumenta a demanda para os DVDs. Portanto, é o oposto do que dizem as indústrias de cinema e a fonográfica. Na verdade, quanto mais algo é compartilhado, maior é a demanda para isso. (Citado em K. THOMPSON, 2009.)

Do mesmo modo, Doctorow (2008a) constatou que suas vendas cresceram em função da decisão de compartilhar as versões digitais de seus livros on-line. Mais pessoas descobrem seu trabalho e, se elas valorizam o que ele escreveu, muitas vezes querem adicioná-lo em suas bibliotecas pessoais. Em ambos os casos, os fãs se envolvem com o conteúdo e uma porção deles decide mais tarde comprá-lo.

Paley (2009) se refere às formas antigas de distribuição como "coerção e extorsão" em função de os membros do público serem forçados a pagar, valorizem eles a experiência ou não. Ela, por outro lado, tem a confiança de que sua

284 | CULTURA DA CONEXÃO

audiência vai pagar pelo que valoriza. Suas práticas de distribuição são muitas vezes comparadas à decisão da banda inglesa de rock alternativo Radiohead, que deixou os fãs pagarem o que quisessem para fazer o download digital do lançamento do álbum da banda *In Rainbows*, de 2007. Mas enquanto o Radiohead ainda depende dos processos centralizados de distribuição, Paley adotou uma abordagem mais descentralizada:

> Minha experiência pessoal confirma que as audiências são generosas e querem apoiar os artistas. Com certeza há um modo para que isso aconteça sem controlar de forma centralizada cada transação. [...] O público, você e o resto do mundo são, na verdade, os distribuidores do filme. Portanto, não estou mantendo um servidor ou host ou algo do tipo. Todo mundo está. Nós o colocamos no archive.org, um website fabuloso, e incentivamos as pessoas a adquirirem o filme através do BitTorrent e compartilhá-lo. (2009)

Doctorow revela, de forma semelhante, o modo como os indivíduos se envolvem com seu conteúdo gratuito. Ele mostra as transformações de ações populares que os outros criam usando seu material através de seu blog, tudo a partir de filmes amadores que revivem as cenas de seus romances ou adaptações teatrais criadas por fãs para tradução de seus textos em idiomas estrangeiros.

Ao longo das últimas duas décadas, o impacto poderoso da web no mercado de mídia foi sentido na construção de sistemas alternativos para a circulação de textos de mídia. Este capítulo oferece uma perspectiva comparativa sobre a maneira como essas mudanças sugerem novos modelos de produção, gêneros alternativos de conteúdo e novos relacionamentos entre produtores e públicos. Apesar de esses exemplos poderem adotar uma variedade de formas – a partir do compartilhamento de conteúdo grátis na esperança de solicitar outros tipos de recompensas para buscar trabalho gratuito e apoio financeiro direto dos fãs –, todos eles dependem de um papel mais ativo do público que frequentemente trabalha em shows com criadores de mídia alternativa. Essas práticas ainda estão surgindo, e em evolução, o que dá a uma abordagem definitiva para apoiar a mídia alternativa pouca probabilidade de aparecer tão

CULTIVANDO APOIADORES PARA A MÍDIA INDEPENDENTE | 285

cedo. Este capítulo discute os experimentos dos cineastas, designers de video-games, criadores de histórias em quadrinhos e músicos independentes ou alternativos. Eles são descritos aqui como "alternativos" porque frequentemente se posicionam contra um mainstream comercial que permanece poderoso em sua capacidade de assegurar a distribuição em larga escala de seus produtos, ainda que o movimento de adaptação de sua infraestrutura seja lento para esse cenário de mídia que evolui rapidamente.

Embora nossas discussões sobre desenvolvimento de modelos estejam focadas em torno da mídia e de gêneros específicos, a realidade é que as experiências em linhas semelhantes (às vezes com resultados completamente divergentes) ocorrem muitas vezes por meio dos setores de mídia. Assim, por exemplo, mais adiante neste capítulo, consideramos modelos de produção colaborativa para filmes independentes, mas encontramos experimentos em música que são igualmente inovadores e interessantes. Devido ao fato de os produtores de mídia alternativa, através de uma ampla variedade de plataformas, trabalharem fora de estruturas institucionais e corporativas fixas, eles promovem um montante imenso de experimentação. Este capítulo não tem pretensões de explorar de forma exaustiva tudo o que está sendo testado, mas, sim, oferecer um apanhado que demonstre as lógicas que dão forma a essas inovações.

A criação de modelos de negócio propagáveis

O grupo Networked Publics (Públicos Ligados em Rede) da Universidade do Sul da Califórnia, nos Estados Unidos, explica as ramificações dessas abordagens experimentais para a circulação de mídia:

A mídia comercial, para melhor ou para pior, fornece a maior parte do material de base para a nossa linguagem moderna de comunicação. O momento atual talvez seja menos sobre a derrubada dessa modalidade estabelecida de cultura comum e mais um apelo para o reconhecimento de uma nova fase de comunicação e de compartilhamento cultural. Na

286 | CULTURA DA CONEXÃO

melhor das hipóteses, trata-se de comunidades não comerciais e de nicho, amadoras e populares de produção cultural que se mobilizam, criticam e remixam a mídia comercial e funcionam como um teste para novas formas culturais radicais. Na pior das hipóteses, trata-se da fragmentação da cultura comum ou da decadência dos padrões compartilhados de qualidade, profissionalismo e responsabilidade. (RUSSEL et al., 2008, p. 72.)

Eles defendem que o novo cenário de mídia é caracterizado por uma proliferação de diferentes grupos, alguns de movimentos populares e amadores, alguns cívicos (conforme visto no Capítulo 5) ou educacionais, alguns comerciais, que produzem e circulam conteúdo.

Muitos produtores de mídia comercial vão continuar com os modelos de negócio da velha escola enquanto puderem, tentando facilitar a transição para um novo estado das coisas, mas a circulação por ação popular pode ser o único caminho a seguir para muitos artistas independentes que não têm distribuição no mainstream. O grupo Networked Publics chegou a uma conclusão semelhante, argumentando que a cultura participativa pode mudar os objetivos dos artistas ou os parâmetros para o sucesso:

A música sempre foi um domínio de forte produção amadora, o que torna as formas da base para o topo de produção e distribuição particularmente mais acessíveis na ecologia digital, além de maduras para a eliminação da intermediação de gravadoras e licenciadores. [...] Ainda em 2001, a sabedoria predominante descrevia a música local/amadora, considerada pelos fãs, acadêmicos e músicos como "algo para ir além". Em outras palavras, o jogo final para o artista ainda era "assinar contrato" e seguir o modelo tradicional da indústria, com a cadeia de tomada de decisões consagrada pelo tempo. No entanto, as linhas no horizonte ficam cada vez mais nebulosas, o remix se incorpora à cultura (até mesmo acima da música) e continuam a ocorrer mudanças tecnológicas. Parece que talvez "ir além" pode já não ser mais o objetivo. (RUSSELL et al., 2008, p. 55.)

CULTIVANDO APOIADORES PARA A MÍDIA INDEPENDENTE | 287

Mas não há nenhum modelo para "ir além" do status de amador. A maior vantagem pode estar com aqueles produtores cujo trabalho opera dentro de gêneros com fãs seguidores fortes (animação, ficção científica, terror) e que se dirigem a populações bem definidas (minorias e grupos de ativistas). (Para saber como Joss Whedon tirou vantagem de uma rede de fãs fervorosos para distribuir de forma independente *Dr. Horrible's Sing-Along Blog*, veja o ensaio de Henry Jenkins em nosso livro expandido.)

A nossa descrição da rede de valor criada em torno do tecnobrega no Brasil, no Capítulo 4, oferece um exemplo do modo como as fortes identidades regionais podem ajudar a inventar um novo modelo de relações entre produtores de música e suas audiências. Nancy K. Baym, pesquisadora responsável da Microsoft Research New England, baseia-se em uma lógica semelhante em sua participação no livro expandido. Ela realizou uma pesquisa intensa sobre o modelo particularmente sofisticado da circulação independente de mídia encontrado no cenário da música independente sueca. A Suécia, Baym observa, é a terra tanto do ABBA como de uma série de outros grupos musicais de sucesso global, assim como do Pirate Bay, um site importante de torrent. Em nosso livro expandido, Baym descreve a maneira como grupos emergentes de nível médio procuram navegar em um espaço comum entre os dois:

> A lógica é a seguinte: nós somos pequenos e temos orçamentos mínimos. Há poucos estabelecimentos tradicionais que vão promover a nossa música e, portanto, poucas pessoas terão a oportunidade de ouvi-la através da mídia de massa. Quanto mais pessoas a ouvirem, maior será a audiência. Mesmo que grande parte dessa audiência não pague para comprar a música, ela pode muito bem pagar por outras coisas. [...] O resultado não é a morte da música sueca, mas uma sinergia de sucesso na qual a necessidade de os artistas e as gravadoras pequenas alcançarem e expandirem a audiência, enquanto permanecem com orçamentos limitados, corresponde às necessidades dos fãs de fazerem com que o ato de ouvir música seja uma atividade coletiva [...] e incorporarem a música em sua própria identidade on-line.

288 | CULTURA DA CONEXÃO

Para muitas dessas gravadoras menores, Baym relata que algo entre metade e dois terços das vendas de CDs e MP3 vêm de fora das fronteiras da Suécia. Os grupos suecos com pequenas chances de se beneficiarem dos mecanismos de publicidade tradicionais estão obtendo sucesso, fazendo turnês transnacionais e, de outra forma, tirando proveito desse sistema. Ao adotar a propagabilidade, esses artistas estão sacrificando um tanto da capacidade de configurar e controlar as rotas através das quais sua música chega ao público. Em troca, suas músicas circulam entre públicos com os quais eles nunca teriam entrado em contato antes.

No Capítulo 3, examinamos o papel que os públicos excedentes podem desempenhar para a televisão aberta. As audiências frequentemente ignoradas pelas redes de televisão, em favor daquelas consideradas "as mais lucrativas", acabaram sendo, por vezes, oportunidades perdidas. Para os produtores independentes, no entanto, não há públicos excedentes. Os criadores precisam de todo o apoio que possam encontrar. Eles dificilmente gastarão dinheiro em testes de audiência, principalmente se o seu trabalho for motivado por objetivos não comerciais e, portanto, eles têm menos propensão a estabelecer de modo firme quem deveria ser sua audiência sob um ponto de vista demográfico.

O compartilhamento livre e aberto de conteúdo pode fornecer uma ferramenta valiosa de pesquisa para esses produtores, permitindo que eles vejam para onde (cultural e geograficamente) seus textos se propagam e, por conseguinte, construam modelos de negócio que possam aproveitar aqueles bolsões de interesse do público. Bandas que planejam suas datas de turnês baseadas no modo como seus MP3 são distribuídos e para onde, cineastas que empoderam quem defende seu conteúdo ou autores que tomam conhecimento de quais leitores cultivar de forma mais ativa, com base em quem mais se interessa por seu trabalho, estão usando a circulação digital de seu conteúdo como um meio de desenvolver novos relacionamentos, em vez de meramente vender um único produto para um indivíduo. Parte disso pode parecer conjectura quando comparada à prática estabelecida da indústria, mas suas suposições agora estão fundamentadas em muito mais dados sobre o comportamento do público e construídas com base em leituras anedóticas de fluxos on-line, meios que não estavam tão facilmente disponíveis aos criadores de mídia alternativa no passa-

CULTIVANDO APOIADORES PARA A MÍDIA INDEPENDENTE | 289

do. Se os criadores de conteúdo consideram ser notado um de seus principais objetivos, o melhor caminho para que cheguem a isso é escutar como o seu material é propagado.

No entanto, a propagabilidade não oferece uma panaceia para criadores de mídia independente. A distribuição através de um grande estúdio ainda é importante para muitos filmes produzidos de forma independente, por exemplo, e apenas um número pequeno é selecionado a cada ano fora do circuito dos festivais de filmes. Sem os orçamentos promocionais e as plataformas de grandes empresas de mídia, e em meio à concorrência de outros produtores de conteúdo independentes, os criadores independentes ainda enfrentam uma grande batalha para encontrar públicos para seus trabalhos. Entretanto, a propagabilidade pode ajudar a transformar esse sistema. Muito mais filmes agora conseguem circular através de mecanismos que contam fortemente com o apoio de seus fãs mais aficionados. Como consequência, a propagabilidade está expandindo de forma ativa a diversidade cultural em função de uma gama maior de criadores de mídia ter acesso a públicos em potencial e de um número maior de pessoas ter acesso a trabalhos que, do contrário, poderiam estar disponíveis apenas nas principais áreas urbanas.

A reinvenção das histórias em quadrinhos

O manifesto *Reinventing Comics* (2000), de Scott McCloud, posicionou a web como um espaço mais aberto para que os novatos provassem seu valor como artistas, assim como uma tecnologia que poderia ampliar o público potencial de histórias em quadrinhos ao permitir que escritores e artistas explorassem temas que nunca se tornariam publicações no mainstream. McCloud também previu que a web poderia romper o domínio que a distribuição centralizada exerce sobre o mundo dos quadrinhos, contribuindo assim com a diversificação do público leitor de HQs. As ideias de McCloud sobre as possibilidades da indústria de quadrinhos refletem muito dos pontos de vista de cineastas e músicos independentes descritos na seção anterior (vale a pena observar que, além dos experimentos de Paley com o *Sita Sings the Blues*, ela também usou a distribuição on-line para sua série de quadrinhos *Mimi and Eunice*) e, no caso de histórias em quadrinhos, todas as previsões de McCloud provaram ser verdadeiras até certo ponto.

Hoje, os webcomics (quadrinhos via web) prosperam em comunidades muito diferentes e as pessoas criam material de histórias em quadrinhos por razões muito diferentes. Algumas estão tentando aprimorar suas habilidades, demonstrar potencial de mercado ou construir uma reputação antes de se tornar profissionais. Elas podem passar para a impressão ao encontrarem seu nicho. Outras ainda optam por permanecer no meio digital, apesar de ofertas de editores que trabalham com impressão. E poucas delas, como Jerry Holkins e Mike Krahulik, os criadores do game temático *Penny Arcade*, desenvolveram comunidades em torno de seus webcomics que podem assumir uma vida própria e, em alguns casos, tornarem-se maiores do que as próprias histórias em quadrinhos. Por exemplo, Holkins e Krahulik criaram uma das mais importantes feiras na indústria de games, uma das poucas que facilita as interações diretas entre os designers de game e seu público.

Embora o modelo de quadrinhos tradicional seja estruturado em torno de grandes editoras, com editoras independentes e underground estabelecidas como uma alternativa, as coisas são muito mais confusas on-line, onde artistas amadores e semiprofissionais aparecem ao lado daqueles que são mais comerciais e realizados profissionalmente. E como os criadores alternativos de quadrinhos trabalham juntos para proporcionar apoio mútuo, eles muitas vezes quebram as classificações rígidas de gênero que há muito tempo limitam a publicação de histórias em quadrinhos comercial. Considere a descrição do editor Joey Manley para *Modern Tales*, um website que apresenta trabalhos de uma série de artistas de quadrinhos independentes: "Temos dramas com agressões do tipo cabeçada ao estilo mangá de lobisomem/policial (ou, hum, talvez alguma outra parte do corpo) com *Fancy Froglin*, fantasia medieval lado a lado com autobiografia 'honesta', ficção científica espacial embalada em ópera bem ao lado de metaficção borgiana. E nós gostamos disso tudo (assim como nossos milhares de assinantes)" (citado em T. CAMPBELL, 2006, s.p.).

CULTIVANDO APOIADORES PARA A MÍDIA INDEPENDENTE | 291

Embora os fãs de quadrinhos retransmitam há muito tempo temas com agressões, com as novas plataformas de mídia fica muito mais fácil para os fãs ajudar os artistas favoritos a atraírem novos leitores. Conforme Geoffrey Long, gerente de programas da Microsoft, escreve em nosso livro expandido:

> Diferentemente dos tradicionais quadrinhos impressos, para os quais a maioria dos escritores e dos artistas trabalha sob contrato de "prestação de serviços" para grandes editoras, tais como a Marvel e a DC, os webcomics são normalmente de propriedade e operados por seus criadores e dependem das receitas geradas por propaganda, assinaturas/filiação de fãs ou vendas de produtos acessórios. Como resultado, para os criadores, ter indivíduos que comprem em apenas uma ocasião o seu trabalho (como um disquete de impressão tradicional) é menos importante do que estabelecer um relacionamento contínuo, agregando um grande público constante ao longo do tempo.

George Rohac Jr. (2010) pesquisou mais de 500 produtores de webcomics e constatou que quase todos eles dão seus quadrinhos de graça, enquanto buscam receitas por meio de outros canais (como a venda de produtos temáticos). Certa de 30% dos produtores entrevistados publicaram seu trabalho sob uma licença Creative Commons e 15% deles não alegaram nenhuma reivindicação de direitos autorais sobre material algum. Quase dois terços desses artistas permitiam que os fãs compartilhassem o trabalho deles gratuitamente, com os devidos créditos. Joel Watson, do *HijiNKS Ensue*, disse a Rohac que os fãs apoiam seu trabalho de diferentes maneiras: alguns têm os recursos financeiros para pagar pelos quadrinhos que leem, enquanto outros têm tempo e energia para ajudar a promover o que ele produz (2010, p. 35). Arranjos flexíveis em torno de direitos autorais deram a Watson a capacidade tanto de servir como de obter valor desses vários públicos.

Assim como as bandas independentes suecas analisadas anteriormente, os produtores de webcomics frequentemente circulam conteúdo sem uma compensação monetária imediata, na esperança de captar o interesse de clientes em potencial. Semelhante ao modelo de publicação eletrônica de Doctorow,

CULTURA DA CONEXÃO

a circulação digital de material novo de quadrinhos pode impulsionar vendas ocasionais de coleções impressas ou apoiar uma série de outros modelos de negócio. Em cada caso, a distribuição digital reduz os custos para alcançar esse mercado, enquanto as estratégias propagáveis permitem que esses criadores independentes expandam os públicos em potencial que eles podem atingir.

Quanto mede a cauda longa?

O influente artigo da revista *Wired* (2004), de Chris Anderson, e seu livro best-seller *A cauda longa: do mercado de massa para o mercado de nicho*, argumentam que os varejistas on-line operam em um contexto muito mais acolhedor para material diversificado e gostos das minorias do que antes. O conceito "cauda longa" sugere que o conteúdo de mídia de nicho pode agregar valor em um ritmo diferente, em uma escala diferente, por meio de uma infraestrutura diferente e com base em diferentes apelos comparando com o que fazem os textos comerciais de maior bilheteria. O espaço limitado das prateleiras das lojas físicas muitas vezes resulta em períodos de tempo muito curtos de exposição das obras para os clientes (ou absolutamente nenhum), o que geralmente provoca tolerância zero para as obras que não geram lucro rapidamente. E, conforme a crítica de McCloud em relação ao papel dos varejistas no mundo das histórias em quadrinhos sugere, essas operações podem sequestrar o conteúdo de mídia daqueles que têm interesses casuais em vez de interesses específicos.

As operações de varejo e locação on-line, como através da Amazon e do Netflix, por outro lado, podem manter vastos catálogos de títulos, muitos dos quais podem ter pequena circulação em uma semana qualquer, mas que, ao longo do tempo, compensam seus custos e podem até gerar lucros significativos. Além disso, para o distribuidor nesse tipo de modelo, mesmo os títulos que nunca dão lucro são valiosos na construção da reputação da empresa como uma importante fonte de material.

O argumento amplamente lido de Anderson situa o mercado de massa, impulsionado pelos sucessos de venda, na extremidade frontal da cauda, atingindo

CULTIVANDO APOIADORES PARA A MÍDIA INDEPENDENTE | 293

um público enorme e diversificado. Enquanto isso, mais produtos de nicho ficam na estreita extremidade traseira da cauda, atraindo públicos muito menores. Esse extremo estreito, ele argumenta, permanece cada vez mais tempo e a capacidade de obter lucro com esse conteúdo da chamada cauda longa depende da possibilidade de se manter um estoque vasto e diversificado, além de reduzir os custos de distribuição (por meio de redes digitais) e promoção (ao ceder mais controle desse esforço para os intermediários autenticamente populares).

Há uma forte evidência de que o público tem acesso a uma variedade muito mais diversificada de textos de mídia na era digital do que jamais teve antes. Anita Elberse (2008) estima que, no momento da sua escrita, a loja física de discos média tinha em estoque cerca de 15 mil álbuns, enquanto a Amazon, em contrapartida, oferecia 250 mil títulos. Na época, fontes on-line listavam cerca de 80 mil títulos de DVDs, enquanto uma loja Blockbuster de bairro oferecia 1.500 títulos. O contraste pode ser ainda maior para aqueles que vivem fora das grandes áreas metropolitanas, para quem essas várias opções nunca estiveram disponíveis antes. Essa nova diversidade representa um aumento de oportunidades para os produtores independentes de mídia de todos os tipos. Por enquanto, vamos chamar isso de "versão leve" do conceito da cauda longa.

O livro de Anderson, no entanto, levou suas reivindicações para muito mais longe. Dado esse contexto, Anderson declara que as indústrias de mídia vão passar de ênfase em sucessos que atraem uma base ampla de clientes para uma maior fragmentação e diversificação dos diferentes mercados de nicho, resultando em uma era de "microculturas" (2006, p. 183-184). Essa "versão rígida" da teoria da cauda longa, que defende que as indústrias de mídia estão evoluindo com base em um modelo impulsionado pelo sucesso de vendas, gerou críticas significativas. O artigo da revista *Harvard Business Review* (2008), de Anita Elberse, desafia algumas das principais alegações de Anderson com base na extensa pesquisa realizada por ela sobre dois dos principais distribuidores on-line: a distribuidora de música Rhapsody, com sede nos Estados Unidos, e a locadora de DVD Quickflix, com sede na Austrália. Algumas das constatações de Elberse apoiam a ideia de que o mundo on-line mantém uma gama muito mais diversificada de opções de mídia. Ao analisar a Rhapsody, ela constatou que 10% das músicas presentes no topo da lista representavam

78% das locações em determinado mês e que 1% das músicas do topo representavam 32% de todas as tocadas. Embora essa evidência defenda a alegação de que a atenção popular ainda se concentra em grande parte nos "hits", a categoria "hits" se expandiu on-line uma vez que incluiu muitos títulos que provavelmente não estariam disponíveis em uma era pré-digital. Além disso, muitos públicos estão rastreando e se envolvendo com títulos mais obscuros que ficam ainda mais fora do chamado mercado mainstream.

Voltando-se para os indivíduos, Elberse constatou que aqueles que se envolvem com mídia mais intensamente são mais propensos a procurar conteúdo no extremo mais longo da cauda, enquanto os usuários casuais e de pouca intensidade têm maior probabilidade de restringir seus interesses a textos mais próximos do mainstream. Em outras palavras, aqueles que são profundamente interessados em um dado gênero são mais propensos a pesquisar e a experimentar material alternativo naquela área. Tudo isso tende a apoiar uma versão mais leve da teoria da cauda longa, uma que se concentra no modo como a web expandiu o acesso a alternativas, em vez de sugerir que os mercados de nicho deslocassem totalmente a atenção concentrada associada à era da radiodifusão. (Em um ensaio em nosso livro expandido, David Edery, CEO do estúdio de games Spry Fox e diretor da empresa de consultoria em games Fuzbi, mostra a indústria de games como um estudo de caso particularmente rico para compreender os pontos fortes e as limitações do modelo cauda longa.)

Considerados lado a lado, Anderson e Elberse fundamentam suas análises em dois modelos muito diferentes em termos de preferências. No que diz respeito a Anderson, o público é mal servido pelo conteúdo homogeneizado associado ao modelo de radiodifusão e mais bem servido pelo material que se encaixa de forma mais precisa em suas preferências. Anderson sustenta que o acesso a ofertas mais diversificadas leva a uma fragmentação maior do interesse do público. Elberse, por outro lado, baseia grande parte de sua análise no livro *Tudo ou nada* (1995), de Robert H. Frank e Philip J. Cook, que assume que os "hits" são populares porque representam uma qualidade maior e uma alternativa mais desejável ao conteúdo de nicho. Ao argumentar que as dinâmicas digitais tornam ainda mais provável que as audiências "venham a convergir em suas preferências e hábitos de compras", Elberse escreve:

CULTIVANDO APOIADORES PARA A MÍDIA INDEPENDENTE | 295

Primeiro e mais importante, um talento inferior é um substituto ruim para um talento superior. Por que, por exemplo, as pessoas ouviriam a segunda melhor gravação de *Carmen* do mundo quando a melhor está facilmente disponível? Portanto, mesmo uma vantagem muito pequena em relação à concorrência pode ser recompensada por uma avalanche de participação de mercado. Em segundo lugar, as pessoas são inerentemente sociais e, portanto, encontram valor em ouvir a mesma música e em assistir aos mesmos filmes que os outros veem. (2008, p. 3)

O exemplo de *Carmen*, dado por Elberse, vincula o gosto discriminatório de volta ao reino da arte elevada, que foi organizado tradicionalmente em torno de hierarquias e cânones. O ranking de artistas populares não é tão claro quanto essa linha de pensamento poderia sugerir: nós desafiamos qualquer um a identificar o "melhor" ou o "segundo melhor" pop star do mundo, por exemplo. As pessoas normalmente estão interessadas em mais de um exemplo de determinada categoria, buscando não apenas "qualidade" (definida de forma clássica), mas diversidade. O argumento de Anderson é muito mais coerente com o trabalho na tradição dos estudos culturais que vê a preferência como uma particularidade de populações específicas, ou seja, não como uma reivindicação universalizada sobre qualidade, mas como avaliações mais localizadas de um contexto específico.

Elberse apoia seu argumento com algumas provas convincentes de que as pessoas, em média, têm maior probabilidade de ficarem satisfeitas com seleções provenientes da extremidade larga da cauda e maior probabilidade de ficarem desapontadas com escolhas vindas da extremidade longa da cauda. Embora todas as preferências sejam "adquiridas" à medida que surgem de experiências sociais e culturais específicas que tendem a se reforçar mutuamente, nossa exposição limitada à cultura alternativa significa que temos menor probabilidade de ter adquirido as habilidades necessárias para decifrar e apreciar seu conteúdo. Porém, aqueles que realmente adquirem essas preferências são propensos a ter expectativas mais precisas, como os amantes de música clássica que têm uma classificação clara (se disputada calorosamente) das melhores performances de *Carmen*.

296 | CULTURA DA CONEXÃO

Porém, o que falta a ambos os argumentos é uma realidade simples: a maioria das pessoas não se envolve apenas com material de nicho ou apenas com material de mídia de massa. As pessoas usam textos de mídia tanto para desfrutar experiências culturais compartilhadas como para se diferenciar das preferências das massas. O conteúdo de mídia de massa muitas vezes se torna propagável pelo fato de sua onipresença relativa fornecer pontos em comum para conversas com uma ampla variedade de pessoas. O conteúdo de nicho, por outro lado, se propaga porque ajuda as pessoas a comunicar seus interesses e sensibilidades mais particulares, para se distinguir da maioria. O conteúdo de mídia de massa muitas vezes ajuda-nos a "ser amigáveis", enquanto o conteúdo de mídia de nicho nos ajuda a encontrar "melhores amigos". Às vezes, os textos de mídia de massa geram o tipo de paixão e interesse profundo muito frequentemente reservados aos interesses de nicho. Outras vezes, o material de nicho atrai o interesse do mainstream. De modo geral, no entanto, os textos de mídia mainstream e de nicho continuaráo a desempenhar funções diferentes.[2]

Curadoria de games independentes

O sucesso sob o modelo da cauda longa de Anderson depende do desenvolvimento de mecanismos para a educação dos públicos e de ferramentas para ajudar as pessoas a encontrarem os textos a que elas estejam mais aptas a dar valor. Conforme Erik Brynjolfsson, Yu Jeffrey Hu e Michael Smith concluíram em outra investigação sobre as formulações de Anderson, "os clientes podem ficar sobrecarregados quando as opções estão mal organizadas e, como consequência, podem, na verdade, reduzir suas compras. Assim, a cauda longa define como de extrema importância a necessidade de os varejistas fornecerem ferramentas para facilitar a descoberta de produtos por meio tanto de busca ativa como passiva" (2006, p. 69). A pesquisa deles sugere que a preferência do público por tarifas alternativas aumenta à medida que ele é exposto a mais opções e conforme aprende como encontrar os melhores produtos de nicho. Anderson descreve soluções tecnológicas, tais como "agregadores" e "filtros", que ajudam a chamar a atenção dos públicos interessados em relação ao conteúdo, mas também reconhece as práticas folksonômicas, tais como "tagging" (etiquetagem) e o "boca a boca amplificado" para trabalhos particularmente atraentes (2006, p. 107). Em um ensaio em nosso livro expandido, Jonathan Gray, professor de estudos culturais e mídia da Universidade de Wisconsin, Madison, nos Estados Unidos, vê a figura do autor como um mecanismo particularmente importante para marcar com tag esse conteúdo. Peter Jackson fez com que pessoas prestassem atenção ao filme *Distrito 9*, feito em 2009 por um cineasta sul-africano pouco conhecido, ao endossar o projeto com sua "marca". Para filmes independentes e outros projetos criativos, então, autores conhecidos podem se tornar uma tag para um novo conteúdo de mídia capaz de provocar o interesse do público sobre projetos fora do mainstream.

A cauda longa deu origem a novos modelos de negócio nos quais a agregação de textos de mídia alternativos combina com a criação das comunidades on-line engajadas na discussão e na avaliação de trabalhos compartilhados. Essas comunidades representam uma forma de conteúdo de "curadoria", ou seja, material que foi avaliado e situado por meio de ação coletiva da comunidade. No entanto, empresas como a Apple também alegam que oferecem material de "curadoria" aos clientes e, nesse caso, trata-se do material que foi avaliado profissionalmente de acordo com os padrões de polidez técnica ou potencial comercial. Esse tipo de curadoria representa uma constatação da existência de uma função guardiã tradicional, que alguns observadores entendem como um sinal do fim de uma web mais aberta e participativa (ANDERSON; WOLFF, 2010). Ambos os modelos foram concebidos para ajudar a acabar com a desordem na expansão das opções de mídia, um ao chamar a atenção para trabalhos diferenciados e opções variadas, e o outro ao restringir o fluxo de conteúdo baseado em valores comerciais.

Como exemplo do modelo de curadoria coletiva, a ascensão do movimento de games independentes tomou forma tanto pelas práticas de curadoria idiossincrática dos indivíduos como pelas práticas de curadoria mais descentralizadas e mais populares. Enquanto isso, o surgimento do mercado "app" em torno do iPhone e do iPad representou um modelo com controle

298 | CULTURA DA CONEXÃO

corporativo e mais centralizado de curadoria. Vamos considerar um exemplo breve de cada.

Criado em setembro 2005 pelo designer de games Greg Costikyan e pelo repórter comercial Johnny Wilson, o Manifesto Games (e-commerce varejista) procurou mudar a infraestrutura da indústria de games, facilitando o trabalho dos designers criativos de game fora dos principais estúdios e editoras. Inspirado pelo discurso sobre o conceito da cauda longa, o Manifesto Games criou uma plataforma para exibir videogames que nunca chegaram a lojas físicas, conectando o melhor trabalho publicado do movimento independente de games às audiências engajadas que buscam esse conteúdo. Em muitos aspectos, o Manifesto Games funcionou como uma crítica da mudança dos games como indústria artesanal, em que pequenos grupos de inovadores trabalhavam para experimentar novas formas de expressão nos primeiros tempos da computação doméstica, para uma indústria baseada em estúdio com escala em massa, em que apenas empresas grandes podem competir de forma significativa por espaço nas prateleiras no Walmart. Costikyan foi incansável na postagem de suas próprias impressões dos jogos, tanto positivas como negativas, em seu blog. Ele incentivava os desenvolvedores a postar material que instruísse as audiências sobre o que havia por trás de seus títulos. E oferecia um espaço aberto para que os membros de seu público compartilhassem suas impressões em relação ao que dava certo e ao que não dava, nos títulos promovidos pelo Manifesto Games, hospedando discussões regulares, através das quais os designers podiam falar diretamente com seus jogadores.

Enquanto o Manifesto Games estava se lançando, o movimento de videogames independentes foi crescendo rapidamente. O IndieCade surgiu como um festival de games, nada diferente de um festival tradicional de filmes, mostrando tanto games independentes como os públicos que os apoiavam. No mesmo momento, expandiu-se o número de laboratórios de games localizados em universidades que produziam um número crescente de artistas talentosos trabalhando à margem da indústria de games do mainstream. Algumas dessas experiências, como o *Flow* (a inspiração para o game comercial *Flower*) ou o *Narbacular Drop* (a inspiração para o game mainstream *Portal*) ganharam prêmios importantes da indústria. Suas inovações foram copiadas e aproveitadas,

CULTIVANDO APOIADORES PARA A MÍDIA INDEPENDENTE | 299

e alguns dos desenvolvedores envolvidos foram recrutados por grandes estúdios. Simultaneamente, os games casuais e os games para celular tornaram-se setores-chave no mercado de games em geral, sugerindo que os videogames pudessem ter sucesso sem um design massivo e orçamentos promocionais. E muitas plataformas novas de distribuição, como a Steam, a Xbox Live Arcade e a WiiWare ofereciam aos desenvolvedores de games, empreendedores e independentes, maior acesso aos seus mercados em potencial.

Em junho de 2009, o Manifesto Games encerrou o negócio. Costikyan (2009) citou um número de fatores por trás do colapso do Manifesto, incluindo a recessão econômica e o enxugamento dos recursos de capital de risco. A continuidade do sucesso de outros sites independentes, como o Kongregate, pode ser em parte resultado de eles terem como alvo um segmento menor do mercado independente de games, no caso do Kongregate, os Flash games, e então o desenvolvimento de um conjunto robusto de ferramentas que apoiam os esforços dos públicos para avaliar e recomendar conteúdo entre si.

Ironicamente, o crescimento de novas plataformas mainstream para distribuição de videogames, que provia acesso aos desenvolvedores independentes, absorveu parte da urgência da causa para a construção de um movimento em torno dos games independentes, ainda que esses outros modelos novos não fornecessem, em geral, a autonomia para os criadores independentes prevista pelos fundadores do Manifesto Games. Conforme Costikyan explicou em seu blog, após o anúncio do fechamento do Manifesto Games, "a Apple, a Microsoft e a Nintendo detêm o monopólio total sobre a distribuição por seus próprios canais e, embora possam, hoje, conceder de forma generosa uma alta participação nos lucros aos desenvolvedores que vendem através deles, os desenvolvedores estão, em última análise, completamente à mercê dessas empresas" (2009).

Os críticos da App Store (loja de aplicativos) da Apple para iPhone repercutem as preocupações de Costikyan de que a Apple detém poder demais em suas relações com os produtores independentes de aplicativos para celular. É óbvio que a Apple tem um interesse particular na distribuição de uma ampla variedade de aplicativos (ou programas) para sua própria plataforma, uma vez que uma diversidade de interesses ajuda a construir sua base de usuários. No entanto, a empresa faz curadoria do que é disponibilizado na App Store com base no que se alinha com a percepção de seus próprios interesses de mercado. Jonathan Zittrain (2009) argumenta que tais restrições vão contra a história da inovação das plataformas digitais. Os computadores pessoais, ele diz, são plataformas relativamente abertas que qualquer pessoa com o conhecimento certo pode dominar e aproveitar para tarefas úteis. A internet, ele afirma, também é uma plataforma generativa com um conjunto aberto de padrões e uma rede de nodos que passam dados entre eles sem levar em conta o material ou a natureza desses dados. Como resultado, tanto os computadores como a internet apoiam uma "revolução generativa em que as tecnologias novas e revolucionárias vieram de marés obscuras e conquistaram espaço" (p. 18). As restrições da App Store, da Apple, no entanto, querem dizer que apenas um grupo seleto que concorda com os termos da Apple é que pode acessar as ferramentas para criar conteúdo para suas plataformas, e que a inovação é concentrada e filtrada, isso se não for regulada pela própria Apple.

Zittrain observa que o Software Development Kit (SDK) [Kit de Desenvolvimento de Software] que os desenvolvedores devem usar para criar material para aparelhos como o iPhone dá à Apple o direito de aprovar a tecnologia, a funcionalidade, o conteúdo e o design desses aplicativos. Apenas os aplicativos aprovados é que serão vendidos pela App Store, o único canal através do qual os aplicativos podem ser comercializados oficialmente. A Apple se reserva o direito de cancelar ou parar de vender aplicativos como lhe aprouver, promover certos aplicativos em detrimento de outros e impedir a venda de aplicativos que dupliquem a funcionalidade dos programas oficiais (tais como e-mail) ou que forneçam aos usuários uma funcionalidade de que a Apple ou seus parceiros da rede (tais como, nos Estados Unidos, as operadoras de serviços de celular do iPhone) não gostem. Zittrain sugere que essa abordagem significa que a App Store e os aparelhos celulares da Apple têm pouca probabilidade de se tornar plataformas generativas.

O Manifesto Games e a Apple, portanto, oferecem dois modelos muito diferentes de curadoria: um que permanece relativamente aberto a novos conteúdos e que coloca um controle maior nas mãos das audiências para ajudar a marcar com tag e avaliar material, e o outro mais fechado e restrito por meio de critérios comerciais. Como a lógica da mídia propagável continua a se firmar em todo o cenário da mídia, as tensões entre esses dois modelos provavelmente ficarão em maior evidência.

"Abastecimento", "financiamento" e "circulação" colaborativos

Embora o experimento de Costikyan no desenvolvimento de um modelo alternativo para produção independente de videogames tenha sido malsucedido, estratégias similares estão tendo sucesso no mundo dos filmes independentes, onde os produtores estão aproveitando a energia e o entusiasmo de suas bases de fãs para financiar, sustentar e promover seus projetos. Considere os cineastas Susan Buice e Arin Crumley, que tiraram vantagem de todo dispositivo que estava à disposição deles, em uma era de cultura participativa, para conseguir realizar o filme *Monstros de Quatro Olhos,* de 2005, em frente a uma audiência. Em vez de esperar o lançamento do DVD do filme para oferecer os extras do diretor, Buice e Crumley lançaram vídeos sobre a produção do filme via iTunes, MySpace e YouTube. Como o interesse no projeto cresceu, a equipe pediu que as pessoas fornecessem seu e-mail e código postal, caso quisessem a exibição do filme em sua área. Em alguns meses, receberam mais de 8 mil solicitações de exibição do filme e foram capazes de distribuí-lo para mais de 30 cidades nos Estados Unidos, de onde tinham recebido pelo menos cem solicitações, cada uma dessas cidades gerando vendas de ingressos equivalentes às solicitações de exibição de filme que haviam recebido (CRUMLEY, 2001). Conforme Crumley explicou para o Indiewire (site de notícias diárias para a comunidade de filmes independentes):

A maioria das salas de cinema normalmente evitaria um projeto como o nosso porque não temos um distribuidor que pudesse utilizar ferramentas de marketing para promover o filme e levar as pessoas a comparecer. Porém, o fato de a audiência do nosso podcast de vídeo ser tão animada em relação ao projeto, e em função de termos números, e-mails e códigos postais de todas essas pessoas, fomos capazes de incutir confiança suficiente nos cinemas para fazer a reserva do filme. (HERNANDEZ, 2006)

Os fãs puderam usar o website de Buice e Crumley para monitorar as solicitações e identificar outros potenciais espectadores em sua vizinhança.

O Sundance Channel usou o *Monstros de Quatro Olhos* para lançar uma série de exibição de filmes independentes no mundo virtual Second Life, onde mais uma vez funcionou com a casa cheia. Com base nessas experiências, Buice e Crumley começaram a falar em "curadoria coletiva" de conteúdo: um cenário em que os produtores independentes fazem clipes e prévias disponíveis on-line, convidam os fãs a expressar seu interesse no trabalho ou a apoiá-lo e identificam onde o filme tem um seguidor forte o suficiente para justificar a despesa com a locação do espaço de cinema e com o transporte das cópias. A Paramount adotou uma estratégia on demand muito semelhante para o lançamento nacional nos Estados Unidos do filme de terror de baixo orçamento *Atividade Paranormal*, em 2007, exibindo-o nos mercados com maior demanda on-line (B. JOHNSON, 2010).

Buice e Crumley, assim como Nina Paley, representam uma nova geração de cineastas independentes que experimentam novas práticas e tecnologias de mídia para alcançar públicos desejados e desejosos que poderiam, de outra forma, ter pouco ou nenhuma exposição aos seus filmes. Embora Hollywood muitas vezes tenha os fãs e as comunidades de marcas como certos, esses cineastas independentes reconhecem que devem identificar de forma ativa e fazer parceria com comunidades cujos interesses se alinhem com os deles próprios (por razões estéticas ou políticas).

Essas táticas caem livremente no território do "crowdsourcing", um termo empregado por Jeff Howe em um artigo influente da revista *Wired* de 2006 que documenta a maneira como os produtores de mídia solicitam *insights* e contribuições de uma base grande de criadores amadores e pró-amadores. Howe aborda o iStockPhoto.com, uma empresa que adota o crowdsourcing para uma biblioteca de fotos. Qualquer fotógrafo pode fazer upload das imagens para o site, mas os fotógrafos são pagos apenas quando um assinante licencia uma imagem para fins comerciais. O site de e-commerce Threadless, em que os designers postam ideias para camisetas e o público vota nas que devem ser produzidas e vendidas, é outro exemplo bastante citado de negócios de crowdsourcing (BRABHAM, 2008). Esses processos podem ser entendidos como uma forma de microinvestimento (de dinheiro, tempo, recursos e atenção) que possibilita aos participantes dispersos definir coletivamente a gama de opções de mídia disponíveis para eles.

Similarmente às tensões exploradas no Capítulo 4, alguns críticos argumentam que o crowdsourcing pode se tornar outra maneira de explorar o trabalho "gratuito" com finalidades comerciais (especialmente quando há uma falta de transparência sobre um projeto de crowdsourcing), enquanto outros alegam que os modelos de crowdsourcing desgastam em vez de fortalecer a criatividade e a autonomia dos criadores de conteúdo. Em alguns casos, aspectos de uma história baseada em crowdsourcing de determinada marca ou modalidade de mídia podem ser vistos como triviais ou como não substanciais. Em outros casos, os fãs podem ficar frustrados com um criador que utiliza o *outsourcing* (terceirização) para uma decisão criativa para a audiência quando essa audiência quer ser surpreendida (FORD, 2010a). Em suma, o crowdsourcing é um conceito delicado.

Talvez parte do problema seja o termo propriamente dito. Críticos, como Jonathan Gray (2011), alegam que algumas das contradições residem no uso do conceito de *crowd* [multidão] (historicamente mais associado aos *mobs* [turbas] do que a uma comunidade criativa pensante) para descrever os integrantes de movimentos populares com os quais esses artistas se envolvem. Conforme Gray explica, "se considerarmos audiências, agentes, atores, cidadãos, indivíduos como multidão, estaremos rotulando-os forçosamente como uma massa bovina sem diferenciação. [...] Depois que a multidão desenvolve algo, usamos termos diferentes para descrevê-la. Uma vez que vozes de brilho sobressaem em meio a uma multidão, damos a elas um novo título e as extraímos da multidão".

Esses projetos de *crowd* podem atribuir mais ou menos poder aos cocriadores ou ao artista que exerce a "curadoria" das contribuições dos cocriadores. Eles podem atribuir mais ou menos inteligência e criatividade à multidão.

304 | CULTURA DA CONEXÃO

Portanto, podem ser mais ou menos democráticos em sua lógica. Em alguns casos, falar de crowdsourcing é falar sobre mudança das relações de poder entre públicos e produtores. Em outros, o crowdsourcing representa um esforço para atrair uma comunidade de apoiadores ou simplesmente passar um pote ao redor para angariar fundos a fim de fazer o que o artista tinha planejado fazer com ou sem a participação do público.

Concordamos com o ponto de vista de Gray de que parte do problema recai sobre o termo *crowd*, trazendo com ele a mentalidade de um público agregado e sem diferenciação, em vez de uma comunidade de participantes. Da mesma forma que levantamos a necessidade de revisão de termos como "viral" para descrever a forma como o conteúdo se espalha, esperamos ver novos termos e conceitos usados para descrever a colaboração entre os públicos e os produtores, de forma que reconheçam as contribuições de todos os envolvidos, em vez de minimizá-las.

Esses modelos colaborativos começaram a surgir como uma estratégia principal para que cineastas independentes se conectassem diretamente com suas audiências. O site Lost Zombies, por exemplo, se descreve como "uma rede social cujo objetivo é criar o primeiro documentário de zumbis gerado por uma comunidade mundial" (Lost Zombies, s.d.). Os cineastas por trás do projeto usam um website para solicitar fotos ou cenas que se encaixariam na parte flexível de seu filme de longa-metragem.

O abastecimento apropriado proveniente dos cocriadores, no entanto, apresenta um desafio em particular. Nos primórdios do projeto Lost Zombies, os cineastas oscilavam entre a solicitação de contribuições demasiado precisas de seus participantes, dessa forma sufocando sua criatividade, e a oferta de uma estrutura com duração indeterminada, que resultava em contribuições que nunca seriam adicionadas a um filme convincente. Veja como produtores descrevem a estratégia que se revelou ser a mais bem-sucedida para eles:

> Chegamos com batimentos... começou como uma gripe, sofreu mutações, o governo tenta deixar as pessoas de quarentena, controlar o surto, empresas farmacêuticas tentam desenvolver uma vacina, que não funciona, e há zumbis por todo lado. Isso funcionou muito bem para os cineastas criati-

vos. Para os que eram artistas realmente bons, mas que precisavam de mais orientação, criamos algo chamado grade. Você pode pegar um quadrado nesta grade com 128 quadrados e vai aparecer algo escrito como "precisamos de uma foto de uma luta de zumbis" e, uma vez completada a grade, achamos que teremos imagens suficientes para compilar o documentário, que deve sair no final do ano. (Citado em "25 New Faces", 2009.)

Em função de o gênero zumbi ter seguidores de fãs tão leais, os produtores foram capazes de esboçar grandes rumos e contar com a criatividade do público para elaborar e incrementar cenas de formas altamente generativas. No site, os membros são convidados a enviar fotos e imagens e, muitas vezes, múltiplas versões das mesmas tomadas ou sequências são avaliadas publicamente, com os participantes ligados em rede sugerindo quais deles alcançam o efeito desejado.

Milhares de pessoas até agora têm contribuído para o processo, embora os produtores se reservem o direito de tomar a decisão final em relação ao que é incluído na produção concluída. Conforme Skot Leach, um dos cineastas, explicou, "nós estamos fazendo tudo de trás para diante. Construímos a nossa audiência antes de criar um filme e, agora, estamos explorando uma série de plataformas, ainda sem ter completado o filme" (2010). Esse processo inovador já conquistou uma atenção muito maior da mídia para o trabalho em andamento do que se poderia esperar da maioria dos filmes de terror de baixo orçamento, e os produtores veem tal publicidade como a energia vital do processo de produção cinematográfica independente.

Em alguns casos, como o website Star Wars Uncut, esses processos de cocriação visam produzir filmes de fãs não comerciais cujo prazer vem principalmente da experimentação com processos criativos dispersos. O projeto do Star Wars Uncut designou uma cena do filme original para cada cineasta fã recrutado, que poderia recriar a cena do modo como desejasse. O trabalho finalizado é eclético em termos estilísticos, com, por exemplo, sequências animadas justapostas às cenas da Princesa Leia como uma *drag queen*, mas o filme permanece coerente porque o público-alvo conhece cada tomada de cena e cada fala do original de George Lucas.

306 | CULTURA DA CONEXÃO

Esse modelo agora é aplicado em produções profissionais e semiprofissionais. Por exemplo, a produção finlandesa *Invasão Nazista* [*Iron Sky*] – um filme de ficção científica sobre uma base nazista no lado negro da Lua – envolve uma intensa participação dos fãs. Sua equipe de filmagem tinha desfrutado do sucesso com *Star Wreck: In the Pirkinning*, outro filme de ficção científica produzido por meio da colaboração de cerca de 3.300 fãs e lançado on-line em 2005. Em setembro de 2010, estimou-se que tenham sido feitos mais de 10 milhões de downloads de *Star Wreck: In the Pirkinning* (LAVAN, 2010). Com *Invasão Nazista*, os produtores procuraram adotar esse modelo de sucesso (VUORENSOLA, 2010). O projeto levantou 6 milhões de euros por meio de canais de financiamento de filmes, como Finnish Film Foundation, Eurimages, HessenInvestFilm e Screen Queensland, mas esperam levantar mais 900 mil euros com fãs e apoiadores (website *Iron Sky*, s.d.). Além da busca de contribuições em dinheiro, os produtores postam desafios criativos e solicitações de recursos para seu website, solicitações essas que podem incluir qualquer coisa desde desenvolver modelos 3-D e produzir efeitos especiais até desenhar e produzir figurinos, emprestar locais para uso ou trabalhar em uma equipe externa para uma filmagem noturna.

Até agora, a maioria das produções que adota esses modelos de produção colaborativa é de filmes de gênero, em função de ser mais fácil comunicar o que se deseja quando se trabalha em tipos bastante codificados de narrativas. Além disso, os filmes de gênero têm bases de fãs muito bem estabelecidas que constroem comunidades explícitas ou implícitas, as quais podem apoiar com mais facilidade a infraestrutura na divulgação para potenciais participantes. Entretanto, esses esforços independentes podem expandir as fronteiras de gêneros particulares com a introdução de novos temas ou estilos visuais ou, de outra maneira, criar histórias bem diferentes da maioria das produções do mainstream.

Enquanto o crowdsourcing é usado para solicitar tipos muito diferentes de contribuições de apoiadores (desde imagens até locações), o "crowdfunding" geralmente diz respeito a situações em que as audiências fazem microinvestimentos em novos empreendimentos criativos. Existem sites, como o Kickstarter, que oferecem uma plataforma que alguns artistas independentes (não simplesmente cineastas, mas também bandas, artistas de quadrinhos, designers de games, autores, na verdade qualquer um que queira criar ou construir alguma coisa) usam para solicitar e arrecadar fundos. Esses processos de angariação de fundos são usados para gerar tudo, desde capital inicial para o lançamento de um novo empreendimento até o dinheiro total para lidar com a pós-produção. Os artistas estabelecem seus próprios objetivos de financiamento e desafiam a comunidade a ajudá-los a levantar o dinheiro necessário. Eles podem oferecer uma vasta gama de incentivos aos potenciais colaboradores e desenvolver seus próprios sistemas de publicidade para estimular o apoio, e os colaboradores apenas pagam para que os produtores alcancem seus objetivos de financiamento.

O site Kickstarter, em dezembro de 2010, tinha 1.285 projetos de filmes financiados, o que representava um fundo de compromisso total de mais de 11 milhões de dólares. Alguns desses eram projetos de estudantes, outros eram documentários ou filmes de curta-metragem, mas a lista também incluía filmes de longa-metragem, especialmente aqueles que tentam arrecadar dinheiro para pós-produção e distribuição. O projeto médio de filme no site Kickstarter levanta 6,4 mil dólares, enquanto o maior projeto de filme levantou mais de 364 mil (CAMPER, 2010).

Alguns produtores também estão encontrando novas maneiras de colaborar com seus públicos para circular conteúdo (no léxico *crowd*, isso seria "crowdsurfing"). Esses processos dependem da identificação das audiências que podem ajudar a orientar a circulação e a promoção de filmes. No simpósio "Seize the Power" ["Agarre o Poder"], no Festival de Filmes de Los Angeles, Caitlin Boyle (2010), da empresa de distribuição de documentários de movimentos populares Film Sprout, descreveu o processo por meio do qual sua empresa conta com os produtores de documentários de cunho político, ajudando-os a afiar seu foco nos grupos de interesse que podem ter motivos para promover seus projetos. A Film Sprout então ajuda os cineastas a identificar as estratégias de circulação, tais como os tipos de festa em casa descritos em relação à Brave New Films, no Capítulo 4.

Geralmente, o filme se torna parte de um esforço maior de educação pública. Por exemplo, *The End of the Line* (2009), um documentário sobre *overfishing* (pesca de peixes selvagens e espécies em risco de extinção), encontrou seu maior apoio nos proprietários de restaurantes locais de frutos do mar, que

308 | CULTURA DA CONEXÃO

queriam que seus clientes compreendessem melhor a forma como as práticas da pesca causam impacto ao meio ambiente. Em muitos casos, eles acompanharam as exibições do filme com refeições de frutos do mar sustentáveis. Para outro filme, *Reze para o Diabo Voltar ao Inferno* [*Pray the Devil Back to Hell*] (2008), a Film Sprout trabalhou em conjunto com grupos de igreja e abrigos para mulheres espancadas, e ambos encontraram ressonância nas histórias centrais do filme sobre a forma como um grupo de mulheres liberianas ajudou a acabar com a sangrenta guerra civil de seu país. Em ambos os casos, em vez de construir uma comunidade de fãs específica, a Film Sprout e produtores de filmes ouviam conversas já existentes em torno de temas relevantes, atraíam intermediários e organizações que poderiam ajudar a organizar e a divulgar exibições de filmes e ofereciam seus documentários como recurso para esses parceiros usarem a fim de apoiar suas próprias causas. Para que isso funcione, no entanto, Boyle argumenta que os cineastas precisam ser transparentes na definição dos termos de sua aliança com esses outros interesses e devem dar aos apoiadores o direito de divulgar essa ajuda dentro de suas próprias comunidades.

Ao dar um passo à frente, Jamie King e o grupo antidireitos do autor The League of Noble Peers lançaram sua série de documentários sobre batalhas de direitos autorais, *Steal This Film* (2006), em parceria com sites rastreadores de torrent nos quais os fãs podem fazer download de graça (WEILER, 2009). A série de filmes também foi distribuída por meio de sites de videostreaming do mainstream como o YouTube. O filme *Steal This Film* fechou com um simples pedido de doações, que tinha trazido aos cineastas, em meados de 2009, mais de 30 mil dólares de alguns dos mais de 6 milhões de pessoas que tinham feito download ou streaming do documentário deles. King tinha previsto que era possível motivar cerca de 5% de espectadores a fazer uma doação em apoio à produção independente de filmes e agora testa esse modelo por meio do desenvolvimento de um novo serviço, o VODO (Volunteer Donation, ou doação voluntária), que facilita atribuir e rastrear as doações associadas a um arquivo torrent de filme. Como cineasta independente, Lance Weiler explica: "Envolver uma audiência de forma significativa não garante que o seu trabalho não será pirateado, mas a construção de tais relacionamentos pode ajudar a limitar o estrago" (2008).

CULTIVANDO APOIADORES PARA A MÍDIA INDEPENDENTE | 309

Podemos considerar os exemplos descritos ao longo deste capítulo como experimentos. Em alguns casos, esses filmes ainda estão em fase de produção, e resta saber se serão finalizados e distribuídos por meio dessas práticas, ou a forma como serão recebidos. Alguns desses experimentos podem ser bem-sucedidos, enquanto outros produzirão resultados variados. Por exemplo, em 2010, o Sundance Film Festival fez uma parceria com o YouTube para disponibilizar alguns desses projetos top independentes para públicos on-line, enquanto o rumor da exibição do festival ainda fermentava (VAN BUSKIRK, 2010). Os cineastas podiam definir suas próprias taxas de aluguel e suas próprias condições de acesso como meio de experimentação com proposições diferentes de valores alternativos. Embora isso parecesse uma boa ideia para a ampliação do acesso, os resultados foram desapontadores, uma vez que cada título atraiu apenas cerca de 200 a 300 downloads pagos durante as duas semanas em que ficou disponível on-line. Os observadores do setor (por exemplo, CONNELLY, 2010) rejeitaram rapidamente o empreendimento como uma experiência fracassada. No entanto, Mynette Louie (2010), produtora de *Children of Invention* (um dos filmes do experimento), de 2009, disse ao público do simpósio "Seize the Power" que os seus resultados foram mais positivos do que as percepções comuns poderiam sugerir. O experimento aumentou a consciência do público em relação ao filme dela e, com o tempo, ela viu um aumento evidente no aluguel e na compra de seus DVDs. Ela vinculou de forma direta esse retorno à exposição que recebeu via YouTube.

Tomados como um todo, esses projetos demonstram a forma como os cineastas independentes podem, pelo menos em tese, colaborar com suas audiências a cada etapa do processo de produção, distribuição e promoção. Os cineastas independentes tiveram historicamente de desistir de certo grau de controle sobre seus filmes ao trabalharem com distribuidores comerciais, e alguns estão adotando essas estratégias colaborativas porque se sentem mais alinhados com os valores e os interesses de seus apoiadores do que com aqueles dos distribuidores comerciais. Sob esses modelos de cocriação, os apoiadores podem contribuir com uma gama de produtos ou serviços que ajudem a cobrir os custos de produção. Por meio de fundos comunitários, as audiências dão aos cineastas seu apoio antes da conclusão do produto, na esperança de que possam sentir maior sensação de satisfação ao ver uma história que importa a eles chegar à tela. E os modelos de circulação colaborativa emergentes aproveitam as comunidades existentes de potenciais apoiadores para dimensionar a distribuição e a exibição do trabalho finalizado. Esses sistemas tendem a aproximar aspectos da produção cinematográfica independente da lógica da economia do dom, em que a troca entre artistas e audiência promove valor sentimental, simbólico e, com sorte, valor de troca por meio da construção de sentimentos de reciprocidade.

Fazer um barulho alegre

Embora as tecnologias on-line possam ter amplificado e proliferado as maneiras como o material circula por toda a cultura, a existência de formas alternativas de produção e circulação de mídia não é nova. O conteúdo de gênero de nicho e a mídia produzida de modo independente circulam por meio dos movimentos populares por décadas. Por exemplo, talvez nenhuma comunidade nos Estados Unidos tenha sido mais bem-sucedida na circulação de conteúdo fora das plataformas do mainstream do que as atividades de mídia religiosas das redes sociais cristãs evangélicas, implícitas ou explícitas. Os modelos alternativos para circulação de conteúdo de mídia criados por comunidades cristãs, e as tensões e os desafios enfrentados por essas comunidades, podem esclarecer e dar perspectivas à série de novas abordagens que analisamos ao longo do capítulo.

A mídia cristã evangélica há muito tempo se propaga por meio da colaboração de produtores, livrarias bíblicas e igrejas. Historicamente, e hoje, eventos como a Escola Bíblica de Férias nas igrejas locais, aulas e o estudo da Bíblia geram grandes volumes de material, ao lado de música cristã e de outras mídias concebidas para ler, assistir ou escutar em casa. E embora muitos desses produtos de mídia cristã não tenham espaço significativo em prateleiras nas lojas convencionais nem apareçam nas listas importantes de best-sellers, eles alcançam uma circulação generalizada por meio de plataformas alternativas.

CULTIVANDO APOIADORES PARA A MÍDIA INDEPENDENTE | 311

Considere as formas tradicionais como os grupos de música gospel ganharam impulso nos circuitos regionais nos Estados Unidos. No cenário da música local, a reputação dos atos muitas vezes se espalhava quando os membros de uma congregação podiam compartilhar fitas cassete ou mesmo cópias dubladas da música de suas bandas favoritas (uma forma de circulação de mídia colaborativa de movimentos populares). Para igrejas pequenas cujo serviço de música gospel é mensal, a decisão quanto a que quarteto convidar poderia se tornar um ponto de discórdia, com os membros da congregação em defesa de um quarteto em detrimento de outro. Muitos fãs de música gospel até mesmo começariam a seguir suas bandas favoritas em torno do circuito.

Geralmente, um quarteto se deslocaria de uma igreja para outra para participar dos cantos gospel nas noites de sábado, realizar o culto em casa ou outros eventos especiais (FORD, 2010c). Tais esforços seriam financiados de modo colaborativo, com as bandas muitas vezes "surpreendidas" com uma "oferta de amor" durante ou ao término de seu serviço de canto da igreja. A Sunshine Witnesses pode ser mais parecida com a Radiohead do que imaginado no início! Além disso, essas bandas com frequência teriam a permissão de montar uma mesa na entrada da igreja para vender suas fitas cassete (e, mais tarde, CDs), ou no alpendre da igreja, para as congregações que levavam particularmente a sério a parábola em que Jesus derrubava a mesa dos mercadores no templo. Em alguns casos, a música seria executada de modo colaborativo, com um solista visitante ou grupo cantando ao lado do coral local ou de toda a igreja.

Esse modelo de circulação de conteúdo sustentava atos em nível local. Além disso, as comunidades cristãs também "expandiram" tais processos, uma vez que redes informais semelhantes foram usadas para circular conteúdo por meio de livrarias bíblicas, associações religiosas, redes de rádio religiosas e congregações, em nível nacional e internacional.

Embora esse processo forneça muitas sugestões potenciais para navegar por novos modelos concebidos para um cenário de mídia propagável, essas comunidades cristãs também enfrentam uma variedade de tensões, muitas das quais realçam questões que os criadores de conteúdo podem ter de confrontar. Voltando para a cena da música gospel local, como cresceu a fama dos atos

312 | CULTURA DA CONEXÃO

musicais particulares tornou-se extraoficialmente conhecido que alguns pareciam gravitar em torno das igrejas que tinham mais "amor" para dar. Outros quartetos tornaram-se mais abertos em relação a exigir uma taxa antecipada, provocando várias reações entre as comunidades da igreja. Hoje, essas questões também são colocadas de outra maneira: por meio de debates sobre se é possível "piratear" as canções cristãs.

O jornalista Geoff Boucher descreve essas tensões de forma sucinta como "um conflito entre imperativos familiares: *Espalhe a Palavra* e *Tu não deverás roubar*" (2006). Embora a percepção da necessidade de reduzir a circulação extraoficial de conteúdo de mídia seja uma questão enfrentada pela indústria da mídia, tem-se tornado uma questão particularmente vexatória nos círculos da música cristã. Alguns grupos adotaram um argumento econômico para desencorajar o compartilhamento de arquivos cristãos: a indústria da música cristã não é tão substancialmente lucrativa quanto outros negócios de música popular e, portanto, os artistas cristãos e suas famílias são particularmente atingidos com os downloads não autorizados. Enquanto isso, outras organizações na indústria da música cristã, como a Christian Music Trade Association – CMTA (Associação de Comércio de Música Cristã), adotam um argumento moral ao reivindicar que se trata de um pecado "roubar" qualquer tipo de música. De acordo com o presidente da CMTA, John Styll, "você não entraria em uma livraria cristã para roubar uma Bíblia da prateleira" (citado em Boucher, 2006).

No entanto, muitos fãs e artistas da música cristã discordam, com o argumento de que o objetivo deveria ser as pessoas levarem a Bíblia gratuitamente, em vez de se obter grandes margens de lucro com o "dom de Deus para a humanidade": "a Sua Palavra". Em suma, se a incumbência cristã é fazer proselitismo, então o conteúdo que espalha "a Palavra" deve circular de graça, da forma mais ampla possível. Disse o cantor e compositor Derek Webb sobre a propagação popular da música cristã: "Desculpem-me por dizer isso desta forma, mas isso parece muito mais com Jesus para mim do que fazer algum álbum e dizer às pessoas o que fazer com sua arte" (citado em Boucher, 2006).

Os artistas de música cristã também deparam com outro tipo de tensão: o pavor sentido por muitos quando seu conteúdo de mídia circula fora de suas fronteiras, na grande cultura "laica". Heather Hendershot (2004) docu-

CULTIVANDO APOIADORES PARA A MÍDIA INDEPENDENTE | 313

mentou o complexo conjunto de negociações sociais que ocorrem em torno da produção e da distribuição da música cristã. Ela acha que essa música é percebida como tendo dois objetivos distintos: reafirmação dos valores compartilhados dentro das comunidades cristãs e veículo para "assistir" aqueles que ainda não aceitaram Cristo. À medida que os artistas buscam assegurar sua propagação mais além das fronteiras de sua comunidade que se autodefine como cristã e, assim, alcançar novos fãs potenciais no mundo laico, eles muitas vezes têm de minimizar as mensagens que indicam de forma tão carregada sua filiação ao cristianismo. Portanto, as estratégias que asseguram a circulação de tais grupos no mainstream cultural podem fazer com que eles percam o apoio de seu mercado de nicho inicial. Hendershot documenta a forma como diferentes artistas reconciliam esse empurra e puxa contraditório em sua performance e ficam em paz com a decisão de permanecer dentro de sua base inicial de apoio ou de ir além dela.

Muitas das táticas empregadas e dos desafios enfrentados pelos criadores de mídia independente são versões amplificadas do que as redes, como essas comunidades cristãs de movimentos populares, utilizam e lidam há décadas. Para os quartetos de gospel local, evangélicos, editores de literatura e atos de música cristã nacional, da mesma forma, muito parecido com os criadores de mídia independentes de todas as tendências, o sucesso veio através da construção de uma reputação e do desenvolvimento de relacionamentos, em vez da venda de um único produto para um indivíduo. Em vez de ver "a música" ou "a mensagem" como uma commodity, esses textos são os meios para o desenvolvimento e a sustentação do apoio da comunidade, para a construção de modelos colaborativos para a "propagação da Palavra". Apesar das tensões que surgem com frequência nas comunidades cristãs entre os impulsos comerciais (ganhar a vida) e os não comerciais (compartilhar o evangelho) para a criação e a circulação de conteúdo, os textos de mídia e as reputações dos artistas são construídos por meio de redes formais e informais de fora da distribuição da mídia mainstream.

Além disso, conforme os artistas cristãos que viram ou buscaram a propagação de seu material fora de sua base religiosa testemunharam, a circulação de conteúdo além das fronteiras culturais muitas vezes cria pontos de conflitos em potencial entre as várias comunidades que visualizam e usam aqueles textos para fins por vezes bem diferentes. Porém, essa circulação também cria uma grande e nova promessa: para as audiências, a experiência com trabalhos de outras culturas e, para os produtores, sejam comerciais ou de movimentos populares, a possibilidade de encontrar públicos novos e inesperados para seus textos. O nosso capítulo final aborda esses assuntos por meio da análise da forma como as práticas propagáveis dimensionam e são dimensionadas pelos processos de globalização, abrindo o potencial para um ambiente de mídia mais diversificado (para alguns mais do que para outros) ao mesmo tempo em que também criam novas tensões.

7

PENSAR TRANSNACIONALMENTE

Um argumento central deste livro é que a propagabilidade tem expandido as capacidades das pessoas tanto de avaliar como de circular textos de mídia e, portanto, de dar forma ao ambiente de mídia. Nada disso pressupõe um fim do papel da mídia de massa comercial como talvez a força mais poderosa em nossa vida cultural coletiva. Em muitos casos, produtores e criadores de marcas decidem utilizar meios de comunicação mais participativos e meios informais de circulação, mas o objetivo final deles ainda é a difusão do conteúdo de mídia de massa. Em outros casos, os textos de mídia de massa circulados são apropriados e citados pelas pessoas que inserem esses segmentos em suas interações sociais contínuas sem levar em conta os criadores comerciais, ou mesmo contra a vontade destes. Em toda parte, o conteúdo de mídia de massa continua a ser aquele que se espalha para mais longe, da forma mais ampla e da maneira mais rápida. Este livro também se concentra nas situações em que o conteúdo circula socialmente o que as audiências não poderiam acessar por meio da distribuição da mídia de massa: materiais de arquivo preservados por colecionadores, material produzido por fãs e produtores amadores, mídia ativista e religiosa criada para divulgar seus ideais e mídia produzida e distribuída de forma independente. Porém, todos

316 | CULTURA DA CONEXÃO

esses casos se pautam em um pressuposto básico: o de que uma cultura ligada em rede é facilmente acessível para aqueles que desejam propagar conteúdo.

Este último capítulo se concentra na propagação transnacional tanto do conteúdo de mídia de massa como de nicho. Ao longo deste capítulo usamos o termo "transnacional" em vez do comumente usado "global", em reconhecimento à natureza desigual dessas correntes. Embora, conforme demonstraremos, os textos de mídia sejam trocados entre comunidades em muitos países diferentes e dispersos, há também muitos outros (especialmente no Hemisfério Sul, em grande parte da África, partes da América Latina e da Ásia) que ainda não são capazes de participar de forma ativa em tais trocas. Esse aumento na circulação transnacional amplifica, em alguns casos, a influência já poderosa dos produtores do mundo desenvolvido e, em outros, reflete os esforços dos produtores de mídia nas nações em desenvolvimento para aumentar sua influência (às vezes já poderosa).

O conteúdo de mídia transnacional, às vezes, vem pela porta da frente, distribuído por interesses comerciais (pequenos e grandes) que buscam expandir mercados. Outras vezes, vem pela porta de trás, formatado pelos esforços de piratas que procuram lucrar com a mídia produzida pelos outros, de imigrantes que procuram manter contato com as culturas que deixaram para trás e de públicos que buscam expandir seu acesso para abranger a diversidade cultural do mundo. Em todos os casos, as práticas culturais participativas estão transformando os fluxos de mídia transnacionais, mesmo que o acesso e a participação entre aqueles públicos permaneçam desiguais.

John Fiske traçou uma distinção produtiva entre "multiplicidade", que consiste em "mais do mesmo", e "diversidade", que reflete uma gama de identidades e agendas alternativas:

> Podemos dizer que vivemos em uma sociedade de muitas commodities, muitos conhecimentos e muitas culturas. A multiplicidade é para ser aplaudida apenas quando traz diversidade, e as duas não são necessariamente a mesma coisa, embora estejam estreitamente relacionadas. A multiplicidade é um pré-requisito da diversidade, mas não implica necessariamente esta, podendo ser, muitas vezes, mais do mesmo. Nesse sentido, a

PENSAR TRANSNACIONALMENTE | 317

diversidade prospera na multiplicidade, mas não a produz necessariamente. (1994, p. 239)

Embora este livro se concentre principalmente na cultura e na mídia dos Estados Unidos, ao longo dele chamamos a atenção para as formas pelas quais os trabalhos produzidos em outros lugares estão obtendo uma circulação mais ampla, desde o vídeo da britânica Susan Boyle e os fluxos provenientes de Teerã no Twitter, citados na Introdução, até as músicas e os filmes de gênero europeus, no Capítulo 6. Seguramente, esses materiais são filtrados de acordo com as normas e os interesses culturais locais, e apenas alguns dos textos de mídia produzidos no mundo são capazes de encontrar públicos, por exemplo, nos Estados Unidos. Os padrões dessa propagação de mídia não são simplesmente entre centro e periferia, como são compreendidos historicamente, mas podem ser multimodais, conectando países que tiveram comunicação limitada no passado. Este capítulo se concentra nos fluxos culturais transnacionais para ilustrar as formas pelas quais a propagabilidade pode incrementar a diversidade cultural. O que é dito aqui sobre a complexa interação de imigrantes e fãs em torno de materiais culturais compartilhados que percorrem as fronteiras nacionais também se aplica a outros tipos de intercâmbio entre comunidades, como a circulação laica da mídia cristã. Neste capítulo, chamamos atenção também para os possíveis limites, mal-entendidos e atritos que surgem à medida que o conteúdo de mídia percorre comunidades com histórico e agendas diferentes.

Apesar de escrever a partir de um ponto de vista dos Estados Unidos, não queremos superestimar a posição de domínio tradicional da mídia norte-americana no âmbito internacional, considerando as várias empresas sólidas que existem por todo o mundo. Também não queremos exagerar o impacto dos fluxos de mídia transnacional sobre os públicos nos Estados Unidos, dada a forma como, recentemente, muitos produtores de mídia ganharam acesso ao mercado norte-americano e a forma como a receita relativamente pequena de mídia retorna para alguns países produtores. De todas as tendências que discutimos no livro, a circulação transnacional da mídia pode ser a mais frágil, dadas as complexidades geopolíticas e econômicas das situações em discussão. No entanto, nós realmente acreditamos que a propagação informal de conteú-

CULTURA DA CONEXÃO

do de mídia, por meio de comunicações ligadas em rede, pode circum-navegar caso não contorne alguns dos fatores (políticos, legais, econômicos e culturais) que permitiram que a mídia de massa dos Estados Unidos mantivesse sua posição dominante em grande parte do século 20.

A virtude da cultura impura

Em nosso livro expandido, Ethan Zuckerman, diretor do Centro de Mídia Cívica do MIT, compartilha a história de como Makmende, um "super-herói queniano bastante remixável", emergiu do vídeo da música "Há-He" pela "banda experimental de garotos" de Nairóbi de nome Just a Band, e ganhou mais visibilidade no Oeste. Makmende, um "durão que luta caratê", se espelha no vídeo de música ao estilo do movimento cinematográfico norte-americano Blaxploitation, da década de 1970, mas também sugere algo mais. O vídeo da Just a Band celebra a capacidade de os criadores de mídia africanos se apropriarem e remixarem o conteúdo que circula por suas fronteiras nacionais, incluindo uma série de pastiches que apresentam participações imaginadas de Makmende nas capas das revistas *GQ* e *Esquire*. Nesse processo, eles incentivavam seus fãs a expandir o mito da valentia de Makmende. De acordo com Zuckerman, "a blogosfera queniana colaborou rapidamente, e os remixadores contribuíram com uma nota de 10 mil shillings quenianos (cerca de 123 dólares) para a exibição de Makmende, vários pôsteres de filme e capas de revistas e a capa do livro-texto *Primary mathematics* do sistema de ensino queniano remixado como 'Primary Makmende'tics', todos exibindo Makmende em sua pose característica". Makmende tornou-se uma referência popular também entre os tuiteiros quenianos. Conforme Zuckerman escreve:

Mensagens tais como "Eles tentaram fazer um papel higiênico do Makmende, mas havia um problema: não limparia a merda de ninguém" ou "Makmende não engana a morte, ele ganha de forma justa" podem soar familiares para qualquer um tanto quanto os memes na internet, como os "Fatos de Chuck Norris", uma série de depoimentos sobre os poderes impossíveis do astro de cinema e campeão de caratê americano. Outros tuítes de Makmende apresentaram uma familiaridade com a cultura popular dos Estados Unidos: "Quando Makmende quer uma massagem, ele pede a Jack Bauer para torturá-lo". E outros têm um toque distintamente queniano: "Makmende morde um mosquito e este morre de malária" e "Makmende pendura suas roupas em uma linha da Safaricom para secar", uma frase que fica mais engraçada se você sabe que a Safaricom, principal rede de telefonia celular, não mantém nenhuma linha de telefone com fio.

Historicamente, os críticos do imperialismo cultural buscam defender a pureza das culturas indígenas contra a influência corruptora de terceiros, mas a análise de Zuckerman sugere maneiras pelas quais a mistura das culturas pode ser empoderadora para aqueles que procuram escapar do isolamento cultural e entrar em uma conversa transnacional. Makmende não é nem puramente africano nem puramente americano: essa figura popular é um composto cultural cuja identidade sofreu mash-ups e remixes e é marcada por uma série de passagens fronteiriças, momentos em que as duas culturas (talvez mais) se interligam, vencendo distâncias geopolíticas. A impureza cultural de Makmende torna-o um exemplo particularmente poderoso da forma como o conteúdo é desenvolvido e circulado nesta fase atual da globalização. Se, conforme Zuckerman observa, Makmende parece queniano mas é, na verdade, uma versão descaracterizada do bordão "Me faça ganhar o dia" de Clint Eastwood, ele pode ser visto como aquilo que os africanos fazem da cultura dos Estados Unidos que foi despejada em seu mercado, e a sua circulação fora da África aumenta a aposta em termos da disposição do mundo desenvolvido para reconhecer a participação africana nas plataformas da Web 2.0. As práticas de mídia propagável estão expandindo pontos de contato entre países. À medida que fazem isso, eles criam uma mistura e uma associação inesperada de materiais culturais, o que permite multiplicar os pontos de entrada nessas mitologias compostas.

Porém, os tipos de intercâmbio que surgem através da mídia propagável podem ser ainda mais confusos em função de não entrarem por meio de canais

320 | CULTURA DA CONEXÃO

estabelecidos de comunicação, em função de muitas vezes envolverem participantes que não foram treinados em diplomacia ou comércio internacional, e em função de todos os participantes reivindicarem uma parte do valor e da importância que resultam de suas transações. Esses intercâmbios demonstram muitas das modalidades que a historiadora cultural Mary Louise Pratt descreve como "as artes da zona de contato", sugerindo que "os espaços sociais onde culturas díspares se encontram, se chocam, se entrelaçam uma com a outra" podem ser culturalmente generativos, resultando em uma diversidade de narrativas e imagens como partes que trabalham por meio de suas interconexões (1991, p. 34). Pratt escreve: "Autoetnografia, transculturação, crítica, colaboração, bilinguismo, mediação, paródia, denúncia, diálogo imaginário, expressão vernácula, essas são algumas das artes literárias da zona de contato. Má compreensão, falta de compreensão, letras mortas, obras-primas não lidas, heterogeneidade absoluta de significados, esses são alguns dos perigos da escrita na zona de contato" (p. 35).

O produto de tais transações não é apenas "heterogêneo" em termos de design, mas também em termos de interpretação. Pratt diz: "A compreensão será muito diferente para pessoas em posições distintas dentro da zona de contato" (1991, p. 35). Ela argumenta que essas artes não geram compreensões "universais", pois, em vez disso, requerem múltiplos e complexos graus de instrução para que entendamos o processo pelo qual negociamos seu significado e seu valor por meio de uma variedade de contextos globais diferentes. Assim como vimos no Capítulo 4 que as negociações complexas entre as audiências e a indústria exigem que ultrapassemos as noções simples de resistência para adotarmos um conceito mais multivocal, tal como a colaboração, este capítulo sugere que os velhos debates sobre a força homogeneizadora da comunicação global não lidam com as interações complexas entre as diversas populações que dão forma aos fluxos transnacionais de conteúdos de mídia.

Podemos ver uma complexa estratificação de culturas no estudo do cenário do hip-hop no Japão, de Ian Condry. Condry rejeita as reclamações sobre o impacto cultural da globalização: "Descobri que nem a homogeneização global nem a localização captaram de modo preciso como o estilo musical mudou. Em vez disso, vemos uma conexão de aprofundamento e aceleração

PENSAR TRANSNACIONALMENTE | 321

entre os cenários de hip-hop no mundo todo, ao mesmo tempo que uma diversidade maior de estilos aparece no Japão e no mundo" (2006, p. 19).

Algo semelhante ocorre com os fluxos transnacionais em torno do kuduro, um movimento de dança contemporâneo fortemente influenciado pela capoeira, prática de artes marciais. Embora a capoeira esteja associada, hoje, principalmente ao Brasil, os historiadores acreditam que ela teve origem em práticas africanas que vieram para o Novo Mundo através do comércio de escravos. A exportação de um filme de Jean-Claude Van Damme com cenas de capoeira para Angola pode ter inspirado a juventude africana a adaptar alguns dos gestos de artes marciais em sua dança, na qual misturaram os movimentos da música do *dancehall* jamaicano, as músicas tradicionais angolanas – kilapanga, semba e kizomba – e, por fim, a música caribenha calypso, e que se transformou em kuduro (de Bourgoing, 2009).

A dança e a música kuduro alcançaram os guetos urbanos de Lisboa no início dos anos 1990 por meio de imigrantes africanos. E, mais recentemente, o kuduro foi inserido nos vídeos de música amadores e profissionais que ficam postados no YouTube. O movimento talvez tenha ganhado maior atenção internacional por meio da circulação do *Som do Kuduro*, um vídeo coproduzido pelo artista britânico M.I.A. e pelo Buraka Som Sistema, um projeto de música e dança eletrônica português (McDonnell, 2008). Aqui, podemos ver um processo contínuo de localização e globalização por meio da cultura popular e participativa, mas também por meio das ondas de imigração, exploração econômica e escravidão.

Portanto, primeiro e mais importante, a produção da mitologia Makmende pode ser entendida como um exemplo da capacidade digital expandida do povo africano, sua capacidade de implantar sistemas ligados em rede de produção e circulação cultural para atender a suas próprias necessidades e para dar voz aos seus próprios impulsos criativos. Makmende pode ser visto como uma forma de reivindicar espaço e tempo de ocupação em sistemas transnacionais maiores de intercâmbio. Podemos interpretar essa capacidade de intervir, ainda que hesitante, como uma reação contra o status do mundo em desenvolvimento, conforme Lawrence Liang descreve como "a sala de espera da história" (2009, p. 23). Liang argumenta que "a espera pelo lançamento

322 | CULTURA DA CONEXÃO

de Hollywood ou de Bollywood [...] se torna uma metáfora apropriada para aqueles colocados de forma diferente dentro do circuito do 'tempo tecnológico'" (p. 23). Historicamente, essas populações eram isoladas tanto geográfica como temporalmente, carecendo da "moeda corrente" (em todos os sentidos da palavra) para se envolver de forma significativa com pessoas das sociedades mais centrais geograficamente e que se movem mais rápido. A pirataria, Liang argumenta, é historicamente um modo de fechar essas lacunas criadas pela circulação irregular e desigual da cultura, que permite entrar nas conversas contemporâneas, das quais as populações marginalizadas poderiam, de outra forma, ser excluídas.

O envolvimento com a mitologia popular em torno de Makmende não vai mudar muito a forma em si de como os norte-americanos pensam sobre o Quênia, em função das representações da mídia de massa sobre essa região, que são muito mais poderosas e que reafirmam os estereótipos conhecidos. No entanto, o compartilhamento de uma piada pode abrir novos tipos de vínculos sociais e emocionais, capazes de levar as pessoas a buscar mais informações e mais contato para sua compreensão das relações transnacionais (como parece ter ocorrido quando os usuários do Twitter nos Estados Unidos ficaram mais conscientes das forças de oposição que tomaram as ruas após as eleições presidenciais iranianas em 2009). Seria difícil medir ou comprovar que o intercâmbio de mídia aumenta a empatia entre as culturas, assim como é difícil comprovar que a difusão da cultura impõe significados e valores a outras sociedades. Tais intercâmbios podem provocar conflito, assim como compreensão, mas com frequência o conflito pode ser uma forma de desanuviar o ar de preconceitos e forçar os participantes a olhar uns para os outros com outros olhos.

O aprendizado com Nollywood

Materiais como os mash-ups do Makmende também podem ser considerados um teste que oferece aos quenianos e a outros produtores africanos a oportunidade de observar onde e como seu conteúdo ganha força, potencialmente orientando futuros esforços quanto à circulação internacional. Assim como com a apropriação de *Avatar* pelos ativistas palestinos, a obtenção da mensagem é o primeiro passo. Se os textos atraem o interesse dos públicos transnacionais e se os produtores e os defensores dos movimentos populares podem fornecer um aprofundamento das informações adicionais em um trabalho, e em torno dele, existe potencial para um relacionamento mais profundo.

Enquanto isso acontece, os cineastas quenianos podem aprender com o crescimento dramático da indústria de vídeo nigeriana (popularmente conhecida como "Nollywood"), que começou no início dos anos 1990, um movimento que Brian Larkin (2008) estudou de modo exaustivo. A Nigéria agora reivindica ser a segunda maior produtora de filmes do mundo (depois da Índia), com uma produção estimada, em seu auge, de 2.600 filmes (direto para o vídeo) por ano e exportação de conteúdo de mídia não apenas para toda a África, mas também para a população internacionalmente diasporizada do continente. A influência de Nollywood por toda a região cresceu a tal ponto que muitos outros países da África temem que ela esteja prejudicando as próprias práticas de mídia e culturais locais.

Historicamente, os governos da África em geral não arcam com o custo de produção de um cinema nacional sustentável. Muitos países africanos francófonos produziam apenas uns poucos filmes, normalmente financiados por meio de órgãos de artes franceses e exibidos em festivais internacionais de cinema. A Nigéria lutou para criar sua própria cultura de cinema nacional, e os esforços atingiram o pico nos anos 1980, limitados pela falta de salas de cinema. O surgimento do vídeo, no entanto, significava orçamentos de produção mais baixos, e os cineastas africanos vendiam seu conteúdo diretamente ao público por meio de mercados urbanos para visualização em casa, muitas vezes por meio de redes nas cercanias das igrejas pentecostais, onde os filmes são frequentemente usados para evangelização. Depois que Gana lançou uma cultura popular do vídeo, no final dos anos 1980 (MEYER, 2001), a Nigéria a seguiu anos mais tarde. Cada vez mais, os vídeos nigerianos estão aparecendo em mercearias e restaurantes africanos na Europa e na América do Norte. Essas formas mais populares de circulação contornaram a infraestrutura exigida para sustentar a produção de filmes destinados a salas de cinema.

324 | CULTURA DA CONEXÃO

Outro exemplo de cultura impura, as produções de Nollywood combinam aspectos de gêneros particulares de cinema e televisão (particularmente a novela, mas também filmes de gângster e suspense) dos Estados Unidos com elementos da narrativa provenientes das tradições dos povos indígenas (tais como um forte enfoque na feitiçaria e no culto aos espíritos). Larkin (2008) sugere que alguns cineastas nigerianos também tenham se envolvido com avidez com a mídia do sul da Ásia, em parte por causa de certas semelhanças em seus valores e tradições; por exemplo, as influências do filme indiano são facilmente percebidas nos filmes nigerianos com raízes no povo Hausa, o grupo étnico de maioria muçulmana no norte da Nigéria. Em vez de serem usados como veículo para a construção da nação, os filmes nigerianos se concentram nas demandas por entretenimento das audiências africanas de classe média, tanto no próprio continente como no exterior.

Os filmes de Nollywood fazem, com frequência, muito dinheiro para os padrões africanos. A indústria de filmes nigeriana sustenta um fluxo constante de produções de vídeo, levando-se duas semanas para produzir um filme e uma semana para finalizá-lo para circulação. E, como os filmes de Nollywood são frequentemente financiados por varejistas que comercializam produtos diretamente para suas audiências, eles podem ser bastante sensíveis às mudanças nas preferências e nos interesses locais.

Larkin descreve o relacionamento "extremamente ambivalente" que os produtores e os distribuidores de Nollywood têm com a pirataria: eles reconhecem a sua inevitabilidade, mas anseiam que ela possa destruir seus mercados locais, mesmo que também os expandam transnacionalmente. Na Nigéria e em toda a África, o sucesso de Nollywood tem se concentrado, em parte, na substituição de cópias piratas de filmes internacionais pelo conteúdo produzido localmente, de modo que as audiências africanas possam ver artistas africanos e histórias africanas. Conforme Larkin explica:

Em muitas partes do mundo, a pirataria de mídia não é uma patologia da circulação de formas de mídia, mas seu pré-requisito. Em muitos lugares, a pirataria é o único meio pelo qual determinadas mídias, normalmente estrangeiras, são disponibilizadas. E, em países como a Nigéria, as limitações tecnológicas que abastecem a mídia pirata fornecem o modelo industrial por meio do qual outras mídias não piratas são reproduzidas, disseminadas e consumidas. (2008, p. 240)

A maioria dos filmes da Nollywood começa com uma leva de 50 mil cópias, que normalmente é o volume com o qual os cineastas podem arcar para produzir em uma primeira impressão (ZUCKERMAN, 2010). O criador muitas vezes tem uma janela de duas semanas para comercializar a primeira leva, que é o prazo normal para que as versões piratas se tornem disponíveis (*Economist*, 2010). A partir daí, é uma corrida entre o produtor e os piratas, com cada um deles comercializando os títulos a mais ou menos o mesmo preço (ZUCKERMAN, 2010).

A pirataria informa a estética de Nollywood e não simplesmente seus aspectos econômicos. Conforme Larkin escreve, "os gravadores de fita baratos, as televisões antigas, os vídeos borrados que são cópia de uma cópia de uma cópia, essas são as distorções de material endêmicas para a reprodução de produtos de mídia em situações de pobreza e ilegalidade" (2004, p. 310). Uma das principais vantagens de Hollywood, no mercado transnacional, é o alto padrão de refinamento e perfeição técnica que esta mantém, padrão que, historicamente, os criadores de mídia do mundo em desenvolvimento acham impossível cumprir. No entanto, se a experiência cotidiana de um filme de Hollywood for uma cópia degradada e borrada de uma cópia, então as vantagens representadas pelo equipamento superior e pelos processos de produção ficam desvalorizadas. Consequentemente, os públicos na Nigéria e em outros países estão dispostos a aceitar a aparência do acabamento inferior dos filmes de Nollywood, filmados em vídeo e não em celuloide.

Fora da África, os piratas realizam um trabalho fundamental na expansão do mercado para os filmes nigerianos entre as comunidades diasporizadas e além delas, criando uma consciência mais profunda e maior interesse no que foi a princípio um fenômeno totalmente local. Agora que a indústria de filmes nigeriana tornou-se empoderada por seu sucesso internacional crescente, ela tem procurado a cooperação das autoridades, por exemplo, para fechar revendedores que vendem os trabalhos de Nollywood sem permissão e apoiar a distribuição por meio de revendedores licenciados (FAHIM, 2010). Isso é irônico, uma vez que a distribuição não autorizada fez tanto para ajudar a testar e desbravar os mercados de Nollywood, ao abrir o caminho para os modelos de distribuição oficial.

Ao falar principalmente sobre as economias "informais" por meio das quais o vídeo circula por toda a Índia, Ravi Sundaram (1999) sugeriu o termo "modernidade pirata" para se referir a uma economia que é "desorganizada, não ideológica e marcada pela mobilidade e a inovação" (LARKIN, 2008, p. 226) e, talvez acima de tudo, por sua ambivalência em relação às promessas do capitalismo. O mercantilismo implacável dos piratas, incluindo uma disposição para comercializar qualquer coisa para qualquer um, independentemente de se eles têm o direito legal para fazer isso, torna-os tanto defensores do capitalismo como opositores de seus regimes regulatórios. Conforme o exemplo de Nollywood sugere, a cultura pirata pode, no final das contas, ser o alicerce sobre o qual as indústrias e as instituições legais são formadas, permitindo aos países mais pobres uma oportunidade de ganhar terreno sem ter de arcar com o total dos custos de investimento em produção.

O filme brasileiro de semificção policial *Tropa de Elite* é outro exemplo convincente da forma como a pirataria estabelece as bases para modelos de novos negócios para circulação de conteúdo de mídia. Lançado em 2007, *Tropa de Elite* tornou-se um dos filmes brasileiros de maior sucesso comercial da história. Embora o filme estivesse em estágio final de produção, uma cópia vazou para "piratas", e essas forças a espalharam por toda parte. Na verdade, uma enquete da empresa brasileira de pesquisa IBOPE estimou em 11,5 milhões o número de pessoas que assistiu ao filme vazado no espaço de dois meses após o seu lançamento (BARRIONUEVO, 2007). E, de acordo com o Datafolha, 77% dos residentes de São Paulo sabiam sobre o filme quando de seu lançamento (NOVAES, 2007). No fim de semana de estreia, cerca de 180 mil pessoas viram o filme legalmente em São Paulo e no Rio de Janeiro (*Tropa de Elite*, 2007), e, no início de 2008, mais de 2,5 milhões de pessoas tinham assistido ao filme por meios oficiais (*BRAZIL COP DRAMA*, 2008).

Como o vídeo foi também pirateado via torrents (assim como distribuído legalmente) em 15 países por todos os continentes, Mauricio Mota (2008), executivo-chefe de narrativa da empresa de transmídia The Alchemists, com sede no Rio de Janeiro, estima que ele possa ter sido visto, ilegalmente, por

PENSAR TRANSNACIONALMENTE | 327

mais de 13 milhões e, legalmente, por mais de 5 milhões de pessoas. As indústrias de mídia brasileiras debateram se os retornos legais de bilheteria teriam sido substancialmente mais baixos e os custos do equivalente em promoção paga muito mais altos se a circulação pirateada do filme não tivesse aumentado a conscientização sobre o título (CAJUEIRO, 2007). Os próprios produtores buscaram maior proteção de direitos autorais para a sequência do filme, *Tropa de Elite 2*, que bateu o recorde nacional de bilheteria, com mais de 11 milhões de espectadores e que foi exportado comercialmente para muitos países em todo o mundo. Nunca saberemos ao certo quantos espectadores legais de *Tropa de Elite 2* foram introduzidos à franquia por terem assistido às cópias ilegais do primeiro filme.

Cada vez mais a pirataria permite aos produtores entrar em novos mercados sem arcar com o total dos custos de distribuição. Nitin Govil descreve esse processo como "a formalização da informalidade" (2007, p. 79), ao relatar, por exemplo, a forma como as estruturas mais corporativas que geram o entretenimento da Bollywood contemporânea ganham forma a partir de "redes de trabalho informal/casual e cooperativas de artesanato/sindicatos que formam itinerários complexos de trabalho ligados pelos costumes, pelo clientelismo e pela filiação transitória" (p. 80). À medida que essas estruturas informais têm maior permanência e adquirem status legal, a pirataria e o crime organizado dão lugar à corporativização. No entanto, Govil percebe vestígios contínuos dessa estrutura anterior menos formal no modo como os cineastas de Bollywood se apropriam e remixam, sem qualquer custo, grandes sucessos tanto de Hollywood como de Bollywood, ao misturarem e combinarem descaradamente elementos de gênero com poucas expectativas de ser desafiados por sua audiência por falta de originalidade ou pelo Estado, por violação.

Parte do que podemos aprender com Nollywood (e com o "modernismo pirata", em geral) é que os países que produzem não têm de controlar por completo os processos de circulação de modo a se beneficiar com a propagação de seu conteúdo mais além de suas fronteiras nacionais. Na prática, os piratas podem ajudar a abrir mercados, ao experimentarem formas e fluxos alternativos de conteúdo de maneiras que os profissionais mais estabelecidos podem ficar relutantes em adotar. Parte do que aprendemos é que a própria impureza

328 | CULTURA DA CONEXÃO

desses novos tipos de produção permite que eles se espalhem rapidamente, uma vez que esses textos podem ser feitos para falar para múltiplas audiências e em função de sua qualidade ilícita significar que eles não são necessariamente percebidos em relação aos elevados padrões técnicos de um lançamento de orçamento elevado de Hollywood. Embora esses textos sejam "impuros", eles, no entanto, permanecem como veículos poderosos para ideologias, tradições e estilos característicos de uma nação ou região particular. Eles podem permitir maior visibilidade cultural para suas culturas de origem e ser movimentos fortes para a diversidade em seus países de destino. Podem ser parte de um processo no qual os países explorem por influência de dentro de suas regiões e lutem para ser ouvidos no cenário internacional.

Desviando o entretenimento

Em um ambiente que promove a propagabilidade, as comunidades de movimentos populares acolhem conteúdo de qualquer lugar, facilitam de forma ativa a sua circulação (muitas vezes, antes de estar disponível comercialmente) e assumem a responsabilidade de educar seu público local em relação às tradições e convenções dele. Essas práticas participativas coexistem com os esforços de grandes empresas de mídia para adaptar seus modelos de desenvolvimento e distribuição para mercados transnacionais, que frequentemente conduzem a um intercâmbio muito maior de textos e formatos de mídia mais além das fronteiras nacionais. Tomada como um todo, portanto, a mídia propagável representa uma força potencial para a globalização, compreendida como "uma intensificação da conectividade global" alcançada por meio da mudança dos tipos de cultura que as pessoas em todo o mundo podem acessar (INDA & ROSALDO, 2002, p. 5).

O antropólogo sociocultural Arjun Appadurai (1990) argumenta que a economia cultural internacional pode ser compreendida analisando-se as disjunções e as diferenças que surgem entre os vários "cenários" percorridos pela cultura. Appadurai é um pensador especialmente importante para o nosso projeto, porque também escreveu em seu livro *A vida social das coisas* sobre a interação entre as culturas de commodities e as economias do dom tradicionais. Ali, Appadurai discute "estratégias de desvio" que envolvem a "retirada das coisas de uma zona de enclave para outra onde o intercâmbio é menos confinado e mais rentável" (1986, p. 25). Ele se concentra principalmente em exemplos em que empresas ou grupos poderosos extraem artefatos de sua cultura de origem, muitas vezes por meio de atos de "pilhagem". No processo, essas forças eliminam os significados locais e introduzem esses produtos em um regime alternativo de valor dominado por interesses comerciais.

Algo semelhante ocorre quando o conteúdo de mídia que estava em "zona de enclave" pelas empresas de mídia é "desviado" como recurso potencial em uma economia do dom. Por exemplo, um episódio do drama televisivo norte-americano *Prison Break* vai ao ar nos Estados Unidos e, em menos de 24 horas, grupos organizados de voluntários o terão traduzido para o cantonês, adicionado legendas e possibilitado sua circulação por toda a China e além dela (Jenkins, 2008). O seriado *Prison Break*, embora apenas um sucesso marginal na televisão nos Estados Unidos, provou ser um sucesso cult com as audiências chinesas, talvez em função de seu tema de fortes laços fraternos exercer um grande poder diante das tradições melodramáticas locais e da geração que cresceu sob a política governamental do filho único. Esses materiais são desviados nos dois sentidos da palavra. No sentido de Appadurai, são desviados, muitas vezes sem autorização, de seu país de origem. Mas eles também são "desviados" na medida em que são atrativos, significativos e valiosos para novas audiências chinesas, que neles se engajam por suas próprias razões, que podem ter pouco ou nada a ver com a forma pela qual foram originalmente recebidos.

No entanto, as concepções atuais de violação de direitos autorais rotulam essas comunidades internacionais de apoio como "piratas", mesmo que elas geralmente não busquem lucrar com os materiais culturais que estão ajudando a propagar entre os membros de sua própria comunidade. Os fãs na China continental, por exemplo, questionam como podem ser acusados de diminuir as receitas para o conteúdo de mídia ocidental quando grande parte do que circulam é improvável de ser sequer disponibilizada legalmente para eles, dado o protecionismo e a censura do governo chinês. Tais "piratas" podem ser os

330 | CULTURA DA CONEXÃO

agentes mais eficazes que Hollywood tenha para gerar interesse de longo prazo por trabalhos ocidentais em mercados como o da China.

Enquanto os fãs chineses traduzem *Prison Break*, os fãs nos Estados Unidos e em todo o mundo se ocupam com a legendagem e a circulação do último drama televisivo coreano ou de séries animadas japonesas para um mix diversificado de audiências transnacionais, durante dias ou mesmo horas após suas transmissões locais. Em nosso livro expandido, Xiaochang Li, estudante de doutorado do Departamento de Mídia, Cultura e Comunicações na Universidade de Nova York, descreve as formas pelas quais "as redes densamente coordenadas de fansubbers, sites de agregação, esforços de curadoria, fóruns de discussão e blogs" expandiram imensamente o acesso a esses programas.

Esses desvios entre sistemas comerciais e não comerciais de valor podem ocorrer várias vezes no ciclo de vida de um texto de mídia. Conforme Appadurai explica, "os desvios que se tornam previsíveis estão em vias de se tornar novos caminhos, caminhos que vão, por sua vez, inspirar novos desvios ou retornos aos antigos caminhos" (1986, p. 29). No exemplo de Li, um drama do Leste Asiático é produzido e vendido dentro de um contexto comercial local e, depois, propagado gratuitamente por meio de redes de fãs, porque os fãs acreditam que ele será significativo para as pessoas de fora de sua cultura de origem. Esse movimento é inspirado pelo que Appadurai descreve como "desejos irregulares e novas demandas" (1986, p. 29), que levam as pessoas a se afastar de rotas comerciais preestabelecidas e, em seguida, possivelmente formar novas relações culturais. Os produtores podem não ver isso como digno de seu investimento para atrair aqueles mercados alternativos, ainda que tais redes de fãs possam, em última análise, fazer um convite a uma reavaliação de mercados potenciais, enquanto os criadores esperam distribuir comercialmente o que esses fãs têm circulado como dons, uma jogada que pode ou não ser acolhida pelas comunidades de fãs envolvidas.

Mizuko Ito mostra que o fandom de anime dos dias de hoje é dimensionado pelo relacionamento "simbiótico e antagônico" estabelecido entre distribuidores comerciais e não comerciais de conteúdo de anime: "O fansubbing surgiu para preencher uma demanda não satisfeita do consumidor que não é atendida pelas indústrias comerciais. Os fãs assumiram os custos de localização, distribuição e marketing, convertendo a mídia comercial em um regime ponto a ponto não comercial por necessidade e paixão" (2012, p. 183). A rápida reviravolta dos vídeos voluntariamente legendados por fãs requer um trabalho enorme sem remuneração, incluindo a coordenação de grandes redes de participantes, assim como o trabalho mais direto de tradução, codificação, verificação e circulação desses textos. Nenhum interesse comercial envolvido com anime foi capaz de legendar material tão rápido, ou com o mesmo grau de nuance cultural, que os grupos de fansubbing de alto desempenho, motivo pelo qual muitos fãs ainda preferem versões de fansubbers, mesmo que as alternativas comerciais se tornem disponíveis.

Embora, historicamente, os fãs vejam seu objetivo como uma ajuda para sustentar uma indústria de anime que poderia atender à demanda crescente para esse conteúdo, muitos fãs mais jovens veem a sua lealdade primária como "uma cultura de público conectado em rede mais híbrida e fluida, na qual a indústria não tem uma posição tão privilegiada" (Ito, 2012, p. 193). A comunidade se engaja em debates acalorados sobre quando é apropriado assistir a fansubs ao invés de versões comercialmente localizadas de determinadas séries, enquanto os produtores de anime procuram formas de atender a uma nova geração de espectadores no exterior, por meio de distribuição on-line e lançamento simultâneo em vários idiomas. O resultado, Ito argumenta, são modelos híbridos de localização, publicidade e distribuição que incluem tanto participantes comerciais como não comerciais.

De acordo com Appadurai, "o fluxo de commodities em qualquer situação dada é um compromisso de mudança entre caminhos regulamentados socialmente e desvios inspirados competitivamente" (1986, p. 17). Em linhas gerais, o que está em jogo em tais atos de desvio (seja por meio de "pilhagem", seja por "pirataria") é o movimento não autorizado entre diferentes "regimes de valores", que provoca uma mudança fundamental no status do que é circulado.

Para retomar um termo apresentado no Capítulo 2, essas negociações sobre o valor e o significado dos materiais culturais representam uma forma transnacional de avaliação. Por exemplo, Jonathan Gray passou algum tempo analisando quais textos de mídia norte-americanos ganham impulso no Malaui, um país africano com pouca produção de mídia local. Além da popula-

332 | CULTURA DA CONEXÃO

ridade do último hip-hop e do R&B dos Estados Unidos, Gray (2008b) e sua esposa também encontraram crianças com o nome "Jolene", em homenagem ao sucesso de 1974 da estrela de country music Dolly Parton, e muitos locais pareciam conhecer as letras dos lançamentos até mais obscuros de Dolly. Gray descreveu a imagem distintiva da cultura de mídia nos Estados Unidos que poderia surgir se a produção nacional norte-americana fosse compreendida através das lentes do que causou à África:

> Alguns textos americanos que são populares na América são populares lá. Alguns que já há muito se tornaram ultrapassados aqui são populares lá. Alguns que são vistos como música de "menina" aqui têm grande apelo masculino lá. Alguns que são vistos como de classe inferior aqui são de classe superior lá. Alguns que mantêm a atração aqui são completamente irrelevantes lá. O fluxo cultural entre os dois países, então, é extremamente desigual, em termos de gênero, temporalidade e centralidade. [...] Portanto, sim, a cultura popular americana foi muitas vezes predominante, mas havia diferentes culturas populares americanas. O orgulho negro, em particular, foi óbvio e explícito na discussão com vários entrevistados sobre quais astros de cinema e músicos eles apreciavam. No entanto, filmes recentes não havia em praticamente nenhum lugar para ser vistos, o que significava que, se quaisquer mensagens a respeito do que era bacana fossem retiradas dos filmes, estas seriam mensagens do que era bacana nos anos 1980 e início dos anos 1990. (2008a)

Conforme Gray sugere, a distribuição desigual da mídia popular em todo o globo (em parte, fruto dos vários tipos de desvios descritos por Appadurai) sugere diferentes práticas de avaliação. Parton repercute com um conjunto diferente de experiências e preferências culturais na cidade malauiana de Blantyre do que o faz em relação a Nashville. Essas escolhas refletem a complexa sobreposição de culturas, frequentemente impostas por forças externas (por exemplo, durante períodos sob um governo imperialista ou colonialista, assim como as tentativas de classificar e ir além de tais influências no período pós-colonial). Não se pode entender os malauianos simplesmente como beneficiários da mídia ocidental, apesar do fato de o país depender bastante da mídia produzida em

PENSAR TRANSNACIONALMENTE | 333

outros lugares. Em vez disso, o processo através do qual esses materiais são adquiridos e avaliados serve para enraizá-los profundamente nas práticas e nas tradições culturais locais.

Cosmopolitas e imigrantes

Ao escrever sobre o impacto do transnacionalismo japonês na cultura popular, Koichi Iwabuchi traça uma distinção entre a circulação de produtos culturais que são essencialmente "inodoros", carregando alguns traços de suas origens culturais, e aqueles que são adotados por sua "fragrância" característica em termos culturais (2002, p. 27). Escritores como Anne Allison (2006) basearam-se na noção das importações culturais "inodoras" para explorar as formas pelas quais os filmes de animação eram desprovidos de referências específicas em nível nacional para ampliar seu apelo a um mercado de massa. No entanto, no caso dos desvios dos fãs de anime transnacional, foi sentida a tendência oposta, pois, muitas vezes, o fetichismo das diferenças culturais age como um meio de indicar a própria "peculiaridade" dos fãs a partir da cultura ao redor deles. Esses fãs de anime buscam "produtos culturais suaves" japoneses porque eles são japoneses, não apesar de sua "japonesidade". Temos um termo para essa busca ativa do que Iwabuchi chama de "fragrância": "cosmopolitismo pop". Os cosmopolitas pop incorporam "os desejos irregulares e as novas demandas" de Appadurai, exercendo uma influência imprevista no sistema de circulação cultural. Os esforços dos fãs nos Estados Unidos para acessar drama no Leste Asiático ou anime japonês, discutido anteriormente, podem ser mais bem descritos como busca ativa por diferença cultural (como pode ser dito sobre os fãs chineses do seriado *Prison Break*). Esses grupos usam redes transnacionais em busca de algo diferente do que lhes é oferecido comercialmente e estão sempre dispostos a trabalhar duro ou a gastar um bom tempo para acessar esse conteúdo.

Na prática, os desvios realizados pelos "cosmopolitas pop", que buscam escapar do caráter provinciano de suas próprias culturas ao adotar materiais

334 | CULTURA DA CONEXÃO

de outros lugares (JENKINS, 2004), são entrelaçados de forma complexa com as atividades das populações imigrantes que buscam manter os laços com suas pátrias. Tanto as redes internacionais de comunidades diasporizadas como as de fãs cosmopolitas buscam material significativo que não pode ser disponibilizado localmente; ambas buscam conteúdo que é fortemente comercializado por suas terras de origem, ambas se mostram dispostas a circular conteúdo ilegalmente quando têm dificuldade de acessá-lo legalmente e ambas podem acabar por avaliar o material de forma diferente de como ele foi avaliado em sua cultura originária.

Com frequência, como os cosmopolitas pop buscam mídia proveniente de lugares onde nunca estiveram, eles solicitam conhecimentos e recursos das comunidades diasporizadas on-line, assim como os imigrantes participam cada vez mais de redes de fãs mais amplas on-line formadas em torno de textos provenientes de seus países de origem. Por exemplo, Rebecca Black (2008) explora a forma como estudantes japoneses de ESL tanto contribuem como ganham com a participação em comunidades de fan fiction dos Estados Unidos que apareceram em torno do anime e do mangá. Esses estudantes são solicitados em função de suas percepções em relação à linguagem e à cultura japonesa e, em troca, recebem tutoria por dominar as nuances da cultura dos Estados Unidos e do idioma inglês. Essa colaboração entre imigrantes e cosmopolitas pop tem precursores de longa data. Conforme Lawrence Eng (2012) documentou, mesmo antes da popularização da internet, o surgimento do fandom norte-americano em torno das modalidades de mídia japonesas baseou-se no acesso a redes internacionais de fãs que podiam ajudar os membros a adquirir as informações e o conteúdo de mídia que desejavam. Eng observa, por exemplo, que a importação informal de anime pode ter começado com "um amigo por correspondência japonês de alguém que enviava fitas de vídeo pelo correio para os Estados Unidos, para lojas de vídeos japoneses na Califórnia ou para emissoras locais de sinal aberto, destinadas à população japonesa do Havaí" (p. 162). Essas redes informais e pequenas ganharam um impulso maior quando as plataformas de comunicação via internet facilitaram ainda mais a conexão de fãs cosmopolitas pop entre si e com fãs de anime japoneses, tanto diasporizados como nativos.

PENSAR TRANSNACIONALMENTE | 335

Os campi universitários são locais particularmente ricos para promover tais alianças entre cosmopolitas pop e fãs diasporizados. De acordo com um estudo etnográfico de comportamento de compartilhamento de mídia em um dormitório universitário nos Estados Unidos,

> embora os estudantes frequentemente usem a exposição na mídia para se conectar a novas ideias e aprender sobre o mundo, há também a predominância de uma tendência inversa: os estudantes de dormitório fazem uso de seu consumo de mídia para manter laços com seu passado e suas próprias culturas. Para os estudantes internacionais, isso pode incluir consumo continuado de material em suas línguas nativas. Para os estudantes norte-americanos, o consumo de mídia pode ser um meio de manter pontos em comum de discussão com a família e os amigos que estão longe. (Ford et al., 2006, p. 3.)

Dentre os dez perfis de estudantes representados no estudo, Mahamati, um calouro da Índia, foi o que se pronunciou de forma mais acentuada em relação à importância de permanecer conectado com as raízes culturais por meio da mídia. Mahamati discutiu seu amor pela música clássica indiana e de Bollywood com riqueza de detalhes, impulsionado por sua própria experiência ao longo da vida com performance musical. Mahamati disse que a música clássica indiana deixou um "resíduo" com ele que sobrevive ao prazer de curto prazo de música mais pop: "Se eu não estivesse para voltar para a Índia, acredito que provavelmente acabaria ainda mais ligado a essa música porque é uma das coisas que me faz lembrar de casa" (citado em Ford et al., 2006, p. 24).

Mei-Ling, que cresceu em Lexington, Massachusetts, nos Estados Unidos, disse que continuava a assistir filmes da Malásia para permanecer conectada com a cultura de onde veio sua família: "Se eu trouxesse isso para a sala para que as outras pessoas assistissem, elas não iriam entender. Elas não iriam apreciar, nem mesmo tanto quanto eu, e eu não entendo tanto quanto meus pais" (citado em Ford et al., 2006, p. 24). Da mesma forma, Anna, que cresceu em Chicago, nos Estados Unidos, disse que seu amor por rock russo dos anos 1970 e 1980 vem do fato de ela ter nascido na Rússia e de seus familiares serem membros da diáspora russa (p. 24). Ela disse que seu prazer pela televisão e pela música russa aumenta quando ela volta em visita para casa, em Chicago, onde esse gênero é um marco na vida de seus pais.

No entanto, os estudantes incluídos no estudo também indicaram que ganharam prestígio em seus grupos de pares por terem sido capazes de apresentar a seus colegas de classe textos de mídia frescos e distintos, que o resto do dormitório não conhecia. Devido à vivência muitas vezes íntima nos quartos, a fome de um calouro por material internacional pode ser saciada pelo empenho de um companheiro de quarto em manter laços voltados para sua cultura de origem por meio de conteúdo de mídia. Os cosmopolitas pop têm menos propensão a ficar expostos a produtos desconhecidos de outras culturas sem que imigrantes de primeira e segunda geração ajam como pregadores. E, nesse processo, os estudantes internacionais podem se tornar fãs de ambos os trabalhos que reflitam sua herança e novos conteúdos a eles apresentados por outros estudantes no dormitório.

Deslocamento e realocamento da mídia diasporizada

É claro que a discussão anterior pressupõe que o relacionamento entre as audiências diasporizadas e o conteúdo de seus países de origem é simples e imediato. Entretanto, é o oposto que acontece com frequência, e o fluxo de conteúdo de mídia além das fronteiras nacionais serve como uma lembrança das diferenças dentro das comunidades de imigrantes, das lacunas entre a experiência vivenciada daqueles que permanecem no país natal e as percepções daqueles que buscaram um retorno nostálgico depois de estadias prolongadas no exterior, e do papel do local na formação do engajamento do indivíduo com o conteúdo transnacional. Conforme vimos no estudo dos dormitórios, os estudantes representam várias gerações de imigrantes, alguns dos quais têm laços mais imediatos e sabedoria mais profunda do que outros, e outros têm apenas acesso ao país natal por meio das recordações de seus pais.

O estudo de caso de 1993 de Hamid Naficy, sobre a forma como os exilados iranianos instalaram televisão a cabo de acesso local, é há muito tempo um dos exemplos clássicos de produção e intercâmbio de mídia dentro das populações diasporizadas. No entanto, um número crescente de comunidades diasporizadas tiram vantagem do potencial de utilizar novas plataformas de mídia para formar redes sociais mais fortes que conectem o velho mundo e o novo de forma permanente. Enquanto os exilados iranianos de Naficy criticavam o desenvolvimento contemporâneo no Irã como um modo de preservar suas esperanças de restaurar a monarquia iraniana, uma segunda geração de norte-americanos iranianos buscava articular uma nova identidade "persa" que se encontra, com frequência, separada de todo conhecimento direto ou de recordações do país que suas famílias deixaram para trás. Esses autodenominados norte-americanos persas criaram blogs, podcasts e vídeos on-line para expressar seu relacionamento com o Irã e a herança cultural desse país. Alguns são totalmente não comerciais, produzidos de forma voluntária, enquanto outros são comerciais e buscam tirar proveito de um mercado em expansão e "carente". Como esses grupos têm acesso a redes digitais, no entanto, eles se encontram em diálogo com pessoas que ainda moram no Irã, trocas que podem fortalecer os laços culturais, mas que também podem forçá-los a enfrentar o que é característico em relação às suas diferenças em termos de localizações e histórias culturais.

A Bebin.tv tornou-se a primeira estação de televisão americana-iraniana com protocolo de internet em 2006, com foco em música popular, discussões sobre história e cultura tradicional e paródias de programas populares dos Estados Unidos sob uma perspectiva americana-iraniana. (A televisão com protocolo de internet é um sistema em que o conteúdo com perfil para televisão é distribuído via internet, muitas vezes por meio de canais especializados com banda larga de alta capacidade, não muito diferente de vídeo on demand. Trata-se de uma prática cada vez mais usada para levar conteúdo de mídia para as populações diasporizadas.) O projeto original da Bebin.tv, conforme observa Talieh Rohani (2009), foi em parte um projeto de "reparação cultural", para recuperar partes da cultura oral iraniana em risco de serem perdidas, além de reagir à "nostalgia sem memória" vivenciada por uma geração que conhecia o Irã principalmente através das histórias de seus pais. A programação da

338 | CULTURA DA CONEXÃO

Bebin.tv também atraía fortes seguidores de volta ao Irã, especialmente dado seu foco nas tradições que tinham sido profundamente interrompidas pela Revolução Islâmica, porém preservadas por aqueles que haviam deixado o país para se estabelecer na Europa ou na América do Norte.

Para atender a essa demanda, a Bebin.tv lançou dois novos canais de televisão via satélite, em 2009, tanto para os espectadores da geração de iranianos mais jovens como para a dos mais velhos. Isso também incentivou seus espectadores a fazer upload de vídeos sobre suas vidas cotidianas. A Bebin.tv patrocinou competições entre músicos de língua persa de todo o mundo. Os espectadores compararam notas para a reconstrução de alguns textos da literatura persa pré-islâmica que se perderam, e responderam entre eles a questões sobre as boates em Teerã que estavam fechadas havia décadas. Os intercâmbios on-line tornaram-se um fator entre muitos que fortaleceu o interesse dos americanos-iranianos jovens pela polêmica eleição presidencial iraniana em 2009 e suas consequências. Conforme Rohani escreve, "a sensação de aumento da nostalgia sem memória após a eleição presidencial do Irã entre a segunda geração de americanos-iranianos incitou-os a participar ainda mais dos eventos iranianos e a se juntar aos iranianos de primeira geração na diáspora, em protestos ao vivo" (2009, p. 105).

No entanto, a capacidade expandida para a comunicação não pôde superar totalmente as várias décadas de isolamento e desinformação. À medida que a concepção da diáspora iraniana teve um contato maior com as opiniões dos cidadãos iranianos sobre a Bebin.tv, surgiram também debates acalorados nos fóruns de discussão no site sobre diferentes percepções da política e da cultura da nação entre várias audiências "iranianas". Aqueles que estavam no Irã resmungavam sobre a pobreza das habilidades linguísticas apresentadas pelos americanos-iranianos, por exemplo, e vários grupos questionavam entre si as situações do estado em que o país se encontrava naquele momento.

Apesar de frequentemente usarmos o conceito de localização para descrever as formas pelas quais a mídia de uma parte do mundo deve ser refeita, ou pelo menos reformulada, para as audiências de outros lugares, traçando-se os caminhos da mídia diasporizada, vê-se que a localização tem de ocorrer dentro da mesma população étnica, uma vez que os processos de viagem e imigração resultam em um deslocamento cultural considerável. Sangita Shresthova (2011) explorou a circulação transnacional das sequências de dança de Bollywood, às vezes extraídas e compartilhadas via YouTube e outros sites de vídeo on-line, às vezes contidas em fitas de vídeo e DVDs propagados por meio de comerciantes locais. Essas práticas digitais de circulação espelham formas mais antigas de exportação e intercâmbio da mídia do sul da Ásia, tais como aquelas que Aswin Punathambekar, professor de estudos de comunicação na Universidade do Michigan, discute em um ensaio sobre a "mídia Desi" (pessoas diasporizadas do sul da Ásia), em nosso livro expandido:

> Podemos traçar um arco do final dos anos 1970 até o momento atual, das fitas de VHS que circularam através de mercearias indianas até eventos musicais de remixes (o porão Bhangra do DJ Rekha em Nova York, por exemplo), shows de uma hora que apresentam sequências de músicas de Bollywood com transmissão aberta nas estações de acesso público, performances nos campi universitários e, agora, grandes redes piratas que disponibilizam o conteúdo da mídia Desi para o público em todo o globo. Tudo isso para mostrar que a noção de propagabilidade sempre foi uma característica marcante da cultura da mídia Desi.

Os números musicais dos filmes de Bollywood, em seus contextos indianos originais, são muitas vezes distribuídos via áudio e vídeo antes do lançamento dos filmes para que as audiências estejam familiarizadas com as músicas no momento em que entram na sala de cinema. Essas práticas agora se estendem transnacionalmente por meio, por exemplo, dos esforços da Eros Entertainment, um distribuidor importante dos filmes de Bollywood no Ocidente. A Eros Entertainment compartilha centenas de clipes de vídeo de Bollywood on-line, na tentativa tanto de desviar a pirataria como de ampliar o mercado para títulos específicos. Do que Shresthova estima como mais de 325 mil clipes de vídeo de Bollywood que circulam internacionalmente no YouTube (2011, p. 9), muitos são gravações de artistas amadores que buscam imitar as sequências favoritas de dança dos filmes. Essas práticas contribuíram para o surgimento de aulas de dança de Bollywood nas grandes áreas metropolitanas

340 | CULTURA DA CONEXÃO

no mundo todo, incluindo algumas nas cidades que não têm uma população diasporizada substancial proveniente do sul da Ásia.

Apesar dessa distribuição e da circulação transnacional, a criação de significados em torno dessas práticas de dança de Bollywood é, muitas vezes, bem localizada. Por exemplo, Shresthova discute o modo como as aulas de dança de Bollywood, em Los Angeles, funcionam dentro da cultura de um país (Estados Unidos) que se orgulha de seu multiculturalismo (2011, p. 105-142). De forma gradual, as aulas de dança de Bollywood aqui estão deslocando as aulas de dança clássica indiana (no geral estabelecidas originalmente como um meio de preservar as práticas culturais nacionais e tradicionais, características entre as comunidades de imigrantes indianos) para a juventude Desi de primeira e segunda geração. Esses jovens encontram uma afinidade maior com o estilo híbrido de Bollywood, que muitas vezes combina influências do sul da Ásia com o Ocidente para expressar suas identidades emergentes. Enquanto isso, a inclusão de elementos do hip-hop e de outros estilos de dança ocidental nos filmes de Bollywood aumenta o apelo dos filmes para as audiências contemporâneas (mesmo que os fãs tradicionalistas de Bollywood lamentem a incorporação de elementos não considerados suficientemente "indianos"). Aqui, novamente, apesar dos debates sobre produto "inodoro" ou "fragrância", o que se desloca mais facilmente além das fronteiras nacionais pode justamente ser aquilo que é menos puro em termos culturais, aquilo que já está formatado pelos vários pontos de contato entre influências culturais dispersas. Esses produtos "impuros" criam aberturas para que os cosmopolitas pop encontrem algo familiar, mesmo em meio à sua busca por diversidade, além de darem expressão aos sentimentos não resolvidos dos públicos diasporizados, que podem não se sentir totalmente em casa em ambas as culturas.

Telenovelas transnacionais

A novela e a telenovela são meios particularmente arrebatadores de propagação internacional de conteúdo, tanto oficialmente, por meio de acordos de distribuição, quanto extraoficialmente, por meio de circulação de fãs (como nos exemplos de Li sobre a circulação no Ocidente dos dramas do Leste Asiático). Após o lançamento, nos Estados Unidos, das novelas de rádio, nos anos 1930, o formato foi ajustado para o que finalmente veio a ser conhecido como radionovela e, mais tarde, telenovela, inspiradas por romances em série. De acordo com Jaime Nasser, principalmente no pós-Segunda Guerra Mundial, "os Estados Unidos começaram a focar suas atenções no rádio e na televisão latino-americanos para desestimular as redes de transmissão aberta estatais, uma vez que a Casa Branca temia o surgimento de modelos socialistas de indústrias nacionais de mídia de massa, após a queda da Alemanha nazista e a ascensão do comunismo. Por esse motivo, o governo norte-americano procurou promover um modelo comercial de radiodifusão na América Latina" (2011, p. 51). Um elemento fundamental dessa abordagem foi a telenovela, patrocinada pelas empresas de novelas transnacionais exatamente da mesma maneira que as novelas norte-americanas foram criadas. No entanto, enquanto as novelas feitas nos Estados Unidos têm como foco "mundos sem fim", as telenovelas são histórias contadas por meio de textos diários, mas com finais definidos, o que as torna mais fáceis de ser exportadas e repetidas com o passar do tempo.

Assim como as empresas de radiodifusão locais se desenvolveram em muitos outros países, elas começaram em parte com a importação de programas de novela ou telenovela, que são mais baratos do que a tarifa em horário nobre nos Estados Unidos para orçamentos mais elevados. Com o passar do tempo, essas exibições inspiraram e, mais tarde, se uniram ou mesmo foram substituídas por produções nativas. E, cada vez mais, à medida que as versões locais dos formatos de novela/telenovela se desenvolvem, esses novos formatos são recirculados e ganham uma popularidade maior fora das audiências locais. Considere, por exemplo, a história da telenovela *MariMar*, que demonstra não apenas a transição entre a distribuição oficial e a circulação extraoficial, mas também as formas como a mídia flui além das fronteiras. Telenovela mexicana popular nos anos 1990, *MariMar* foi exportada para as Filipinas, onde foi um sucesso – um sucesso tão grande, de fato, que foi lançada uma versão filipina em 2007 na GMA Network, estrelada por Dingdong Dantes e Marian Rivera, que desempenha o papel-título de *MariMar*. No momento em que

342 | CULTURA DA CONEXÃO

este texto foi escrito, a série combinada havia induzido o upload de mais de 5 mil vídeos relacionados para o YouTube, com um conteúdo que, durante a exibição inicial por radiofusão, entre 2007 e 2008, geralmente ficava entre os mais populares do site de compartilhamento de vídeos (FORD, 2008b).

Embora o gênero telenovela fosse inspirado na novela norte-americana, as inovações de formato têm agora um impacto recíproco de volta na programação nos Estados Unidos. As redes de televisão de língua hispânica Telemundo e Univision tornaram-se importantes ao atender muitos membros da população latina no país que queriam permanecer conectados com suas raízes culturais, e outras redes de televisão com sede na América Latina estão expandindo seu acesso via web e vídeo on demand. Os imigrantes latinos nos Estados Unidos podem seguir as telenovelas para abastecer suas conversas regulares com sua comunidade local ou como material para suas discussões com a família "na volta para casa".

Essa influência se espalha, incluindo-se uma gama de produtores e distribuidores de mídia que não visam de forma explícita os espectadores latinos dos Estados Unidos. Por exemplo, considere o experimento de curta duração da MyNetworkTV, entre 2006 e 2007, para mudar a sua produção da programação de horário nobre para um modelo inspirado em telenovelas, ou a transformação da telenovela colombiana *Yo Soy Betty, la Fea* (1999–2001) na série norte-americana aclamada pela crítica *Betty, a Feia* [*Ugly Betty*] (2006–2010) na rede de televisão ABC (NASSER, 2011). Algo das complexidades desses intercâmbios transnacionais da telenovela também é sugerido pela trajetória de *Caminho das Índias,* de 2009 (internacionalmente intitulado *India, A Love Story*), uma telenovela produzida pela Rede Globo do Brasil, em resposta ao aumento do interesse local pelo sul da Ásia, na sequência do filme britânico vencedor do Oscar em 2008 *Quem Quer Ser um Milionário?* [*Slumdog Millionaire*]. A série mais tarde foi vendida para a Telefutura, uma estação de língua hispânica de propriedade da Univision, que tinha a expectativa de criar um sucesso cruzado nos Estados Unidos (VILLARREAL, 2010).

Esses exemplos demonstram como o formato da telenovela se desenvolveu e evoluiu como um gênero impuro durante décadas. Um formato norte-americano importado para a América Latina assume seus próprios formatos localizados e únicos que, no final das contas, se tornam uma programação exportável que circula ao redor do mundo. Aquelas culturas locais finalmente começam a adaptar os programas e o formato para suas próprias produções locais. Enquanto isso, a diáspora latino-americana nos Estados Unidos busca caminhos oficiais e extraoficiais para trazer aquele conteúdo para o país, e a influência das telenovelas finalmente começa a ser percebida no drama do horário nobre nos Estados Unidos. Esses processos de adaptação e localização e esse fluxo que visualiza os caminhos recíprocos de influência à medida que formatos e conteúdo cruzam as fronteiras culturais demonstram como a cultura impura é inevitável enquanto o conteúdo é continuamente realocado e localizado.

No entanto, tais fluxos transnacionais podem trazer à tona tensões culturais também. Jaime Nasser (2011) documenta uma tendência de os críticos da televisão nos Estados Unidos expressarem surpresa por *Betty, a Feia* ter sido uma série de televisão de alta qualidade, muitas vezes descartando o que eles descrevem como qualidade inferior e baixo orçamento das telenovelas. Tais opiniões, Nasser argumenta, tratam a telenovela como totalmente estrangeira, ignorando seus laços com a novela norte-americana ou a probabilidade de que muitos espectadores nos Estados Unidos já fossem familiarizados com esse formato. Nasser mostra como os criadores de *Betty, a Feia* procuraram se distanciar das raízes do programa, criando por fim uma narrativa sobre a produção da série que espelhava aquela de sua protagonista: da telenovela colombiana "patinho feio" inferior e feia surge o bonito "cisne" em horário nobre nos Estados Unidos.

O mundo não é plano

Ao contrário do que você possa ter lido, o mundo não é plano. O best-seller de Thomas Friedman (2005) desencadeou um intenso debate sobre as consequências da globalização no cenário da mídia do século 21. Friedman vê o desenvolvimento do navegador de internet como algo semelhante ao final da Guerra Fria ou à terceirização do trabalho dos países desenvolvidos para o

344 | CULTURA DA CONEXÃO

mundo em desenvolvimento: uma força de nivelamento que possibilita que os produtos e o conteúdo se movam com maior fluidez mais além das fronteiras, por fim aumentando a influência do capitalismo transnacional no dia a dia das pessoas em todo o mundo. Conforme Friedman explica:

> A queda das barreiras, a abertura do Windows e o surgimento do PC, tudo isso combinado para empoderar mais indivíduos do que nunca a fim de se tornarem autores de seu próprio conteúdo em forma digital. Depois, a difusão da internet e o surgimento da vida, via web, graças ao navegador e às fibras ópticas, possibilitaram a mais pessoas do que antes se conectar e compartilhar conteúdo digital com outras pessoas por menos dinheiro do que em qualquer momento anterior. [...] De repente estava disponível uma plataforma para colaboração que todo tipo de pessoa do mundo inteiro podia agora ligar e usar, competir e se conectar, para compartilhar trabalho, trocar conhecimento, iniciar empresas e inventar e vender produtos e serviços. (p. 92)

Vimos, ao longo deste capítulo, muitos exemplos diferentes do fluxo acelerado de materiais culturais além das fronteiras nacionais através de vários tipos de desvios, tanto pilhagem como pirataria, tanto comercial como por meio de ações populares, tanto puxados por cosmopolitas pop como empurrados por produtores locais. Conforme documentamos, esses processos podem muitas vezes se tornar o local de choques culturais entre os públicos diasporizados e as culturas que eles deixaram para trás.

Embora Friedman seja percebido com frequência como alguém que defende a tecnologia e que tenha nivelado o campo de atuação entre as economias nacionais, ele também está atento aos segmentos da população deixados de fora do impulso econômico geral que emerge dessas plataformas para colaboração e circulação. O argumento de Friedman tornou-se um ponto central para discussões acaloradas sobre o impacto da globalização e da mídia de massa. Essas variam de preocupações com a marginalização ou a eliminação da cultura local, à medida que o conteúdo das poderosas indústrias de mídia internacional obtêm grande alcance, por um lado, a preocupações até mesmo entre os países dominantes em produção de mídia de que suas indústrias possam eventualmente ser danificadas pelo aumento da concorrência transnacional. No entanto, outros (por exemplo, GHEMAWAT, 2007) complicam essas perspectivas, alegando que, apesar das mudanças na distribuição transnacional e do acesso à mídia e à tecnologia, grande parte da comunicação ainda acontece em nível local geograficamente (o que, é claro, inclui comunicação mediada através de chamada, mensagem de texto, e-mail etc.), e muitas pessoas ainda carecem dos recursos técnicos, sociais e econômicos para se comunicar de forma significativa além da comunidade que elas conhecem cara a cara. O projeto Global Voices, de Ethan Zuckerman, se concentra nessas questões, ao facilitar o intercâmbio da mídia cidadã e blogs no mundo todo e, nesse processo, chama a atenção para os sites geralmente negligenciados pela cobertura da mídia mainstream. Sua rede, com mais de 400 voluntários, traduz e resume as palavras, coletivamente, de blogueiros, podcasters e criadores de vídeos locais para uma gama de idiomas.

Até agora, entretanto, nossa discussão sobre a propagação potencialmente conflitante e potencialmente complementar do material entre comunidades múltiplas tem se concentrado apenas em determinados tipos de comunidades: aquelas com probabilidade de ter capacidade técnica e cultural para propagar tal material. Uma variedade de divisões econômicas, sociais e geográficas impede algumas comunidades de ter um papel importante em uma cultura de mídia propagável. Há divisões dentro de países, assim como entre países, que garantem que nem todo mundo consegue participar no que diz respeito ao empoderamento que descrevemos. Na sede corporativa do Google, em Mountain View, na Califórnia, há um mapeamento de visualização dinâmica em tempo real, das pesquisas que a empresa recebe dos países em todo o mundo, cada idioma representado com uma cor diferente. Como resultado, os países do norte do globo, especialmente na Europa e na América do Norte, são um show de fogos de artifício, com atividade constante retratada em uma gama de cores diferentes. Enquanto isso, em grande parte da África, uma ou duas questões se espalham por vez, refletindo o grau a que esses países foram cortados dos fluxos maiores de comunicação que este livro descreve. Apesar da história de Makmende que abriu este capítulo e de sua sugestão de participação ampliada (ainda que contestada) da África na cultura da internet global, a realidade é que os residentes nos Estados Unidos têm probabilidade muito maior de estar conscientes dos vigaristas digitais nigerianos do que estão da geração de novos tipos de conteúdo de mídia do Quênia ou da explosão dos filmes de Nollywood.

Mesmo dentro de um único país, pode haver mais ou menos barreiras impermeáveis às comunicações significativas entre populações diferentes. Ao escrever sobre o surgimento das culturas digitais na Índia em nosso livro expandido, Parmesh Shahani, diretor-geral do Laboratório de Cultura na Godrej Industries Limited e editor-geral da revista *Verve*, contrasta a adoção das novas plataformas de mídia da Índia com "Bharat" (o nome hindu para o país), que luta para manter a paz com essas mudanças. Bharat, conforme Shahani o caracteriza, é pobre, rural, tradicional e jovem, em comparação à "Índia". A "Índia" que fala o inglês é ignorante em relação ao que acontece no "Bharat", cujos sucessos permanecem extremamente localizados, se comparados com a prosperidade da mídia comercial do país, e cujas mensagens de reforma social são frequentemente abafadas pela busca por fofocas de celebridades e notícias sobre estilo de vida pela população mais rica. Shahani pergunta de modo incisivo: "Nesse contexto, a propagabilidade é uma maldição? [...] A 'mídia propagável' é um tóxico que está mantendo as classes médias na Índia felizes e ignorantes, enquanto o Bharat gira em torno, como se estivesse em um planeta diferente?".

O relato de Shahani sobre as duas realidades de vida muito diferentes ilustra o aumento das preocupações em relação à desigualdade no acesso às tecnologias e às habilidades entre as diferentes culturas nacionais e dentro delas. A maioria dos exemplos de Shahani da "Índia" moderna se origina no setor corporativo, geralmente em parceria com organizações sem fins lucrativos, sugerindo uma forma de empreendedorismo social que representa um aspecto específico dos novos sistemas híbridos de comunicação que foram discutidos ao longo deste livro. Sob algumas perspectivas, pode ser mais fácil para as elites digitais – digo, na Índia, no Japão, na Nigéria, no Brasil, no Irã e nos Estados Unidos – se comunicar com residentes menos instruídos, rurais e com baixa renda de seus próprios países, em parte porque o acesso a computadores ligados em rede

PENSAR TRANSNACIONALMENTE | **347**

traz muitas outras implicações no que diz respeito a nível econômico, formação educacional, cosmopolitismo cultural, viagem e comércio, que separam os "digerati" (especialistas em tecnologia) de seus companheiros camponeses.

Apesar do desespero para com as disparidades entre as duas Índias refletido nos comentários de Shahani citados anteriormente, ele também escreve sobre os esforços locais para expandir quem tem acesso aos computadores ligados em rede e cujas vozes são ouvidas por meio da cultura participativa. Ele fala, por exemplo, sobre o projeto Digital Green, de Rikin Gandhi, que busca "ajudar agricultores pequenos e marginais a compartilhar informações sobre agricultura com outros camponeses, usando a produção de vídeos de baixo custo, aparelhos para exibição de filmes e a filosofia participativa". Em seu primeiro ano, o projeto produziu e distribuiu mais de 700 vídeos, o que envolveu o trabalho de 26 mil agricultores espalhados por mais de 400 vilarejos (GANDHI, 2010). Shahani destaca a ingenuidade do grupo no emprego de tecnologias digitais de baixo custo para conectar comunidades rurais isoladas e dispersas geograficamente. Porém, ele observa: "A verdadeira razão para seu sucesso é a propagabilidade do seu conteúdo. Isso é conseguido ao se fazer bom uso do poder da dinâmica social em nível de vilarejo e de pessoas e ao espalhar o conteúdo por meio de DVDs". Tais exemplos ilustram a urgência com que pessoas de áreas remotas estão procurando se plugar em fluxos maiores de comunicação, para fazer com que suas perspectivas sejam ouvidas nas conversas que afetam suas vidas e dentro das quais elas são, com muita frequência, negligenciadas, e para expressar suas tradições culturais de forma que possam ser mantidas vivas para as futuras gerações. As práticas propagáveis oferecem a eles talvez o meio mais eficaz para alcançar essa prática de comunicação ampliada. Em um mundo onde os cidadãos comuns podem ajudar a selecionar e a fazer circular conteúdo de mídia através do desempenho de papéis ativos na construção de vínculos entre comunidades dispersas, há novas formas de trabalho em torno dos interesses arraigados dos tradicionais guardiões e em aliança com outros que podem propagar seu conteúdo.

No Capítulo 6, constatamos que os criadores independentes de mídia ampliaram as oportunidades para se conectar com um público pretendido numa era de comunicação ligada em rede, mas eles ainda lutam de forma mais dura (e com maior risco) do que aqueles que trabalham no comércio mainstream. Eles permanecem na extremidade da cauda longa, em um mundo que está longe de desistir do modelo de produção orientada para o sucesso do paradigma mais antigo da indústria de radiodifusão. Algo similar surgiu aqui, onde os produtos de mídia circulam além das fronteiras nacionais, com muito mais fluidez do que nunca, ora expandindo seu prestígio e influência cultural, ora expandindo sua oportunidade de lucrar com seus trabalhos. No entanto, seus criadores fazem isso mediante condições que ainda estão longe de ser ideais, ao tentarem superar a desigualdade de acesso às condições de produção e distribuição, ao mesmo tempo que enfrentam estereótipos existentes que podem estimular outros a menosprezar e descartar o que eles fizeram, além de muitas vezes serem pegos em jogos contraditórios de expectativas de seus apoiadores locais e transnacionais.

A propagabilidade aumentou a diversidade e não simplesmente a pluralidade, ainda que a fragmentação do conteúdo possa tornar difícil que pessoas localizem a diversidade que realmente existe, além de tornar mais difícil para os grupos minoritários se comunicar fora de suas comunidades. Os produtores de mídia independentes e internacionais devem enfrentar a escassez de material no mercado internacional hoje, e dependem de seus apoiadores mais fervorosos para ajudá-los a acabar com a desordem. Não podem nem arcar com o orçamento para publicidade em larga escala, e é por isso que estão cada vez mais dependentes das práticas da mídia propagável. Tais práticas realmente asseguram que seu material ganhe circulação, embora nem sempre compensem pela falta de atenção concentrada que ainda é oferecida pela mídia de radiodifusão.

As práticas propagáveis permitem que mais conteúdo circule para além das fronteiras nacionais, de acordo com critérios muito diferentes dos critérios daqueles que já gerenciaram a distribuição de cultura: interesses comerciais, programadores de festivais de filmes e órgãos governamentais, por exemplo. No entanto, como sempre, esses intercâmbios entre culturas estão longe de se livrar de atritos. Parte do problema tem a ver com a desigualdade no fluxo de informações por meio das redes de comunicação transnacionais. Os vídeos de dança de Bollywood se deslocam muito mais rápido e chegam muito mais longe do que qualquer explicação profunda ou diferenciada para o que possam querer dizer em seu contexto cultural original. O acesso ao conteúdo de mídia transnacional pode promover a curiosidade sobre outras culturas e motivar uma investigação mais aprofundada, como ocorreu quando muitos fãs não indianos buscaram saber mais sobre a dança de Bollywood depois de expostos a ela por meio da mídia ocidental, como o musical *Bombay Dreams*, o filme *Quem Quer Ser um Milionário?* ou o programa de TV *So You Think You Can Dance*.

No entanto, aquela curiosidade deve ser satisfeita com tipos mais profundos de intercâmbios culturais, concebidos para promover compreensões mais ricas que apresentem tanto experiências comuns como perspectivas diversificadas. Em tese, a comunicação ligada em rede permite que diversos grupos falem entre si e, muito frequentemente, eles falam uns sobre os outros. Os fãs nos Estados Unidos podem adorar *Betty, a Feia*, mas podem desdenhar telenovelas, por exemplo – embora não seja esse o caso, conforme sugerido pelas complexas interações descritas anteriormente entre cosmopolitas pop e públicos diasporizados. Os residentes de dormitórios universitários habitavam uma zona de contato onde viviam em quartos próximos com pessoas de formações culturais muito diferentes, e desenvolviam um apreço mais profundo por outras tradições. Da mesma forma, as comunidades on-line que cresceram em torno do fansubbing e do intercâmbio de conteúdo de mídia entre diferentes partes do mundo têm o potencial de serem ambientes ricos em contexto, que podem promover compreensões mais profundas por meio de diferenças culturais.

Embora a distribuição comercial possa retirar o conteúdo de mídia de todos os marqueteiros de sua cultura originária, essas práticas provenientes de movimentos populares muitas vezes exigem um conhecimento mais profundo de onde o conteúdo se origina, motivando algumas pessoas a dominar os idiomas locais, digamos, a fim de contribuir com projetos de tradução feitos por fãs; a desenvolver um entendimento das indústrias de mídia locais; ou a monitorar discussões on-line entre públicos locais, a fim de prever o conteúdo desejável. Tais zonas de contato podem gerar formas de cultura que parecem "impuras" quando lidas por meio de lentes que valorizam a preservação das culturas características locais, mas podem ser bastante generativas na medida em que facilitam novos tipos de entendimentos entre pessoas que estão sendo cada vez mais empurradas umas em direção às outras por meio de forças globalizantes. No momento, essa empatia cultural profunda pode ser, em grande parte, coisa de uma imaginação utópica; no entanto, os tipos de práticas culturais que descrevemos neste capítulo representam talvez a nossa maior esperança de fazer com que esses entendimentos sejam uma realidade.

CONCLUSÃO

Ao escrever para a *Locus*, uma publicação especializada para escritores de ficção científica, Cory Doctorow desafia suposições estabelecidas em torno da necessidade de se manter um controle rígido sobre a propriedade intelectual. Ele sugere que tais normas estão embutidas em nós como mamíferos:

> Os mamíferos não poupam esforços para vigiar cada uma de suas crias. E isso é muito natural: investimos tanta energia e tantos recursos em nossos filhos que seria uma perda chocante se eles saíssem andando por aí e caíssem de uma varanda ou se jogassem num triturador de lixo. [...] O mesmo princípio pode ser naturalmente seguido quanto à importância que dedicamos à cada exemplar que distribuímos de nossos trabalhos artísticos; quando, por exemplo, tentamos desesperadamente recuperar uma das cópias de avaliação, com seus carimbos "proibida a venda", que acabam aparecendo à venda na Amazon, ou quando arrancamos nossos cabelos só de pensar que o Google digitaliza toda a nossa obra para criar índices para suas buscas. (2008c)

Tais atitudes podem surgir "naturalmente" a partir de nossas predisposições mamíferas, mas Doctorow observa que elas não são apenas maneiras pelas quais podemos compreender nossa produção criativa. Somos capazes de imaginar como

352 | CULTURA DA CONEXÃO

os regimes atuais de propriedade intelectual poderiam agir em um mundo dominado por dentes-de-leão. O dente-de-leão está representando a lei das probabilidades, em que cada planta produz mais de 2 mil sementes por ano, soprando-as no vento. Os resultados são difíceis de se negar ao vermos a quantidade de dentes-de-leão que é pulverizada na paisagem nos Estados Unidos a cada primavera.

Doctorow traça paralelos entre essa dispersão das sementes e as maneiras como os artistas cada vez mais tiram proveito dos sistemas participativos de circulação para alcançar os públicos desejados:

> Se você soprar os seus trabalhos na rede, como se fossem dentes-de-leão na brisa, a rede vai cuidar dos custos de replicação. Seus fãs vão copiar--colar os seus trabalhos na lista de endereços deles, fazer 60 mil cópias tão rápido e tão barato que descobrir quanto custa no total para fazer todas aquelas cópias seria de uma ordem de grandeza maior do que as cópias em si. Além do mais, os ventos da internet vão lançar os seus trabalhos para cada esquina do globo, procurando cada lar fértil que possam ter e, com tempo suficiente e o trabalho certo, suas coisas podem algum dia encontrar seu próprio caminho, sem ser por vias formais, em direção a cada leitor que possa achá-las boas e agradáveis. (2008c)

O próprio exemplo de Doctorow como autor, discutido no Capítulo 6, demonstra a forma como uma estratégia do tipo dente-de-leão pode ajudar um escritor obscuro a obter maior visibilidade e construir um público leitor ao longo do tempo.

O relato sobre circulação feito por Doctorow se encaixa muito bem nos temas deste livro: valor e significado criados por comunidades de movimentos populares que aproveitam produtos criativos como recursos para suas próprias conversas e os propagam para outros que compartilham seus interesses. Assim como as instituições construídas por e para mamíferos, as empresas de mídia, as instituições educacionais, os jornais e as campanhas políticas exibem medo dessa potencial perda de controle e preocupação com os destinos de sua cria intelectual. O resultado é, por um lado, o desenvolvimento de "enclaves" e "monopólios" que estreitem a distribuição de seu conteúdo e, por outro, uma tendência a ver os atos de circulação, realizados pelos movimentos populares, como aleatórios, imprevisíveis e até mesmo irracionais.

Mas nada parece fazer com que as sementes de dentes-de-leão parem de ultrapassar as cercas de seus jardins. À medida que as pessoas prosseguem em sua própria programação no compartilhamento e na discussão de conteúdo de mídia, elas estão ajudando a espalhar as sementes, ou seja, estão transformando commodities em dons, textos em recursos e asseverando sua própria capacidade de ampliação da comunicação.

O foco contemporâneo na natureza "viral" da circulação expressa o terror absoluto das empresas de mídia e das marcas em relação aos processos culturais desconhecidos que agora influenciam todos os aspectos das indústrias de mídia e entretenimento. Para gerenciar esse terror, as empresas têm geralmente professado um domínio sobre uma ciência misteriosa que permite a elas produzir "conteúdo viral", em vez de reconhecer (e se beneficiar com isso) a perda do controle inerente à nossa cultura ligada em rede. De fato, tem-se discutido se esses produtores estão cada vez mais dependentes das comunidades ligadas em rede para circular, realizar curadoria e avaliar a produção deles. As empresas de Web 2.0 buscam captar e tirar proveito dessas atividades generativas, as marcas buscam conquistar e reter as comunidades de suas próprias marcas, e os trolls buscam fabricar e propagar "memes" para o seu próprio prazer malicioso e para romper com as operações de grupos que levam a web muito a sério. Talvez possamos compreender os criadores de conteúdo como mamíferos que, às vezes, fingem ser dentes-de-leão, mas, em seguida, frequentemente voltam atrás, para sua verdadeira natureza, como a fábula do escorpião que não consegue resistir e pica o sapo que o carrega a meio caminho de sua viagem para o outro lado do rio. Se algo não se propaga, está morto. É verdade. Porém, às vezes, os produtores preferem morrer do que abrir mão do controle.

No entanto, geralmente os públicos são tão ambivalentes no que diz respeito a serem o vento que dispersa as sementes quanto as empresas de produção e as marcas em deixar que sua cria voe para longe. E os públicos têm motivos para ficar nervosos: muitas práticas da Web 2.0 estão longe de ser benignas, ao procurar se aproveitar de seu "trabalho gratuito" de formas que beneficiem as empresas, mas que podem não respeitar as tradições e as normas da cultura participativa.

354 | CULTURA DA CONEXÃO

Aqueles que estão mais preparados para adotar a propagabilidade são pessoas com o mínimo a perder com a mudança do sistema em vigência, como, por exemplo, os ativistas cívicos descritos no Capítulo 5, os produtores de mídia cristãos e independentes no Capítulo 6 e pessoas do mundo em desenvolvimento discutidas no Capítulo 7. Em cada caso, esses grupos aceitam a perda do controle e buscam estabelecer relacionamentos com públicos que os ajudem a expandir e acelerar a circulação de sua produção.

É claro que é necessário ter cautela quanto a substituir uma metáfora biológica por outra: no início do livro, criticou-se o uso das metáforas "virais" que retratavam a cultura como "autorreplicante", e agora, ao final, parecemos prestes a comparar a cultura com as sementes de dente-de-leão que simplesmente sopram ao vento. Por mais útil que a analogia de Doctorow possa ser, trata-se de uma metáfora, e não de um sistema com o propósito de fazer com que a mídia propagável tenha sentido. As escolhas sobre a forma como lidar com a propriedade intelectual são, em última análise, culturais, políticas e econômicas, e não de conexão biológica. Deve haver preocupação no caso de os interesses econômicos das empresas serem as únicas forças a determinar os termos da participação cultural, razão pela qual este livro destaca alguns dos aspectos "não comerciais" de nossas experiências culturais.

Os membros do público usam os textos de mídia à sua disposição para estabelecer conexões entre si, para mediar as relações sociais e dar sentido ao mundo em torno deles. Eles se empenham, tanto individual como coletivamente, no modelo da propagabilidade. Eles não estão meramente impregnados com mensagens de mídia, nem estão a serviço da marca. Em vez disso, selecionam o material que lhes interessa a partir de uma variedade muito mais ampla de conteúdo de mídia em oferta (que agora inclui criações do público junto aos trabalhos produzidos industrialmente). Eles não apenas retransmitem textos estáticos, mas também transformam o material por meio de processos ativos de produção ou por meio de suas próprias críticas e comentários, de modo a melhor atender a suas próprias necessidades sociais e de expressão. O conteúdo, como um todo ou através de citações, não permanece em fronteiras fixas, mas circula em direções imprevistas e, muitas vezes, imprevisíveis, não o produto concebido de cima para baixo, e sim o resultado de uma infinidade de

CONCLUSÃO | 355

decisões locais tomadas por agentes autônomos que negociam o seu caminho em meio a diversos espaços culturais.

Da mesma maneira, os chamados consumidores não consomem simplesmente, mas recomendam o que gostam aos amigos, que recomendam aos amigos, que recomendam para o próximo da fila e assim por diante. Eles não se limitam a "comprar" produtos culturais; eles "compram em" uma economia cultural que recompensa a participação deles. E, nesse tipo de ambiente, qualquer parte pode bloquear ou retardar a propagação de textos: se os criadores fazem bloqueios legais ou técnicos, se os proprietários de plataformas (terceiros) optam por restringir as formas como o material pode circular, ou se os públicos se recusam a circular o conteúdo que deixa de atender aos seus próprios interesses.

A mídia propagável amplia o poder das pessoas de ajudar a formatar seu ambiente de mídia cotidiano, mas não garante nenhum resultado em particular. Entretanto, acreditamos que esses processos possam ter o potencial para a mudança cultural e social. Esperamos ter ilustrado as várias maneiras por meio das quais a ampliação do acesso às ferramentas de produção e circulação de mídia está transformando o panorama da mídia, permitindo maior capacidade de resposta ao interesse do público, maior apoio aos produtores independentes de mídia, uma circulação mais ampla de mídia religiosa e cívica e uma ampliação do acesso ao conteúdo de mídia transnacional.

Este livro descreve um momento de transição, em que um sistema antigo está se despedaçando sem que saibamos ainda o que vai substituí-lo – um momento que está envolvido em contradições, uma vez que públicos e produtores fazem propostas que concorrem entre si para uma nova economia moral que substituirá o paradigma da radiodifusão, que dominou a produção e a distribuição cultural ao longo do século 20. Nossos vários estudos de caso representam fotos instantâneas dessa nova cultura em desenvolvimento, relances de possíveis futuros, caso algumas dessas tensões consigam ser resolvidas. Os argumentos neste livro representam apelos para a construção de um sistema que possa prestar mais atenção ao interesse do público, que não seja definido por meio das instituições de elite, mas, sim, pelo próprio público, por meio de seus atos de avaliação, curadoria e circulação.

Para isso, vamos revisitar as reivindicações em relação à propagabilidade que abriram o livro. Algumas declarações sobre o que constitui um ambiente de "mídia propagável" podem ter, naquele momento, parecido arbitrárias, exageradas ou até mesmo opressivas para alguns de vocês. Mas a nossa esperança é que, tendo em vista as várias investigações e exemplos ao longo deste livro, nossas reivindicações agora ficarão claras. Nossa intenção é que o caminho que tomamos dê a você um roteiro para uma melhor compreensão da forma como o valor e o significado estão sendo criados e avaliados em uma era de propagabilidade, uma melhor compreensão de alguns modelos para o entendimento e a transformação da prática de negócios nesse ambiente, e algumas linguagens que podem nos ajudar, de modo mais preciso, a descrever e discutir a evolução da circulação de mídia. Então, para revisitar as várias reivindicações de abertura, a propagabilidade se concentra no seguinte:

O fluxo de ideias. Este livro busca explicar a circulação rápida e generalizada de conteúdo de mídia, não por meio de uma metáfora sobre "viralidade", mas pela análise dos motivos sociais daqueles que estão realmente realizando a propagação. Essas práticas geralmente ocorrem na intersecção entre uma antiga ecologia da mídia, baseada no controle corporativo, e uma nova ecologia da mídia, baseada no compartilhamento não comercial. Essas trocas ponto a ponto podem assumir muitos formatos, desde os tipos de reciprocidade característicos das formas tradicionais e modernas de uma economia do dom até contextos de competição e contestação entre grupos rivais. O intercâmbio de mídia ajuda a ancorar os relacionamentos contínuos, o que ocorre com mais frequência quando o conteúdo trocado diz algo significativo sobre as partes envolvidas. Questionamos a suposição da indústria de que esta pode criar "comunidades de marcas" e "comunidades de fãs" em torno de seus produtos e, em vez disso, sugerimos que a maioria dessas trocas ocorram dentro de comunidades existentes e em conversas contínuas. À medida que marqueteiros e outros criadores de conteúdo entram nesses espaços, eles devem pensar sobre questões relacionadas à transparência e à autenticidade, e nas diferenças entre as suas próprias motivações comerciais e as motivações sociais dos membros da comunidade. Devem pensar sobre os tipos de conteúdo desejados e necessários para essas comunidades, e que melhor forneçam matéria-prima para as

CONCLUSÃO | 357

conversas e as atividades que já são do interesse de tais grupos. E devem pensar sobre o que acontece quando o conteúdo trafega pelas fronteiras culturais, às vezes desprovido de seu contexto original, criando textos "impuros" que não são simplesmente distribuídos de cultura para cultura, mas, nesse processo, geralmente ostentam a marca dos públicos que refazem, reinterpretam e transformam o conteúdo.

Material disperso. Embora parte da discussão deste livro esteja concentrada nas formas como o público pode dimensionar os atos participativos e localizados de curadoria e circulação para seus próprios fins, é claro que os criadores de conteúdo de todos os tipos têm interesses profundos na forma como é propagado seu conteúdo. As marcas, por exemplo, veem a mídia propagável como um modo de ampliar a ressonância das mensagens da empresa e de desenvolver relacionamentos mais significativos com clientes atuais ou potenciais. As redes de transmissão aberta e os produtores veem as estratégias de transmídia como um modo de intensificar o engajamento do público e de aprofundar o investimento dos fãs em seu sucesso. Os grupos de ativistas empregam a "acupuntura cultural" para acelerar a propagação e para aumentar o alcance de suas mensagens, assim como também lutam com as consequências de ter, às vezes, suas ideias e imagens usadas contra eles. Portanto, os criadores têm de pensar sobre a criação de pontos de múltiplos acessos a conteúdos e textos que são tanto "apropriáveis" como "citáveis", que são técnica e esteticamente fáceis para compartilhamento por parte do público.

Experiências diversificadas. Sob o paradigma da propagabilidade, o conteúdo produzido e distribuído em massa é muitas vezes customizado e localizado para os públicos de nicho, não por produtores comerciais, e sim por outros membros da comunidade. Os fãs evangelizam o entretenimento que querem que os outros desfrutem. Nesse processo, eles funcionam como tradutores entre contextos de produção e recepção de um texto. Os públicos atuam como "multiplicadores" que atribuem um novo significado a modalidades existentes, como "avaliadores" que mensuram o valor de diferentes propostas em nossa atenção, como "usuários líderes" que anteveem novos mercados para conteúdo recém-lançado, como "curadores retrôs" que descobrem conteúdos esquecidos que podem ainda ter valor econômico e cultural, e como "cosmopolitas pop"

358 | CULTURA DA CONEXÃO

que buscam a diferença cultural e ajudam a educar os outros sobre conteúdos que descobriram de outras partes do mundo. E os produtores devem pensar sobre essas várias motivações enquanto concebem conteúdo e respondem aos comentários do público.

Participação livre. Esses atos de avaliação e circulação se refletem nas práticas da cultura participativa. A cultura participativa não é nova. Na verdade, ela tem múltiplas histórias (por meio do fandom, por meio de lutas por maior controle popular sobre a mídia, por meio de histórias de artesanato ou ativismo) que remontam pelo menos ao século 19. O que denominamos cultura participativa tem muito em comum com essas e outras formas muito mais antigas de produção cultural popular e intercâmbio. Ao pensar sobre essas várias histórias, é fundamental que se perceba que as atividades participativas diferem de maneira substancial, dependendo da comunidade e da modalidade de mídia em questão. Deve-se ter o cuidado de não definir uma participação de forma muito limitada de modo a priorizar "textos aprofundáveis" em vez de "textos em aberto", criação de vídeo em vez de debate de fãs, ou atividade de fãs "afirmacional" em vez de atividade de fãs "transformacional".

A participação cultural assume diferentes formas em contextos tecnológicos, econômicos e legais. Algumas pessoas confundem cultura participativa com Web 2.0, mas a Web 2.0 é um modelo de negócio por meio do qual plataformas comerciais buscam atrair e captar as energias participativas de mercados desejados e aproveitá-las para seus próprios fins. Embora essas plataformas de Web 2.0 possam oferecer novos recursos que favoreçam os objetivos da cultura participativa, quase sempre há atritos entre os desejos dos produtores e os dos públicos, uma lacuna que resultou em brigas constantes em torno dos termos da participação.

A cultura contemporânea está cada vez mais participativa, especialmente se comparada com as ecologias de mídia anteriores, principalmente as dependentes da mídia tradicional de massa. No entanto, nem todo mundo tem permissão para participar, nem todo mundo é capaz de participar, nem todo mundo quer participar e nem todo mundo que participa o faz em igualdade de condições. A palavra "participação" tem uma história tanto no discurso político como no cultural, e a sobreposição entre os dois suscita uma conside-

CONCLUSÃO | 359

ração mais profunda. Em alguns casos, os públicos ligados em rede estão aproveitando esse aumento da capacidade de comunicação para criar uma cultura mais diversificada, que desafia instituições arraigadas, amplia as oportunidades econômicas, e, até mesmo no caso da mídia religiosa, talvez salve nossa alma. Os outros estão simplesmente usando isso para continuar com o negócio de sua vida cotidiana.

Motivar e facilitar o compartilhamento. O ambiente atual de mídia se torna cada vez mais propício para a propagação do conteúdo de mídia. Em parte, a propagabilidade é o resultado das mudanças na natureza das tecnologias que facilitam a produção, o upload, o download, a apropriação, o remix, a recirculação e a incorporação de conteúdo. A digitalização tornou mais simples a mudança de formatos e mais barata a circulação de conteúdo. Em parte, a propagabilidade é o resultado de lutas legais, uma vez que muitos grupos questionam a lógica do controle rígido sobre a propriedade intelectual e à medida que as práticas mundanas de uso não autorizado fazem reivindicações legais que procuram regular as circulações discutíveis. Se é o que os produtores de mídia desejam ou não, eles não podem mais controlar o que seus públicos fazem com seu conteúdo depois que este sai de suas mãos. Para buscar compensar essa perda de controle, os produtores de mídia e as redes estão desenvolvendo novos modelos de negócio que buscam tirar proveito de pelo menos algumas formas de circulação de movimentos populares. O resultado é um clima mais permissivo, em que as cartas de cessar e desistir estão dando lugar a apelos para ajudar a divulgar conteúdo. E a experimentação ainda mais radical acontece em torno da mídia alternativa e independente, que deve colaborar com apoiadores para sobreviver. Enquanto os produtores consideram a maneira como o público vai criar "divergências" dos sistemas oficiais de distribuição, ouvir tais práticas pode inspirar novos modelos para a criação e a circulação de conteúdo; pode provar a existência de uma audiência excedente inesperada, ansiosa para se envolver com o material; ou pode ainda indicar a popularidade emergente de textos que foram removidos da circulação comercial.

A comunicação temporária e localizada. Há pouca coisa que seja estática e previsível no ambiente atual de mídia, razão pela qual os modelos controlados tradicionais de distribuição de cima para baixo precisaram dar lugar a um modelo híbrido de circulação que está formatado em parte de cima para baixo e, em parte, de baixo para cima. Os canais de comunicação são extremamente fluidos e geralmente improvisados, no espírito de "vai fazendo à medida que acontece". Portanto, os criadores de conteúdo estão tornando, com frequência, sua comunicação mais assídua, mais conveniente e mais sensível a determinados públicos em particular, com o reconhecimento de que os produtores e os comunicadores muitas vezes não sabem qual segmento de vídeo, *post* no blog ou pensamento no Twitter "vai pegar" e qual será recebido com silêncio. Os criadores estão ouvindo atentamente seus públicos, atendendo-os quando e onde o público está tendo uma conversa, para apresentar questões relacionadas à agenda do público, em vez de apenas relacionadas ao que a empresa quer falar. Aqueles que procuram bloquear seu conteúdo ou comunicação se isolam dessa vazante e desse fluxo maiores da cultura.

Intermediários autenticamente populares que defendem e evangelizam. A literatura de marketing, discutida no Capítulo 1, sugere que as mensagens de marca ganham maior credibilidade se compartilhadas por alguém que o ouvinte já conhece e em quem confia. Por essa razão, as empresas buscam identificar e segurar seus maiores apoiadores, dando a eles o que precisam para ajudar a divulgar conteúdo, por meio das várias redes a que pertencem. Às vezes, esse processo sai pela culatra, quando então as empresas cruzam a linha de maneiras que danificam a confiança do público em relação a esses defensores ou que ofendem os próprios públicos que esperavam atingir. Ao mesmo tempo, os "intermediários autenticamente populares" podem se tornar os maiores críticos das marcas e das modalidades de mídia quando aqueles produtos deixam de cumprir sua promessa. Em função de esses intermediários autenticamente populares terem a confiança de outros membros da comunidade, em função de suas vozes serem amplamente ouvidas, e em função de eles também terem acesso aos tomadores de decisão empoderados, eles se tornam o locus para campanhas a fim de incentivar maior responsabilidade e capacidade de resposta.

É fundamental para aqueles criadores de conteúdo perceber que, se um público vai tomar para si a propagação do conteúdo de mídia ou a discussão sobre aquele conteúdo, é porque esse conteúdo atende a algum propósito co-

CONCLUSÃO | 361

municativo para o público e porque se encaixa em suas conversas que estão em andamento. Os produtores devem também ser cuidadosos em relação a restringir de forma muito radical as vozes que são importantes, em relação a ignorar as vozes de clientes insatisfeitos, audiências excedentes e as principais faixas de audiência fora de um público-alvo pré-escolhido ou que não foram consideradas "formadoras de opinião". Tais erros levam à perda de oportunidades ou, o que é pior, a crises de comunicação. E, finalmente, as marcas e outras organizações têm de pensar sobre as maneiras como se organizam e comunicam internamente, para garantir que respondam de forma eficiente e com eficácia às audiências e, quanto puderem, realinhem seu foco com base no que encontram a partir desses esforços de escuta. Se tiverem sucesso, as organizações têm o potencial de criar canais de comunicação nos dois sentidos que sejam mais apropriados à cultura emergente ponto a ponto.

A colaboração entre papéis. No início deste livro, falamos sobre as relações indefinidas entre produtores, marqueteiros e públicos, que sugerem que apenas poucos de nós hoje são apenas membros passivos do público no sentido clássico do termo e, cada vez mais, todos nós estamos nos tornando publicitários para as coisas que nos importam. De fato, qualquer um dos participantes pode reconciliar diferentes motivos em si mesmo; seja um informante corporativo que queira equilibrar sua motivação de lucro com outras preocupações pessoais ou sociais; seja um marqueteiro que também se veja como um membro da comunidade que é público-alvo de seus serviços de marketing e, portanto, tem de equilibrar sua motivação profissional com sua identidade pessoal; seja um fã que está perturbado com as políticas raciais e culturais representadas em um texto favorito.

Até onde a propagabilidade deve ir? O veterano designer de produção David Brisbin (2009-2010) capta o desconforto da indústria em relação às capacidades de ampliação da comunicação do público em um ensaio, muito lido e discutido por outros informantes de Hollywood, sobre sua experiência em trabalhar em *Crepúsculo: Lua Nova* [*Twilight: New Moon*]. Do início ao fim, essa produção, baseada em um livro popular sobre vampiros e as mulheres apaixonadas por eles, esteve sob a observação de fãs muito ativos, incluindo-se alguns que demarcaram os locais à medida que foram sendo prospectados, alterados e

362 | CULTURA DA CONEXÃO

filmados. Nesse processo, muitas pessoas ofereceram julgamento coletivo em tempo real sobre cada decisão tomada pelos designers. Brisbin escreve:

> No final da produção, eu estava construindo um chafariz e compondo uma praça pública na Toscana para nossa última semana de filmagem. A máquina de fãs era tão ansiosa e eficiente que eles filmaram e postaram cada passo do progresso da construção, pintura e a configuração visual daquela praça, de forma que, quando o departamento de arte em Vancouver vinha trabalhar a cada dia, podia examinar fotos e vídeos nos blogs do público que apresentavam exatamente o que tinha sido realizado até o momento de conclusão da filmagem na Itália, poucas horas antes. (p. 56)

Os fãs não eram apenas spoilers, ao buscarem reconstruir o que acontecia no set de filmagem ou antecipar o que estaria no cinema. Nem estavam apenas ajudando a criar rumor e conscientização pública. Eles eram também críticos ferrenhos, que liam aqueles detalhes vazados, em relação às fortes expectativas estabelecidas através de seu envolvimento próximo e íntimo com o romance. Conforme Brisbin descreve:

> Quantas vezes nós, como designers, trabalhamos um detalhe visual com nossos diretores e escolhemos quando incluir e quando alterar material de origem? De repente, quem entra nessa discussão, em tempo real, é uma legião de fãs com voz ativa e equipada com som e imagem. [...] Em *Lua Nova*, quando os fãs descobriram uma nova locação, lançaram debates on-line no tradicional Departamento de Arte, informados pelo conhecimento intenso do texto de origem, sobre quais cores, estruturas cenográficas e adereços do set funcionaram... ou não. (p. 57-58)

Brisbin reconhece que os fãs eram muitas vezes extremamente solidários às escolhas que preservavam o que eles valorizavam. Entretanto, a equipe de produção achava irritante o processo de ter suas decisões de design monitoradas e avaliadas em tempo real. Em alguns casos, os fãs fotógrafos e observadores eram mais rápidos do que a própria equipe de produção. E, em outros,

CONCLUSÃO | 363

as imagens não autorizadas se tornavam um meio com fins lucrativos, uma vez que a admissão dos participantes on-line para visitas virtuais aos sites de produção era cobrada.

O ensaio de Brisbin termina com uma nota de ambivalência sobre o que tudo isso significa para sua profissão: "Talvez também valha a pena um momento de especulação sobre o que isso projeta para o Design de Produção. É, com certeza, inevitável que a mídia instantânea feita pelos fãs vá, dependendo da história, se insinuar em nossos trabalhos futuros. É provável que aumentem os níveis de segurança sobre nós, da produção, quando fizermos a montagem dos sets em espaços públicos" (p. 59). Um número de coisas antes tidas como certas pelos produtores de mídia comercial agora está em risco: o controle sobre o fluxo de propriedade intelectual, sem dúvida, embora, mais do que isso, o controle sobre as decisões criativas e o controle sobre o acesso do público às informações, que podem, por sua vez, definir a forma como as pessoas respondem ao trabalho quando deparam com ele no cinema. A avaliação do público quanto aos méritos de um filme pode, cada vez mais, depender não do produto final na tela, mas do processo por meio do qual ele chegou lá.

Brisbin parece preparado para aceitar a inevitabilidade desse fluxo de informações. Ele prevê que Hollywood irá reforçar a segurança e exigirá que seus funcionários permaneçam calados sobre detalhes, mas não será possível conter o que é desencadeado pela internet. No entanto, as relações entre fãs e produtores da franquia *Crepúsculo* tornaram-se ainda mais conflitantes quando se chegou aos capítulos finais. Quando imagens roubadas e sequências não editadas de filmagem de *Crepúsculo: Amanhecer* [*Twilight: Breaking Dawn*] foram encontradas circulando on-line, a Summit Entertainment contratou um detetive para rastrear sua fonte não autorizada (BELLONI, 2011). Enquanto isso, em uma declaração, os produtores solicitaram aos fãs dedicados que não recompensassem essa violação de segurança do estúdio: "Por favor, aqueles que estão postando, parem. E, por favor, embora a tentação seja grande, não vejam nem transmitam essas imagens. Aguardem pelo filme em seu belo conjunto final que vai emocionar vocês" (citado em BELLONI, 2011).

Muitos daqueles fãs cooperaram, ao trabalharem com os produtores para reduzir a propagação não autorizada do vídeo. Por fim, quando os detetives

364 | CULTURA DA CONEXÃO

completaram sua investigação, os produtores identificaram pelo nome um fã argentino e anunciaram seus planos para tomar medidas legais. O vice-presidente e conselheiro-geral da Summit Entertainment, David Friedman, disse:

> Embora apreciemos muito as legiões de fãs comprometidos da franquia e os incentivemos a criar uma comunidade on-line, não podemos ignorar que a propriedade tenha sido roubada. Não é justo, para com a maioria dos fãs que querem assistir ao capítulo final da franquia Saga *Crepúsculo* inteiramente realizado pelo cineasta e por um elenco e uma equipe técnica dedicados, que eles recebam essas imagens isoladas e disponíveis na internet. (Citado em BELLONI, 2011.)

Os leitores podem discordar em relação a quando e onde os produtores deveriam estabelecer o limite no que diz respeito à circulação pública de tal material. Alguns vão tomar o partido dos produtores que sentem que seus direitos de controle criativo sobre a produção dos filmes e seus esforços para proteger a segurança de seus processos devam suplantar os desejos dos fãs. Outros podem achar que o público de cinema tem direito a *não* ter a primeira experiência de assistir ao filme "estragado" (no sentido positivo ou negativo da palavra) por spoilers e por imagens e informações vazadas. Mesmo aqueles que apoiam o compartilhamento de fotografias amadoras tiradas em lugares públicos podem estabelecer um limite quando se trata de obter acesso ilegal a materiais de produção atuais ou fazer dinheiro com seu acesso a essas imagens.

Outros podem ser muito mais desconfiados em relação às tentativas da indústria de restringir o direito do público de fiscalizar e criticar suas decisões de produção. Eles podem estar indignados com a decisão dos produtores de identificar publicamente o fã responsável, ao sentirem que essa é uma resposta inadequada para alguém que foi quase certamente motivado por um desejo de apoiar em vez de prejudicar a franquia do filme.

A saga *Crepúsculo* é um caso de teste interessante, porque está além das questões de propriedade intelectual ou marketing viral. Ele trata de conflitos inevitáveis em relação a expectativas e valores, de atritos praticamente incontornáveis em uma ecologia de mídia propagável. O surpreendente, então, é que

CONCLUSÃO | 365

muitos fãs tenham respondido ao chamado dos produtores para retardar a circulação dessas imagens não autorizadas, e que tenha havido muita discussão do público no fandom sobre a forma como a comunidade deveria responder a essa solicitação. Ao mesmo tempo, o fato de que muitos fãs optaram por não cumprir o solicitado sugere que essas culturas participativas estão afirmando sua própria filosofia sobre o que deve ser circulado para quem e em quais circunstâncias.

A circulação dessas imagens reflete um desejo de saber o que está acontecendo, de modo que a comunidade possa exercer uma influência coletiva sobre as decisões de produção enquanto ainda é teoricamente possível mudá-las. E é justamente essa intervenção do público vinda de fãs engajados e minimamente empoderados, com maior potencial para se organizar e se fazer ouvir, o tipo de atividade que documentamos ao longo deste livro.

Se, para muitos de nós, o objetivo no longo prazo é criar uma cultura mais democrática, que permita que o público tenha um papel maior na tomada de decisões em todos os níveis, então um requisito fundamental será o acesso em tempo hábil às informações e a transparência na tomada de decisões. Estamos ainda muito mais acostumados a aplicar tais padrões à política governamental do que à tomada de decisões. Porém, na medida em que novos modelos de propagabilidade dependem do reconhecimento de clientes, fãs e outros públicos, como partes interessadas no sucesso das marcas e das franquias, essas expectativas em relação à capacidade de resposta trazem com elas expectativas correspondentes em relação ao acesso a informações significativas.

Talvez o aspecto que cause mais impacto de um ambiente de mídia propagável, porém, seja o modo como todos nós agora desempenhamos um papel vital no compartilhamento dos textos de mídia. As decisões cotidianas, muitas vezes triviais, que cada um de nós toma sobre o que retransmitir, com quem compartilhar e o contexto no qual compartilhamos aquele material estão fundamentalmente alterando os processos de como a mídia é circulada. Em alguns casos, os participantes remixam esse conteúdo à medida que ele se espalha e, em outros, recontextualizam. Porém, em todos os casos, esses participantes estão ampliando o potencial significado que o conteúdo tinha e, em algumas situações, aumentando o seu valor. Isso significa que um material, que antes nunca teve chance de ser ouvido, está circulando por meio de movimentos de ações po-

366 | CULTURA DA CONEXÃO

pulares, e que existe um potencial para uma sociedade mais conectada, coletiva e ativa nesta que muitas vezes foi rotulada de "era da informação". No entanto, conforme tio Ben disse a Peter Parker no filme *Homem-Aranha* [*Spider-Man*], "com o grande poder vem a grande responsabilidade". Assim como as empresas e os governos devem enfrentar aumento de pressão para ser transparentes em uma era em que as informações estão mais propensas do que nunca a virem à tona, cada um de nós tem de pensar sobre a nossa cumplicidade nos materiais que retransmitimos, sobre a responsabilidade que temos como cidadãos de examinar o que compartilhamos e sobre a nossa reputação como curadores das informações que escolhemos para circular.

A propagação dos textos de mídia nos ajuda a expressar quem somos, a reforçar nossos relacionamentos pessoais e profissionais, a fortalecer nossas relações uns com os outros, a construir uma comunidade e a conscientizar mais pessoas dos assuntos com os quais nos preocupamos. O compartilhamento da mídia além das fronteiras culturais aumenta a oportunidade de ouvir outras perspectivas e de desenvolver empatia por perspectivas diferentes da nossa. Acreditamos que construir uma sociedade mais informada e mais engajada requer um ambiente em que governos, empresas, instituições educacionais, jornalistas, artistas e ativistas, todos trabalhem para apoiar em vez de restringir esse ambiente de propagabilidade e a possibilidade de que todos tenham acesso, não apenas em termos técnicos, mas também culturais, à participação nela.

Em um futuro próximo, essas questões estarão em debate entre todas as partes envolvidas. O formato da nossa cultura, felizmente, ainda está em fase de transição e, como consequência, ainda nos é possível lutar coletivamente para definir os termos de um ambiente de mídia propagável e para estabelecer um ambiente de mídia que seja mais inclusivo, mais dinâmico e mais participativo do que antes.

NOTAS

Notas de Como ler este livro

1. Achamos importante observar que, apesar dessa tendência geral, há uma gama de estudos e projetos de mídia que têm uma abordagem mais colaborativa para buscar meios produtivos de conversa com a indústria. Esperamos que *Cultura da conexão* contribua com essa tendência.

2. Para os propósitos deste livro, fazemos uma distinção entre sites de redes sociais, tais como o Facebook, e o conceito mais amplo de redes sociais, no que diz respeito às interligações entre os agentes sociais. Os sites de redes sociais podem servir como ferramentas para sustentar e ampliar as redes sociais, mas poucas pessoas participam de redes sociais que consistem apenas em pessoas que podem encontrar no Facebook.

Notas da Introdução

1. Alguns grupos tiveram motivos comerciais que, de alguma forma, contribuíram para a criação e a circulação de vídeos, como a FremantleMedia (empresa de produção), a ITV (rede de TV) e o YouTube (importante canal de distribuição), mas seus motivos tiveram muito pouco a ver com a razão pela qual qualquer usuário individual escolheu circulá-los.

2. Algo parecido com mídia viral foi descrito pelos escritores de ficção científica anos antes de a ideia aparecer na literatura de negócios. Cordwainer Smith, já em 1964, escreveu: "Uma péssima ideia pode se espalhar como um germe mutante. Se for absolutamente inte-

368 | CULTURA DA CONEXÃO

ressante, pode saltar de uma mente para outra do outro lado do planeta antes que seja detida. Olhe para os modismos desastrosos e as modas tolas que incomodam a humanidade até mesmo nas idades da mais elevada ordem" ([1964], 1975, p. 193). Essa passagem demonstra alguns dos traços que definem a teoria da mídia viral: ideias são transmitidas, muitas vezes sem avaliação crítica, para uma ampla variedade de mentes, e esse fluxo descoordenado de informações está associado a "péssimas ideias" ou a "modismos desastrosos e modas tolas".

Notas do Capítulo 1

1. Vale a pena notar como esses comentários parecem banais. As medidas legais adotadas por gravadoras, estúdios de cinema ou grupos de lobistas estão regularmente ligadas a reclamações de que grandes detentores de direitos autorais estão "fora de sintonia" com o comportamento do público e com as normas da cultura em geral.

2. Henry Jenkins (1992) introduziu o conceito de "economia moral" nos estudos de fãs, explorando a forma como os escritores de fan fiction legitimam sua apropriação de textos de mídia e definem "limites" sobre os usos aceitáveis para materiais que pegaram emprestados. Por meio de discussão, as comunidades de fãs geralmente desenvolvem um consenso firme sobre a economia moral, que fornece uma forte motivação para que se manifestem contra os produtores de mídia que eles acham que estão prejudicando uma modalidade de mídia ou "explorando" os fãs. A popularidade dos downloads ilegais entre os públicos de música, por exemplo, reflete uma convicção frequentemente citada de que as gravadoras também "roubam" o público e os artistas através de preços inflacionados e termos contratuais desfavoráveis. Da mesma forma, controvérsias recentes sobre as relações de fãs ou usuários e direitos do usuário surgiram em torno de sites importantes de Web 2.0, desde LiveJournal até Twitter. Essas controvérsias se espalham rapidamente graças às ideias em geral bem articuladas de muitas comunidades sobre o que constitui um uso apropriado.

3. Essa interseção entre valor e significado tem raízes profundas na teoria da cultura de consumo. No ensaio "Manufatura e movimento de significado no mundo dos bens", do livro *Cultura e consumo* (1998), Grant McCracken reúne literatura antropológica e de marketing para oferecer uma descrição do modo como a "transferência de significado" define o intercâmbio de objetos. McCracken parte da premissa de que a circulação de bens é acompanhada da circulação de significado: "O significado flui com constância de suas diversas posições no mundo social, auxiliado pelos esforços coletivos e individuais de designers, produtores, publicitários e consumidores" (p. 71). Tanto os designers como os publicitários recorrem a significados já existentes na cultura em torno deles, uma vez que buscam construir ofertas que sejam valorizadas por seus potenciais consumidores. Em uma revisão posterior desse argumento, que evoca o trabalho de Russel Belk (1984), McCracken escreve: "Os consumidores se voltam para seus produtos não apenas como pacotes de utilidades que atendem a funções e satisfazem necessidades, mas também como pacotes de significados que moldam quem eles são e o mundo no qual eles vivem" (2005, p. 112).

Notas do Capítulo 3

1. No entanto, os espectadores de multiplataformas podem se importar particularmente com um anunciante que tenha comprado um espaço para merchandising no próprio texto de mídia. Por exemplo, o acordo da Hyundai para ter seu carro Tucson dirigido por personagens da série *The Walking Dead* significa que os resultados daquele acordo de publicidade permanecerão incorporados ao programa em todas as suas formas de distribuição. Portanto, a Hyundai tem motivos para estar interessada na audiência do programa em qualquer plataforma. No entanto, os contratos de merchandising continuam complicados, uma vez que houve pouca normatização quanto à forma como são feitos os acordos de multiplataformas.

2. Tais práticas levaram a uma grande consternação entre profissionais de recursos humanos e especialistas em TI, que estão tentando decidir se tais atividades durante a jornada de trabalho constituem um sinal de perda de produtividade ou de camaradagem intensificada. Por exemplo, um levantamento de 2010 com trabalhadores britânicos, por meio do site de empregos MyJobGroup, relatou o tempo que as pessoas estavam gastando com o uso de mídia social no trabalho, concluindo que o equivalente de até aproximadamente 22 bilhões de dólares era o montante perdido por ano na economia britânica (INGRAM, 2010). Outros refutaram tais alegações. Um levantamento de 2009 com 300 trabalhadores australianos, conduzido pelo professor de marketing Brent Coker, constatou que 70% dos entrevistados estavam engajados na "navegação de lazer" on-line, em período de trabalho, mas que tais atividades tornam os trabalhadores cerca de 9% mais produtivos, desde que não gastem mais do que um quinto de seu tempo on-line de forma recreativa durante o horário de trabalho (Universidade de Melbourne, 2009).

3. Também é fundamental que os produtores ouçam essas audiências mais profundamente engajadas, caso pretendam alcançá-las, para assegurar que o conteúdo que criaram para elas realmente corresponda ao que desejam. Levine (2011) apresenta um exemplo no qual produtores de novela conceberam um texto de transmídia (o blog de um personagem) que interferiu em uma atividade importante de fãs (que especula sobre o que os personagens estão pensando e o que os motiva, com base em suas ações no programa). Nesse caso, o blog ofereceu acesso direto aos pensamentos de um personagem, em vez de fornecer um recurso que poderia sustentar os próprios esforços da comunidade de fãs para examinar, debater e interpretar o que viram no programa e, subsequentemente, atraiu o desprezo de alguns fãs dedicados.

4. O impacto dessas estratégias pode ser sugerido pela celebridade em ascensão Harry Shum Jr., o dançarino americano-asiático que foi um extra regular na primeira temporada da série *Glee* (jocosamente referido no programa como o "cara asiático sem nome") e que surgiu como um personagem de maior destaque na segunda temporada. Shum, já bem conhecido na comunidade de dança de Los Angeles, estava também associado à *LXD, Legião de Dançarinos Extraordinários* [*Legion of Extraordinary Dancers*], uma série espetacular de vídeos da web com apresentações de "street dance" em uma estrutura narrativa emprestada de quadri-

nhos de super-heróis e luta livre profissional. A *LXD* foi o ato de abertura para o elenco de *Glee* no verão de 2010, o que aumentou a visibilidade de Shum para os fãs que acabaram por ver a turnê de concertos. E a multipromoção da *LXD* em *So You Think You Can Dance* e as performances tanto no Oscar 2010 como no TED 2010 ajudaram a reforçar ainda mais o perfil de Shum. A performance solo de Shum com elástico, em um episódio no início de *LXD*, provavelmente pressupõe o número "Make 'Em Dance" na segunda temporada de *Glee*. Tais estratégias permitiram que os fãs mais incondicionais do programa sentissem que haviam ajudado a descobrir Shum, uma recompensa pelo rastreamento das performances dele por uma gama de plataformas e espaços de mídia.

5. Essa maneira de pensar está abrindo caminho para a própria indústria de propaganda. Faris Yakob (2006), entre outros, argumenta que o mundo do marketing deve focar no "planejamento de transmídia". Assim como com a narrativa transmídia, o planejamento de transmídia enfatizaria a forma como as narrativas fluem e as audiências se engajam no conteúdo por meio de multiplataformas de mídia. Yakob escreve: "Nesse modelo, haveria uma narrativa de marca não linear em evolução. Os diferentes canais poderiam ser usados para comunicar elementos da narrativa de marca, que são independentes e diferentes, os quais constroem para criar [um] mundo de marca maior. Os consumidores então reúnem, eles próprios, diferentes partes da história".

Notas do Capítulo 4

1. Ao destacar isso, não queremos dizer que se dê continuidade ao mito de uma divisão entre "nativos digitais" e "imigrantes digitais" (JENKINS, 2007a). Pelo contrário, queremos enfatizar os relacionamentos que esses jovens que cresceram imersos na participação on-line têm com aqueles que estão apenas começando a adotar essas plataformas de comunicação. Ao fazer isso, podemos ver redes transgeracionais de pessoas que estão cada vez mais ativas na comunicação on-line. Por exemplo, um relatório de 2009 da Nielsen constatou que 50% das pessoas pesquisadas com 65 anos ou mais tinham postado ou visualizado fotos on-line no último mês e que 8,2% do que visitam sites de redes sociais e blogs são cidadãos idosos (que, como grupo demográfico, foi praticamente igual ao número de adolescentes que se engajam com tais plataformas) (NIELSEN, 2009). Visto que o público da geração *boomer* envelhece e os laços transgeracionais (e promessas de fotos de netos) trazem audiências mais velhas para os sites de redes sociais e para as plataformas de compartilhamento de mídia, esses números continuam a crescer. Muitos desses usuários mais velhos podem não ser produtores no sentido estrito do termo, mas retratá-los como "consumidores" passivos de conteúdo de mídia digital não capta a dinâmica social ativa que os impulsiona cada vez mais a participar de espaços sociais on-line.

2. O estudioso de games James Paul Gee (2004) caracteriza muitas formas de cultura participativa em termos de "espaços de afinidade", ou seja, afinidade por um esforço comum. Ele defende que as noções românticas de comunidade não se aplicam a muitos desses grupos,

e que o engajamento entre eles é um objetivo secundário em muitos casos, se é que existe. Os participantes em um espaço de afinidade podem ou não sentir um forte senso de filiação uns com os outros: alguns simplesmente passam por ele, envolvem-se com o conteúdo, reúnem informações e retornam a seu próprio posto. Outros podem tornar-se mais intimamente ligados. Eles podem participar por meio de diferentes modalidades: algumas ativas e algumas passivas, algumas que lideram e algumas que seguem outros participantes. Gee tem interesse no aprendizado informal que ocorre em relação aos games, que muitas vezes depende muito de os gamers compartilharem conhecimento para sustentar suas competições e colaborações. As pessoas formam relações não exclusivas para esses tipos de espaços de afinidades: elas podem ter múltiplos interesses e, assim, se engajar em vários espaços de afinidades diferentes. E, à medida que se movimentam, as informações se propagam.

3. Devemos também considerar o uso local muito difundido da tecnologia de rádio por meio de escâneres da polícia. A comunicação através de redes locais de equipes de emergência, de departamentos de polícia, de motoristas de ônibus de escola e de outros grupos é realizada nos canais públicos, dando às pessoas da comunidade a oportunidade de ouvir e de iniciar de forma ativa redes de recomendações boca a boca para circular acontecimentos da comunidade (um ônibus escolar atrasado, um incêndio na cidade, uma chamada para a polícia pro acusa de uma briga). No entanto, embora a comunidade possa ouvir, seus membros não têm como estar envolvidos ativamente na produção de tal conteúdo.

4. É claro que ao chamar podcasts de "rádio" enfatizam-se os formatos e as relações do rádio muito mais do que a tecnologia, e as tecnologias do tipo rádio continuam a operar de modos bastante visíveis hoje, por meio de dispositivos como celulares e controles para abertura de garagem. Porém, essas mudanças nas estruturas da circulação de mídia estão no cerne do que chamamos de "paradigma da mídia propagável".

5. Percebemos que, nos estudos culturais, a linguagem de "alinhamento" mais comum descreve situações em que as pessoas no poder forçam, persuadem ou enganam as pessoas do seu lado usando recursos consideráveis. O que acontece quando as empresas usam esses recursos para compreender melhor as prioridades de suas audiências e forçar o alinhamento delas próprias, forçando a empresa a abordar melhor o que suas audiências buscam?

6. Escrevendo no início da era digital, John Fiske argumenta: "A multiplicação das tecnologias de comunicação e de informação amplia os terrenos de luta, modifica as formas que a luta pode assumir e torna ainda mais urgente que as pessoas agarrem as oportunidades para lutar pela multiplicação das ofertas de tecnologias" (1994, p. 240). Fiske não romantiza a nova mídia como uma solução imediata para todas as desigualdades e injustiças; ele discute, por exemplo, as desigualdades contínuas entre aqueles que tiveram acesso às modalidades de alta e baixa tecnologia de comunicação, diferenças que refletiram seus recursos econômicos, capital cultural e status social tanto quanto as ferramentas particulares à sua disposição.

372 | CULTURA DA CONEXÃO

Notas do Capítulo 5

1. No Reddit, por exemplo, os usuários contribuem com links para histórias e/ou comentários das notícias e votam em links dos outros. As pessoas usam o site para descobrir material novo e, ao mesmo tempo, contribuem com seus interesses de volta ao site, examinando e realizando curadoria de forma coletiva do que os usuários acreditam ser a informação mais "valiosa". O Reddit é útil na medida em que seus usuários concordam que o material exposto corresponde ao seu, sendo de qualidade e importância. O Reddit emprega um sistema baseado em pontos, por meio do qual os usuários podem alcançar uma notoriedade maior dentro de uma comunidade no site e, ao mesmo tempo, recompensar outros com quem eles concordem ou que aprovem. Consequentemente, muitos usuários ativos do site são motivados pelo desejo de melhorar sua própria posição para compartilhar os tipos de histórias que vão interessar e envolver os outros. E usuários menos engajados ainda estão tomando decisões ativas para comunicar algo sobre si próprios quando registram publicamente suas preferências.

2. O mix de usuários do Twitter a quem Old Spice Guy respondeu incluiu tanto celebridades como pessoas que não tinham muitos seguidores no Twitter, e que certamente não seriam consideradas "formadoras de opinião", criando variedade e imprevisibilidade sobre quem exatamente seria o próximo alvo de suas próximas respostas, as quais abasteceram a popularidade da iniciativa do vídeo do Twitter.

3. Em alguns casos, essa publicidade negativa pode aumentar o interesse corporativo, conforme examinado na Introdução em relação à circulação generalizada de críticas sobre o serviço ao cliente da operadora a cabo Comcast, que forçou a empresa a melhorar seu próprio desempenho e a se tornar mais eficaz na tarefa de engajar seu cliente (pelo menos por meio de seus esforços on-line), ou no Capítulo 4 em relação ao desenvolvimento de ferramentas de marketing da Domino's através da correção de frustrações antigas dos clientes com a empresa de entrega de pizza. Porém, é difícil imaginar que a Church's sentiu que havia um potencial de crescimento para reclamações falsas sobre seus vínculos com a Ku Klux Klan. Se Turner está certo de que os boatos eram realmente críticas isoladas de empresas de propriedade e administradas por brancos que visavam de forma agressiva populações minoritárias, talvez a solução seja seguir as causas implícitas da crítica, em vez de tentar suprimir o mito urbano a respeito.

4. Em alguns casos, os ativistas de Bil'in e seus homólogos em outros lugares estavam explorando uma linguagem muito antiga de protesto popular. A historiadora cultural Natalie Zemon Davis (1975) lembra aos leitores, em seu agora clássico ensaio *As mulheres por cima*, que os manifestantes no início da Europa moderna muitas vezes mascaravam sua identidade através de várias formas de dramatização, vestindo-se como povos tanto reais (mouros) como imaginários (amazonas), que eram uma ameaça perceptível à ordem civilizada. Os Filhos da Liberdade, na Boston colonial, continuavam essa tradição quando se vestiam de nativos americanos para descarregar o chá no porto, e os afro-americanos, em Nova Orleans, organi-

zavam seus próprios grupos de foliões no Mardi Gras (LIPSITZ, 2001), emprestando o repertório de imagens do Buffalo Bill's Wild West Show para expressar as lutas da comunidade por respeito e dignidade em um Sul segregado. Esses manifestantes, históricos e modernos, adotam identidades fictícias para explorar os poderes míticos associados aos "povos guerreiros".

Notas do Capítulo 6

1. Paley optou por não exercer forte controle sobre seu conteúdo, mas não escapou das restrições da atual lei de direitos autorais dos Estados Unidos. Ela se envolveu em uma luta contínua sobre o seu uso de músicas da cantora de jazz dos anos 1920 Annette Hanshaw. Paley havia descoberto músicas de Hanshaw por meio de um colecionador e achou que elas proporcionariam a trilha sonora certa para seu filme. Paley (2010a) participou de um seminário sobre uso justo (conceito da legislação dos Estados Unidos que permite o uso de material protegido por direitos autorais sob certas circunstâncias) e trabalhou em estreita colaboração com advogados estudantes, na Universidade Americana, para determinar os direitos para essa música. Embora as músicas pudessem ter caído em domínio público se o período de proteção autoral não tivesse sido radicalmente prorrogado em 1998, os detentores dos direitos exigiram valores exorbitantes para sua circulação, apesar de eles próprios não terem nenhuma intenção de fazer algo com a música.

2. O conteúdo de mídia de massa dá às pessoas material compartilhado para sustentar uma variedade de relacionamentos. O valor do programa de televisão americana *Dancing with the Stars* [*Dançando com as Estrelas*], do desempenho dos times esportivos favoritos da área ou da previsão do tempo da noite passada continuarão a exercer funções vitais para o abastecimento das conversas na fila do supermercado. O conteúdo de mídia de massa também fornece familiaridade e um nível de confiança. Pense no papel vital que os restaurantes desempenham para os viajantes. Os restaurantes locais (nichos) podem fornecer uma refeição mais satisfatória para os viajantes, mas carregam com eles um risco muito maior de decepção. O contrato implícito que o viajante tem com uma marca de rede, entretanto, estabelece expectativas. E o conteúdo de mídia de massa ainda carrega um valor momentâneo no sentido de "radiodifusão". Os noticiários matinais, os segmentos do *Weather Channel*, os gameshows que tiveram seus direitos de transmissão negociados e outros similares têm pouca chance de ser avaliados como algo de valor no longo prazo como "mídia propagável", mas podem ainda ser úteis como visualização de uma única vez ou ruído de fundo contra o qual se pode vender publicidade. Pelo contrário, o material mais ameaçado nesse tipo de ambiente é aquele que nem atrai um grande público inicial nem desperta a paixão dos adeptos.

REFERÊNCIAS

ADAY, Sean; FARRELL, Henry; LYNCH, Marc; SIDES, John; KELLY, John; ZUCKERMAN, Ethan. *Blogs and bullets:* new media in contentious politics. Washington, DC: United States Institute of Peace/Peaceworks, 2010.

ALLISON, Anne. *Millennial monsters:* Japanese toys and the global imagination. Berkeley: University of California Press, 2006.

ANDERSON, Chris. The long tail. *Wired*, v. 12, n. 10, Oct. 2004. Disponível em: <http://www.wired. com/wired/archive/12.lo/tail.html>.

_____. *The long tail:* why the future of business is selling less of more. New York: Hyperion, 2006. [*A cauda longa*: do mercado de massa para o mercado de nicho. Rio de Janeiro: Campus, 2006.]

_____. The economics of giving it away. *Wall Street Journal*, 31 Jan. 2009. Disponível em: <http://online.wsj.com/article/SB123335678420235003.html>.

ANDERSON, Chris; WOLFF, Michael. The web is dead. Long live the internet! *Wired*, 17 Aug. 2010. Disponível em: <http://www.wired.com/magazine/2010/08/ff_webrip/>.

ANDERSON, Nate. Vimeo sued: have staffers uploaded infringing content? *Ars Technica*, 19 Dec. 2009. Disponível em: <http://arstechnica.com/tech-policy/2009/12/vimeo-suedhave-staffers-uploaded-infringing-content/>.

ANDREJEVIC, Mark. Surveillance in the digital enclosure. *The Communication Review*, v. 10, n. 4, p. 295-317, 2007.

376 | CULTURA DA CONEXÃO

_____. Watching television without pity: the productivity of online fans. *Television and New Media*, v. 9, n. 24, p. 24-46, 2008.

_____. Exploiting YouTube: contradictions of user-generated labor. In: SNICKARS, Pelle; VONDERAU, Patrick (Eds.). *The YouTube reader*. Stockholm: National Library of Sweden, 2009. p. 406-421.

ANDRESEN, Katya. Why slacktivism is underrated. *Mashable*, 24 Oct. 2011. Disponível em: <http://mashable.com/2011/10/slaktivism-cause-engagement/>.

ANG, Ien. *Desperately seeking the audience*. London: Routledge, 1991.

APPADURAI, Arjun. Introduction: commodities and the politics of value. In: _____ (Ed.). *The social life of things:* commodities in cultural perspective. Cambridge: Cambridge University Press, 1986. p. 3-63. [*A vida social das coisas:* as mercadorias sob uma perspectiva cultural. Niteroi: EdUFF, 2008.]

_____. Disjuncture and difference in the global cultural economy. *Public Culture*, v. 2, n. 2 p. 1-24, Spring, 1990.

_____. How histories make geographies: circulation and context in a global perspective. *Transcultural Studies*, n. 1, p. 4-13, 2010.

ARAUZ, Mike. *Pass-along is made of people! Peeeeeeopllllle!* Mike Arauz (Blog), 1 Dec. 2008. Disponível em: <http://www.mikearauz.com/2008/12/pass-along-is-made-of-people.html>.

_____. *Is your brand passionate about something more important than your product?* Mike Arauz (Blog), 26 Feb. 2009. Disponível em: <http://www.mikearauz.com/2009/02/is-your-brand-passionate-about.html>.

ARRINGTON, Michael. YouTube full of creepy, soundless music videos. *TechCrunch*, 14 Jan. 2009. Disponível em: <http://www.techcrunch.com/2009/01/14/youtube-full-of-creepy-soundless-music-videos/>.

ASKWITH, Ivan. "Do you even know where this is going?": lost's viewers and narrative premeditation. In: PEARSON, Roberta (Ed.). *Reading lost*. London: I. B. Tauris, 2009. p. 159-180.

_____. Stop spreading viruses and start giving gifts. In: SOCIETY OF DIGITAL AGENCIES. *Two thousand and ten. Digital marketing outlook*. 2010. p. 47-48. Disponível em: <http://www.scribd.com/doc/25441346/Two-Thousand-and-Ten-Digital-Marketing-Outlook>.

ASUR, Sitaram; HUBERMAN, Bernardo. *Predicting the future with social media.* arXiv.org, Cornell University Library, 29 Mar. 2010. Disponível em: <http://arxiv.org/pdf/1003.5699v1>.

REFERÊNCIAS | 377

AUFDERHEIDE, Pat; JASZI, Peter. *Recut, reframe, recycle:* quoting copyrighted material in user-generated video. American University Center for Social Media, Jan. 2008. Disponível em: <http://www.centerforsocialmedia.org/fair-use/related-materials/documents/recut-reframe-recycle>.

BACON-SMITH, Camille. *Enterprising women:* television fandom and the creation of popular myth. Philadelphia: University of Pennsylvania Press, 1992.

BALDWIN, Mike. mban768. *CartoonStock.* s.d. Disponível em: <http://www.cartoonstock.com/newscartoons/cartoonits/mba/lowres/mban7681.jpg>.

BANET-WEISER, Sarah. *Authentic™:* the politics of ambivalence in a brand culture. New York: NYU Press, 2012.

BANKS, John; HUMPHREYS, Sal. The labour of user co-creators. *Convergence: The International Journal of Research into New Media Technologies*, v. 14, n. 4, p. 401-418, 2008.

BARBROOK, Richard. The hi-tech gift economy. *First Monday*, v. 3, n. 12, Dec. 1998. Disponível em: http://www.firstmonday.org/issues/issue3_12/barbrook/.

BARRIONUEVO, Alexei. A violent police unit, on film and in Rio's streets. *New York Times*, 14 Oct. 2007. Disponível em: <http://www.nytimes.com/2007/10/14/world / americas/14tropa.html>.

BARTLE, Richard. *Designing virtual worlds.* San Francisco: New Riders, 2003.

BEBERGAL, Peter. The age of steampunk. *Boston Globe*, 26 Aug. 2007. Disponível em: <http://www.boston.com/news/globe/ideas/articles/2007/08/26/the_age_of_steampunk/>.

BELK, Russell. Cultural and historical differences in concepts of the self and their effects on attitudes towards having and giving. In: KINNEAR, Thomas C. (Ed.). *Advances in Consumer Research*, Provo, UT: Association for Consumer Research, v. 11, p. 753-760, 1984.

BELLONI, Matthew. Twilight: breaking dawn' alleged pirate identified by summit. Hollywood, Esq. (Blog), *Hollywood Reporter*, 1 Aug. 2011. Disponível em: <http://www.hollywood reporter.com/thr_esq/twilight-breaking-dawn-alleged-pirate-217664>.

BENKLER, Yochai. *The wealth of networks.* New Haven: Yale University Press, 2006.

BISHOP, Ronald. Dreams in the line: a day at the antiques roadshow. *Journal of Popular Culture*, v. 35, n. 1, p. 195-209, 2001.

BLACK, Rebecca. *Adolescents and online fan fiction.* New York: Peter Lang, 2008.

378 | CULTURA DA CONEXÃO

BLOM, Philipp. *To have and to hold:* an intimate history of collectors and collecting. Woodstock, NY: Overlook, 2002. [*Ter e manter:* uma história íntima de colecionadores e coleções. Rio de Janeiro: Record, 2003.]

BOOTH, Paul. *Digital fandom:* new media studies. New York: Peter Lang, 2010.

BORDEN, Mark. The mekanism guarantee: they engineer virality. *Fast Company*, n. 145, maio 2010. Disponível em: <http://www.fastcompany.com/magazine/145/repeat-o­ffenders.html>.

BOUCHER, Geoff. Pirating songs of praise. *Los Angeles Times*, 10 Oct. 2006. Disponível em: <http: //articles.latimes.com/2006/oct/l0/entertainment/et-christian10>.

BOYD, DANAH. *Lonelygirl15*. apophenia: making connections where none previously existed (Blog), 7 Sept. 2006. Disponível em: <http://www.zephoria.org/thoughts/ar­chivesho06/09/07/lonelygirl15.html>.

_____. White flight in networked publics? How race and class shaped American teen engagement with MySpace and Facebook. In: NAKAMURA, Lisa; CHOWWHITE, Peter (Eds.). *Race after the internet.* New York: Routledge, 2011. p. 203-222.

BOYLE, Caitlin. Making change: an introduction to advocacy-driven distribution. Talk at *Seize the Power: A Marketing and (DIY)stribution Symposium*, Los Angeles Film Festival, Los Angeles, 20 June 2010.

BRABHAM, Daren C. Crowdsourcing as a model for problem solving: an introduction and cases. *Convergence*, v. 14, n. 1, p. 75-90, 2008.

Brazil Cop Drama Wins Berlinale. *The Local*, 17 Feb. 2008. Disponível em: <http://www. thelocal.de/lifestyle/20080217-10325.html>.

BRECHT, Bertolt. The radio as an apparatus of communication. 1932. In: HANHARDT, John (Ed.). *Video culture: a critical investigation.* Rochester: Visual Studies Workshop, 1986. p. 53-55.

BRISBIN, David. Instant fan-made media. *Perspective*, n. 27, p. 54-59, Dec. 2009/Jan. 2010.

BROWN, Mary Ellen. Motley moments: soap operas, carnival, gossip and the power of the utterance. In: _____. (Ed.). *Television and women's culture:* the politics of the popular. London: Sage, 1990. p. 183-198.

BRUNS, Axel. *Blogs, Wikipedia, Second Life, and beyond:* from production to produsage. New York: Peter Lang, 2008.

REFERÊNCIAS | **379**

BRUNSDON, Charlotte. Writing about soap opera. In: MASTERMAN, Len (ed.), *Television mythologies:* stars, shows & signs. London: Comedia, 1984. p. 82-87.

BRYANT, Susan L.; FORTE, Andrea; BRUCKMAN, Amy. Becoming Wikipedian: transformation of participation in a collaborative online encyclopedia. 2005. *GROUP'05: Proceedings of the 2005 International ACM SIGGROUP Conference on Supporting Group Work.* Disponível em: <http://www.cc.gatech.edu/~asb/ papers/conference/ bryant-forte-bruckman-group05.pdf>.

BRYNJOLFSSON, Erik; HU, Yu Jefrrey; SMITH, Michael D. From niches to riches: the anatomy of the long tail. *Sloan Management Review*, v. 47, n. 4, p. 67-71, 2006.

BURGESS, Jean. All your chocolate rain are belong to us?: viral video, YouTube and the dynamics of participatory culture. In: LOVNIK, Geert; NIEDERER, Sabine (Eds.). *The video vortex reader.* Amsterdam: Institute of Network Cultures, 2008. p. 101-110.

BURGESS, Jean; GREEN, Joshua. *YouTube:* online video and participatory culture. Cambridge: Polity, 2009. [*YouTube e a revolução digital:* como o maior fenômeno da cultura participativa está transformando a mídia e a sociedade. São Paulo: Aleph, 2009.]

CADDELL, Bud. Becoming a Mad Man. *We are Sterling Cooper.* 2008. Disponível em: <http://wearesterlingcooper.org/becoming-a-mad-man.pdf>.

_____. *Mad Men on Twitter at SXSW.* What Consumes Me (Blog), 2 Mar. 2009a. Disponível em: <http://whatconsumesme.com/2009/what-im-writing/mad-men-on-twitter-at-sxsw/>.

_____. *Stop saying viral video.* What Consumes Me (Blog), 10 Dec. 2009b. Disponível em: <http://whatconsumesme.com/2009/posts-ive-written/will-i-share-your-branded-content/>.

_____. *The art of repetition and recombinance.* What Consumes Me (Blog), 6 Aug. 2010. Disponível em: <http://whatconsumesme.com/2010/posts-ive-written/the-art-of-repetition-recombinance/>.

CAJUEIRO, Marcello. Elite' stirs controversy, box office. *Variety*, 19 Oct. 2007. Disponível em: <hltp://www.variety.com/article/VR1117974360>.

CAMPBELL, John Edward. From barbershop to black planet: the construction of hush harbors in cyberspace. Paper presented at the Media in Transition 6 conference, MIT, Cambridge, Massachusetts, 25 Apr. 2009. Disponível em: <http://web.mit.edu/ comm-forum/mit6/papers/Campbell.pdf>.

380 | CULTURA DA CONEXÃO

CAMPBELL, Mel. YouCan'tTube. *The Enthusiast*, 24 Jan. 2009. Disponível em: <http://www.theenthusiast.com.au/archives/2oo9/youcanttube/>.

CAMPBELL, T. *The history of webcomics*. San Antonio, TX: Antarctic, 2006.

CAMPER, Brett (vice president of product development at Kickstarter). Email correspondence with Henry Jenkins, Dec. 18 2010.

CARAFANO, James Jay. All a Twitter: how social networking shaped Iran's election profile. *Backgrounder* (Heritage Foundation), 20 July 2009.

CARROLL, Sam. *Are you hep to this jive? The fan culture surrounding swing music*. Confessions of an Aca-Fan (Blog). 2007. Disponível em: <http://henryjenkins.org/2007/01/are_you_hep_the_fan_culture_su.html>.

CAVES, Richard. *Creative industries:* contracts between art and commerce. Cambridge: Harvard University Press, 2000.

CHAPMAN, C. C. *The going viral myth*. C. C. Chapman (Blog), 19 Nov. 2010. Disponível em: <http://www.cc-chapman.com/2010/11/19/the-going-viral-myth/>.

CLARK, Jessica. *Public media 2.0:* dynamic, engaged publics. Washington DC: Center for Social Media at American University, 2009. Disponível em: <http://www.centerfor-socialmedia.org/resources/publications/public_media_2_0_dynamic_engaged_publics/>.

CLOUSE, Abby. Narratives of value and the antiques roadshow: a game of recognitions. *Journal of Popular Culture*, v. 41, n. 1, p. 3-20, 2008.

COHEN, Lizabeth. *A consumers' republic:* the politics of mass consumption in postwar America. New York: Vintage, 2003.

COLLINS, Dan. "Jericho" fans go nuts. *CBS News*, 25 May 2007. Disponível em: <http://www.cbsnews.com/stories/2007/05/25/entertainment/main2851525.shtml>.

CONDRY, Ian. Cultures of music piracy: an ethnographic comparison of the US and Japan. *International Journal of Cultural Studies*, v. 7, n. 3, p. 343-363, 2004.

_____. *Hip-hop Japan:* rap and the paths of cultural globalization. Durham: Duke University Press, 2006.

CONNELLY, Brendon. *Analyst declares Sundance's YouTube* streaming *initiative a flop*. /film, 26 jan. 2010. Disponível em: <http://www.slashfilm.com/analyst-declares-sundances-youtube-streaming-inititative-a-flop/>.

REFERÊNCIAS | **381**

COPPA, Francesca. Women, *Star Trek* and the early development of fannish vidding. *Transformative Works and Cultures*, v. 1, 2008. Disponível em: <http://journal.transformativeworks.org/index.php/twc/article/view/44/64>.

COSTANZA-CHOCK, Sasha. Se ve, se siente: transmedia mobilization in the Los Angeles immigrant rights movement. 2010. Ph.D. dissertation, University of Southern California.

COSTIKYAN, Greg. *Shuttering manifesto*. Play This Thing (Blog), 23 June 2009. Disponível em: <http://playthisthing.com/shuttering-manifesto>.

CRUMLEY, Arin. Online correspondence with Henry Jenkins, 22 Feb. 2011.

DAVIS, Natalie Zemon. Women on top. In: _____. *Society and culture in early modern France*. Stanford: Stanford University Press, 1975. p. 124-151. [As mulheres por cima. In: *Culturas do povo:* sociedade e cultura no início da França moderna. Rio de Janeiro: Paz e Terra, 1990.]

DAWKINS, Richard. *The selfish gene*. Oxford: Oxford University Press, 1976.

_____. *The selfish gene*. 2nd. ed. Oxford: Oxford University Press, 1989.

_____. *The selfish gene*. 3rd. ed. Oxford: Oxford University Press, 2006. [*O gene egoísta*. São Paulo: Companhia das Letras, 2007.]

DAYAN, Daniel. Mothers, midwives and abortionists: genealogy, obstetrics, audiences and publics. In: LIVINGSTONE, Sonia (Ed.). *Audiences and publics:* when cultural engagement matters for the public sphere. Bristol, UK: Intellect, 2005. p. 43-76.

DEAN, Jodi. *Publicity's secret:* how technoculture capitalizes on democracy. Ithaca: Cornell University Press, 2002.

_____. Communicative capitalism: circulation and the foreclosure of politics. *Cultural Politics*, v. 1, n. 1, p. 51-74, 2005.

DE BOURGOING, Marguerite. Untitled student paper, University of Southern California, 2009.

DE CERTEAU, Michel. *The practice of everyday life*. Berkeley: University of California Press, 1984.

DE KOSNIK, Abigail. *Piracy is the future of television*. Report prepared for the members of the MIT Convergence Culture Consortium, Cambridge, Massachusetts, 2010. Disponível em: <http://convergenceculture.org/research/c3-piracy_future_television-full.pdf>.

DELWICHE, Aaron. The new left and the computer underground: recovering political antecedents of participatory culture." In: _____; HENDERSON, Jennifer Jacobs (Eds.). *The participatory cultures handbook*. New York: Routledge, 2012. p. 10-20.

DESJARDINS, Mary. Ephemeral culture/eBay culture: film collectibles and fan investments. In: HILLIS, Ken; PETIT, Michael; EPLEY, Nathan Scott (Eds.). *Everyday eBay:* culture, collecting, and desire. New York: Routledge, 2006. p. 31-44.

DEUZE, Mark. Survival of the mediated. *Journal of Cultural Science*, v. 3, n. 2, p. 1-11, 2010.

DEUZE, Mark; BANKS, John. Co-creative labor. *International Journal of Cultural Studies*, v. 12, n. 5, p. 419-431, Sept. 2009.

DOCTOROW, Cory. *Down and out in the magic kingdom*. New York: Tor, 2003.

_____. About this book. In: _____. *Little brother*. 2008a. Disponível em: <http://craphound.com/littlebrother/about/>.

_____. *Little brother*. New York: Tor, 2008b. [*Pequeno irmão*. Rio de Janeiro: Record, 2011.]

_____. Think like a dandelion. *Locus*, May 2008c. Disponível em: <http://www.locusmag.com/Features/2008/05/cory-doctorow-think-like-dandelion.html>.

DODDS, Peter Sheridan; MUHAMAD, Roby; WATTS, Duncan J. An experimental study of search in global social networks. *Science*, v. 301, n. 5634, p. 827-829, Aug. 8 2003.

DOUGLAS, Mary. Jokes. In: MUKERJI, Chandra; SCHUDSON, Michael (Eds.). *Rethinking popular culture*. Berkeley: University of California Press, 1991. p. 291-311.

DOUGLAS, Susan J. *Inventing American broadcasting, 1899–1922*. Baltimore: Johns Hopkins University Press, 1989.

DRISCOLL, Michael. 2007. Will YouTube sail into the DMCA's safe harbor or sink for internet piracy? *John Marshall Review of Intellectual Property Law*, p. 550-569, 6 May 1989.

DUNCOMBE, Stephen. *Dream:* re-imagining progressive politics in an age of fantasy. New York: New Press, 2007.

Economist. Nollywood: lights, camera, Africa. 16 Dec. 2010. Disponível em: <http://www.economist.com/node/17723124>.

EDWARDS, Jim. Smells like clean spirit. *Brandweek*, v. 51, n. 32, p. 18-20, 13 Sept. 2010.

ELBERSE, Anita. Should you invest in the long tail? *Harvard Business Review*, p. 1-9, July--Aug. 2008.

ENG, Lawrence. Anime and manga fandom in a networked culture. In: ITO, Mizuko; OKABE, Daisuke; TSUJI, Izumi (Eds.). *Fandom unbound: Otaku culture in a connected world*. New Haven: Yale University Press, 2012. p. 158-178.

ENGLER, Craig. Why watching TV online (mostly) doesn't help ratings (for now). *Boing Boing*, 5 May 2010. Disponível em: <http://boingboing.net/2010/05/05/why-watching-tv-onli.html>.

ENZENSBERGER, Hans Magnus. Constituents of a theory of the media. 1970. In: MARRIS, Paul; THORNHAM, Sue (Eds.). *Media studies:* a reader. New York: NYU Press, 2000. p. 68-91.

EPLEY, Nathan Scott. Of PEZ and perfect price: sniping, collecting cultures, and democracy on eBay. In: HILLIS, Ken; PETIT, Michael; EPLEY, Nathan Scott (Eds.). *Everyday eBay:* culture, collecting, and desire. New York: Routledge, 2006. p. 151-166.

FAHIM, Kareem. Pirated films from Nigeria are seized in Brooklyn. *New York Times*, 4 Nov 2010. Disponível em: <http://www.nytimes.com/2010/11/05/nyregion/05nollywood.html>.

FAULKNER, Simon. *Not just avatar activism*. Simon's Teaching Blog, 18 Sept. 2010. Disponível em: <http://simonsteachingblog.wordpress.com/2010/09/18/not-just-avatar-activism/>.

FISKE, John. *Television culture*. London: Methuen, 1987.

_____. *Reading the popular*. London: Routledge, 1989a.

_____. *Understanding popular culture*. London: Routledge, 1989b.

_____. *Media matters:* race and gender in U.S. politics. Minneapolis: University of Minnesota Press, 1994.

FORD, Sam. Soap operas and the history of fan discussion. *Transformative Works and Cultures*, v. 1. 2008a. Disponível em: <http://journal.transformativeworks.org/index.php/twc/article/view/42/50>.

_____. *YouTube and non-English media content*. Futures of Entertainment Weblog, 4 Feb. 2008b. Disponível em: <http://www.convergenceculture.org/weblog/2008/02/youtube_and_nonenglish_media_c.php>.

_____. For best brand-building results, listen up!. *PR News*, 2 Aug. 2010a.

_____. Get advertising and PR to work together for a spreadable approach. *Chief Marketer*, June 9 2010b. Disponível em: <http://chiefmarketer.com/disciplines/branding/0609-spreadable-approach/>.

_____. Sharing vs. selling: a lesson from gospel music. *Fast Company*, 19 Oct. 2010c. Disponível em: <http://www.fastcompany.com/1696259/sharing-vs-selling-a-lesson-from-gospel-music>.

_____. Understanding motivations. In: LIEBLING, Rick (Ed.). *Everyone is illuminated.* [e-book]. 2010d. Disponível em: <http://www.slideshare.net/eyecube/everyone-is--illuminated-3129260>.

_____. What's the rush? Creating meaningful dialogue with social media messages. *Public Relations Strategist*, 23 Aug. 2010e. Disponível em: <http://www.prsa.org/Intelligence/TheStrategist/Articles/view/8756/1019/What_s_the_Rush_Creating_Meaningful_Dialogue_with>.

FORD, Sam; DE KOSNIK, Abigail; HARRINGTON, C. Lee. Introduction: the crisis of daytime drama and what it means for the future of television. In: _____. (Eds.). *The survival of soap opera:* transformations for a new media era. Jackson: University Press of Mississippi, 2011. p. 3-21.

FORD, Sam; SHEARER, Rachel; SHAHANI, Parmesh; GREEN, Joshua; JENKINS, Henry. *No room for pack rats:* media consumption and the college dorm. Report prepared for the members of the MIT Convergence Culture Consortium, Cambridge, Massachusetts, 2006. Disponível em: <http://convergenceculture.org/research/c3_no_room_for_pack_rats.pdf>.

FRANK, Robert H.; COOK, Philip J. *The winner-take-all society:* why the few at the top get so much more than the rest of us. New York: Penguin, 1995. [*Tudo ou nada:* uma análise da competição como aspecto negativo na vida das organizações. São Paulo: Futura, 1996.]

FRASER, Nancy. Rethinking the public sphere: a contribution to the critique of actually existing democracy. *Social Text*, n. 25/26, p. 56-80, 1990.

THE FREECONOMY COMMUNITY. Philosofree. n.d. Disponível em: <http://www.justfortheloveofit.org/philosofree>.

FRIEDMAN, Thomas. *The world is flat:* a brief history of the 21st century. New York: Farrar, Straus and Giroux, 2005.

GANDHI, Rikin. *Annual report:* introduction. Digital Green website. 2010. Disponível em: <http://www.digitalgreen.org/annualletter/>.

GARFIELD, Bob. Comcast must die. *Advertising Age*, Sept. 9 2007. Disponível em: <http://adage.com/garfieldtheblog/post?article_id=120338>.

_____. Letter on *ComcastMustDie.com*. 2009. Disponível em: <http://comcastmustdie.com/>.

GARVEY, Ellen Gruber. Scissoring and scrapbooks: nineteenth-century reading, remaking, and recirculating. In: GITELMAN, Lisa; PINGREE, Geoffrey B. (Eds.). *New media, 1740–1915*. Cambridge: MIT Press, 2003. p. 207-225.

GEE, James Paul. *Situated language and learning:* a critique of traditional schooling. New York: Routledge, 2004.

GEHL, Robert. YouTube as archive: who will curate this digital wunderkammer?. *International Journal of Cultural Studies*, v. 12, n. 1, p. 43-60, 2009.

GHEMAWAT, Pankaj. Why the world isn't flat. *Foreign Policy*, n. 159, p. 54-60, Mar./Apr. 2007.

GILLESPIE, Tarleton. Designed to "effectively frustrate": copyright, technology, and the agency of users. *New Media & Society*, v. 8, n. 4, p. 651-669, 2006.

GLADWELL, Malcolm. *The tipping point:* how little things can make a big difference. Boston: Little, Brown, 2000. [*O ponto da virada:* como pequenas coisas podem fazer uma grande diferença. Rio de Janeiro: Sextante, 2009.]

GOGOI, Pallavi. Wal-Mart's Jim and Laura: the real story. *BusinessWeek*, 9 Oct. 2006a. Disponível em: <http://www.businessweek.com/bwdaily/dnflash/content/oct2006/db20061009_579137.htm>.

_____. Wal-Mart vs. the blogosphere. *BusinessWeek*, 17 Oct. 2006b. Disponível em: <http://www.businessweek.com/bwdaily/dnflash/content/oct2006/db20061018_445917.htm>.

GOLIJAN, Rosa. Comcast to customer: pay US$ 0.00 or we'll cancel your service. *Gizmodo*, 28 July 2010. Disponível em: <http://gizmodo.com/5599103/comcast-to-customer-pay-us-000-or-well-cancel-your-service>.

GORMAN, Steve. Anti-Bush Iraq documentary makes the party circuit. Reuters. *Common Dreams*, 20 Dec. 2003. Disponível em: <http://www.commondreams.org/headlines03/1220-04.htm>.

GOULD, Scott. *Gather what you scatter*. Scott Gould (Blog), 13 July 2010. Disponível em: <http://scottgould.me/gather-what-you-scatter/>.

GOVIL, Nitin. Bollywood and the friction of global mobility. In: THUSSU, Daya Kishan (Ed.). *Media on the move:* global flow and counter-flow. London: Routledge, 2007. p. 76-88.

GRAD, Shelby. Sorting out the facts in Obama-joker "socialist" posters around L.A. L.A. Now (Blog), *Los Angeles Times*, 3 Aug. 2009. Disponível em: <http://latimesblogs.

latimes.com/lanow/2009/08/sorting-out-the-facts-in-obamajoker-socialist-poster-s-around-la.html>.

GRAY, Jonathan. *Cultural imperialism and "newness":* more on Malawian media consumption. The Extratextuals (Blog), 14 Sept. 2008a. Disponível em: <http://www.extra-textual.tv/2008/09/cultural-imperialism-and-"newness"-more-on-malawian-media-consumption/>.

————. *Malawian media consumption, part III:* the music. The Extratextuals (Blog), 19 July 2008b. Disponível em: <http://www.extratextual.tv/2008/07/malawian-media-consumption-part-iii-music/.

————. *Crowds, words, and the futures of entertainment conference.* Antenna (Blog), 15 Nov. 2011. Disponível em: <http://blog.commarts.wisc.edu/2011/11/15/crowds--words-and-the-futures-of-entertainment-conference/>.

GRAY, Mary L. *Out in the country:* youth, media, and queer visibility in rural America. New York: NYU Press, 2009.

GREEN, Joshua. "Why in the world won't they take my money?": Hulu, iTunes and the value of attention. *Flow*, 15 April 2008. Disponível em: <http://flowtv.or-g/2008/04/"why-in-the-world-won't-they-take-my-money"-hulu-itunes-and-the-value-of-attention/>.

GREENWALL, Robert. Director's commentary, *Brave New Films 5th Anniversary Activist Collection.* DVD box set, 2010.

GREGORY, Sam. Cameras everywhere: ubiquitous video documentation of human rights, new forms of video advocacy, and considerations of safety, security, dignity and consent. *Journal of Human Rights Practice*, v. 2, n. 2, p. 191-207, 2010.

GUIZZO, Erico. The steampunk contraptors. *IEEE Spectrum*, Oct. 2008. Disponível em: <http://spectrum.ieee.org/consumer-electronics/gadgets/the-steampunk-contrap-tors>.

HABERMAS, Jürgen. The public sphere. Trans. Thomas Burger and Frederick Lawrence (1962). In: MORRIS, Paul; THORNTON, Sue (Eds.). *Media studies:* a reader. 2nd ed. New York: NYU Press, 2000. p. 92-97.

HARRINGTON, C. Lee; BIELBY, Denise D. *Soap fans: pursuing pleasure and making meaning in everyday life.* Philadelphia: Temple University Press, 1995.

HARRIS, Neil. *Humbug:* the art of P. T. Barnum. Chicago: University of Chicago Press, 1981.

REFERÊNCIAS | **387**

HARTLEY, John. *Television truths:* forms of knowledge in popular culture. Malden, MA: Blackwell, 2008.

HASSON, Eva. Stop saying viral – A case for spreadable media. *SlideShare*, 23 March 2010. Disponível em: <http://www.slideshare.net/evahasson/stop-saying-viral-a-case-for-spreadable-media-3517863>.

HAYES, Gary. *Web 2.0 and the myth of non-participation.* Personalized Media (Blog), 26 Nov. 2007. Disponível em: <http://www.personalizemedia.com/the-myth-of-non-participation-in-web-20-social-networks/>.

HAYWARD, Jennifer. *Consuming passions:* active audiences and serial fictions from Dickens to soap opera. Lexington: University of Kentucky Press, 1997.

HEFFERNAN, Virginia. Art in the age of franchising. *New York Times Magazine*, 20 Jan. 2008. Disponível em: <http://www.nytimes.com/2008/01/20/magazine/20wwln-medium-t.html>.

HELFT, Miguel; FABRIKANT, Geraldine. WhoseTube? Viacom sues Google over video clips. *New York Times*, 14 March 2007. Disponível em: <http://www.nytimes.com/2007/03/14/technology/14viacom.html>.

HENDERSHOT, Heather. *Shaking the world for Jesus:* media and conservative evangelical culture. Chicago: University of Chicago Press, 2004.

HERMAN, Andrew; COOMBE, Rosemary J.; KAYE, Lewis. Your second life? Goodwill and the performativity of intellectual property in online digital gaming. *Cultural Studies*, v. 20, n. 2-3, p. 184-210, Mar./May 2006.

HERNANDEZ, Eugene. DIY distribution: coming soon via the filmmakers of *Four-Eyed Monsters* and *Head Trauma*. *Indiewire*, 17 Aug. 2006. Disponível em: <http://www.indiewire.com/article/diy_distribution_coming_soon_via_the_filmmakers...four_eyed_monsters_and_he/>.

HERRMAN, Gretchen M. Gift or commodity: what changes hands in the U.S. garage sale? *American Ethnologist*, v. 24, n. 4, p. 910-930, 1997.

HERRMAN, John. Hulu's free glory days are officially numbered. *Gizmodo*, 22 Oct. 2009. Disponível em: <http://gizmodo.com/5387909/hulus-free-glory-days-are-officially-numbered>.

HILDERBRAND, Lucas. YouTube: where cultural memory and copyright converge. *Film Quarterly*, v. 6, n. 1, p. 48-57, 2007.

388 | CULTURA DA CONEXÃO

HILLIS, Ken; PETIT, Michael; EPLEY, Nathan Scott. Introducing *Everyday eBay*. In: _____. (Eds.). *Everyday eBay:* culture, collecting, and desire. p. 1-18. New York: Routledge, 2006.

HILLS, Matt. *Fan cultures*. London: Routledge, 2002.

HOLSON, Laura M. Hollywood asks YouTube: friend or foe? *New York Times*, 15 Jan. 2007. Disponível em: <http://www.nytimes.com/2007/01/15/technology/15youtube.html>.

HOROWITZ, Bradley. *Creators, synthesizers, and consumers*. Elatable (Blog), Feb. 15 2006. Disponível em: <http://blog.elatable.com/2006/02/creators-synthesizers-and-con-sumers.html>.

HOWE, Irving; LIBO, Kenneth. *How we lived:* a documentary history of immigrant Jews in America, *1880–1930*. New York: Putnam, 1983.

HOWE, Jeff. The rise of crowdsourcing. *Wired*, v. 14, n. 6, June 2006. Disponível em: <http://www.wired.com/wired/archive/14.06/crowds.html>.

HUDDLESTON, Kathie. *Heroes* is a hit – as the most pirated TV show, that is. *SyFy Blastr*, 5 Jan. 2010. Disponível em: <http://blastr.com/2010/01/heroes-is-a-hit-as-the-mo.php>.

HYDE, Lewis. *The gift:* imagination and the erotic life of property. New York: Vintage, 1983. [*A dádiva*. Rio de Janeiro: Civilização Brasileira, 2010.]

INDA, Jonathan Xavier; ROSALDO, Renato. Introduction: a world in motion. In: _____. (Eds.). *The anthropology of globalization:* a reader. Malden, MA: Blackwell, 2002. p. 1-34.

INGRAM, Mathew. News flash: your employees are wasting time on the internet. *GigaOM*, 6 Aug. 2010. Disponível em: <http://gigaom.com/2010/08/06/news-flash-your-em-ployees-are-wasting-time-on-the-internet/>.

INNIS, Harold. *The bias of communication*. Toronto: University of Toronto Press, 1951. [*O viés da comunicação*. Petrópolis: Vozes, 2011.]

IRON SKY. Crowdfunding – The new way to finance movies. n.d. Disponível em: <http://www.ironsky.net/site/support/finance/>.

ITO, Mizuko. Contributors vs. leechers: fansubbing ethics and a hybrid public culture. In: _____; OKABE, Daisuke; TSUJI, Izumi (Eds.). *Fandom unbound:* Otaku culture in a connected world. New Haven: Yale University Press, 2012. p. 179-204.

ITO, Mizuko et al. *Hanging out, messing around, and geeking out:* kids living and learning with new media. Cambridge: MIT Press, 2009.

IWABUCHI, Koichi. *Recentering globalization:* popular culture and Japanese transnationa-lism. Durham: Duke University Press, 2002.

JENKINS, Henry. *Textual poachers:* television fans and participatory culture. New York: Routledge, 1992.

_____. Pop cosmopolitanism: mapping cultural flows in an age of media convergence. In: SUAREZ-OROZCO, Marcelo; QIN-HILLIARD, Desiree B. (Eds.). *Globalization:* culture and education in the new millennium. Berkeley: University of California Press, 2004. p. 114-140.

_____. *City blogging in Beirut.* Confessions of an Aca-Fan (Blog), 17 Aug. 2006a. Disponível em: <http://www.henryjenkins.org/2006/08/city_blogging_in_beirut.html>.

_____. *Convergence culture:* where old and new media collide. New York: NYU Press, 2006b. [*Cultura da convergência.* 2. ed. São Paulo: Aleph, 2009.]

_____. *Reconsidering digital natives.* Confessions of an Aca-Fan (Blog), 5 Dec. 2007a. Disponível em: <http://www.henryjenkins.org/2007/12/reconsidering_digital_immigran.html>.

_____. *Transforming fan culture into user-generated content:* the case of FanLib. Confessions of an Aca-Fan (Blog), 22 May 2007b. Disponível em: <http://www.henryjenkins.org/2007/05/transforming_fan_culture_into.html>.

_____. *Field notes from Shanghai:* fansubbing in China. Confessions of an Aca-Fan (Blog), 23 Jan. 2008. Disponível em: <http://henryjenkins.org/2008/01/field_notes_from_shanghai_fans.html>.

_____. *How "Dumbledore's Army" is transforming our world:* an interview with Andrew Slack. Confessions of an Aca-Fan (Blog), 23 July 2009. Disponível em: <http://henryjenkins.org/2009/07/how_dumbledores_army_is_transf.html>.

_____. *ARGS, fandom and the digi-gratis economy:* interview with Paul Booth (part three). Confessions of an Aca-Fan (Blog), 18 Aug. 2010a. Disponível em: <http://henryjenkins.org/2010/08/args_fandom_and_the_digi-grati.html>.

_____. *The Hollywood geek elite debates the future of television.* Confessions of an Aca-Fan (Blog), 2 June 2010b. Disponível em: <http://henryjenkins.org/2010/06/the_hollywood_geek_elite_debat.html>.

_____. "Cultural acupuncture": fan activism and the Harry Potter Alliance. *Transformative Works and Cultures*, v. 10, 2012. Disponível em: <http://journal.transformativeworks.org/index.php/twc/article/view/305>.

JOHNSON, Brian David. *Screen future:* the future of entertainment, computing and the devices we love. Portland, OR: Intel, 2010.

390 | CULTURA DA CONEXÃO

JOHNSON, Derek. *New battlegrounds:* modding cultural studies. Presentation at Fiske matters: a conference on John Fiske's continuing legacy for cultural studies at University of Wisconsin–Madison, Madison, Wisconsin, 12 June 2010.

JOHNSON, Steven. *Everything bad is good for you:* how today's popular culture is actually making us smarter. New York: Riverhead, 2005.

JUNG, Helin. Mad Men creator Matthew Weiner goes off on the internet. *New York Magazine Vulture,* 18 Oct. 2009. Disponível em: <http://nymag.com/daily/entertainment/2009/10/mad_men_creator_matthew_weiner_goes.html>.

JUPITERRESEARCH. *JupiterResearch finds viral marketing missteps reach epidemic proportions. Business Wire,* 4 Sept. 2007. Disponível em: <http://www.businesswire.com/news/google/20070904005784/en>.

JURVETSON, Steve; DRAPER, Tim. Viral marketing: viral marketing phenomenon explained. *Netscape M-Files* newsletter, 1 Jan. 1997.

KEEN, Andrew. *The cult of the amateur:* how the democratization of the digital world is assaulting our economy, our culture, and our values. New York: Doubleday, 2007. [*O culto do amador:* como blogs, MySpace, YouTube e a pirataria digital estão destruindo nossa economia, cultura e valores. Rio de Janeiro: Zahar, 2009.]

KINCAID, Jason. YouTube extends revenue sharing program to anyone with a viral video. *TechCrunch,* 25 Aug. 2009. Disponível em: <http://www.techcrunch.com/2009/08/25/youtube-extends-revenue-sharing-program-to-anyone-with-a-viral-video/>.

KING, Lindy. The dual universe of the Twitter Mad Men – they're alive! *Examiner.com,* 19 July 2009. Disponível em: <http://www.examiner.com/mad-men-in-national/the-dual-universe-of-the-twitter-mad-men-they-re-alive>.

KINGLER-VILENCHIK, Neta; MCVEIGH-SCHULTZ; Joshua; WEITBRECHT, Christine; TOKUHAMA, Chris. Experiencing fan activism: understanding the power of fan activist organizations through member's narratives. *Transformative Works and Cultures,* v. 10, 2012. Disponível em: <http://journal.transformativeworks.org/index.php/twc/article/view/322>.

KLINK, Flourish. The fan manifesto. The Alchemists, unpublished document. In authors' possession. 2011.

KNOWLEDGE@WHARTON. Coming attraction: YouTube's business model. 4 Oct. 2006. Disponível em: <http://www.knowledgeatwharton.com.cn/index.cfm?fa=viewArticle&articleID=1490>.

KOMPARE, Derek. Publishing flow: DVD box sets and the reconception of television. *Television New Media*, v. 7, n. 4, p. 335-360, 2006.

KOPYTOFF, Igor. The cultural biography of things: commoditization as process. In: APPADURAI, Arjun (Ed.). *The social life of things:* commodities in culture. Cambridge: Cambridge University Press, 1986. p. 64-91.

KOSTER, Raph. *User created content.* Raph Koster's Website, June 20 2006. Disponível em: <http://www.raphkoster.com/2006/06/20/user-created-content/>.

KOZINETS, Robert V. E-tribalized marketing? The strategic implications of virtual communities of consumption. *European Management Journal*, v. 17, n. 3, p. 252-264, 1999.

KREPS, Daniel. EMI sues Vimeo for hosting "lip dub" music videos. *Rolling Stone*, 17 Dec. 2009. Disponível em: <http://www.rollingstone.com/rockdaily/index.php/2009/12/17/emi-sues-vimeo-for-hosting-lip-synched-music-videos/>.

LAKE SUPERIOR STATE UNIVERSITY. *LSSU's 36th annual list of banished words goes viral.* 31 Dec. 2010. Disponível em: <http://www.lssu.edu/whats_new/articles.php?articleid=2135>.

LANGE, Patricia G. Videos of affinity on YouTube. In: Patrick VONDERAU; SNICKARS, Pelle (Eds.). *The YouTube reader.* Stockholm: National Library of Sweden, 2009.

LANIER, Jaron. *You are not a gadget:* a manifesto. New York: Knopf, 2010.

LANKSHEAR, Colin; KNOBEL, Michele. *DIY media:* creating, sharing and learning with new media. New York: Peter Lang, 2010.

LAPOWSKY, Issie. Susan Boyle's upcoming debut album bigger than the Beatles and Whitney, hits nº 1 on Amazon list. *New York Daily News*, 4 Sept. 2009. Disponível em: <http://www.nydailynews.com/entertainment/music/2009/09/04/2009-09-04_susan_boyles_upcoming_debut_album_bigger_than_the_beatles_and_whitney_hits_no_1_.html>.

LARKIN, Brian. Degraded images, distorted sounds: Nigerian video and the infrastructure of piracy. *Public Culture*, v. 16, n. 2, p. 289-314, Spring 2004.

_____. *Signal and noise:* media, infrastructure, and urban culture in Nigeria. Durham: Duke University Press, 2008.

LAVAN, Rosie. Crowd fuels sci-fi parody. *The Pixel Report*, 5 Sept. 2010. Disponível em: <http://thepixelreport.org/2010/09/05/star-wreck/>.

LAVE, Jean; WENGER, Etienne. *Situated learning:* legitimate peripheral participation. Cambridge: Cambridge University Press, 1991.

LAWLER, Ryan. Vimeo sued over lip dubs. *GigaOM*, 15 Dec. 2009. Disponível em: <http://gigaom.com/video/vimeo-sued-over-lip-dubs/>.

LEACH, Skot (co-creator of *Lost Zombies*). Email correspondence with Henry Jenkins, 21 Dec. 2010.

LEARMONTH, Michael. Twitter, AMC, Wise Up, restore "Mad Men" accounts. *Silicon Alley Insider, Business Insider, 26* Aug. 2008. Disponível em: <http://www.businessinsider.com/2008/8/twitter-amc-wise-up-restore-mad-men->.

LEECHESOFKARMA. EMI sues Vimeo for encouraging users to lip dub. *Digg*, 18 Dec. 2009. Disponível em: <http://digg.com/music/EMI_Sues_Vimeo_For_Encouraging_Users_To_Lip_Dub>.

LENHART, Amanda; MADDEN, Mary; SMITH, Aaron; MACGILL, Alexandra. Teens and social media. *Pew Internet & American Life Project*, 19 Dec. 2007. Disponível em: <http://www.pewinternet.org/Reports/2007/Teens-and-Social-Media.aspx>.

LEONARD, Sean. Progress against the law: anime and fandom, with the key to the globalization of culture. *International Journal of Cultural Studies*, v. 8, n. 3, p. 281-305, Sept. 2005.

LESSIG, Lawrence. Lucasfilm's phantom menace. *Washington Post*, 12 July 2007. Disponível em: <http://www.washingtonpost.com/wp-dyn/content/article/2007/07/11/AR2007071101996.html>.

_____. *Remix:* making art and commerce thrive in a hybrid economy. New York: Penguin, 2008.

LEVINE, Elana. "What the hell does TIIC mean?" Online content and the struggle to save the soaps. In: FORD, Sam; DE KOSNIK, Abigail; HARRINGTON, C. Lee (Eds.). *The survival of soap opera:* transformations for a new media era. Jackson: University Press of Mississippi, 2011. p. 201-218

LEVY, Steven; STONE, Brad. The new wisdom of the web. *Newsweek*, 3 Apr. 2006. Disponível em: <http://www.newsweek.com/id/45976>.

LI, Xiaochang. Fanfic, Inc.: another look at FanLib.Com. *MIT Convergence Culture Consortium C3 Weekly Update*, 7 Dec. 2007.

_____. *More than money can buy:* locating value in spreadable media. Report prepared for the members of the MIT Convergence Culture Consortium, Cambridge, Massachusetts, 2009. Disponível em: <http://convergenceculture.org/research/C3LocatingValueWhitePaper.pdf>.

REFERÊNCIAS | **393**

LIANG, Lawrence. Piracy, creativity and infrastructure: rethinking access to culture. *Social Science Research Network*, Alternative Law Forum. 20 July 2009. Disponível em: <http://ssrn.com/abstract=1436229>.

LIPSITZ, George. *Time passages:* collective memory and American popular culture. Minneapolis: University of Minnesota Press, 2001.

LIVINGSTONE, Sonia. On the relation between audiences and publics. In: _____. (Ed.). *Audiences and publics:* when cultural engagement matters for the public sphere. Bristol, UK: Intellect, 2005. p. 17-42.

LIVINGSTONE, Sonia; BOBER, Magdalena. *UK children go online.* London: Economic and Social Research Council, Apr. 2005. Disponível em: <http://www.lse.ac.uk/collections/children-go-online/UKCGOfinalReport.pdf>.

LOPEZ, Lori Kido. Fan-ctivists and the politics of race in *The Last Airbender. International Journal of Cultural Studies*, 21 Oct. 2011. Disponível em: <http://ics.sagepub.com/content/early/2011/10/20/1367877911422862>.

LOST ZOMBIES. What is this?". n.d. Disponível em: <http://www.lostzombies.com/>.

LOUIE, Mynette. How did they do it? Distribution case studies. Talk at *Seize the Power: A Marketing and (DIY)stribution Symposium* at the Los Angeles Film Festival in Los Angeles, California, 20 June 2010.

MANJOO, Farhad. Tweeting Avengers: does venting consumer outrage on Twitter actually work? *Slate*, 1 Sept. 2009. Disponível em: <http://www.slate.com/id/2226927/pagenum/all/>.

MARCUS, Caroline. A lost jacket and a stolen heart. *Sydney Morning Herald*, 18 Jan. 2009a. Disponível em: <http://www.smh.com.au/news/lifeandstyle/lifematters/a-lost-jacket-and-a-stolen-heart/2009/01/17/1231609053191.html>.

_____. You've been had: Sydney Cinderella's "Jacket Man" exposed as viral ad. *Sydney Morning Herald*, 20 Jan. 2009b. Disponível em: <http://www.smh.com.au/news/technology/cinderellas-jacket-man-exposed-as-viralad/2009/01/20/1232213599896.html>.

MASNICK, Michael. Vimeo sued for lip dub videos. *TechDirt*, 15 Dec. 2009. Disponível em: <http://www.techdirt.com/articles/20091214/1409257345.shtml>.

MAUSS, Marcel. *The gift:* forms and functions of exchange in archaic societies (1922). London: Routledge, 1990. [Ensaio sobre a dádiva: forma e razão da troca nas sociedades arcaicas. In: *Sociologia e antropologia*. São Paulo: Cosac Naify, 2003.]

394 | CULTURA DA CONEXÃO

McCloud, Scott. *Reinventing comics:* how imagination and technology are revolutionizing an art form. New York: Harper, 2000.

McCracken, Grant. Meaning manufacture and movement in the world of goods. In: _____. *Culture and consumption.* Bloomington: Indiana University Press, 1988. p. 71-91. [*Cultura e consumo.* Rio de Janeiro: MAUAD, 2003.]

_____. *Culture and consumption II:* markets, meaning, and brand management. Bloomington: Indiana University Press, 2005.

_____. *Transformations:* identity construction in contemporary culture. Bloomington: Indiana University Press, 2008.

_____. *Chief culture officer:* how to create a living, breathing corporation. New York: Basic Books, 2009. [*Chief culture officer:* como a cultura pode determinar o sucesso ou o fracasso de uma organização. São Paulo: Aleph, 2011.]

McDonnell, John. *Scene and heard:* kuduro. Guardian Music Blog, 6 Oct. 2008. Disponível em: <http://www.guardian.co.uk/music/musicblog/2008/oct/06/urban.mia. sceneandheard.kuduro>.

Meehan, Eileen R. *Why TV is not our fault:* television programming, viewers, and who's really in control. Lanham, MD: Rowman & Littlefield, 2005.

Meyer, Birgit. Ghanaian popular cinema and the magic in and of film. In: Meyer; Birgit; Pels, Peter (Eds.). *Magic and modernity:* interfaces of revelation and concealment. Stanford: Stanford University Press, 2001. p. 200-222.

Milgram, Stanley. The small world problem. *Psychology Today*, v. 2, p. 60-67, 1967.

Miller, Nancy. Minifesto for a new age. *Wired*, v. 15, n. 3, Mar. 2007. Disponível em: <http://www.wired.com/wired/archive/15.03/snackminifesto.html>.

Mittell, Jason. Exchanges of value. *Flow TV*, 21 Oct. 2005. Disponível em: <http:// flowtv.org/2005/10/exchanges-of-value/>.

_____. Narrative complexity in contemporary American television. *Velvet Light Trap*, v. 58, p. 29-40, 2006.

_____. Sites of participation: Wiki fandom and the case of Lostpedia. *Transformative Works and Cultures*, n. 3, 2009. Disponível em: <http://journal.transformativeworks. org/index.php/twc/article/view/118/117>.

Monello, Michael (partner and executive creative director at Campfire). Email correspondence with Henry Jenkins, June 25 2010.

REFERÊNCIAS | **395**

MOONVES, Leslie. Q&A with Ken Auletta at Syracuse University, 12 June 2007. Disponível em: <http://www.c-spanvideo.org/program/198594-1>.

MOSES, Kim. Personal interview with Henry Jenkins, Los Angeles, California, 28 Oct. 2009.

MOSES, Kim; SANDER, Ian. *Ghost Whisperer:* spirit guide. London: Titan Books, 2008.

MOTA, Maurício. Remarks as part of the "Global flows, global deals" panel at MIT Futures of Entertainment 3, in Cambridge, Massachusetts, 22 Nov. 2008. Disponível em: <http://techtv.mit.edu/videos/1668-futures-of-entertainment-3---session-7-global-flows-global-deals>.

MUSSER, John; O'REILLY, Tim; O'REILLY RADAR TEAM. *Web 2.0 principles and best practices.* Sebastopol, CA: O'Reilly Radar, 2006.

NAFICY, Hamid. *The making of exile cultures:* Iranian television in Los Angeles. Minneapolis: University of Minnesota Press, 1993.

NASSER, Jaime. Giving soaps a good scrub: ABC's *Ugly Betty* and the ethnicity of television formats. In: FORD, Sam; DE KOSNIK, Abigail; HARRINGTON, C. Lee (Eds.). *The survival of soap opera:* transformations for a new media era. Jackson: University of Mississippi Press, 2011. p. 49-57.

NEWCOMB, Roger. *"As the World Tur"* Luke and Noah and fan activism. In: FORD, Sam; DE KOSNIK, Abigail; HARRINGTON, C. Lee (Eds.). *The survival of soap opera:* transformations for a new media era. Jackson: University of Mississippi Press, 2011. p. 293-299.

NIELSEN. *Six million more seniors using the web than five years ago.* Nielsen Wire (Blog), 10 Dec. 2009. Disponível em: <http://blog.nielsen.com/nielsenwire/online_mobile/six-million-more-seniors-using-the-web-than-five-years-ago/>.

_____. *Facebook, Google and Yahoo! Are top sites when watching big TV events.* Nielsen Wire (Blog), 16 Mar. 2010. Disponível em: <http://blog.nielsen.com/nielsenwire/online_mobile/facebook-google-and-yahoo-are-top-sites-while-watching-big-tv-events>.

NINE INCH NAILS. nin.com [download] – the slip. 2008. Disponível em: <http://dl.nin.com/theslip/signup>.

NOVAES, Tereza. "Tropa de Elite" já foi visto por 19% dos paulistanos. *Folha Online Ilustrada,* 6 Oct. 2007. Disponível em: <http://www1.folha.uol.com.br/folha/ilustrada/ult90u334403.shtml>.

396 | CULTURA DA CONEXÃO

Nunley, Vorris L. From the harbor to Da Academic Hood: hush harbors and an African American rhetorical tradition. In: Jackson, Ronald; Richardson, Elaine (Eds.). *African American rhetorics:* interdisciplinary perspectives. Carbondale: Southern Illinois University Press, 2004.

obsession_inc. *Affirmational fandom vs. transformative fandom.* obsession_inc (Blog), 1 June 2009. Disponível em: <http://obsession-inc.dreamwidth.org/82589.html>.

O'Neill, Marnie. Heidi's YouTube love hunt. *Sunday Telegraph*, 18 Jan. 2009. Disponível em: <http://www.dailytelegraph.com.au/news/sunday-telegraph/heidis-youtube-love-hunt/story-e6frewt0-1111118590773>.

Onion, Rebecca. Reclaiming the machine: an introductory look at steampunk. *Neo-Victorian Studies*, v. 1, n. 1, p. 138-163, Autumn 2008. Disponível em: <http://www.neo-victorianstudies.com/past_issues/Autumn2008/NVS%201-1%20R-Onion.pdf>.

O'Reilly, Tim. What is Web 2.0? Design patterns and business models for the next generation of software. *O'Reilly Media*, Sept. 30 2005. Disponível em: <http://oreilly.com/web2/archive/what-is-web-20.html>.

O'Reilly, Tim; Battelle, John. Web squared: Web 2.0 five years on. *Web 2.0 Summit*, 2009 Disponível em: <http://www.web2summit.com/web2009/public/schedule/detail/10194>.

Paley, Nina. Dear audience. *Sita sings the blues*, 28 Feb. 2009. Disponível em: <http://www.sitasingstheblues.com/>.

_____. Email correspondence with Henry Jenkins, 22 Dec. 2010a.

_____. *Frequently asked questions.* Nina Paley's Blog, 15 Nov. 2010b. Disponível em: <http://blog.ninapaley.com/2010/11/15/frequently-asked-questions/>.

Paley, Nina; Doctorow, Cory. *Paley & Doctorow argue over non-commercial licenses*. Nina Paley's Blog, 1 Sept. 2010. Disponível em: <http://blog.ninapaley.com/2010/09/01/paley-vs-doctorow/>.

Paul, Keith. *Comcast (still) doesn't care*. Keith Paul (Blog), 2 Dec. 2010. Disponível em: <http://keithpaul.net/2010/12/comcast-doesnt-care/>.

Petrik, Paula. The youngest fourth estate: the novelty toy printing press and adolescence, 1870-1886. In: West, Elliot; _____ (Eds.). *Small worlds:* children and adolescents in America, 1850-1950. Kansas City: University Press of Kansas, 1992.

Phillips, Whitney. *"Why so socialist?": unmasking the joker*. Confessions of an Aca-Fan (Blog), 14 Aug. 2009. Disponível em: <http://www.henryjenkins.org/2009/08/unmasking_the_joker.html>.

REFERÊNCIAS | **397**

POSTIGO, Hector. Video game appropriation through modifications: attitudes concerning intellectual property among fans and modders. *Convergence: The International Journal of Research into New Media Technologies*, v. 14, n. 1, p. 59-74, 2008.

POTTER, Andrew. The ode: the old spice guy (Feb.–July 2010). *Canadian Business*, 13 Sept. 2010. Disponível em: <http://www.canadianbusiness.com/article/11125--the-ode-the-old-spice-guy-feb-july-2010>.

POWELL, Jenni. Producers guild officially sanctioned "transmedia producer" credit. *Tubefilter*, Apr. 6 2010. Disponível em: <http://news.tubefilter.tv/2010/04/06/produ-cers-guild-officially-sanctions-transmedia-producer-credit/>.

PURCELL, Kristen; RAINIE, Lee; MITCHELL, Amy; ROSENSTIEL, Tom; OLMSTEAD, Kenny. *Understanding the participatory news consumer*. Pew Center for Internet and American Life. 1 Mar. 2010. Disponível em: <http://pewinternet.org/Reports/2010/Onli-ne-News/Summary-of-Findings.aspx.>

PRATT, Mary Louise. The arts of the contact zone. In: FRANKLIN, Phyllis (Ed.). *Profession 91*, New York: Modern Language Association of America, 1991. p. 33-40.

QUOTE DATABASE. *Quote #779320*. n.d. Disponível em: <http://www.bash.org/?779320>.

RAND, Erica. *Barbie's queer accessories*. Durham: Duke University Press, 1995.

REISNER, Rebecca. Comcast's Twitter man. *BusinessWeek*, Jan. 13 2009. Disponível em: <http://www.businessweek.com/managing/content/jan2009/ca20090113_373506.htm>.

REYNOLDS, Simon. *Retromania: pop culture's addiction to its own past*. New York: Faber and Faber, 2011.

RHEINGOLD, Howard. *The virtual community:* homesteading on the electronic frontier. Reading, MA: Addison-Wesley, 1993. [*A comunidade virtual*. Lisboa: Gradiva, 1996.]

ROHAC, George, Jr. *Copyright and the economy of webcomics*. 2010. Master's thesis – New York University, New York.

ROHANI, Talieh. *Nostalgia without memory: Iranian-Americans, cultural programming, and internet television*. 2009. Master's thesis – MIT, Cambridge. Disponível em: <http://cms.mit.edu/research/theses/TaliehRohani2009.pdf>.

ROSE, Frank. *The art of immersion:* how the digital generation is remaking Hollywood. New York: Simon and Schuster, 2011.

ROSEN, Jay. *The people formerly known as the audience*. PressThink (Blog), 27 June 2006. Disponível em: <http://journalism.nyu.edu/pubzone/weblogs/pressthink/2006/06/27/ppl_frmr.html>.

Ross, Andrew. *Strange weather:* culture, science and technology in the age of limits. London: Verso, 1991.

Rushkoff, Douglas. *Media virus:* hidden agendas in popular culture. New York: Ballantine, 1994.

_____. Second sight: the internet is not killing off conversation but actively encouraging it. *Guardian*, 28 June 2000. Disponível em: <http://www.guardian.co.uk/technology/2000/jun/29/onlinesupplement13>.

Russell, Adrienne; Ito, Mizuko; Richmond, Todd; Tuters, Marc. Culture: media convergence and networked participation. In: Varnelis, Kazys (Ed.). *Networked publics*. Cambridge: MIT Press, 2008.

Russo, Julie Levin. User-penetrated content: fan video in the age of convergence. *Cinema Journal*, v. 48, n. 4, p. 125-130, Summer 2009.

Sandler, Kevin. Forthcoming. *Scooby-Doo*. Durham: Duke University Press.

Sass, Erik. Engagement panel: no currency, no clarity. *MediaPost MediaDailyNews*, 28 Apr. 2006. Disponível em: <http://www.mediapost.com/publications/?fa=Articles.showArticle&art_aid=42771>.

Scott, Suzanne. Repackaging fan culture: the regifting economy of ancillary content models. *Transformative Works and Cultures*, v. 3, 2009. Disponível em: <http://journal.transformativeworks.org/index.php/twc/article/view/150/122>.

_____. *Revenge of the fanboy:* convergence culture and the politics of incorporation. 2010. Ph.D. dissertation – University of Southern California, Los Angeles.

Seiter, Ellen. Practicing at home: computers, pianos, and cultural capital. In: McPherson, Tara (Ed.). *Digital youth, iInnovation, and the unexpected*. Cambridge: MIT Press, 2008. p. 27-52.

Sennett, Richard. *The craftsman*. New Haven: Yale University Press, 2008.

Serpe, Gina. Nut job saves *Jericho*. *E! Online*, 6 June 2007. Disponível em: <http://www.eonline.com/uberblog/b55326_Nut_Job_Saves_Jericho.html>.

Shahani, Parmesh. *Great Khali and multiple narrative universes*. P Spot (Blog), 22 Apr. 2008. Disponível em: <http://parmesh.net/2008/04/great-khali-and-multiple-narrative.html>.

"Shared news matters more," say Results from CNN's first international study into social media recommendation. *CNN International*, 7 Oct. 2010. Disponível em: <http://cnninternational.presslift.com/socialmediaresearch>.

REFERÊNCIAS | **399**

SHIRKY, Clay. *Institutions vs. collaboration*. Talk at TEDGlobal 2005 in Oxford, England, 14 July 2005. Disponível em: <http://www.ted.com/talks/clay_shirky_on_institutions_versus_collaboration.html>.

_____. *Q&A with clay shirky on Twitter and Iran*. TED (Blog), 16 June 2009. Disponível em: <http://blog.ted.com/2009/qa_with_clay_sh.php>.

SHORT, Iain. Viral marketing vs. spreadable media. *EngageSciences*, 24 Aug. 2010. Disponível em: <http://www.engagesciences.com/readytoland/2010/08/viral-marketing-vs-spreadable-media>.

SHRESTHOVA, Sangita. *Is it all about the hips?:* around the world with Bollywood dance. London: Sage, 2011.

SIEGLER, MG. DMCA takedown notice forces Twitter to blacklist Mad Men characters. *Venture Beat DigitalBeat*, 25 Aug. 2008. Disponível em: <http://venturebeat.com/2008/08/25/twitter-blacklists-mad-men-characters-some-of-them/>.

SISARIO, Ben. Susan Boyle, top seller, shakes up CD trends. *New York Times*, 1 Dec. 2009. Disponível em: <http://www.nytimes.com/2009/12/03/arts/music/03sales.html>.

SMILLIE, Dirk. Fightin' words: Murdoch wants a Google rebellion. *Forbes*, 3 Apr. 2009. Disponível em: <http://www.forbes.com/2009/04/03/rupert-murdoch-google-business-media-murdoch.html>.

SMITH, Cordwainer. The dead lady of clown town (1964). In: PIERCE, J. J. (Ed.). *The best of Cordwainer Smith*. New York: Ballantine, 1975. p. 124-209.

SMYTHE, Dallas W. On the audience commodity and its work. In: _____. *Dependency road:* communications, capitalism, consciousness, and Canada. Norwood, NJ: Ablex, 1981. p. 22-51.

SNELSON, Chareen; PERKINS, Ross A. From silent film to YouTube: tracing the historical roots of motion picture technologies in education. *Journal of Visual Literacy*, v. 28, n. 1, p. 1-27, 2009.

SNOW, Blake. Sony marketers are horrible liars, pretend to run fansite. *Joystiq*, 11 Dec. 2006. Disponível em: <http://www.joystiq.com/2006/12/11/sony-marketers-are-horrible-liars-pretend-to-run-fansite/>.

STANDAGE, Tom. *A history of the world in six glasses*. New York: Walker, 2006.

STEINBERG, Brian. TV measurement comes up short. *Advertising Age*, 23 July 2007. Disponível em: <http://adage.com/mediaworks/article?article_id=119440>.

400 | CULTURA DA CONEXÃO

STELTER, Brian. Hulu unveils subscription service for $9.99 a month. Media Decoder (Blog), *New York Times*, 29 June 2010. Disponível em: <http://mediadecoder.blogs.nytimes.com/2010/06/29/hulu-unveils-subscription-service-for-9-99-a-month/>.

STEPHENSON, Neal. *Snow crash*. New York: Bantam, 1992. [*Nevasca*. São Paulo: Aleph, 2008.]

STRAW, Will. Embedded memories. In: ACLAND, Charles R. (Ed.). *Residual media*. Minneapolis: University of Minnesota Press, 2007. p. 3-15.

SUNDARAM, Ravi. Recycling modernity: pirate electronic cultures in India. *Third Text* v. 13, n. 47, p. 59-65, Summer 1999.

TARNOFF, Andy. Waukesha's Beyer talks about new life for CBS' "Jericho". *OnMilwaukee.com*, 9 June 2007. Disponível em: <http://onmilwaukee.com/ent/articles/jerichoreturns.html>.

TERRANOVA, Tiziana. Free labor: producing culture for the digital economy. *Electronic Book Review*, 20 June 2003. Disponível em: <http://www.electronicbookreview.com/thread/technocapitalism/voluntary>.

THOMPSON, Clive. Is the tipping point toast? *Fast Company*, n. 122, 1 Feb. 2008. Disponível em: <http://www.fastcompany.com/magazine/122/is-the-tipping-point-toast.html>.

THOMPSON, E. P. The moral economy of the English crowd in the eighteenth century. *Past and Present*, v. 50, n. 1, p. 76-136, 1971.

THOMPSON, Kristin. *Take my film, please*. Observations on Film Art (Blog), 7 May 2009. Disponível em: <http://www.davidbordwell.net/blog/?p=4529>.

TINKCOM, Matthew; FUQUA, Joy Van; VILLAREJO, Amy. On thrifting. In: JENKINS, Henry; McPHERSON, Tara; SHATTUC, Jane (Eds.). *Hop on pop:* the politics and pleasure of popular culture. Durham: Duke University Press, 2002. p. 459-471.

TRAVERS, Jeffrey; MILGRAM, Stanley. An experimental study of the small world problem. *Sociometry*, v. 32, n. 4, p. 425-443, Dec. 1969.

TRODD, Zoe. Reading eBay: hidden stores, subjective stories, and the people's history of the archive. In: HILLIS, Ken; PETIT, Michael; EPLEY, Nathan Scott (Eds.). *Everyday eBay:* culture, collecting, and desire. New York: Routledge, 2006. p. 77-90.

"TROPA de Elite" provoca tensão e conquista público em sala paulistana. *Último Segundo*, Oct. 9 2007. Disponível em: <http://ultimosegundo.ig.com.br/cultu-

ra/2007/10/09/tropa_de_elite_provoca_tensao_e_conquista_publico_em_sala_paulistana_1037915.html>.

TRUST, Gary. "Glee" cast tops Elvis Presley for most hot 100 hits. *Billboard.com*, 16 Feb. 2011. Disponível em: <http://www.billboard.com/news/glee-cast-tops-elvis-presley-for-most-hot-1005036732.story>.

TURNER, Fred. *From counterculture to cyberculture:* Stewart Brand, the Whole Earth network, and the rise of digital utopianism. Chicago: University of Chicago Press, 2008.

TURNER, Patricia Ann. *I heard it through the grapevine:* rumor in African-American culture. Berkeley: University of California Press, 1994.

25 NEW faces of independent film: *Lost Zombies. Filmmaker*, Summer, 2009. Disponível em: <http://www.filmmakermagazine.com/issues/summer2009/25faces.php>.

TYRON, Chuck. *Reinventing cinema:* movies in the age of media convergence. New Brunswick: Rutgers University Press, 2009.

UNIVERSITY OF MELBOURNE. *Freedom to surf:* workers more productive if allowed to use the internet for leisure. 2 Apr. 2009. Disponível em: <http://uninews.unimelb.edu.au/news/5750/>.

VAN BUSKIRK, Eliot. YouTube movie rentals: today Sundance, tomorrow the world. *Wired*, 21 Jan. 2010. Disponível em: <http://www.wired.com/epicenter/2010/01/youtube-movie-rentals-today-sundance-tomorrow-the-world/>.

VAN DER GRAAF, Shenja. Viral experiences: do you trust your friends? In: KRISHNAMURTHY, Sandeep (Ed.). *Contemporary research in e-marketing*. Hershey, PA: Idea, 2005. v. 1. p. 166-185.

VAN DIJK, Jose; NIEBORG, David. Wikinomics and its discontents: a critical analysis of Web 2.0 business manifestoes. *New Media & Society*, v. 11, n. 4, p. 855-887, 2009.

VEDRASHKO, Ilya. Five things "Jersey Shore" taught my agency about social media. *Advertising Age*, 21 July 2010a. Disponível em: <http://adage.com/article/digitalnext/mtv-s-jersey-shore-taught-social-media/145024/>.

_____. The spreadable war on viral media. Marketshare (Blog), *Forbes*, 17 June 2010b. Disponível em: <http://blogs.forbes.com/marketshare/2010/06/17/the-spreadable--war-on-viral-media/>.

VILLARREAL, Yvonne. "India" an exotic hit for TeleFutura. *Los Angeles Times*, 27 Dec. 2010. Disponível em: <http://articles.latimes.com/print/2010/dec/27/entertainment/la-et-telefutura-india-20101227>.

402 | CULTURA DA CONEXÃO

Visakowitz, Susan. Nine inch nails offers freebie of new album. *Billboard*, 5 May 2008. Disponível em: <http://www.billboard.com/bbcom/news/article_display.jsp?vnu_content_id=1003798490>.

Von Hippel, Eric. *Democratizing innovation*. Cambridge: MIT Press, 2005.

Vranica, Suzanne; Terhune, Chad. Mixing Diet Coke and Mentos makes a gusher of publicity. *Wall Street Journal*, 12 June 2006, B1.

Vuorensola, Timo (producer of *Iron Sky*). Email correspondence with Henry Jenkins, 23 Dec. 2010.

Waldman, Allison J. *World* turns 50: "digital comfort food". *TelevisionWeek*, 19 Dec. 2006.

Wasik, Bill. *And then there's this:* how stories live and die in a viral culture. New York: Viking, 2009.

Watkins, S. Craig. *The young and the digital:* what the migration to social network sites, games, and anytime, anywhere media means for our future. New York: Beacon, 2010.

Webb, Emma F. The evolution of the fan video and the influence of YouTube on the creative decision-making process for fans. In: Ford, Sam; De Kosnik, Abigail; Harrington, C. Lee (Eds.). *The survival of soap opera:* transformations for a new media era. Jackson: University of Mississippi Press, 2011. p. 219-230.

Web Ecology Project. *The Iranian election on Twitter:* the first eighteen days. 26 June 2009. Disponível em: <http://www.webecologyproject.org/2009/06/iran-election--on-twitter/>.

Weiler, Lance. When the audience takes control. *Filmmaker*, Summer, 2008. Disponível em: <http://www.filmmakermagazine.com/issues/summer2008/audience.php>.

_____. Culture hacker. *Filmmaker*, Spring, 2009. Disponível em: <http://www.filmmakermagazine.com/issues/spring2009/culture-hacker.php>.

Whitney, Daisy. Protecting assets is talk of the town: copyright, filtering solutions prove key to keeping video web sites. *TelevisionWeek*, 26 Feb. 2007. Disponível em: <http://www.tvweek.com/news/2007/02/protecting_assets_is_talk_of_t.php>.

Williams, Raymond. *Television:* technology and cultural form. London: Fontana, 1974.

_____. *Marxism and literature*. New York: Oxford University Press, 1977.

Witchel, Alex. Mad Men has its moment. *New York Times Magazine*, 22 June 2008. Disponível em: <http://www.nytimes.com/2008/06/22/magazine/22madmen-t.html>.

REFERÊNCIAS | **403**

WYATT, Edward. CBS revives "Jericho", with a plea to fans. *New York Times*, 9 June 2007. Disponível em: <http://www.nytimes.com/2007/06/09/arts/television/09jeri.html>.

YAKOB, Faris. *Transmedia planning*. Talent Imitates, Genius Steals (Blog), 3 Oct. 2006. Disponível em: <http://farisyakob.typepad.com/blog/2006/10/transmedia_plan.html>.

_____. *Spreadable media*. Talent Imitates, Genius Steals (Blog), 25 Nov. 2008. Disponível em: <http://farisyakob.typepad.com/blog/2008/11/spreadable-media.html>.

YELLIN, Emily. *Your call is (not that) important to us:* customer service and what it reveals about our world and our lives. New York: Free Press, 2009.

YOUTUBE. *Frequently asked questions*. n.d. Disponível em: <http://www.youtube.com/t/faq>.

ZELDMAN, Jeffrey. What is art direction (nº 9). *Jeffrey Zeldman Presents the Daily Report*, 17 Aug. 2007. Disponível em: <http://www.zeldman.com/2007/08/17/what-is-art-direction-no-9/>.

ZIMMERMAN, Patricia R. *Reel families:* a social history of amateur film. Bloomington: Indiana University Press, 1995.

ZITTRAIN, Jonathan. Law and technology: the end of the generative internet. *Communications of the ACM*, v. 54, n. 1, p. 18-20, Jan. 2009.

ZUCKERMAN, Ethan. Nollywood: is better distribution the remedy for piracy? My Heart's in Accra (Blog), 6 Oct. 2010. Disponível em: <http://www.ethanzuckerman.com/blog/2010/10/06/nollywood-is-better-distribution-the-remedy-for-piracy/>.

TIPOLOGIA:
Minion [texto]
Minion Display [entretitulos]

PAPEL:
Pólen Natural Soft 70g/m2 [miolo]
Cartão Supremo 250 g/m2 [capa]

IMPRESSÃO:
Rettec Artes Gráficas e Editora [outubro de 2022]

1ª EDIÇÃO:
agosto de 2014 [2 reimpressões]